●収録内容一覧

■2025年度中学受験用

江戸川女子中学校

3年間スーパー過去問

入試問題と解説・解答の収録内容

2024年度　1回	算数・社会・理科・国語
2024年度　2回	算数・社会・理科・国語
2024年度　3回	算数・社会・理科・国語 （解答のみ）
2023年度　1回	算数・社会・理科・国語
2023年度　2回	算数・社会・理科・国語
2023年度　3回	算数・社会・理科・国語 （解答のみ）
2022年度　1回	算数・社会・理科・国語
2022年度　2回	算数・社会・理科・国語

～本書ご利用上の注意～　以下の点について，あらかじめご了承ください。

★別冊解答用紙は巻末にございます。本書に収録している試験の実物解答用紙は，弊社サイトの各校商品情報ページより，一部または全部をダウンロードできます。

★編集の都合上，学校実施のすべての試験を掲載していない場合がございます。

★当問題集のバックナンバーは，弊社には在庫がございません（ネット書店などに一部在庫あり）。

JN049233

合格を勝ち取るための
『スーパー過去問』の使い方

本書に掲載されている過去問をご覧になって，「難しそう」と感じたかもしれません。でも，多くの受験生が同じように感じているはずです。なぜなら，中学入試で出題される問題は，小学校で習う内容よりも高度なものが多く，たくさんの知識や解き方のコツを身につけることも必要だからです。ですから，初めて本書に取り組むさいには，点数を気にしすぎないようにしましょう。本番でしっかり点数を取れることが大事なのです。

過去問で重要なのは「まちがえること」です。自分の弱点を知るために，過去問に取り組むのです。当然，まちがえた問題をそのままにしておいては意味がありません。

本書には，長年にわたって中学入試にたずさわっているスタッフによるていねいな解説がついています。まちがえた問題はしっかりと解説を読み，できるようになるまで何度も解き直しをしてください。理解できていないと感じた分野については，参考書や資料集などを活用し，改めて整理しておきましょう。

このページも参考にしてみましょう！

◆どの年度から解こうかな 「入試問題と解説・解答の収録内容一覧」

本書のはじめには収録内容が掲載されていますので，収録年度や収録されている入試回などを確認できます。

※著作権上の都合によって掲載できない問題が収録されている場合は，最新年度の問題の前に，ピンク色の紙を差しこんでご案内しています。

◆学校の情報を知ろう‼ 「学校紹介ページ」

このページのあとに，各学校の基本情報などを掲載しています。問題を解くのに疲れたら息ぬきに読んで，志望校合格への気持ちを新たにし，再び過去問に挑戦してみるのもよいでしょう。なお，最新の情報につきましては，学校のホームページなどでご確認ください。

◆入試に向けてどんな対策をしよう？ 「出題傾向＆対策」

「学校紹介ページ」に続いて，「出題傾向＆対策」ページがあります。過去にどのような分野の問題が出題され，どのように対策すればよいかをアドバイスしていますので，参考にしてください。

◇別冊 「入試問題解答用紙編」

本書の巻末には，ぬき取って使える別冊の解答用紙が収録してあります。解答用紙が非公表の場合などを除き，（注）が記載されたページの指定倍率にしたがって拡大コピーをとれば，実際の入試問題とほぼ同じ解答欄の大きさで，何度でも過去問に取り組むことができます。このように，入試本番に近い条件で練習できるのも，本書の強みです。また，データが公表されている学校は別冊の１ページ目に過去の「入試結果表」を掲載しています。合格に必要な得点の目安として活用してください。

本書がみなさんの志望校合格の助けとなることを，心より願っています。

株式会社　声の教育社　編集部

江戸川女子中学校

所在地	〒133-8552 東京都江戸川区東小岩5-22-1
電　話	03-3659-1241
ホームページ	https://www.edojo.jp/
交通案内	JR総武線「小岩駅」より徒歩10分，京成本線「江戸川駅」より徒歩15分，JR常磐線「金町駅」よりバス「南小岩8丁目」下車徒歩6分

くわしい情報はホームページへ

トピックス

★2024年度入試より，適性検査型入試を導入しました。
★2021年度より，「国際コース」を設置。副担任はネイティブの教員が担当。

創立年 昭和6年　女子校　高校募集あり

応募状況

年度	募集数	応募数		受験数	合格数	倍率
2024	200名	①	149名	143名	84名	1.7倍
		適性	65名	63名	48名	1.3倍
		基礎①	205名	195名	107名	1.8倍
		②	85名	67名	38名	1.8倍
		英特	20名	19名	16名	1.2倍
		基礎②	124名	110名	31名	3.5倍
		③	96名	76名	28名	2.7倍
2023	200名	AO	168名	162名	99名	1.6倍
		①	136名	132名	80名	1.7倍
		②	74名	61名	33名	1.8倍
		英特	7名	7名	7名	1.0倍
		2科	89名	71名	44名	1.6倍
		③	53名	37名	18名	2.1倍

2024年春の主な大学合格実績

＜国公立大学＞
東京大，北海道大，筑波大，千葉大，東京都立大
＜私立大学＞
慶應義塾大，早稲田大，上智大，東京理科大，明治大，青山学院大，立教大，中央大，法政大，学習院大

入試イベント（※予定）

【学校説明会】要予約
第３回　９月７日　10：00～11：30
第４回　10月５日　10：00～11：30
第５回　11月２日　10：00～11：30
第６回　１月18日　10：00～11：30
【オープンキャンパス】要予約
８月31日　13：30～16：30
【入試問題説明会】要予約
８月10日　10：00～11：30
12月７日　14：00～15：30
【かたばみ祭（文化祭）】予約不要
11月９日・10日　９：00～

入試情報（参考：昨年度）

〔一般基礎学力型入試〕
試験日時：2024年２月１日または２日 14：45集合
試験科目：基礎学力（国語・算数）または
　　　　　英語／基礎学力（国語・算数）
〔一般４科入試〕
試験日時：
第１回　2024年２月１日　８：30集合
第２回　2024年２月２日　８：30集合
第３回　2024年２月３日　８：30集合
試験科目：国語／算数／理科／社会
〔適性検査型入試〕
試験日時：2024年２月１日　14：45集合
試験科目：適性検査Ⅰ・Ⅱ・Ⅲ
〔一般英語特化型入試〕
試験日時：2024年２月２日　８：30集合
試験科目：英語／面接（日本語・英語）

編集部注一本書の内容は2024年6月現在のものであり，変更されている場合があります。正確な情報は，学校のホームページ等で必ずご確認ください。

算数　出題傾向＆対策

◆基本データ（2024年度１回）

試験時間／満点	50分／100点
問　題　構　成	・大問数…４題 　計算・応用小問１題（11問） 　／応用問題３題 ・小問数…20問
解　答　形　式	解答のみを記入する形式で，必要な単位などはあらかじめ印刷されている。
実際の問題用紙	Ａ４サイズ，小冊子形式
実際の解答用紙	Ａ４サイズ

◆出題傾向と内容

▶過去３年の出題率トップ３
１位：角度・面積・長さ15％　２位：四則計算・逆算13％　３位：場合の数など６％
▶今年の出題率トップ３
１位：四則計算・逆算，角度・面積・長さ14％　３位：場合の数など８％

はじめの大問は計算問題と応用小問の集合題で，四則計算，逆算，約束記号などに続いて，約数と倍数，数の性質，つるかめ算，平均とのべ，過不足算・差集め算，場合の数，周期算，方陣算，相当算，売買損益，食塩水の濃度，ニュートン算，速さ，通過算，角度，長さ，面積，相似，辺の比と面積の比，体積，図形・点の移動などが出されています。

２題め以降は応用問題で，各単元の基本レベルの範囲からの出題が中心ですが，なかにはいくつもの単元がからみあった複雑な問題も顔を出すときがあります。

◆対策～合格点を取るには？～

まず正確で速い計算力を養うことが第一です。計算力は短期間で身につくものではなく，練習を続けることにより，しだいに力がついてくるものですので，毎日，自分で量を決めて，それを確実にこなしていきましょう。

次に，条件を整理し，解答への手順を見通す力を養うようにしましょう。基本例題を中心として，はば広い分野の問題に数多くあたることが好結果を生みます。数列や規則性，速さの問題などは，ある程度数をこなして解き方のパターンをつかむことと，ものごとを筋道立てて考えることが大切です。

分野＼年度		2024			2023		
		1回	2回	3回	1回	2回	3回
計算	四則計算・逆算	◎	●	◎	◎	◎	●
	計算のくふう	○		○			
	単位の計算	○					
和と差	和差算・分配算						
	消去算	○					
	つるかめ算		○	○			
	平均とのべ				○		
	過不足算・差集め算		○		○		
	集まり						
	年齢算		○	○			
割合と比	割合と比		○				
	正比例と反比例						
	還元算・相当算	○					
	比の性質	○	○	○			
	倍数算						○
	売買損益					○	
	濃度			○	○		
	仕事算		○				
	ニュートン算						
速さ	速さ		○	○			
	旅人算						
	通過算					○	
	流水算						
	時計算						
	速さと比						
図形	角度・面積・長さ	◎	○	●	◎	●	◎
	辺の比と面積の比・相似		○			○	
	体積・表面積		○	○		○	○
	水の深さと体積	○			○		○
	展開図					○	○
	構成・分割	○			○	○	
	図形・点の移動			○	○	◎	○
表とグラフ		○		○		○	○
数の性質	約数と倍数				○	◎	
	N進法					○	
	約束記号・文字式		○		○		
	整数・小数・分数の性質	◎	○	○			
規則性	植木算						○
	周期算						○
	数列			○	○	○	◎
	方陣算				○		
	図形と規則						
場合の数		○	○	◎	○	○	○
調べ・推理・条件の整理				○	○		○
その他							

※　○印はその分野の問題が１題，◎印は２題，●印は３題以上出題されたことをしめします。

社会　出題傾向＆対策

◆基本データ（2024年度１回）

試験時間／満点	35分／75点
問題構成	・大問数…４題 ・小問数…29問
解答形式	記号選択，語句の記入，記述問題など，バラエティーに富んでいる。
実際の問題用紙	Ａ４サイズ，小冊子形式
実際の解答用紙	Ａ４サイズ

◆出題傾向と内容

本校の社会は出題パターンがほぼ決まっており，１題めと２題めは歴史分野，３題めは地理分野，４題めは政治分野（または複数分野）という構成が多く見られます。

●地理…地図や表を使ったものがよく見られ，日本の国土・自然，交通，農業・水産業や工業といった産業，世界の地理，世界遺産についての問題などが出されています。ある一つのテーマについて，関係することがらを問う出題形式が多いようです。

●歴史…古代から現代までについてはば広く問う大問と，題材や時代，地域をしぼった大問がよく見られます。写真や地図，史料を使った問題がよく出されており，設問のなかにはつっこんだ内容を問うものも見られるので注意が必要です。

●政治…時事問題にからめた出題が多く見られます。日本国内だけでなく，国際的なできごとも取り上げられており，かなり深い内容まで問う設問もあります。

分野 ＼ 年度			2024			2023		
			1回	2回	3回	1回	2回	3回
日本の地理		地図の見方						
		国土・自然・気候	○	○	○	○		○
		資源		○			○	
		農林水産業	○	○	○	○	○	
		工業	○					
		交通・通信・貿易	○	○	○	○	○	
		人口・生活・文化						○
		各地方の特色				○		○
		地理総合	★	★	★	★	★	★
世界の地理							○	
日本の歴史	時代	原始～古代	○	○	○	○	○	○
		中世～近世	○	○	○	○	○	○
		近代～現代	○	○	○	○	○	★
	テーマ	政治・法律史						
		産業・経済史						
		文化・宗教史						
		外交・戦争史						
		歴史総合	★	★	★	★	★	★
世界の歴史								
政治		憲法		○	○	○		○
		国会・内閣・裁判所	○			○	○	
		地方自治		○		○		
		経済		○	○	○		
		生活と福祉		○				
		国際関係・国際政治	○	○	○	○	○	○
		政治総合	★		★	★	★	★
環境問題				○	○			○
時事問題			○		○	○	○	○
世界遺産			○				○	
複数分野総合			★	★				

※　原始～古代…平安時代以前，中世～近世…鎌倉時代～江戸時代，近代～現代…明治時代以降
※　★印は大問の中心となる分野をしめします。

◆対策～合格点を取るには？～

全分野に共通することとして，形式面では，①基礎的知識としての数字（地理では，国土の面積，歴史では，重要なできごとが起こった年，政治では，重要事項を規定した憲法の条文の番号など）にかかわる問題，②地名，人名，憲法上の用語などを漢字で書く問題，③基本的な資料の空所を補充させる問題などに慣れておくことが必要です。内容面では，基本的事項はもちろんのこと，時事とからめたものや，国際関係まで視野を広げ，知識を整理しておくとよいでしょう。

地理的分野については，ふだんから地図に親しんでおき，学習した地名は必ず地図で確認し，白地図の上におもな平野，山脈，火山帯，川，都市などをかきこめるようにしておきましょう。

歴史的分野については，歴史の流れを大まかにとらえる姿勢が大切です。そのためには，つねに年表を見ながら勉強する態度を，日ごろから身につけておくべきです。重要な事件が起こった年の前後の流れを理解するなど，単純に暗記するだけでなく，くふうして覚えていきましょう。

政治的分野では，日本国憲法が中心になります。主権，戦争の放棄，基本的人権，三権分立などの各事項を教科書で理解するほか，憲法の条文を確認しておくとよいでしょう。

理科 出題傾向＆対策

◆基本データ(2024年度１回)

試験時間／満点	35分／75点
問題構成	・大問数…４題 ・小問数…26問
解答形式	記号選択と適語・数値の記入が大半だが，図で答える問題や短文記述も見られる。
実際の問題用紙	Ａ４サイズ，小冊子形式
実際の解答用紙	Ａ４サイズ

◆出題傾向と内容

本校の理科は，実験・観察・観測をもとにした問題が多く，また，すべての分野からバランスよく出題される傾向にあります。

●生命…植物のつくりやはたらき，生物のつながり，植物・動物の分類，ヒトのからだのつくりとはたらき(消化器官，血液のじゅんかん)などが出題されています。

●物質…水素・炭素・金属の燃焼，水溶液の性質・識別，ものの溶け方，気体の発生と性質，プラスチック，エネルギー資源と温室効果ガスなどが取り上げられています。

●エネルギー…電流がつくる磁界，電磁石，光の進み方，音の性質，電気回路・発光ダイオード，てこのつり合い，ばね，浮力，滑車などが出題されています。

●地球…気温・湿度と暑さ指数，季節と天気，太陽の動きとかげの動き，地層のでき方(できた順序，断層など)，化石，地球の形，緯度と自転の速さ，月の公転と見え方，地震の伝わり方などが取り上げられています。

分野＼年度		2024			2023		
		1回	2回	3回	1回	2回	3回
生命	植物	★	○				★
	動物		○		○		
	人体			★		★	
	生物と環境		★		★		
	季節と生物						
	生命総合						
物質	物質のすがた		○			○	○
	気体の性質	○	○	○		★	★
	水溶液の性質			★	★		
	ものの溶け方			○	○		
	金属の性質						
	ものの燃え方	★	○				
	物質総合		★				
エネルギー	てこ・滑車・輪軸		★			★	
	ばねののび方		○				
	ふりこ・物体の運動						
	浮力と密度・圧力						
	光の進み方			★	○		
	ものの温まり方		○				○
	音の伝わり方				★		
	電気回路						★
	磁石・電磁石	★					
	エネルギー総合						
地球	地球・月・太陽系			★			★
	星と星座						
	風・雲と天候				★		
	気温・地温・湿度	★					
	流水のはたらき・地層と岩石		★			★	
	火山・地震						
	地球総合						
実験器具							○
観察							
環境問題			○		○	○	
時事問題		○	○				○
複数分野総合							

※　★印は大問の中心となる分野をしめします。

◆対策～合格点を取るには？～

本校の理科は，実験・観察・観測をもとにした問題が中心となっています。したがって，まず基礎的な知識をはやいうちに身につけ，そのうえで，問題集で演習をくり返すのがよいでしょう。

「生命」は，身につけなければならない基本知識の多い分野です。動物とヒトのからだのつくり，植物のつくりと成長などを中心に，ノートにまとめながら知識を深めましょう。

「物質」は，気体や水溶液などの性質に重点をおいて学習するとよいでしょう。また，気体の発生など，表やグラフをもとに計算させる問題にも積極的に取り組むように心がけてください。気体については，水素の活用や温室効果ガスのように環境問題からの出題もみられます。

「エネルギー」では，計算問題としてよく出される力のつり合いに注目しましょう。てんびんとものの重さ，てこ，輪軸，ふりこの運動などについて，それぞれの基本的な考え方をしっかりマスターし，さまざまなパターンの計算問題にチャレンジしてください。

「地球」では，天気，地震，火山，地層のでき方がもっとも重要なポイントです。また，太陽・月・地球の動き，日食や月食，自然災害など時事的な内容もきちんとおさえておきましょう。

国語　出題傾向＆対策

◆基本データ（2024年度１回）

試験時間／満点	50分／100点
問題構成	・大問数…４題 文章読解題２題／知識問題２題 ・小問数…29問
解答形式	記号選択，適語・適文の書きぬきなどが大半をしめるが，ごく短い記述問題も出題されている。
実際の問題用紙	Ａ４サイズ，小冊子形式
実際の解答用紙	Ａ４サイズ

◆出題傾向と内容

▶近年の出典情報（著者名）
説明文：稲田豊史　岡本太郎　永田和宏
小　説：岡本かの子　西加奈子　高田　郁

●**読解問題**…説明文・論説文が１題，小説・物語文が１題という出題がほぼ定着しています。設問は，適語の補充，文脈理解，指示語の内容，内容理解などで，典型的な長文読解問題といえます。説明文・論説文では筆者の主張の理解，小説・物語文では登場人物の心情の読み取りが中心となっています。全体的な傾向として，読む力・書く力といった，国語の総合的な力を見ようとする意図がうかがえます。

●**知識問題**…漢字の書き取りが５問ほど出題されています。そのほかに，反対語，四字熟語，慣用句の意味や，同じような意味を持つことわざなどを問うものがあります。

◆対策～合格点を取るには？～

本校の国語は，読解力を中心にことばの知識や漢字力もあわせ見るという点では，実にオーソドックスな問題ということができますが，そのなかでも大きなウェートをしめるのは，長文の読解力です。したがって，読解の演習のさいには，以下の点に気をつけましょう。①「それ」や「これ」などの指示語は何を指しているのかを考える。②段落や場面の構成を考える。③筆者の主張や登場人物の心情の変化などに注意する。④読めない漢字，意味のわからないことばが出てきたら，すぐに辞典で調べる。

また，知識問題は，漢字・語句の問題集を一冊仕上げるとよいでしょう。

分野＼年度			2024 1回	2024 2回	2024 3回	2023 1回	2023 2回	2023 3回
読解	文章の種類	説明文・論説文	★	★	★	★	★	★
		小説・物語・伝記	★	★	★	★	★	★
		随筆・紀行・日記						
		会話・戯曲						
		詩						
		短歌・俳句			○			
	内容の分類	主題・要旨	○	○	○	○	○	○
		内容理解	○	○	○	○	○	○
		文脈・段落構成		○		○	○	○
		指示語・接続語	○	○	○		○	○
		その他	○	○	○	○	○	○
知識	漢字	漢字の読み						
		漢字の書き取り	★	★	★	★	★	★
		部首・画数・筆順						
	語句	語句の意味	○	○	○	○	○	
		かなづかい						
		熟語	○	★	★	★	★	★
		慣用句・ことわざ	★	○	○	○	○	○
	文法	文の組み立て						
		品詞・用法						
		敬語						○
	形式・技法							
	文学作品の知識							
	その他							
	知識総合							
表現	作文							
	短文記述							
	その他							
放送問題								

※　★印は大問の中心となる分野をしめします。

カコを追いかけ
ミライをつかめ
「今の説明、もう一回」を何度でも
web過去問
ストリーミング配信による入試問題の解説動画
もっと古いカコモンないの?
カコ過去問
「さらにカコの」過去問をHPに掲載(DL)
声の教育社
詳しくはこちらから

2025年度 中学受験用

江戸川女子中学校

3年間スーパー過去問

をご購入の皆様へ

お詫び

本書、江戸川女子中学校の入試問題につきまして、誠に申し訳ございませんが、以下の問題は著作権上の都合により掲載することができません。設問と解答、解説は掲載してございますので、ご必要とされる方は原典をご参照くださいますよう、お願い申し上げます。

記

2024年度〈第2回試験〉国語 三 の問題文

以上

株式会社　声の教育社　編集部

2024年度　江戸川女子中学校

【算　数】〈第１回試験〉（50分）〈満点：100点〉

1　次の□にあてはまる数を答えなさい。

(1)　{11＋(9－7)×5}÷3＝□

(2)　11×2.3×15－25.3×7＝□

(3)　(0.75－□)×5＋$\frac{1}{3}$＝2$\frac{5}{6}$

(4)　１時間24分46秒×3－73分＝□時間□分□秒
　ただし，□には60未満の整数が入ります。

(5)　うどん３個とぶたどん４個買うと2950円，うどん５個とぶたどん２個買うと3050円になります。このとき，ぶたどんは１個□円です。

(6)　まなみさんはある本を読み終えるのに８日間かかりました。１日目は全体の$\frac{1}{4}$を読み，２日目は残りの$\frac{3}{5}$を読み，３日目以降は毎日16ページずつ読みました。本のページ数は□ページです。

(7)　Ａさんが持っているお金で買い物をすると，おにぎりなら35個，パンなら30個，肉まんなら20個，それぞれおつりがでないように買うことができます。おにぎり１個とパン１個と肉まん１個を１組にしてできるだけ多く買うと，440円のおつりがでます。このとき，Ａさんが持っているお金は□円です。

(8)　３で割ると１余り，５で割ると３余り，７で割ると２余る数のうち，一番小さい数は□です。

(9)　下の図１の印をつけた８つの角の大きさの和は□度です。

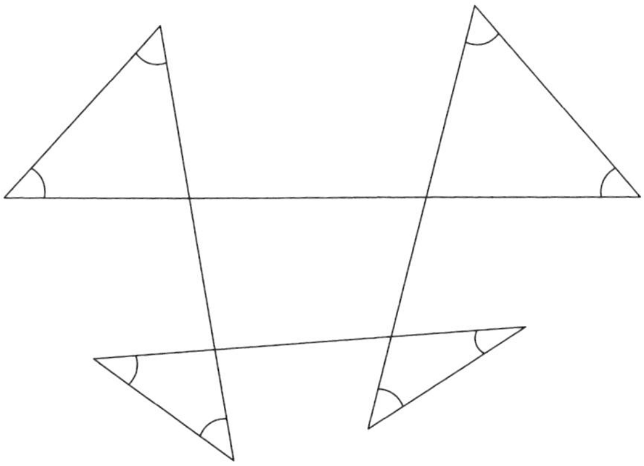

図１

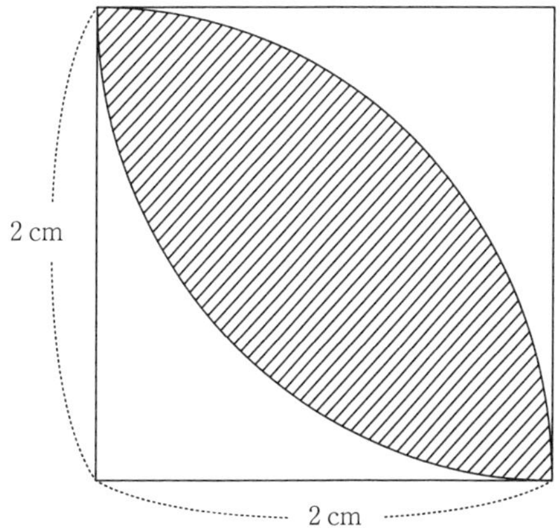

図２

(10)　上の図２は，正方形とその頂点を中心とする円の一部を組み合わせたものです。斜線《しゃせん》部分の面積は［　　　］cm^2です。ただし，円周率は3.14とします。

⑾　右の図３のように立方体ABCD−EFGHがあり，すべての辺の中点に点を打ってあります。頂点Aに近い３つの中点を通る平面でこの立方体を切断し，Aを含む立体を取り除きます。同じようにして，残りの７つの頂点B，C，D，E，F，G，Hについても，それぞれの頂点に近い３つの中点を通る平面で切断し，取り除きます。できあがった立体の辺の数は［　　　］本です。

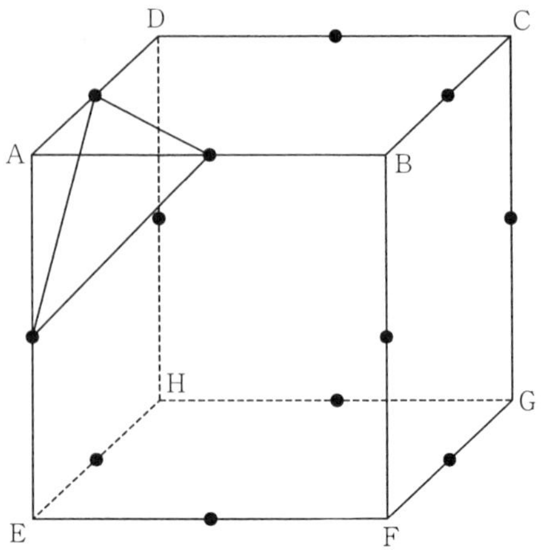

図３

2　Kさんは１と３や２と４のように，差が２である２つの整数をかけた数には，どれも共通の性質があることに気がつきました。Kさんが書いたメモを参考にし，後の問に答えなさい。

Kさんのメモ
1×3＝2×2−1
2×4＝3×3−1
3×5＝4×4−1
4×6＝5×5−1
5×7＝6×6−1

(1)　11×13＝△×△−1
△には同じ整数が入ります。△に入る数を答えなさい。

(2)　2025＝◎×◎
◎には同じ整数が入ります。◎に入る数を答えなさい。

(3)　(□−1)×(□+1)＝2024
□には同じ整数が入ります。□に入る数を答えなさい。

3　図のような立方体ABCD−EFGHがあります。点Pを，この立方体の頂点から別の頂点へ辺を通って移動させていくことを考えます。最初に点Pが頂点Aにあるとき，次の(1)〜(3)の移動方法は何通りありますか。

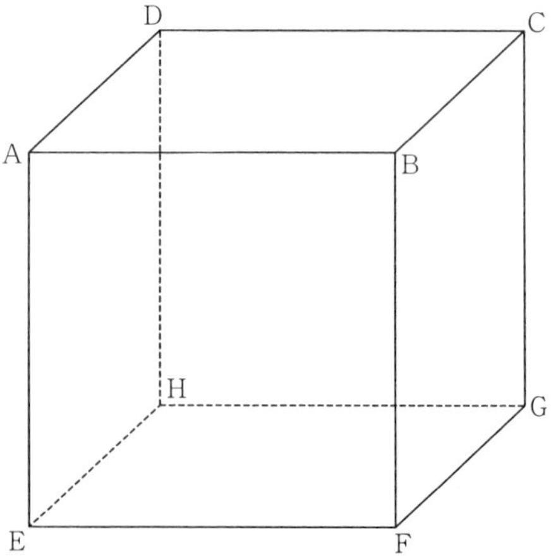

(1)　A→B→C→Gのように，異なる４点を通って頂点Gまで移動する。

(2)　A→B→C→G→Fのように，異なる５点を通って頂点Fまで移動する。

(3)　A→B→C→G→F→E→H→Dのように，すべての点を１回だけ通る。

4 図１のような体積 7500 cm^3 の円柱形の水そうに，一定の割合で水道から水を注ぎます。水を注ぎ始めてから10分に１回の割合で，コップに水をくんで捨てます。コップの形状は図２のような立方体で，水をくむときはコップがいっぱいになるように水をくむものとします。図３は，水を注ぎ始めてからの時間と水面の高さの関係を表しています。水そういっぱいに水が入ったら水道から水を注ぐのをやめます。このとき，後の問に答えなさい。

図１

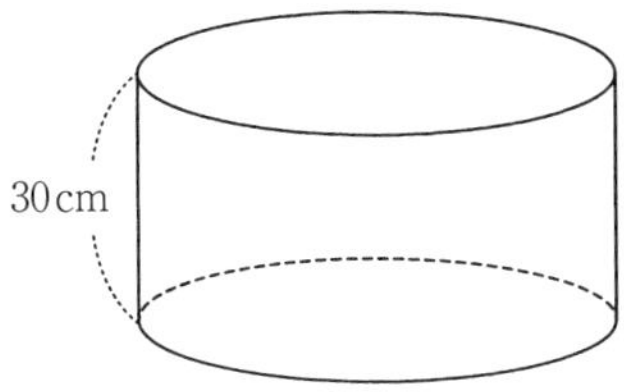

図２

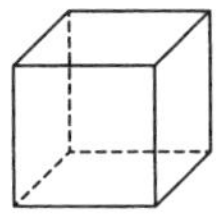

図３

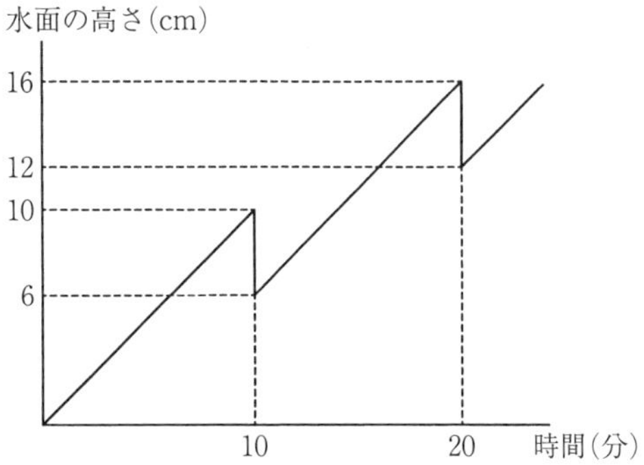

(1) 図１の水そうの底面積は何 cm^2 ですか。

(2) 図２のコップの一辺の長さは何 cm ですか。

(3) 水そうがいっぱいになるのは水を注ぎ始めてから何分後ですか。

【社　会】〈第１回試験〉（35分）〈満点：75点〉

1　次のＡ～Ｈの文は，日本の各時代について説明したものである。これらを参照して各問に答えよ。

Ａ　①阿氏河荘《あてがわのしょう》の農民たちが，荘園領主に地頭の横暴を訴えた。

Ｂ　東北地方で②前九年合戦(前九年の役《えき》)がおこった。

Ｃ　③日独伊三国同盟が結ばれた。

Ｄ　④埴輪がたくさんつくられた。

Ｅ　備中鍬《ぐわ》や千歯扱《こき》が考案されるなど農具の改良がすすみ，⑤農業が発展した。

Ｆ　九州にあった奴国《なこく》の王が，後漢《ごかん》の光武帝《こうぶてい》に使者を派遣し，⑥金印を授けられた。

Ｇ　(　⑦　)が，「諸国の農民が，刀，弓，やり，鉄砲，そのほかの武器を持つことを，固く禁止する」という内容の法令を出した。

Ｈ　⑧日比谷焼き打ち事件がおこった。

問１　下線①について，**誤っている**文を下のア～エから１つ選べ。ただし，すべて正しい場合はオで答えよ。

ア　阿氏河荘は，現在の和歌山県にあった荘園である。

イ　阿氏河荘の農民たちは，地頭のせいで荘園領主に年貢を納めることができない，と訴えた。

ウ　阿氏河荘の農民たちは，地頭から女や子どもたちの耳を切り，鼻をそぎ，髪を切って尼にするとおどされている，と訴えた。

エ　阿氏河荘の農民たちは，地頭の藤原元命《もとなが》を辞めさせてほしいと訴えた。

問２　下線②について，**正しい**文を下のア～エから１つ選べ。ただし，すべて誤っている場合はオで答えよ。

ア　源頼朝が奥州《おうしゅう》藤原氏を滅ぼした。

イ　坂上田村麻呂が蝦夷を降伏させた。

ウ　源頼義・源義家の父子が安倍氏を滅ぼした。

エ　平清盛が源義朝に勝利した。

問３　下線③について，**正しい**文を下のア～エから１つ選べ。ただし，すべて誤っている場合はオで答えよ。

ア　太平洋戦争が長期化するなかで結ばれた。

イ　同じころ，ソ連との間で日ソ共同宣言が発表された。

ウ　日独伊三国同盟が結ばれた結果，イギリスとの対立が深まり，日英同盟が廃止された。

エ　日独伊三国同盟が結ばれた結果，アメリカとの対立が深まり，アメリカは日本への鉄鋼などの輸出を禁止した。

問４　下線④について，**正しい**文を下のア～エから１つ選べ。ただし，すべて誤っている場合はオで答えよ。

ア　稲作とともに大陸から伝来した。

イ　青銅製の埴輪が発見されることが多い。

ウ　安産や豊かな収穫を祈るためにつくられることが多い。

エ　寺院の周りに置かれることが多い。

問５　下線⑤について，**誤っている**文を下のア～エから１つ選べ。ただし，すべて正しい場合はオで答えよ。

ア　干鰯《ほしか》や油粕《あぶらかす》などの肥料が用いられるようになった。

イ　新田開発がさかんになり，田の面積が100年ほどの間に約２倍になった。

ウ　西日本で，麦を裏作とする二毛作が始まった。

エ　宮崎安貞《やすさだ》の『農業全書』など農業に関する本が出版された。

問６　下線⑥について，このとき授けられたとされる金印が，江戸時代に現在の福岡県にある志賀島《しかのしま》で発見された。右の図は，この金印のものであるが，何と刻まれているか，漢字で答えよ。

問７　空欄⑦に入る人物を漢字で答えよ。

問８　下線⑧について，日比谷焼き打ち事件がおこった理由を，40字以上60字以内で説明せよ。その際，下の語句を用いること。

戦争　　条約

問９　Ａ～Ｈの文を時代順に正しく並べた場合，その３番目と６番目にくる文を，それぞれＡ～Ｈで答えよ。

2　次の文を参照して各問に答えよ。

江戸川女子中学校では，１年生の５月に，二泊三日の日程で①軽井沢校外学習を実施している。一日目は，東京をバスで出発して，関越自動車道を利用して，浅間山の近くにある②鬼押《おにおし》出《だ》し園と③鎌原《かんばら》観音堂という場所を見学する。見学後，軽井沢の宿舎に入って一日目を終える。二日目は，④軽井沢で一日を過ごす。午前中は，軽井沢の自然林でネイチャーウォッチングを楽しみ，午後は，旧軽井沢地区の散策をおこなっている。最終日には軽井沢を出発して，世界遺産にも登録されている（　⑤　）を見学した後，再び関越自動車道を利用して東京に戻ってくる。この校外学習は，入学間もない生徒たちにとって，クラスの和を深めるとともに，江戸川女子の生徒としての自覚を深めるための行事にもなっている。

問１　下線①について，この校外学習において，出発してから戻ってくるまでに，通ったり訪れたりする都道府県の組み合わせとして**正しい**ものを下のア～エから１つ選べ。

ア　東京都・神奈川県・山梨県・栃木県

イ　東京都・神奈川県・山梨県・長野県

ウ　東京都・埼玉県・群馬県・長野県

エ　東京都・埼玉県・栃木県・群馬県

問２　下線②について，鬼押出し園は，1783年の浅間山の噴火の際に，流れ出た溶岩によってつくられた風景が広がる公園である。東京の上野にある寛永寺《かんえいじ》が噴火後の地域の復興に関わったことから，園内には，1958年に寛永寺によって浅間山観音堂が創建された。寛永寺は，「東叡山《とうえいざん》寛永寺」とも呼ばれ，「東叡山」とは「東の比叡山」を意味している。また，寛永寺が浅間山観音堂を創建したことから，寛永寺と浅間山観音堂は，同じ仏教の宗派の寺院ということになる。これらをふまえて，浅間山観音堂の仏教の宗派は何宗だと考えられるか，漢字で答えよ。

問３　下線③について，鎌原観音堂は，浅間山のふもとの鎌原村にある観音堂で，石段を上った先に位置している。1783年の浅間山の噴火の際に，鎌原村も溶岩におそわれ，村の住民570人のうち，観音堂に避難した93人だけが助かったと伝えられている。噴火の被害から村人の命を救った観音堂では，現在も当時の村人の子孫たちによって，先祖の供養がおこなわれている。これについて，次の〔ｉ〕・〔ⅱ〕の問いに答えよ。

〔ｉ〕　1783年の浅間山の噴火では，鎌原村だけでなく，全国的に大きな被害が出て，当時の政治にも大きな影響を与えた。これについて，**正しい**文を下のア～エから１つ選べ。

ア　天保の飢饉がおこり，各地で百姓一揆や打ちこわしがおこった後，水野忠邦が老中に就任した。

イ　天保の飢饉がおこり，各地で百姓一揆や打ちこわしがおこった結果，水野忠邦が老中を辞職した。

ウ　天明の飢饉がおこり，各地で百姓一揆や打ちこわしがおこった後，田沼意次が老中に就任した。

エ　天明の飢饉がおこり，各地で百姓一揆や打ちこわしがおこった結果，田沼意次が老中を辞職した。

〔ⅱ〕　1783年の浅間山の噴火がおこった当時，鎌原村は江戸幕府の直轄領であった。当時，鎌原村の支配や村人からの年貢の徴収などに最も深く関わっていた役職を，下のア～エから１つ選べ。

ア　大目付《おおめつけ》　　イ　勘定奉行《かんじょうぶぎょう》　　ウ　町奉行《まちぶぎょう》　　エ　若年寄《わかどしより》

問４　下線④について，軽井沢が避暑地・別荘地として発展するきっかけは，明治時代に来日した外国人がこの地を訪れ，滞在するようになったことにあった。これについて，次の〔ｉ〕・〔ⅱ〕の問いに答えよ。

〔ｉ〕　政府は，たくさんの外国人を日本に招き，彼らは「お雇い外国人」と呼ばれた。なぜ，政府はたくさんの外国人を日本に招いたのか，説明せよ。

〔ⅱ〕　明治時代に来日した外国人のうち，岡倉天心《おかくらてんしん》とともに日本の伝統美術を保護し，東京美術学校の設立に大きな役割を果たしたアメリカ人を答えよ。

問５　空欄⑤には，下の図に描かれた，明治時代初期に開業した生糸を生産する工場が入る。空欄⑤に入る語句を漢字で答えよ。

3　次のⅠ～Ⅲの広島県に関する文を参照して各問に答えよ。

Ⅰ　広島県では2023年５月に①先進国首脳会議が開催された。被爆地である広島で開催されたこの会議では，世界平和や核兵器廃絶についての議論がなされた。

Ⅱ　広島市は②太田川の下流に広がる広島平野に位置する都市である。太田川の上流では，2014年，2018年の集中豪雨で【 ★ 】の被害が深刻であった。

Ⅲ　広島県の面している瀬戸内海は古くから海上③交通の重要なルートとなっており，また戦後は塩田の跡地や埋め立て地を生かした④工業地域が発展している。

問１　下線①について，

(1)　この会議は通称何と呼ばれるか，カタカナで答えよ。

(2)　2023年のこの会議に首脳が出席**していない**国を下のア～エから１つ選べ。

ア　イギリス　　イ　フランス　　ウ　ドイツ　　エ　ロシア

問２　Ⅱの文中の空欄【★】に入る語句を下のア～エから１つ選べ。

ア　火砕流　　イ　地盤沈下　　ウ　高潮　　エ　土石流

問３　下線②について，

(1)　右の表１は日本の河川とその下流に広がる平野の組み合わせを表している。空欄（ａ）～（ｄ）に入る語句を語群から１つずつ選べ。

表１

河川	下流の平野
（ ａ ）川	庄内平野
（ ｂ ）川	越後平野
（ ｃ ）川	徳島平野
（ ｄ ）川	筑紫平野

語群

ア　北上	イ　球磨	ウ　信濃	エ　四万十	オ　神通
カ　筑後	キ　天竜	ク　富士	ケ　最上	コ　吉野

(2)　表１のａ～ｄの河川の河口の位置を地図中の あ～こ から選びなさい。

問４　下線③について，広島県の尾道市は，近年サイクリングに訪れる観光客が増加している。その要因となっている交通網の整備について，具体的な地名を挙げて説明せよ。

問５　下線④について，以下のグラフ中のＡ～Ｄは瀬戸内海周辺の倉敷市，四国中央市，広島市，福山市の工業製造品出荷額の割合を表している。Ａ～Ｄから広島市に当てはまるものを１つ選べ。

工業製造品出荷額割合（2019年）

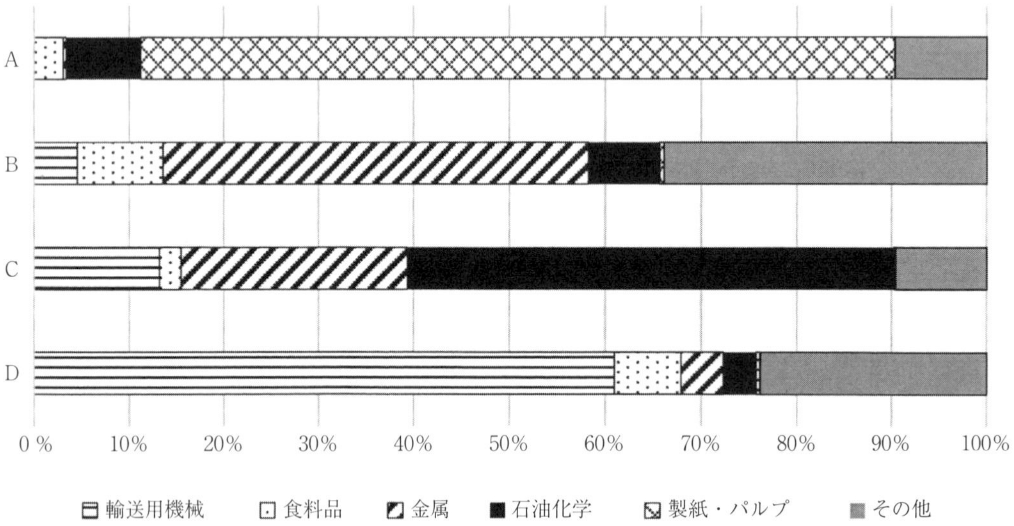

問６　広島県には1996年に世界文化遺産に登録された施設が２つある。以下のⓐ・ⓑが説明している施設をそれぞれ答えよ。

ⓐ　1945年８月６日に投下された原子爆弾によって被爆した建物

ⓑ　海中に位置する鳥居が有名な，古くから海上の守護神として崇敬《すうけい》された神社

問７　以下の表２中Ｅ～Ｈは北海道，宮城県，広島県，福岡県のいずれかを表している。広島県に当てはまるものを１つ選べ。

表２

	小麦の収穫量（百ｔ/2021年）	みかんの収穫量（千ｔ/2021年）	鶏卵の生産量（千ｔ/2021年）	かきの養殖収穫量（百ｔ/2020年）
E	7284	---	103	41
F	3	21	135	960
G	44	---	73	184
H	781	20	46	17

「---」は統計データなし

4　次のⅠ～Ⅲの各問に答えよ。

Ⅰ・以下の文中の空欄に入る語句を答えよ。

日本の「食」の安全が叫ばれるようになってから，様々な取り組みがなされてきた。例えば，食品安全に関する国民の理解を促し，必要で分かりやすい食品表示制度の運用に努め，まだ食べることができる食品が無駄に廃棄されないよう食品ロスの削減に取り組んで

いくことなどを目的として，2009年には国の行政機関である(①)が発足した。

特に主食である米や米加工品については，食用に適さないものが流通するなどの事故が発生した場合に，食用に適さない米や米加工品を流通ルートから取り除いたり，これらの米や米加工品の流通ルートを特定したりすることで，すみやかに原因を解明することが必要である。各事業者が取引等の記録を作成し保存しておけば，米や米加工品の流通ルートを特定し原因の特定や回収が可能となる。こういった背景から2010年に「米(②)法」が施行された。

一方，国内のある地域で生産された農林水産物を，その生産された地域内において消費する(③)と呼ばれる取り組みが農林水産省からも推進されている。また，生産地から食卓までの距離が短い食料を食べた方が輸送に伴う環境負荷が少ないであろうとの仮説を前提として考えられた，食料の輸送量に輸送距離をかけ合わせた指標である(④)が近年では話題となっている。

Ⅱ・以下の文を参照して各問に答えよ。

①国会は，(１)で作成した予算を審議・議決する。まず(２)で審議して採択された議案を，(３)でさらに審議する。②参議院と衆議院で異なる議決となった場合には，(４)が開かれる。それでも意見が一致しない時や，参議院が衆議院の議決した予算を受け取ってから(５)日以内に議決しなかった時には，衆議院の議決が優先される。

問１　文中の空欄１～４に入る語句を下のア～カから１つずつ選べ。

ア　最高裁判所　　イ　内閣　　ウ　本会議

エ　緊急集会　　オ　委員会　　カ　両院協議会

問２　空欄５に入る数字を答えよ。

問３　下線①について，国会の仕事として**誤っている**ものを下のア～エから１つ選べ。

ア　国政調査の実施　　イ　憲法改正の発議　　ウ　条約の承認　　エ　国務大臣の任命

問４　下線②について，これを二院制というが，日本がこれを採用している理由を答えよ。

Ⅲ・以下の図は国際連合の機関を説明した図である。これを参照して各問に答えよ。

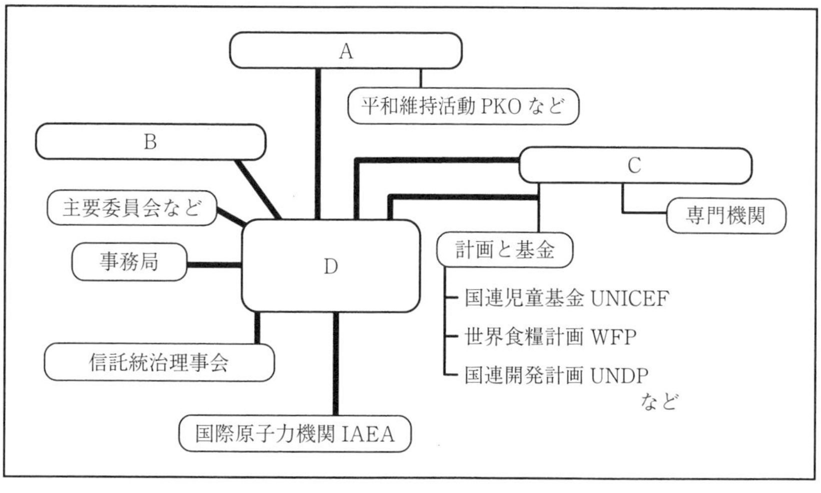

問１　以下の文(1)〜(4)が，図中の空欄Ａ〜Ｄのいずれの説明に該当するか答えよ。

(1)　国際法に従い，国家間の紛争解決のために裁判を行う。

(2)　この理事会にはUNESCO，ILO，WHOなどがある。

(3)　この理事会の常任理事国の５か国は議決の際に拒否権を持つ。

(4)　毎年１回開催され，すべての加盟国が平等に１票を持つ。

問２　国際連合には，国際連合分担金と呼ばれる国際連合運営のための資金を加盟国がそれぞれ負担する仕組みがあるが，その負担率を示した以下の表中の空欄１・２に入る国名を答えよ。ちなみに，その国の経済力を基礎として負担率を決めているといわれる。

国際連合分担金の割合(数字は％)			
2016〜18年		2019〜21年	
アメリカ	22.0	アメリカ	22.0
（ 1 ）	9.7	（ 2 ）	12.0
（ 2 ）	7.9	（ 1 ）	8.6

問３　国際連合は1945年の発足当時は51か国だったが，その後，加盟国数が増加した。このように加盟国数が増加した理由を以下のグラフを参考にしながら説明せよ。

地域別国連加盟国数の推移

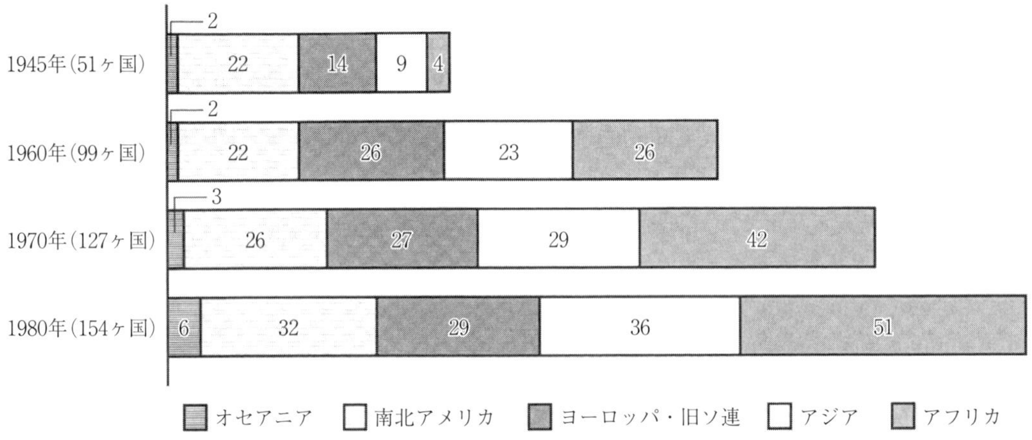

【理　科】〈第１回試験〉（35分）〈満点：75点〉

1　ものの燃焼について考えます。水素，炭素，マグネシウムが反応するときの，反応する物質の重さと生じる物質の重さの関係は次のようになることがわかっています。

> ・水素１gが燃焼すると，[ア] 8gとむすびついて，９gの水が生じます。
> ・炭素３gが完全燃焼すると，[ア] 8gとむすびついて，11gの二酸化炭素が生じます。
> ・マグネシウム３gが燃焼すると，[ア] 2gとむすびついて，５gの酸化マグネシウムが生じます。

これについて，以下の問いに答えなさい。ただし，計算した答が割り切れない場合は，**四捨五入して整数で**答えなさい。

(1)　空欄《くうらん》[ア]にあてはまる，空気中に含《ふく》まれる気体は何ですか。

(2)　次の①～④の内容が，水素と二酸化炭素の両方にあてはまるなら「A」，水素にあてはまるが二酸化炭素にはあてはまらないなら「B」，二酸化炭素にあてはまるが水素にはあてはまらないなら「C」，水素と二酸化炭素のどちらにもあてはまらないなら「D」と答えなさい。

①　空気よりも軽い気体である。

②　石灰水に通すと白くにごる。

③　鼻をさすようなにおいをもつ。

④　水にとかすと，そのよう液は酸性を示す。

(3)　炭素が燃焼するとき十分な量の[ア]がないと，不完全燃焼してある気体が発生します。その気体は火災のときなどにも発生し，毒性が強くとても危険です。この気体は何ですか。

(4)　水素を燃焼させて100gの水を生じさせるには，何gの水素が必要ですか。

(5)　マグネシウム50gを燃焼させると，何gの酸化マグネシウムが生じますか。

(6)　炭素とマグネシウムを合わせて30g用意して，十分な[ア]のもとで完全に燃焼させたところ，40gの白い固体が生じた。このとき，生じた二酸化炭素は何gですか。また，反応に使われた[ア]は何gですか。

(7)　水素と炭素とマグネシウムを合わせて50g用意して，十分な[ア]のもとで完全に燃焼させたところ，水と二酸化炭素と酸化マグネシウムが合わせて125g生じた。このとき，反応に使われた[ア]は何gですか。

(8)　マグネシウムは，大きなつぶ状のものを使うのではなく，テープ状にしたマグネシウムリボンを使うほうが燃焼しやすいです。その理由を説明しなさい。

2　方位磁石の磁針の動きからわかることについて考えたい。次の問いに答えなさい。なお，実験は日本で行われているものとする。

(1)　方位磁石は地磁気の影響《えいきょう》を受けて（磁力線に沿うように）南北を示す道具である。そのことを考えると，地球は大きな磁石であることがわかる。この時，地球という磁石のＮ極はどの方角側にあるか。最も適切なものを東・西・南・北から選びなさい。

地磁気の影響を無視できるとした場合，図１のようにたてに伸《の》びた導線において，上に向かって電流を流すとその周辺に置かれた各方位磁石は図に示したような向きを指す。

(2)　地磁気の影響を無視できないとした場合，図１の中の(ア)と(イ)の位置に置かれた方位磁石はどのように磁針を向けるか。簡単に図で表しなさい。ただし，電流が方位磁石のあたりに作り出す磁場（磁界）の大きさは地磁気による磁場の大きさと大きくは違《ちが》わないものとする。

(3)　地磁気の影響を無視できないとした場合，図１の中に電流を流す導線を１本加えるとき，図１の中の(エ)の位置に置かれた方位磁石の磁針が南北を指すようにするためにはどうしたら良いか，正しい文章になるよう【　】内の語句を選びなさい。

　(エ)の位置に置かれた方位磁石の①【東・西・南・北】側で，図１の導線から方位磁石までの距離《きょり》と同じ距離を離《はな》した位置において，方位磁石が置かれた面に②【平行に東向き・平行に西向き・垂直に上向き】に図１で流していた導線の電流③【より少し大きい・と同じ・より少し小さい】強さの電流を導線に流せばよい。

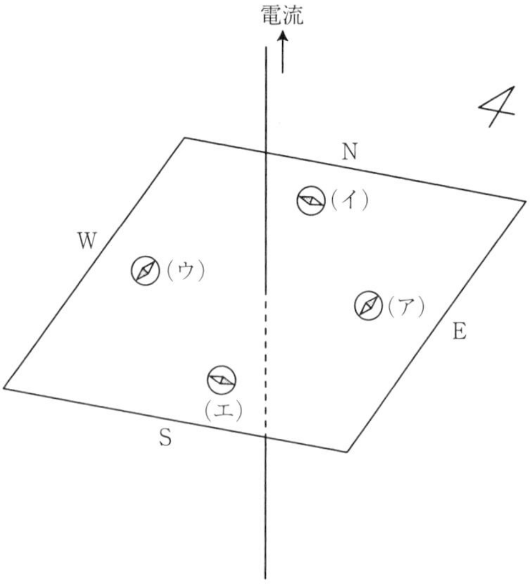

図１

　回路の周辺では，流れる電流に応じて磁場が発生する。そのため，回路周辺に方位磁石を置くと方位磁石の磁針は動く。なお，以下の問題では地磁気の影響も考える。また，方位磁石の上下にある導線と方位磁石の距離はすべて等しいものとする。

(4)　次の回路のうち，電流が流れると方位磁石のＮ極の磁針が西よりに振《ふ》れるのはどれか。**すべて**選べ。なお，１つもない場合は「なし」と解答欄《らん》に書け。ただし，電球や電池はすべて同じものを使用している。

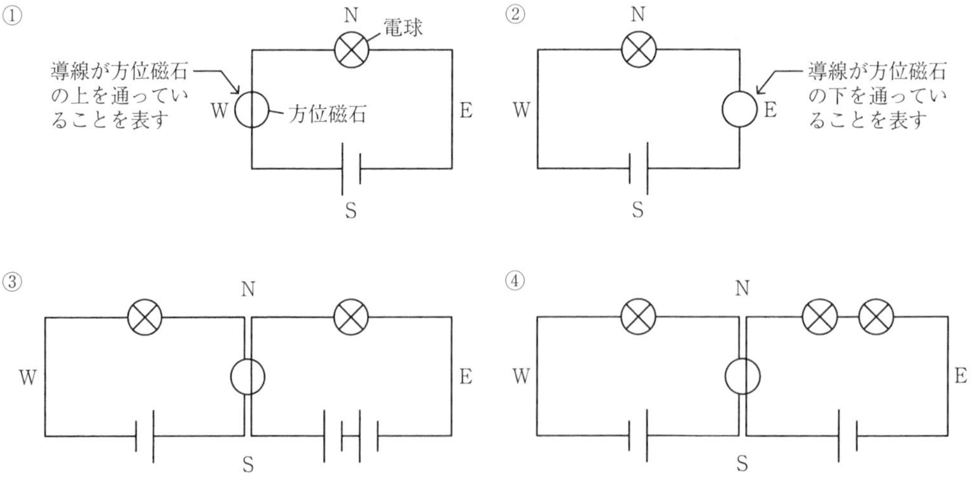

(5)　次の回路では，電流を流すとすべての方位磁石が南北からずれて同じ分だけ西に振れた。最も明るい豆電球が含まれる回路を**すべて**選べ。なお，すべて同じ明るさの場合は「同じ」と解答欄に書け。ただし，電球はすべて同じものを使用しているが，電池はすべて同じものを使用しているとはかぎらないものとする。

①

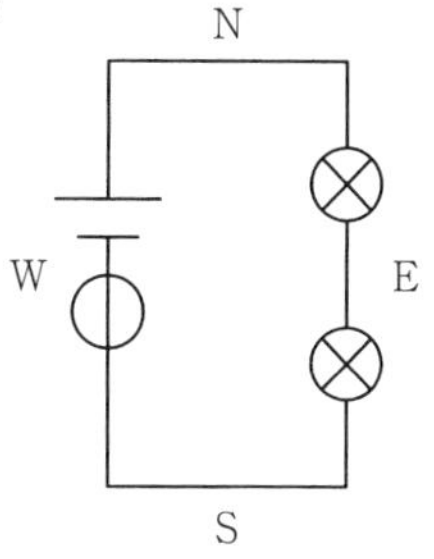

②

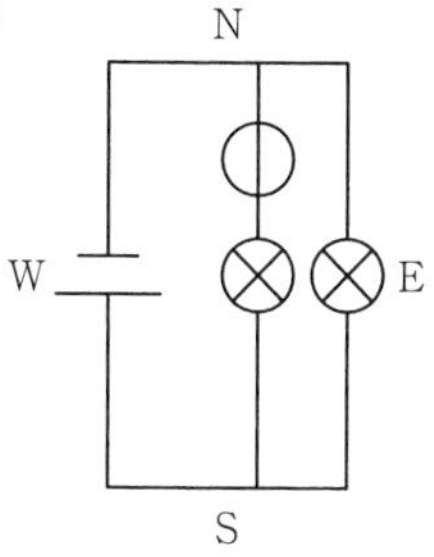

③

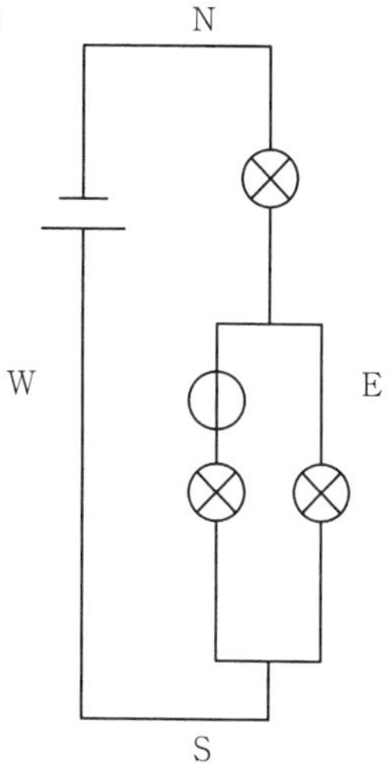

複数回導線を巻いたコイルに電流を流すと電磁石ができることが知られている。なお，(6)と(7)で用いている電池はすべて同じ電池である。

(6)　以下の電磁石の中で，Ｎ極とＳ極の向きが他と**違うもの**を①～④から１つ選びなさい。

①

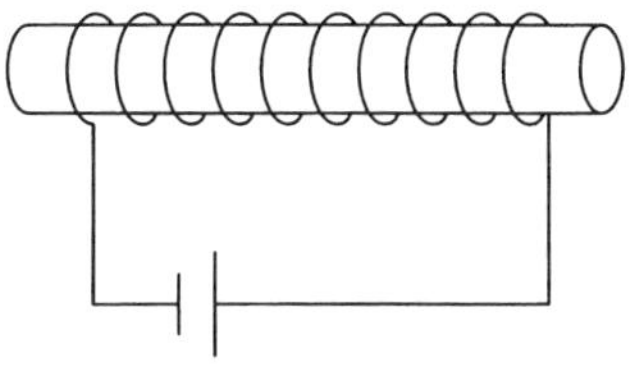

②

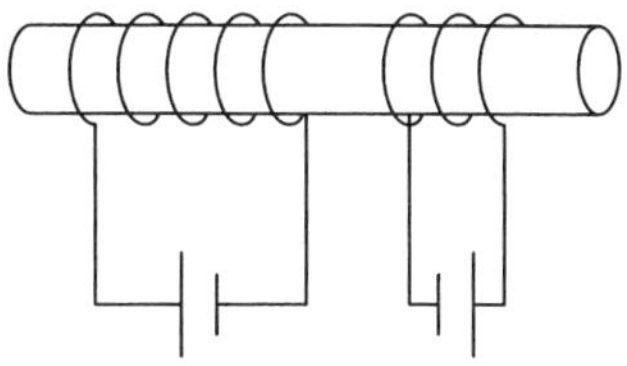

③

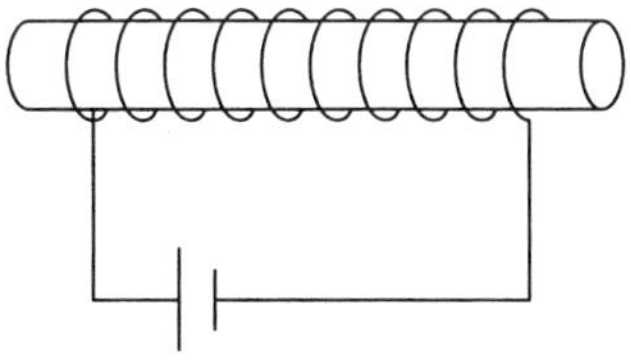

④

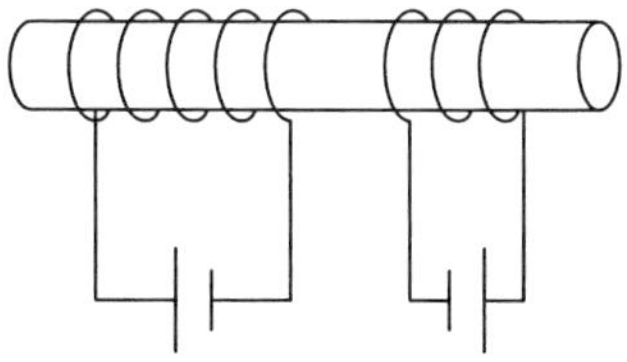

(7)　以下の電磁石の中で，最も強い磁場を生み出すと思われるものを①～④から１つ選びなさい。

①

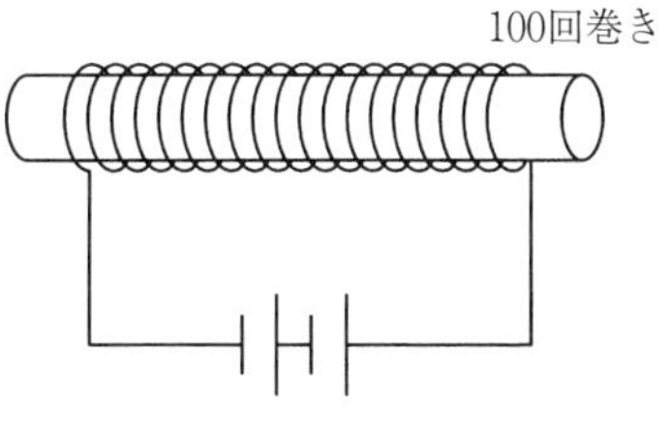

②

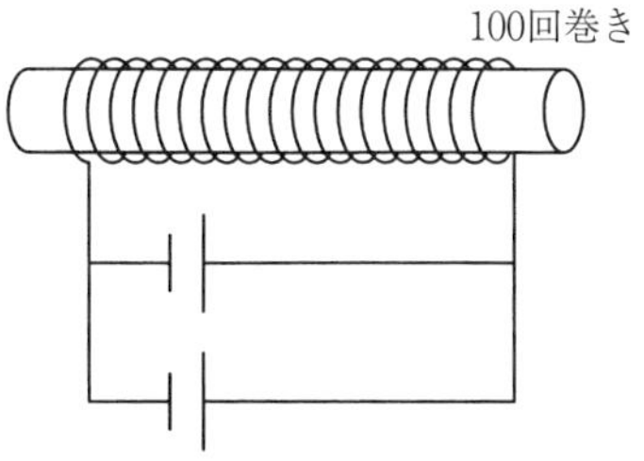

③

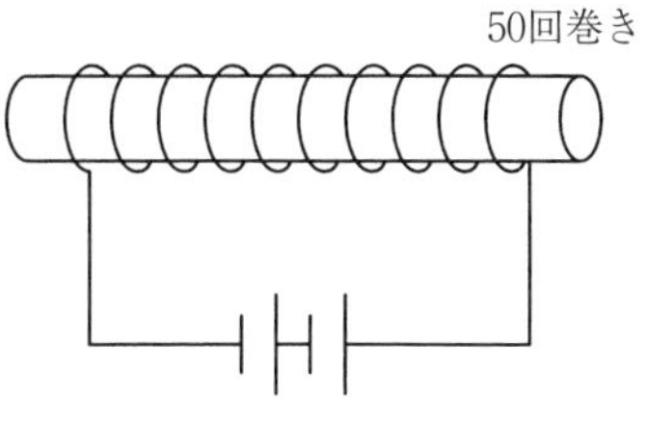

④

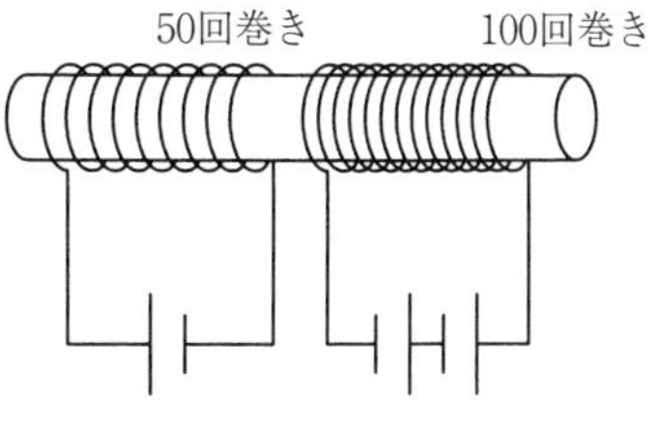

3　Ｅ子さんは，夏休みの自由研究について家族と話しています。以下の会話文を読み，あとの問いに答えなさい。

Ｅ　　子：学校に提出した夏休みの自由研究が，今日返却されたんだ！

お母さん：テーマは「ダイズを育てよう！」だったわね，お友達や先生からはどんな質問やコメントがあったのかしら？

Ｅ　　子：友達からは「どうして，(A)暗くした状態で育てるの？」とか，「食べた？　おいしかった？」と聞かれたよ。先生からは「観察結果を書くだけではなく，【　Ｂ　】の生育に適した条件をまとめてみよう！」とコメントが書かれていたよ！

お父さん：お友達の質問には，きちんと答えられたかい？　ところで，Ｅ子は来年，中学校で何を自由研究のテーマにするつもりなのかな？

Ｅ　　子：今回の実験条件を変えてみるのもいいし，自分で(C)発酵《はっこう》食品を作るのも面白そう！あと，リボベジ(再生野菜)にも興味があるんだ！　楽しみだね！

Ｅ子さんは今回の自由研究で，ダイズを育てるときに【実験①】～【実験④】を行いました。４つの実験では事前に，十分な水が入ったびんの中に乾燥《かんそう》したダイズを入れ，一晩置いています。その後，水を切ったダイズを用いて【実験①】～【実験④】を行い，結果を観察しました。また，【実験①】～【実験④】ではすべて同じ種類のダイズを用いており，10日目には発芽していることをすべて確認しています。

【実験①】　プランターにだっし綿をしいて，水道水にひたし，10粒ずつダイズを並べ，日当たりの悪い屋外に置きました。

【実験②】　プランターにだっし綿をしいて，水道水にひたし，10粒ずつダイズを並べ，箱をかぶせて日光が当たらないようにした屋外に置きました。

【実験③】　プランターにだっし綿をしいて，水道水にひたし，10粒ずつダイズを並べ，日当たりの悪い暗い室内に置きました。

【実験④】　プランターにだっし綿をしいて，水道水にひたし，10粒ずつダイズを並べ，日当たりの良い屋外に置きました。

なお，【実験④】では本葉が伸《の》びていることが観察できました。

(1)　ダイズのように，発芽に必要な養分を子葉に蓄えている種子を何というか，答えなさい。

(2)　下線部(A)について，以下の文章中の空欄ア～キにあてはまる言葉を書きなさい。

【実験④】では，光のエネルギーを使い，空気中の(　ア　)と根からの(　イ　)を材料に，(　ウ　)をつくる(　エ　)を行います。(　エ　)は植物の細胞内の(　オ　)で行われています。また，光がなければ(　エ　)はできず，ダイズは光を求めます。【実験④】では，他の実験のダイズに比べて，背たけの高さが(　カ　)くなり，くきの太さは(　キ　)くなります。

(3)　【実験②】のダイズの観察を続けたところ，ある程度成長したが，やがて枯れてしまいました。それはなぜか，この種子の特徴を踏まえた上で理由を説明しなさい。

(4)　ダイズを日光に当てずに発芽させ，育てたものを何というか，会話文中の【Ｂ】にあてはまる言葉を書きなさい。

(5)　下線部(C)について，次にあげる食品のうちダイズを用いた発酵食品はどれですか。すべて選びなさい。

みそ，ぬか漬け，お酢，しょうゆ，納豆，豆腐，チーズ

(6)　近年，肉類の代わりになる加工食品が注目されてきています。例えば，大豆ミートなどの豆類から得られるお肉のような食感と見た目を再現した食品がありますが，豆類が使われるのはなぜか，その栄養分に着目して理由を答えなさい。

4　次の会話文を読んで以下の問いに答えなさい。

Ａ子：今年の夏は暑いね。

Ｂ子：そうだね。東京では『熱中症《しょう》警戒《かい》アラート』がたくさん発令されているみたい。

Ａ子：『熱中症警戒アラート』って言葉は最近よく耳にするようになったよね。

Ｂ子：2021年から本格的に使用されているみたい。

Ａ子：どんな仕組みなんだろう。

Ｂ子：『暑さ指数(WBGT)』が33以上になると発令されるみたい。

Ａ子：じゃあ『暑さ指数(WBGT)』ってなんだろう。気温のことじゃないのかな。33℃ってまぁまぁ暑いもんね。

Ｂ子：気温そのもののことじゃないみたい。『暑さ指数(WBGT)』は屋外で日が当たる場合では次の式で与《あた》えられるんだって。

暑さ指数＝0.7×しつ球温度＋0.2×黒球温度＋0.1×かん球温度(気温)

Ａ子：なかなか難しいね。でも「しつ球温度」とか「かん球温度」は聞いたことがあるよ。空気中のアしつ度を調べるために用いる「かんしつ球しつ度計」で測る温度のことだよね。確か学校の外にもあったはずだよ。

Ｂ子：よく知っているね。じゃあそれを見に行ってみよう。

～移動～

Ｂ子：それにしても今日は日がよく出ていて暑いね。あ，これだね。日が当たってる。

Ａ子：ええと，どうやって読むんだったかな。確かこの(図１の)［　イ　］側が普《ふ》通の気温を示すはず。

Ｂ子：そうみたい。今，左側が34℃で右側が31℃ってなっているよ。ということは表(図２)を使うと今のしつ度は［　ウ　］パーセントだとわかるね。

Ａ子：だからこんなに蒸し暑いのか。ところで「黒球温度」って何かな。

Ｂ子：「黒球温度」は温度計を黒い球体の中にさして(図３)，日に当たる黒球が熱をどんどん吸収するときに内部の温度がどれくらいになるのかを示す温度のことだって書いていたよ。

Ａ子：今はその「黒球温度」は黒球がないからわからないね。

Ｂ子：でも計算で出せそうだよ。実はさっきここに来るとき職員室のテレビから聞こえたんだけど，今まさに『熱中症警戒アラート』が発令されたんだって。

Ａ子：ということは少なくとも今の「黒球温度」は［　エ　］℃以上ってことか。これは大変。早く校舎に入ろう！

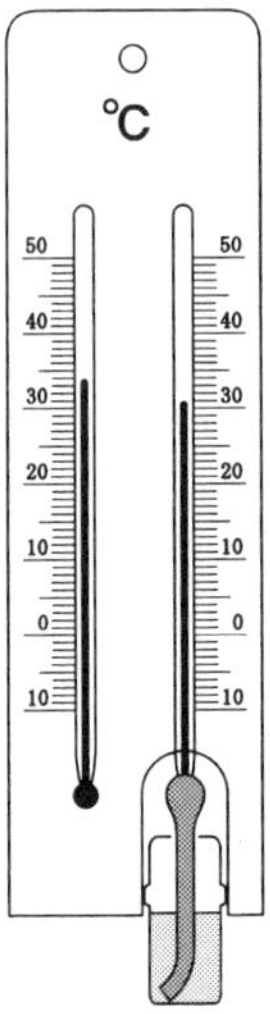

図１

		かん球温度計としつ球温度計との示度の差〔℃〕										
		0.0	0.5	1.0	1.5	2.0	2.5	3.0	3.5	4.0	4.5	5.0
かん球温度計の示度〔℃〕	35	100	97	93	90	87	83	80	77	74	71	68
	34	100	96	93	90	86	83	80	77	74	71	68
	33	100	96	93	89	86	83	80	76	73	70	67
	32	100	96	93	89	86	82	79	76	73	70	66
	31	100	96	93	89	86	82	79	75	72	69	66
	30	100	96	92	89	85	82	78	75	72	68	65
	29	100	96	92	89	85	81	78	74	71	68	64
	28	100	96	92	88	85	81	77	74	70	67	64
	27	100	96	92	88	84	81	77	73	70	66	63
	26	100	96	92	88	84	80	76	73	69	65	62

図２

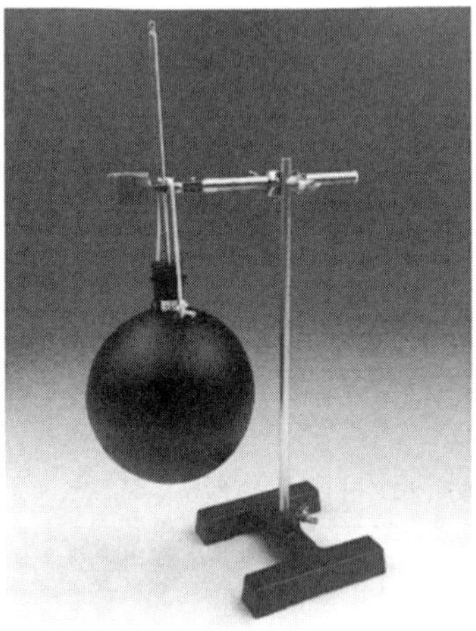

図３

(1)　会話中の下線部アについて，例えばしつ度50パーセントとはどのような状態か「飽《ほう》和水蒸気量」という言葉を用いて簡単に説明しなさい。

(2)　会話中の［ イ ］に「右」と「左」のどちらかを入れなさい。

(3)　「かん球温度」の方が「しつ球温度」より低い(もしくは高い)理由として最も適切なものを次の①～④から１つ選びなさい。

①　かん球温度計の方が水を含んだガーゼなどに触《ふ》れているので，水分が蒸発する際に熱が奪《うば》われて「しつ球温度」より低い温度を示す。

②　かん球温度計の方が水を含んだガーゼなどに触れているので，冷たい水に冷やされて「しつ球温度」より低い温度を示す。

③　しつ球温度計の方が水を含んだガーゼなどに触れているので，水分が蒸発する際に熱が奪われて「かん球温度」より低い温度を示す。

④　しつ球温度計の方が水を含んだガーゼなどに触れているので，冷たい水に冷やされて「かん球温度」より低い温度を示す。

(4)　図などを参考にしながら［ ウ ］に入る適切な数値を答えなさい。

(5)　会話に出てくる数値を参考にしながら［エ］に入る適切な数値を答えなさい。

(6)　ある２日間のしつ度と温度の関係を３時間おきに記録したものが図４である。この変化を見て，この２日間の天気の移り変わりの説明として最も適切だと思うものを次の①～④から１つ選びなさい。

①　１日目は主に晴れで，２日目はくもりから雨に変わったと思われる。

②　２日間とも雨も降らず晴れ間が広がる天気だったと思われる。

③　１日目は日中に雨が降ったが，次第にやみ，２日目は主に晴れとなったと思われる。

④　２日間とも晴れ間が少なく，雨かくもりが続く毎日だったと思われる。

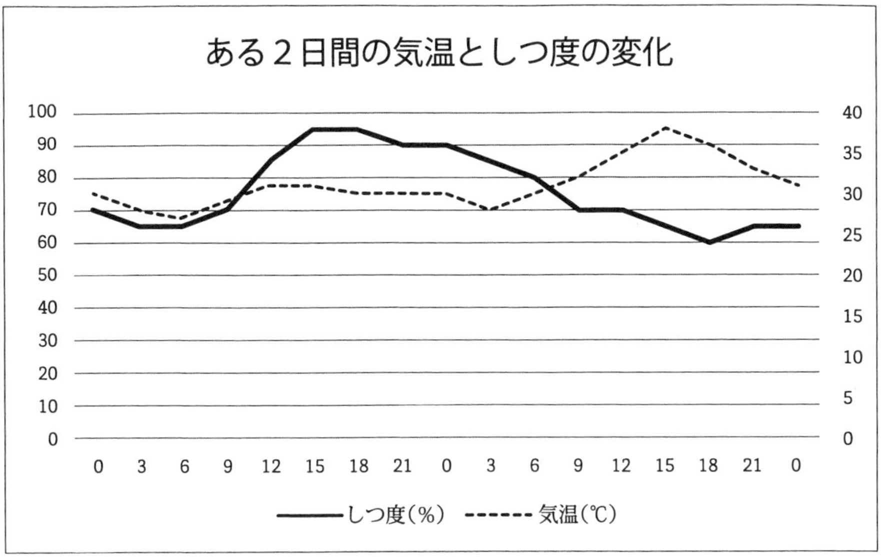

図４

問6　――線部④「『文章を作者の意図に支配されたものと見るのではなく、あくまでも文章それ自体として読むべきだとする思想』を倍速視聴に当てはめること（製作者が意図しない速度で観る行為）に、抵抗を示した」とあるが、それはどういうことか。最適なものを次の中から選び、記号で答えなさい。

ア　文章はそれ自体として読むべきであるが、その考えを、倍速視聴に当てはめるべきではないということ。

イ　文章はそれ自体として読むべきではなく、したがって倍速視聴も認められるべきだということ。

ウ　文章をそれ自体として読むことは、倍速視聴の延長線として考えねばならないということ。

エ　文章はそれ自体として読むべきであるが、倍速視聴は認められても良いということ。

問7　――線部⑤「後に」から始まる段落中にある、「映画」・「ラジオ」・「ＴＶ」が、この段落中で述べられているような扱《あつか》いを受けたのはなぜか、最適なものを次の中から選び、記号で答えなさい。

ア　これらのメディアやデバイスが、受け身で視聴するだけで、想像力や思考力を低下させるものだったから。

イ　これらのメディアやデバイスが、作品を「オリジナルの状態」で鑑賞することからかけ離《はな》れていたから。

ウ　新しいメディアやデバイスに慣れていない人々が、これらに対してどのような態度で接したらよいのか、戸惑《とまど》ったから。

エ　新しいメディアやデバイスに慣れていない教養人たちが、評価に値しないものと考えたから。

問8　――線部⑥「『芸術』の属性を勝ち取った」とあるが、それはどういうことか。「～ということ」に続くように、十字以内で分かりやすく説明しなさい。

問9　――線部⑦「目下のところ、倍速視聴や10秒飛ばしという新しい方法を手放しで許容する作り手は多数派ではない」とあるが、この文と内容的に対をなす一文を抜き出し、初めの五字を答えなさい。

うちに入らない」と不快感を示す映画好きがそこかしこにいた（さしずめ「缶詰の映画」とでも言おうか）。

また、本を読む方法としての「※デジタルデバイスで閲覧《えつらん》する＝電子書籍《しょせき》」「朗読音声で聴く＝オーディオブック」が、これほどまでに出版社にとって無視できない売上になることを、電子書籍とオーディオブックそれぞれの登場時に予測できた者が一体どれほどいたか。むしろ「本を読む体験としては、本来の方法に著しく劣《おと》る」と、いずれに対してもケチをつけた〝良識的な旧来派〟たる本好きは多かったはずだ。

新しい方法というやつはいつだって、出現からしばらくは風当たりが強い。

⑦目下のところ、倍速視聴や10秒飛ばしという新しい方法を手放しで許容する作り手は多数派ではない。〝良識的な旧来派〟からは非難轟々《ごうごう》である。

しかし自宅でレコードを聴いたり映画をビデオソフトで観たりといった「オリジナルではない形での鑑賞」を、ビジネスチャンスの拡大という大義に後押《あとお》しされて多くのアーティストや監督が許容したのと同様に、倍速視聴や10秒飛ばしという視聴習慣も、いずれ多くの作り手に許容される日が来るのかもしれない。

我々は、「昔は、レコードなんて本物の音楽を聴いたうちに入らないって目くじらを立てる人がいたんだって」と笑う。しかしそう遠くない未来、我々は笑われる側に回るのかもしれない。

「昔は、倍速視聴にいちいち目くじらを立てる人がいたんだって」

（稲田豊史『映画を早送りで観る人たち』による）

※　デジタルデバイス…スマートフォンやタブレットなど。

問１　X ・ Y に入れる言葉として、最適なものを次の中から選び、記号で答えなさい。

ア　偶然《ぐうぜん》　　イ　必然　　ウ　自然
エ　端的《たんてき》　　オ　美的　　カ　積極的

問２　――線部①「作品は作者が発表した通りの形、『オリジナルの状態』で鑑賞すべき」とあるが、本文中では「作品」を「オリジナルの状態」で鑑賞するとはどういうことなのか、二つ例があげられている。それを整理した次の空欄《くうらん》に適する言葉を、本文中から指定の字数で抜《ぬ》き出して答えなさい。

【ア　（二字）】鑑賞では【イ　（十五字以内）】
【ウ　（二字）】鑑賞では【エ　（十字以内）】

問３　A ～ C に入れる言葉として、最適なものを次の中から選び、記号で答えなさい。

ア　きっと　　イ　なぜなら　　ウ　あるいは
エ　果たして　　オ　しかも　　カ　しかし

問４　――線部②「寸分たがわぬ」・③「草分け」はどのような意味か、最適なものを後の中から選び、記号で答えなさい。

②　「寸分たがわぬ」
ア　ほとんど同じようなこと
イ　かなり似たようなこと
ウ　わずかな違いもないこと
エ　少しの違いしかないこと

③　「草分け」
ア　ある物事に精通した人
イ　ある物事を最初にした人
ウ　特定の物事に関心を示す人
エ　特定の物事しか関心のない人

問５　Z に入れるのに、最適な言葉を本文中から抜き出して答えなさい。

ける音楽評論の③草分け的存在である大田黒元雄《おおたぐろもとお》は、大正期に日本でレコードの需要《じゅよう》が急拡大した際、蓄音機《ちくおんき》で聴《き》くレコード音楽は所詮《しょせん》「缶詰《かんづめ》の音楽」だと斬《き》り捨てた。真の音楽鑑賞とは生演奏を聴くことを指すのであって、録音された音源を機械を通して聴くことを音楽鑑賞とは呼ばない。皿に載《の》ったまともな料理には程遠い、だから「缶詰」なのだと。

ただ、このような「オリジナルからの改変行為」は、むしろ作品の供給側(映画製作会社など)が率先して行ってきたことを忘れてはならない。そのほうがビジネスチャンスは広がり、監督《かんとく》や俳優やスタッフらを含《ふく》む制作陣《じん》がその経済的メリットを享受《きょうじゅ》できるからだ。映画館で上映するだけでなく、ビデオグラム化(ＶＨＳ、ＤＶＤなど)権、テレビ放映権、配信権などを販売《はんばい》したほうが、Ｙに言ってより大きく儲《もう》けられる。

配信メディア会社というだけでなく映画やドラマの製作会社でもあるＮｅｔｆｌｉＸやＡｍａｚｏｎが、あるいは放送メディア会社というだけでなく番組製作会社でもあるＴＶ局各社が、倍速視聴や10秒飛ばし機能を自社の配信サービス上に実装しているのもまた、「オリジナルではない形での鑑賞」の積極的な提案だ。なぜそんなことをするのか？　相応の数の顧客《こきゃく》がそれを求めているからだ。その求めに応じたほうが、ビジネスチャンスが広がるからだ。

本書冒頭《ぼうとう》で筆者は、「テクスト論」すなわち④「文章を作者の意図に支配されたものと見るのではなく、あくまでも文章それ自体として読むべきだとする思想」を倍速視聴に当てはめること(製作者が意図しない速度で観る行為)に、抵抗を示した。彼《かれ》らの動機の大半が「時短」「効率化」「便利の追求」という、きわめて実利的な理由だったからだ。これは作品を(あるいはコンテンツを)鑑賞する(あるいは消費する)態度のいちバリエーションとは、到底言えないのではないか、と。

Ｂ、レコードやＶＨＳやＤＶＤは、「聴く／観るためにわざわざ家から出なくていい」「好きなタイミングで何度でも視聴できる」という、極めて実利的な特性によってその存在意義が支えられてきた。レコード会社や映画会社やＤＶＤメーカーも、ビジネスチャンスの拡大というこれ以上なく実利的な動機をもって、これを推進してきた。

すなわちレコードやＶＨＳやＤＶＤでの視聴も「Ｚ的な目的のために、オリジナルの状態で鑑賞しないことを許容する」という意味において、倍速視聴や10秒飛ばしと〝同罪〟である。あるいは、もしそれらを罪とは考えず「作品鑑賞のいちバリエーション」と認めるならば、今度は倍速視聴や10秒飛ばしのほうも「作品鑑賞のいちバリエーション」と認めなければならないのではないか。

我々の社会では、新しいメディアやデバイスが登場するたび、Ｃそれらの新しい使い方が見いだされるたび、大田黒のような〝良識的な旧来派〟が不快感を示すという歴史が繰《く》り返されてきた。

⑤後に⑥「芸術」の属性を勝ち取った映画ですら、登場時は「芸術にはなりえない見世物」という扱《あつか》いだったし、ラジオ放送が始まって数年は、それを聞かないことが教養ある人々の態度とされた。日本初のＴＶ放送開始から4年後の１９５７年、昭和日本を代表するジャーナリストにして社会評論家の大宅壮一《おおやそういち》は、書物と違《ちが》って受け身で眺《なが》めるＴＶは人の想像力や思考力を低下させる、要は「バカになる」という意味合いを込《こ》めて、「一億総白痴《はくち》化」という流行語を生み出している。

ＰＣやインターネットの登場時にも、この種の抵抗感・嫌悪《けんお》感が〝良識的な旧来派〟からこぞって表明された。２０００年代初頭には、「ＷＥＢはまとまった長さの文章を精読するのに向いていない」と言って記事を全部プリントアウトして読む年配層がオフィスに一定数いたし、２０１０年頃ですら「ＰＣの小さな画面で観る映画など、観た

はどのような心情か。それを説明したのが次の文である。文中の空欄ア・イにあてはまる言葉を、それぞれ指定の字数で抜き出して答えなさい。

　子供はそれまで食事に苦手意識があったが、[ア　九字]と気づき、それまで思っていた気持ちとは異なり、[イ　五字]を感じ、歓《よろこ》んでいる。

問7　――線部⑤「母親は、勝利は自分のものだと見てとる」とあるが、何が母親にとっての勝利だったのか。十字以上十五字以内で答えなさい。

問8　――線部⑥「母と子を何も考えず、意識しない一つの気持ちの痺《しび》れた世界」とあるが、このように「心を奪《うば》われ、無意識に行動するさま」を四字熟語で答えなさい。

問9　――線部⑦「その子を父親が台なしにしてしまったと怒る」とあるが、母親にとって台無しにしてしまったのは、父親のどのような行動が原因か。それが書かれた四十字以上の一文の最初の六字を書き抜きなさい。

問10　――線部⑧「鮨までなつかしくなるんだよ」とあるが、このときの湊の心情はどのようなものか。それを説明したものとして最も適切なものを次の選択肢から選び、記号で答えなさい。

ア　母親に似ている鮨屋《すしや》の娘《むすめ》のともよに、工夫をして鮨を食べさせてくれた母親の雰囲気《ふんいき》を感じ取り、昔を思い出す気持ち。

イ　母親に似た鮨屋の娘のともよに、自分が胸の奥《おく》にしまっていた秘密を打ち明けることで、過去の過ちを償《つぐな》おうとする気持ち。

ウ　自分が母親の年齢に近付くと、母親への思いが強くなり、一《いっ》緒《しょ》に作った鮨の思い出により、鮨までもいとおしく思う気持ち。

エ　自分が年を取るごとに、母親のことを思い出すと、印象に残った鮨の出来事を思い出し、鮨までも恋《こい》しく思う気持ち。

四　次の文章を読んで、後の問いに答えなさい。

　映像を自分の思い通りの状態で「楽」に観るための改変行為《こうい》、すなわち倍速視聴《しちょう》や10秒飛ばしという現代人の習慣は、文明進化の[X]である。……といった言い切りには、まだまだ抵抗《ていこう》感をおぼえる人もいるだろう。①作品は作者が発表した通りの形、「オリジナルの状態」で鑑賞《かんしょう》すべきであると。

　しかし、そもそも我々は多くの場合において、作品を厳密な意味での「オリジナルの状態」では鑑賞していない。

　たとえば、映画館のスクリーンで観ることを前提に作られた映画をTVモニタで視聴する時点で、画面サイズは小さく、音響《おんきょう》は貧弱になる。場合によっては画角（画面の縦横比）すら〝改変〟され、スクリーンでは画面端《はし》に見えていたものが見えなくなっていたりする。家庭用ビデオデッキの登場によって映画が映画館以外でも手軽に観られるようになったとき、「あんな小さな画面で映画を味わったとは言えない」と声高に叫《さけ》んだ映画好きや映画人は相当数に上った。

　映画文化に「他の見知らぬ観客と肩《かた》を並べ、暗闇《くらやみ》で2時間の非日常を過ごす」という体験価値を見出す者にとっても、ビデオデッキによる映画鑑賞は到底《とうてい》認められるものではなかった。TVが置いてあるのは日常そのものである自宅の居間。トイレのたびに一時停止できる「ビデオ鑑賞」の体験は、真の映画体験とは似ても似つかない。

　もっと言えば、自分が理解できない言語で作られた作品を、母国語など理解できる言語の字幕や吹《ふ》き替《か》えで観る場合、[A]「オリジナルを鑑賞している」と言い切れるだろうか？　ある言語のある表現を②寸分たがわぬニュアンスで他言語に置き換《か》えることが原理的にできない以上、字幕や吹き替えは「思い通りの状態で観るための改変行為」ではないのか。

　こういう話はレコードが登場して間もない頃《ころ》にもあった。日本にお

※5　サヨリ…ダツ目サヨリ科の海水魚。刺身《さしみ》、吸い物種とされる。
※6　玉突き…ビリヤードのこと。
※7　茶屋酒…料亭《りょうてい》などで飲む酒。
※8　陶然…うっとりと気持ちのよい様子。
※9　鬱積…怒り、悩《なや》みなどの感情が、おさえつけられて心の中にこもり積もること。
※10　栄達…高い身分・地位に上がること。
※11　投機…商取引。

問1　――線部X「威丈高」・Y「滋味」・Z「道楽者」の意味として、最も適切なものをそれぞれ後の選択肢から選び、記号で答えなさい。

X「威丈高」
ア　威圧《いあつ》するような態度　イ　物腰《ものごし》のやわらかな態度
ウ　愛情があふれる態度　エ　あせらせるような態度

Y「滋味」
ア　愛情にあふれた趣《おもむ》き　イ　未知なる味わい
ウ　栄養のあるうまさ　エ　繊細《せんさい》な思いやり

Z「道楽者」
ア　武道などの修行に励《はげ》む人
イ　本業以外に熱中する人
ウ　自分の職業に誇《ほこ》りを持つ人
エ　日々旅をして暮らし続ける人

問2　空欄【A】【B】【C】に入る表現として、最も適切なものをそれぞれ後の選択肢から選び、記号で答えなさい。

【A】
ア　どんどん　イ　がんがん
ウ　こんこん　エ　ぐるぐる

【B】
ア　むずむずする　イ　いそいそする
ウ　ごろごろする　エ　ふらふらする

【C】
ア　ぱんぱんと　イ　どんどんと
ウ　ずんずんと　エ　からからと

問3　――線部①「子供」とあるが、この表現と同一人物を示す表現を漢字二字で本文中より二つ書き抜《ぬ》きなさい。ただし「少年」は解答としない。また順番は問わない。

問4　――線部②「にいっと笑って」とあるが、このとき子供はどのような様子か。それを説明したものとして最も適切なものを次の選択肢から選び、記号で答えなさい。

ア　母が握《にぎ》った鮨《すし》はとてもおいしく、自分の内側から湧《わ》き上がるような安心した心持ちになったが、食べることを避《さ》けていた自分を恥《は》じて、声を出せないでいる様子。
イ　母が握った鮨は福ずしの鮨よりうまく、心の底から湧き上がるような親密さを感じていたが、下に見ていた母に対して素直になれず、表情で伝えている様子。
ウ　母が握った鮨は驚《おどろ》くほどおいしく、心の内側から盛り上がるような激しい気持ちを感じ、これまでの親不孝を情けなく思い、精一杯《せいいっぱい》の笑顔を作っている様子。
エ　母とともよが握った鮨はおいしかったが、途中《とちゅう》で倒《たお》れてしまうなど不完全さがあり、老いた母への悲しみを感じていたが、それをなんとか隠《かく》そうとしている様子。

問5　――線部③「白く長方形の切片」とあるが、これは何か。この言葉が指すものを本文中から二字で書き抜きなさい。

問6　――線部④「ひ　ひ　ひ　ひ」とあるが、このときの子供

紛《まぎ》れている気がした。もっと、ぴったり、一致して欲しいが、あまり一致したら恐《おそ》ろしい気もする。

　自分が、いつも、誰にも内しょで呼ぶ母はやはり、この母親であったのかしら、それがこんなにも自分においしいものを食べさせてくれるこの母であったのなら、内密に心を外の母に移していたのが悪かった気がした。

「さあ、さあ、今日は、この位にしておきましょう。よく喰べておくれだったね」

　目の前の母親は、飯粒のついた薔薇いろの手を【 C 】子供の前で気もちよさそうにはたいた。

　それから後も五、六度、母親の手製の鮨に子供は慣らされて行った。ざくろの花のような色の※4赤貝の身だの、二本の銀色の地色に竪《たて》縞《じま》のある※5サヨリだのに、子供は馴染《なじ》むようになった。子供はそれから、だんだん平常の飯の菜にも魚が喰べられるようになった。身体も見違《みちが》えるほど健康になった。中学へはいる頃は、人が振《ふ》り返るほど美しく逞《たくま》しい少年になった。

　すると不思議にも、今まで冷淡《れいたん》だった父親が、急に少年に興味を持ち出した。晩酌《ばんしゃく》の膳の前に子供を坐らせて酒の対手《あいて》をさしてみたり、※6玉突きに連れて行ったり、※7茶屋酒も飲ませた。

　その間に家はだんだん潰《つぶ》れて行く。父親は美しい息子《むすこ》が紺飛白《こんがすり》の着物を着て盃《さかづき》を銜《ふく》むのを見て※8陶然《とうぜん》とする。よその女にちやほやされるのを見て手柄《てがら》を感ずる。息子は十六七になったときには、結局いい Z道楽者になっていた。

　母親は、育てるのに手数をかけた息子だけに、狂気《きょうき》のようになって⑦その子を父親が台なしにしてしまったと怒《おこ》る。その必死な母親の怒《いか》りに対して父親は張合いもなくうす苦く黙笑《もくしょう》してばかりいる。家が傾《かたむ》く※9鬱積《うっせき》を、こういう夫婦争いで両親は晴らしているのだ、と息子はつくづく味気なく感じた。

　息子には学校へ行っても、学課が見通せて判り切ってるように思えた。中学でも彼《かれ》は勉強もしないでよくできた。高等学校から大学へ苦もなく進めた。それでいて、何かしら体のうちに切ないものがあって、それを晴らす方法は急いで求めてもなかなか見付からないように感ぜられた。永い憂鬱《ゆううつ》と退屈《たいくつ》あそびのなかから大学も出、職も得た。

　家は全く潰れ、父母や兄姉も前後して死んだ。息子自身は頭が好くて、どこへ行っても相当に用いられたが、なぜか、一家の職にも※10栄達にも気が進まなかった。二度目の妻が死んで、五十近くなった時、ちょっとした※11投機でかなり儲《もう》け、一生独りの生活には事かかない見極めのついたのを機に職業も捨てた。それから後は、ここのアパート、あちらの貸家と、彼の一所不定の生活が始まった。

　今のはなしのうちの子供、それから大きくなって息子と呼んではなしたのは私のことだと湊は長い談話のあとで、ともに云った。

「ああ判った。それで先生は鮨がお好きなのね」

「いや、大人になってからは、そんなに好きでもなくなったのだが、近頃、年をとったせいか、しきりに母親のことを想い出すのでね。⑧鮨までなつかしくなるんだよ」

（岡本《おかもと》かの子『鮨《すし》』による）

（設問の都合上、原文の表記を改めたところがある。）

※1　縁側…座敷の外部に面した側に設ける板敷《じ》きの部分。

※2　蠅帳…台所用具の一つ。ハエなどが入るのを防ぎ、風の通りをよくするために、網《あみ》を張った小型の食品戸棚《とだな》。また、傘《かさ》状につくって食卓を覆《おお》うもの。

※3　疳高…声の調子が高く鋭《するど》い様子。

※4　赤貝…フネガイ科の二枚貝。肉は赤く、すし種などにする。

を母に抛《ょ》りつけたいほど、おいしさと、親しさが、ぬくめた香湯のように子供の身うちに湧《わ》いた。
子供はおいしいと云《い》うのが、きまり悪いので、ただ、②にいっと笑って、母の顔を見上げた。
「そら、もひとつ、いいかね」
母親は、また手品師のように、手を裏返しにして見せた後、飯を握り、蠅帳から具の一片《ひときれ》を取りだして押しつけ、子供の皿に置いた。
子供は今度握った飯の上に乗った③白く長方形の切片を気味悪く覗《のぞ》いた。すると母親は怖《こわ》くない程度の X 威丈高《いたけだか》になって
「何でもありません、白い玉子焼だと思って喰べればいいんです」
といった。
かくて、子供は、イカというものを生れて始めて喰べた。象牙《ぞうげ》のような滑《なめ》らかさがあって、生餅《なまもち》より、よっぽど歯切れがよかった。子供はイカ鮨を喰べていたその冒険《ぼうけん》のさなか、詰《つ》めていた息のようなものを、はっ、として顔の力みを解いた。うまかったことは、笑い顔でしか現わさなかった。
母親は、こんどは、飯の上に、白い透《す》きとおる切片をつけて出した。子供は、それを取って口へ持って行くときに、脅《おびや》かされるにおいに掠《かす》められたが、鼻を詰《つま》らせて、思い切って口の中へ入れた。
白く透き通る切片は、咀嚼《そしゃく》のために、上品なうま味に衝《つ》きくずされ、ほどよい Y 滋味《じみ》の圧感に混って、子供の細い咽喉《のど》へ通って行った。
「今のは、たしかに、ほんとうの魚に違《ちが》いない。自分は、魚が喰べられたのだ――」
そう気づくと、子供は、はじめて、生きているものを嚙《か》み殺したような征服《せいふく》と新鮮《しんせん》を感じ、あたりを広く見廻《みまわ》したい歓《よろこ》びを感じた。【 B 】両方の脇腹《わきばら》を、同じような歓びで、じっとしていられない手の指で摑《つか》み掻《か》いた。

「④ひ ひ ひ ひ ひ」
無暗《むやみ》に※3疳高《かんだか》に子供は笑った。⑤母親は、勝利は自分のものだと見てとると、指についた飯粒《めしつぶ》を、ひとつひとつ払《はら》い落したりしてから、わざと落ちついて蠅帳のなかを子供に見せぬよう覗いて云った。
「さあ、こんどは、何にしようかね……はてね……まだあるかしらん……」
子供は焦立《いらだ》って絶叫《ぜっきょう》する。
「すし！ すし」
母親は、嬉《うれ》しいのをぐっと堪《こら》える少し呆《ほう》けたような――それは子供が、母としては一ばん好きな表情で、生涯《しょうがい》忘れ得ない美しい顔をして
「では、お客さまのお好みによりまして、次を差上《さしあ》げまあす」
最初のときのように、薔薇いろの手を子供の眼の前に近づけ、母はまたも手品師のように裏と表を返して見せてから鮨を握り出した。同じような白い身の魚の鮨が握り出された。
母親はまず最初の試みに注意深く色と生臭《なまぐさ》の無い魚肉を選んだらしい。それはタイとヒラメであった。
子供は続けて喰べた。母親が握って皿の上に置くのと、子供が摑み取る手と、競争するようになった。その熱中が、⑥母と子を何も考えず、意識しない一つの気持ちの痺《しび》れた世界に牽《ひ》き入れた。五つ六つの鮨が握られて、摑み取られて、喰べられる――その運びに面白く調子がついて来た。素人《しろうと》の母親の握る鮨は、いちいち大きさが違っていて、形も不細工だった。鮨は、皿の上に、ころりと倒《たお》れて、載せた具を傍へ落すものもあった。子供は、そういうものへかえって愛感を覚え、自分で形を調えて喰べると余計おいしい気がした。子供は、ふと、日頃、内しょで呼んでいるも一人の幻想《げんそう》のなかの母といま目の前に鮨を握っている母とが眼の感覚だけか頭の中でか、一致《いっち》しかけ一重の姿に

2024年度 江戸川女子中学校

【国　語】〈第一回試験〉（五〇分）〈満点：一〇〇点〉

（注意）字数指定のある設問はすべて、句読点等を字数に含む。

一 次の――線部のカタカナを漢字に直しなさい。

① 本をジュクドクする。
② ダンチョウの思い。
③ ゴクヒの任務。
④ 荷物をアッシュクする。
⑤ 会社のギョウセキ。

二 次の慣用句の空欄《くうらん》には、体の一部を表す漢字が一文字入る。慣用句の意味が通じるように空欄に入る漢字一字を答えなさい。

① 【　】を巻《ま》く　：感心したり、驚くさま。
② 【　】を捻《ひね》る　：あれこれ工夫して考える。
③ 【　】をくわえる：どうすることもできず、ただながめている。
④ 【　】をとがらす：不服そうにする。
⑤ 【　】にかける　：自慢する。

三 次の文章を読んで、後の問いに答えなさい。

鮨屋《すしや》、福ずしの娘《むすめ》で女学生の「ともよ」は、店の常連客の「湊《みなと》」という五十過ぎの紳士《しんし》に興味を持っていた。偶然《ぐうぜん》、「湊」と出くわし、「ともよ」はなぜ鮨《すし》を食べに来るのか尋《たず》ねる。すると「湊」は「鮨を食べることが慰《なぐさ》みになる」と言い、自分の過去について語り出す。「湊」は子供の頃《ころ》、食事が苦痛で、「体内へ、色、香《かおり》、味のある塊団《かたまり》を入れると、何か身が穢《けが》れるような気がした。」と言うほど、食事が苦手だったのだ。以下は「湊」の過去に関する場面から始まる。

その翌日であった。母親は青葉の映りの濃《こ》く射《さ》す※1縁側《えんがわ》へ新しい莫蓙《ござ》を敷《し》き、俎板《まないた》だの庖丁《ほうちょう》だの水桶《みずおけ》だの※2蠅帳《はいちょう》だの持ち出した。それもみな買い立ての真新しいものだった。

母親は自分と俎板を距《へだ》てた向う側に①子供を坐《すわ》らせた。子供の前には膳《ぜん》の上に一つの皿を置いた。

母親は、腕捲《うでまく》りして、薔薇《ばら》いろの掌《てのひら》を差出《さしだ》して手品師のように、手の裏表を返して子供に見せた。それからその手を言葉と共に調子づけて擦《こす》りながら云《い》った。

「よくご覧、使う道具は、みんな新しいものだよ。それから拵《こしら》える人は、おまえさんの母さんだよ。手はこんなにもよくきれいに洗ってあるよ。判《わか》ったかい。判ったら、さ、そこで――」

母親は、鉢《はち》の中で炊《た》きさました飯に酢《す》を混ぜた。母親も子供も【Ａ】噎《む》せた。それから母親はその鉢を傍《そば》に寄せて、中からいくらかの飯の分量を摑《つか》み出して、両手で小さく長方形に握《にぎ》った。

蠅帳の中には、すでに鮨の具が調理されてあった。母親は素早くその中からひときれを取出してそれからちょっと押《おさ》えて、長方形に握った飯の上へ載《の》せた。子供の前の膳の上の皿へ置いた。玉子焼鮨だった。

「ほら、鮨だよ、おすしだよ。手々で、じかに摑《つか》んで喰《た》べてもいいのだよ」

子供は、その通りにした。はだかの肌《はだ》をするする撫《な》でられるような頃合《ころあ》いの酸味に、飯と、玉子のあまみがほろほろに交ったあじわいがちょうど舌いっぱいに乗った具合――それをひとつ喰べてしまうと体

2024年度

江戸川女子中学校　▶解説と解答

算　数　＜第１回試験＞（50分）＜満点：100点＞

解　答

1 (1)　7　(2)　202.4　(3)　0.25　(4)　3時間1分18秒　(5)　400　(6)　320　(7)　4200　(8)　58　(9)　360　(10)　2.28　(11)　24　**2** (1)　12　(2)　45　(3)　45　**3** (1)　6通り　(2)　6通り　(3)　18通り　**4** (1)　250cm^2　(2)　10cm　(3)　46分後

解　説

1 **四則計算，計算のくふう，逆算，単位の計算，消去算，相当算，比の性質，整数の性質，角度，面積，立体図形の構成**

(1)　{11＋(9－7)×5}÷3＝(11＋2×5)÷3＝(11＋10)÷3＝21÷3＝7

(2)　11×2.3×15－25.3×7＝25.3×15－25.3×7＝25.3×(15－7)＝25.3×8＝202.4

(3)　$(0.75-\square)\times 5+\frac{1}{3}=2\frac{5}{6}$より，$(0.75-\square)\times 5=2\frac{5}{6}-\frac{1}{3}=2\frac{5}{6}-\frac{2}{6}=2\frac{3}{6}=2\frac{1}{2}=\frac{5}{2}$，$0.75-\square=\frac{5}{2}\div 5=\frac{5}{2}\times\frac{1}{5}=\frac{1}{2}$　よって，$\square=0.75-\frac{1}{2}=0.75-0.5=0.25$

(4)　1時間24分46秒×3＝1時間×3＋24分×3＋46秒×3＝3時間＋72分＋138秒＝3時間＋1時間12分＋2分18秒＝4時間14分18秒だから，1時間24分46秒×3－73分＝4時間14分18秒－1時間13分＝3時間1分18秒

(5)　うどん1個の値段を「う」，ぶたどん1個の値段を「ぶ」とすると，右の図1のア，イのように表せる。イの式を2倍すると，うどん10個とぶたどん4個で，3050×2＝6100(円)になるから，図1のウのようになる。したがって，アとウの差を考えると，うどん，10－3＝7(個)で，6100－2950＝3150(円)になるから，うどん1個の値段は，3150÷7＝450(円)とわかる。すると，うどん5個の値段は，450×5＝2250(円)なので，イより，ぶたどん2個の値段は，3050－2250＝800(円)となる。よって，ぶたどん1個の値段は，800÷2＝400(円)と求められる。

図1

う×3＋ぶ×4＝2950(円)…ア
う×5＋ぶ×2＝3050(円)…イ
う×10＋ぶ×4＝6100(円)…ウ

(6)　3日目から8日目までの6日間，毎日16ページずつ読んで読み終わったので，2日目に読んだ後の残りのページ数は，16×6＝96(ページ)である。また，本全体のページ数を1とすると，1日目に読んだ残りは，$1-\frac{1}{4}=\frac{3}{4}$だから，2日目に読んだ残りは，$\frac{3}{4}\times\left(1-\frac{3}{5}\right)=\frac{3}{4}\times\frac{2}{5}=\frac{3}{10}$となる。よって，本全体の$\frac{3}{10}$が96ページにあたるから，本全体のページ数は，$96\div\frac{3}{10}=320$(ページ)とわかる。

(7)　Aさんが持っているお金を，35と30と20の最小公倍数である420とすると，おにぎり1個の値段は，420÷35＝12，パン1個の値段は，420÷30＝14，肉まん1個の値段は，420÷20＝21と表せ

るので，１組の値段は，12＋14＋21＝47となる。したがって，420÷47＝８余り44より，できるだけ多く買うと，８組買えて，比の44にあたる金額のおつりがでる。つまり，44にあたる金額は440円だから，比の１にあたる金額は，440÷44＝10(円)となり，Ａさんが持っているお金は，10×420＝4200(円)と求められる。

(8)　３で割ると１余る数は，１に３を何個かたした数で，５で割ると３余る数は，３に５を何個かたした数だから，それぞれ右の図２の㋐，㋑のようになる。したがって，両方に共通する数で，一番小さいものは13となり，その後は，３と５の最小公倍数である15を何個かたした数になるから，13＋15＝28，28＋15＝43，43＋15＝58，…となる。これらの中で，７で割ると２余る数をさがすと，13÷７＝１余り６，28÷７＝４，43÷７＝６余り１，58÷７＝８余り２より，一番小さい数は58とわかる。

図２
㋐　1，4，7，10，13，…
㋑　3，8，13，…

(9)　右の図３で，印をつけた８つの角と，㋐，㋑，㋒，㋓の４つの角の大きさの和は，三角形４個の角の大きさの和と等しいから，180×４＝720(度)である。また，㋐と(あ)，㋑と(い)，㋒と(う)，㋓と(え)の角の大きさはそれぞれ等しいので，㋐，㋑，㋒，㋓の角の大きさの和は，(あ)，(い)，(う)，(え)の角の大きさの和に等しく，360度となる。よって，印をつけた８つの角の大きさの和は，720－360＝360(度)とわかる。

図３
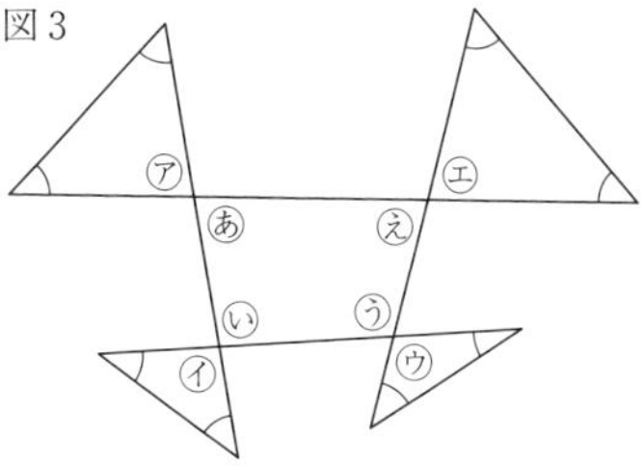

(10)　右の図４のように，斜線《しゃせん》部分を正方形の対角線で２等分すると，その１個分は，半径２cm，中心角90度のおうぎ形から等しい辺の長さが２cmの直角二等辺三角形を取りのぞいた形だから，面積は，$2 \times 2 \times 3.14 \times \frac{90}{360} - 2 \times 2 \div 2 = 3.14 - 2 = 1.14$(cm^2)となる。よって，斜線部分の面積は，$1.14 \times 2 = 2.28$(cm^2)である。

図４
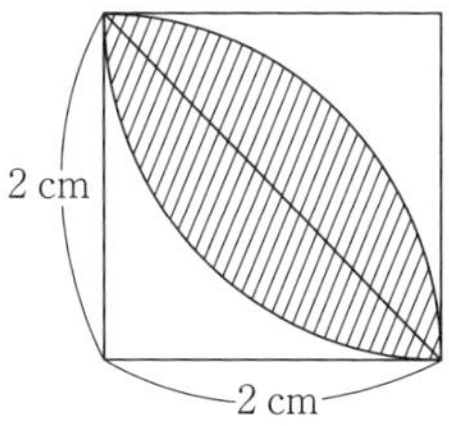

図５
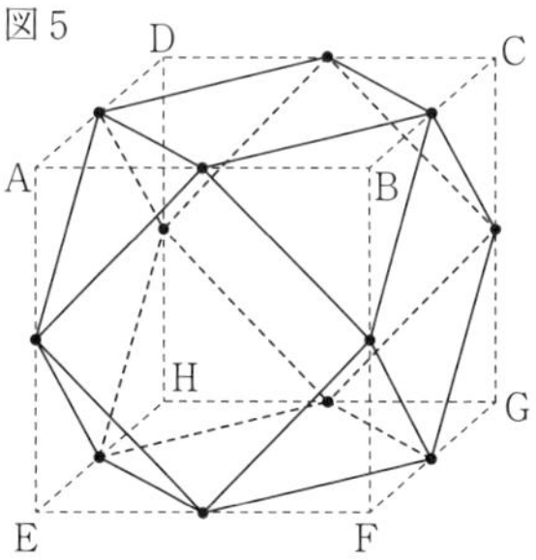

(11)　できあがった立体は右上の図５のようになる。この立体の辺の数は，立方体を切断したときにできた８つの三角形の辺の数の和に等しいから，３×８＝24(本)とわかる。

2　整数の性質

(1)　Ｋさんのメモより，差が２である２つの整数の積は，その２つの間の整数を２個かけた積から１をひいた数に等しいことがわかる。よって，11×13＝12×12－１だから，△は12である。

(2)　40×40＝1600，50×50＝2500で，2025は1600と2500の間の数だから，◎は40と50の間の数とわかる。また，同じ数を２個かけた積の一の位が５になるとき，かけた数の一の位は５である。そこで，45×45を計算してみると，45×45＝2025になるから，◎は45とわかる。

(3)　Ｋさんのメモと(2)より，44×46＝45×45－１＝2025－１＝2024となる。よって，(45－１)×(45＋１)＝2024より，□は45とわかる。

3　場合の数

(1)　下の図で，点Ｐが２つ目に通る頂点(Ａの次に通る頂点)はＢ，Ｄ，Ｅのいずれかとなる。２つ

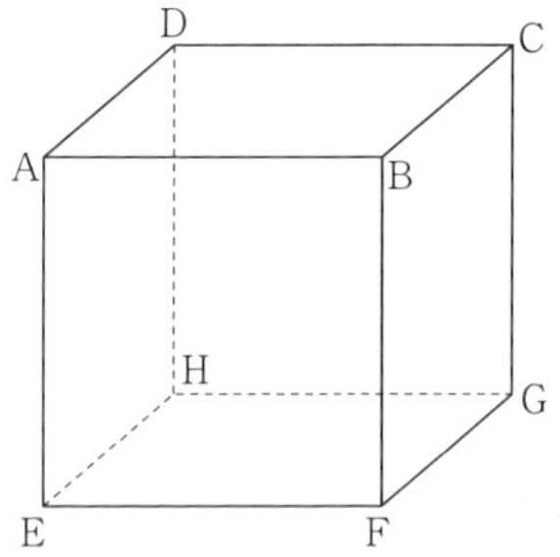

目の頂点がＢの場合，移動方法は，Ａ→Ｂ→Ｃ→Ｇ，Ａ→Ｂ→Ｆ→Ｇの２通りあり，２つ目の頂点がＤ，Ｅの場合も同様に，移動方法は２通りずつある。よって，全部で，２×３＝６(通り)ある。

(2)　２つ目の頂点がＢの場合，Ａ→Ｂ→Ｃ→Ｇ→Ｆの１通りある。２つ目の頂点がＤの場合，Ａ→Ｄ→Ｃ→Ｂ→Ｆ，Ａ→Ｄ→Ｃ→Ｇ→Ｆ，Ａ→Ｄ→Ｈ→Ｅ→Ｆ，Ａ→Ｄ→Ｈ→Ｇ→Ｆの４通りある。２つ目の頂点がＥの場合，Ａ→Ｅ→Ｈ→Ｇ→Ｆの１通りある。よって，全部で，１＋４＋１＝６(通り)ある。

(3)　２つ目の頂点がＢの場合，３つ目の頂点はＣかＦになる。３つ目の頂点がＣのとき，Ａ→Ｂ→Ｃ→Ｄ→Ｈ→Ｅ→Ｆ→Ｇ，Ａ→Ｂ→Ｃ→Ｄ→Ｈ→Ｇ→Ｆ→Ｅ，Ａ→Ｂ→Ｃ→Ｇ→Ｆ→Ｅ→Ｈ→Ｄの３通りある(Ａ→Ｂ→Ｃ→Ｇ→Ｈと進むと，すべての点を１回だけ通ることはできない)。同様に，３つ目の頂点がＦのときも３通りあるので，２つ目の頂点がＢの場合は，３×２＝６(通り)ある。２つ目の頂点がＤ，Ｅの場合も６通りずつあるから，全部で，６×３＝18(通り)ある。

4　グラフ―水の深さと体積

(1)　水そうは，容積が7500cm^{3}で，高さが30cmだから，(底面積)×30＝7500(cm^3)より，底面積は，7500÷30＝250(cm^2)とわかる。

(2)　問題文中のグラフより，コップで水をくむと，容器の水面の高さは，10－６＝４(cm)減ることがわかる。よって，コップいっぱいに入る水の体積は，250×４＝1000(cm^3)だから，1000＝10×10×10より，コップの一辺の長さは10cmである。

(3)　グラフより，水を注ぐとき，水面は10分で10cm上がり，１分で，10÷10＝１(cm)上がる。したがって，水面の高さは，30分後に，12＋10＝22(cm)になり，水をくむと，22－４＝18(cm)になる。40分後には，18＋10＝28(cm)になり，水をくむと，28－４＝24(cm)になる。この後，水面が，30－24＝６(cm)上がると，水そうはいっぱいになる。６cm上がるのにかかる時間は，６÷１＝６(分)なので，水そうがいっぱいになるのは注ぎ始めてから，40＋６＝46(分後)である。

社　会　＜第１回試験＞(35分)＜満点：75点＞

解　答

1　**問１**　エ　**問２**　ウ　**問３**　エ　**問４**　オ　**問５**　ウ　**問６**　漢委奴国王　**問７**　豊臣秀吉　**問８**　(例)　日露戦争でロシアに勝利したにもかかわらず，ポーツマス条約で賠償金を得られなかったことに，国民が反発したから。　**問９**　**３番目**…Ｂ　**６番目**…Ｅ
2　**問１**　ウ　**問２**　天台宗　**問３**　〔ⅰ〕　エ　〔ⅱ〕　イ　**問４**　〔ⅰ〕　(例)　欧米諸国の学問や技術を導入するため。　〔ⅱ〕　フェノロサ　**問５**　富岡製糸場　**3**　**問１**　(1)　サミット　(2)　エ　**問２**　エ　**問３**　(1)　**a**　ケ　**b**　ウ　**c**　コ　**d**　カ　(2)　**a**　け　**b**　く　**c**　え　**d**　あ　**問４**　(例)　愛媛県今治市との間に瀬戸内しまなみ海道(西瀬戸自動車道)が開通した。　**問５**　Ｄ　**問６**　ⓐ　原爆ドーム　ⓑ　厳島神社　**問７**　Ｆ　**4**　Ⅰ　①　消費者庁　②　トレーサビリティ　③　地産地消　④

フードマイレージ　**Ⅱ**　**問1**　**1**　イ　**2**　オ　**3**　ウ　**4**　カ　**問2**　30　**問3**　エ　**問4**　(例)　１つの議案を慎重に検討するため。　**Ⅲ**　**問1**　(1)　B　(2)　C　(3)　A　(4)　D　**問2**　**1**　日本　**2**　中国　**問3**　(例)　アジア・アフリカなど，かつて植民地だった地域の多くで独立した国が増えたため。

解　説

1　各時代の歴史的なことがらについての問題

問1　1275年，紀伊《きい》国の阿氏河荘《あてがわのしょう》(和歌山県有田郡)の農民たちが，荘園領主に納める材木が遅れている理由について述べ，地頭の横暴さを13か条にわたって荘園領主に訴《うった》えた。尾張《おわり》国(愛知県西部)の国司であった藤原元命《もとなが》を辞めさせてほしいとの訴えがあったのは988年のことで，郡司・百姓《ひゃくしょう》らによるものである(エ…×)。

問2　1051年，東北地方の豪族《ごうぞく》である安倍《あべ》氏が，国司に従わず，衣川《ころもがわ》をこえて勢力を拡大しようとして起こった戦いを前九年合戦(前九年の役)といい，清原氏の助けを得た源頼義・義家父子が，安倍氏をほろぼした(ウ…○)。

問3　1940年に日本がドイツ，イタリアと三国同盟を結んだことにより，アメリカとの関係が悪化し，翌年の太平洋戦争開戦につながった(エ…○，ア…×)。なお，日独伊三国同盟と同じころに結ばれたのは日ソ中立条約で，日ソ共同宣言が発表されたのは1956年である(イ…×)。日英同盟の廃《はい》止《し》が決まったのは1921年である(ウ…×)。

問4　埴輪《はにわ》は，稲作が伝来した縄文時代晩期ではなく古墳時代につくられ(ア…×)，土製の焼き物であり(イ…×)，古墳の頂上や周りに並べられたと考えられている(エ…×)。安産や豊かな収穫《しゅうかく》を祈《いの》るためにつくられたとされるのは，縄文時代の土偶である(ウ…×)。

問5　西日本で麦を裏作とする二毛作が始まったのは鎌倉時代で，室町時代になると畿内では三毛作も行われるようになった(ウ…×)。

問6　57年，北九州にあった奴国《なこく》の王から後漢(中国)に使いが送られ，光武帝《こうぶてい》から金印が与《あた》えられたことが，中国の歴史書『後漢書』東夷伝《とういでん》に記されている。この金印は18世紀後半に福岡県にある志賀島《しかのしま》で発見され，「漢委奴国王」と刻まれていた。

問7　豊臣秀吉は，百姓から武器を取り上げて一揆《いっき》を起こさせないようにし，百姓の身分を明確にして耕作に専念させるため，百姓が刀，弓，やりなどの武器を持つことを禁止する刀狩令を1588年に出した。

問8　日露戦争(1904～05年)を終結させたポーツマス条約では，多大な犠牲《ぎせい》を払《はら》って勝利したにもかかわらずロシアから賠償金《ばいしょうきん》を得ることができなかったため，1905年９月，反発した国民が日比谷公園で抗議《こうぎ》集会を開き，警察署や新聞社を襲《おそ》った。

問9　Aは鎌倉時代(阿氏河荘の農民の訴え)，Bは平安時代(前九年合戦)，Cは昭和時代(日独伊三国同盟)，Dは古墳時代(埴輪)，Eは江戸時代(備中鍬《びっちゅうぐわ》や千歯扱《こき》)，Fは弥生時代(光武帝に使者を派遣)，Gは安土桃山時代(刀狩令)，Hは明治時代(日比谷焼打ち事件)のことなので，年代の古い順に，F→D→B→A→G→E→H→Cとなる。

2　軽井沢周辺に関する歴史の問題

問1　東京から長野県の軽井沢に行くには，関越自動車道で東京都，埼玉県，群馬県の順に通り，藤岡ジャンクションから上信越自動車道に入る。

問２　浅間山観音《かんのん》堂は寛永寺と同じ宗派の寺院で，寛永寺は東叡《とうえい》山寛永寺とも呼ばれていると書かれている。９世紀初め，唐《とう》(中国)から帰国した最澄《さいちょう》が比叡山に延暦《えんりゃく》寺を建てて天台宗を広めているので，浅間山観音堂の宗派は天台宗だと考えられる。

問３　〔ｉ〕　1783(天明３)年，浅間山の噴火《ふんか》により広範囲《こうはんい》に火山灰が降り，全国的に大きな被害が出た。天明の飢饉《ききん》が深刻化して各地で百姓一揆や打ちこわしが増加し，当時老中を務めていた田沼《たぬま》意次《おきつぐ》は失脚《しっきゃく》した。　〔ii〕　勘定奉行《かんじょうぶぎょう》は，江戸幕府の財政と直轄地《ちょっかつち》の年貢の徴収《ちょうしゅう》などを担当した役職で，将軍直属の家臣である旗本から任命された。

問４　〔ｉ〕　お雇《やと》い外国人は，日本が近代化をなしとげるため，欧米《おうべい》諸国の進んだ学問・技術・制度を伝えることを目的に，明治政府や学校に招かれて来日した。　〔ii〕　フェノロサは，東京大学で哲学《てつがく》などの講義のために招かれたお雇い外国人で，岡倉天心とともに日本の伝統美術を保護して東京美術学校(東京芸術大学の前身)を設立し，日本美術を海外に紹介した。

問５　富岡製糸場は，近代産業を育成するために1872年に群馬県に建てられた官営工場で，フランス人技師ブリューナの指導のもと，フランス製の機械を用いて生糸が生産された。2014年にユネスコ(国際連合教育科学文化機関)の世界文化遺産に登録されている。

3　広島県に関する問題

問１　⑴，⑵　サミット(先進国首脳会議，主要国首脳会議)は，1975年に第１回が開催《かいさい》されて以降毎年開催されており，現在は７か国(フランス，アメリカ，イギリス，ドイツ，日本，イタリア，カナダ)とヨーロッパ連合の首脳が参加している。

問２　2014年８月，中国地方や九州地方北部を中心に降った集中豪雨により，広島市安佐《あさ》南区，安佐北区の丘陵斜面《きゅうりょうしゃめん》に形成された扇状地《せんじょうち》で土砂崩《くず》れが発生した。また，2018年７月には，台風７号や梅雨前線の影響《えいきょう》による集中豪雨で，広島県を中心に各地で土石流の被害が生じた。

問３　⑴，⑵　**a**　山形県の庄内《しょうない》平野は，山形県内の米沢盆地《よねざわぼんち》，山形盆地，新庄盆地を流れ，日本海に注ぐ最上川の下流域に形成されている。　**b**　新潟県の越後《えちご》平野は，長野県から流れてくる日本一の長さをほこる信濃《しなの》川の下流域に形成されている。　**c**　徳島平野は四国地方を西から東に流れる吉野川の下流域に形成されている。　**d**　佐賀県と福岡県の南部に位置する筑紫《つくし》平野は，筑後《ちくご》川の下流域に形成されている。

問４　瀬戸内しまなみ海道は，中国地方の広島県尾道《おのみち》市と四国地方の愛媛県今治《いまばり》市の間の瀬戸内海に浮《う》かぶ島々を７つの橋でつないだ全長約60kmの道で，自動車や徒歩でわたることができ，サイクリングコースが人気となっている。

問５　広島市は自動車工場が多く，自動車製造がさかんであるので，輸送用機械が約60％を占《し》めるＤとなる。なお，製紙・パルプの割合が大きいＡは四国中央市(愛媛県)，金属の割合が大きいＢは福山市(広島県)，石油化学の割合が大きいＣは倉敷《くらしき》市(岡山県)である。

問６　ⓐ　原爆ドームは，1945年８月６日に広島に人類史上初の原子爆弾が投下されたことによって被爆した建物(広島県産業奨励《しょうれい》館)で，核兵器の恐ろしさと平和の大切さを訴えるために，当時の姿のまま残されている。　ⓑ　厳島神社は，海の中に建つ朱色の本殿や鳥居が美しい神社で，平清盛が瀬戸内海航路の守り神として厚く敬い，一族の繁栄《はんえい》を願った。

問７　広島県は，かきの養殖収獲《ようしょくしゅうかく》量が全国収獲量の約60％を占め，第１位であるので，Ｆとなる。なお，小麦の収穫量が多いＥは北海道，広島県に次いでかきの収獲量が多いＧは宮城県，北海道に次いで小麦の収穫量が多いＨは福岡県である。

4 食の安全，国会，国際連合についての問題

Ⅰ ① 消費者庁は，各省庁がそれぞれ行っていた消費者行政を一元化するため，2009年９月に内閣府の外局として発足した機関である。消費者が主役となる社会を実現し，消費者の利益を守るために，消費者の安全や安心に関わる問題に対処している。 ② トレーサビリティとは，個々の生産者や食品事業者が，何を，いつ，どこから入荷し，どこへ出荷したかを記録，保存することで，その商品の情報を追跡《ついせき》できるようにすることや，そのためのシステムのことで，食べ物の安全性や流通経路を消費者に示すことができる。 ③ 地産地消は，自分たちの住む地域で生産された農産物や水産物をその地域で消費する取り組みで，地域の農業と関連産業の活性化をはかることやフードマイレージを小さくすることなどを目的とし，農林水産省が中心となって進めている。
④ フードマイレージは，食べ物が生産地から運ばれてきた距離《きょり》に注目する考え方で，食料の輸送量(トン)に輸送距離(キロ)をかけ合わせた数値で示される。この値が小さいほど，生産地から消費地への輸送にともなうエネルギー使用量を削減《さくげん》でき，二酸化炭素の排出《はいしゅつ》が少なく，環境《かんきょう》負荷が少ないといえる。

Ⅱ 問１ **１** 予算は，内閣が作成して国会に提出し，国会で審議《しんぎ》，議決される。 **２～４** 議案は，最初に関係する委員会で審議され，採択《さいたく》されたものが本会議で審議されるが，参議院と衆議院で異なる議決となった場合は，両院からそれぞれ10名の代表が参加する両院協議会が開かれ，意見の調整がはかられる。

問２ 日本国憲法第60条２項《こう》の規定により，予算案について参議院で衆議院と異なった議決をし，両院協議会を開いても意見が一致《いっち》しない場合や，参議院が30日以内(ただし，国会休会中を除く)に議決しない場合は，衆議院の議決が国会の議決とされる。

問３ 国務大臣の任命は，内閣総理大臣の仕事である。

問４ 日本の国会が二院制を採用している理由は，１つの議院の議決をもう一方の議院が検討することで審議を慎重《しんちょう》に行うためである。また，一方の議院のいきすぎをおさえたり足りないところを補ったりすることもできる。

Ⅲ 問１ ⑴ 国家間の紛争解決のために裁判を行うのは国際司法裁判所で，独立しているＢとなる。 ⑵ UNESCO(国際連合教育科学文化機関)，ILO(国際労働機関)，WHO(世界保健機関)などの専門機関と連携《れんけい》しているのは経済社会理事会であるので，Ｃとなる。 ⑶ 常任理事国が拒否権を持つのは安全保障理事会で，PKO(平和維持《いじ》活動)と関連しているＡとなる。 ⑷ 毎年１回開催され，全ての加盟国が平等に１票を持つのは総会で，主要機関の中心に位置しているＤとなる。

問２ 日本の国際連合分担金は，加盟国中でアメリカに次いで２番目に多い額を割り当てられていたが，経済成長を続ける中国の分担金が大きく増加したため，2019年から2021年までは中国が第２位，日本が第３位となった。

問３ グラフを見ると，1945年から1970年にかけて，アジアの国際連合加盟国数は９から29に，アフリカの国際連合加盟国数は４から42に大きく増えている。これは，この間にアジアとアフリカの多くの国々が独立を果たしたからである。

理　科　＜第１回試験＞（35分）＜満点：75点＞

解　答

1 (1) 酸素　(2) ① B　② C　③ D　④ C　(3) 一酸化炭素　(4) 11 g　(5) 83 g　(6) **二酸化炭素**…22 g　**ア**…32 g　(7) 75 g　(8) （例）テープ状の方が表面積が大きく，酸素にふれやすいから。　2 (1) 南　(2) 解説の図を参照のこと。(3) ① 南　② 垂直に上向き　③ と同じ　(4) ①，③　(5) ③　(6) ②　(7) ①　3 (1) 無はい乳種子　(2) **ア** 二酸化炭素　**イ** 水　**ウ** でんぷん(酸素)　**エ** 光合成　**オ** 葉緑体　**カ** 低　**キ** 太　(3) （例）光合成ができず，子葉の養分を使い切ってしまったから。　(4) もやし　(5) みそ，しょうゆ，納豆　(6) （例）豆類には肉類と同じように，タンパク質が多く含まれているため。　4 (1) （例）空気1 m^3あたりに，飽和水蒸気量の半分の水蒸気が含まれている状態。　(2) 左　(3) ③　(4) 80　(5) 39.5　(6) ③

解　説

1 ものの燃え方，気体の性質についての問題

(1) 空気中に含《ふく》まれる，ものを燃やすはたらきをもつ気体は酸素で，金属が燃焼すると金属に酸素がむすびつく。

(2) 水素には無色とう明でにおいがない，空気より軽く水にとけにくいなどの性質がある。また，二酸化炭素には無色とう明でにおいがない，空気より重く水に少しとけ，そのよう液は酸性を示す，石灰水に通すと白くにごるなどの性質がある。よって，①は水素のみ，②と④は二酸化炭素のみがあてはまり，③はどちらもあてはまらない。

(3) 炭素が燃焼するとき，十分な量の酸素がないと不完全燃焼して，毒性が強い一酸化炭素が発生する。

(4) 水素1 gが燃焼すると，酸素8 gとむすびついて9 gの水ができるので，100 gの水を生じさせるために必要な水素の重さは，$100\times\frac{1}{9}=11.1\cdots$より，11 gとなる。

(5) マグネシウム3 gが燃焼すると，酸素2 gとむすびついて5 gの酸化マグネシウムができることから，マグネシウム50 gを燃焼させたときに生じる酸化マグネシウムの重さは，$50\times\frac{5}{3}=83.3\cdots$より，83 gと求められる。

(6) 炭素が完全燃焼してできる二酸化炭素は気体なので，生じた40 gの白い固体は酸化マグネシウムとわかる。40 gの酸化マグネシウムができたとき，反応したマグネシウムの重さは，$40\times\frac{3}{5}=24$(g)なので，燃焼させた炭素の重さは，$30-24=6$(g)となる。したがって，6 gの炭素を完全に燃焼させたときに生じる二酸化炭素の重さは，$6\times\frac{11}{3}=22$(g)と求められる。また，マグネシウムと反応した酸素の重さは，$40-24=16$(g)，炭素と反応した酸素の重さは，$22-6=16$(g)なので，反応に使われた酸素の重さは，$16+16=32$(g)となる。

(7) 反応に使われた酸素の重さは，(反応によって生じた物質の重さの和)－(反応する物質の重さの和)で求められる。燃焼前の水素と炭素とマグネシウムの重さが合わせて50 gで，燃焼後の水と二酸化炭素と酸化マグネシウムの重さが合わせて125 gなので，反応に使われた酸素の重さは，125

−50＝75(ｇ)と求められる。

(8)　大きなつぶ状のマグネシウムより，テープ状にしたマグネシウムリボンの方が，表面積が大きく，酸素とふれやすいため燃焼しやすい。

2　電流のはたらき，電磁石の強さについての問題

(1)　方位磁石のＮ極は北，Ｓ極は南を指すことから，地球という磁石のＮ極は南側にあると考えられる。

(2)　図１より，電流が(ア)の位置に作る磁場は北向きで，地磁気による磁場も北向きなので，(ア)の位置に置かれた方位磁石のＮ極は北を指す。また，(イ)の位置に電流が作る磁場は西向きで，地磁気による磁場は北向きである。電流が作る磁場の大きさと地磁気による磁場の大きさが大きく違《ちが》わないものとすると，(イ)の位置に置かれた方位磁石のＮ極は北西を指すと考えられる。これらを図に示すと右の図のようになる。

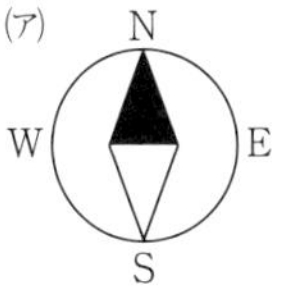

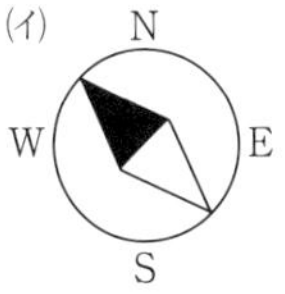

(3)　図１の導線に流れる電流が(エ)の位置に作る磁場は東向きで，地磁気による磁場は北向きである。そこで，(エ)の位置に，図１の電流が作る磁場と同じ大きさで西向きの磁場が生じるような電流を流せば，図１の電流が作る東向きの磁場を打ち消すことができる。よって，方位磁石(エ)の南側で，図１の導線から方位磁石(エ)までの距離《きょり》と同じ距離を離《はな》した位置に，方位磁石が置かれた面に垂直上向きに，図１の導線と同じ強さの電流を流せばよい。

(4)　図１のように，電流は進んでいく向きに対して時計回りの磁場を作る。したがって，①の方位磁石はＮ極が西よりに振《ふ》れ，②の方位磁石はＮ極が東よりに振れる。また，③では左側の回路で方位磁石の下にある導線を流れる電流より，右側の回路で方位磁石の上にある導線を流れる電流の方が大きいため，方位磁石のＮ極は西よりに振れることになる。④では左側の回路で方位磁石の下にある導線を流れる電流より，右側の回路で方位磁石の上にある導線を流れる電流の方が小さいため，方位磁石のＮ極は東よりに振れる。

(5)　電池はすべて同じものを使用しているわけではないことに注意して考える。どの回路の方位磁石も同じ分だけ振れたことから，それぞれの方位磁石の上の導線には同じ大きさの電流が流れていることがわかるので，①と②の豆電球はすべて同じ明るさになる。また，③の下側の並列につながれている２個の豆電球は①，②と同じ明るさになるが，上側の１個の豆電球には下側の２倍の大きさの電流が流れるので，この豆電球が最も明るい。

(6)　右手の親指以外の４本の指をコイルの電流が流れる向きに合わせ，親指を開いて右手をにぎるようにしたとき，親指の向く方がＮ極になる。それぞれの電磁石で，①，③，④はコイルの右側がＮ極になっているが，②だけはコイルの左側がＮ極になっている。

(7)　コイルの巻き数が多く，コイルに流れる電流の大きさが大きい電磁石ほど強い磁場を生み出す。したがって，①と④の電磁石が考えられるが，④は50回巻きのコイルではコイルの左側がＮ極になり，100回巻きのコイルではコイルの右側がＮ極になっていて逆の磁場を作り磁場を弱め合うので，①の電磁石が最も強い磁場を生み出す。

3　種子のつくりと植物のはたらき，発酵《はっこう》食品についての問題

(1)　ダイズやヒマワリのように，発芽に必要な養分を子葉に蓄《たくわ》えている種子を無はい乳種子という。なお，カキやイネのように，発芽に必要な養分をはい乳に蓄えている種子を有はい乳種子とい

う。

⑵　植物は光のエネルギーを利用して，葉緑体で空気中から取り入れた二酸化炭素と根から吸い上げた水を材料にでんぷんと酸素を作り出す。植物のこのようなはたらきを光合成という。実験①～③のように，光が不足すると植物は光を求めて上方向に成長するため，背たけの高さは高くなり，くきは細くなるが，実験④のように十分に光がある場合は，光を当てない場合とくらべて背たけは低く，くきは太くなる。

⑶　実験②ではプランターに箱をかぶせて日光が当たらないようにしているので，発芽した植物は光合成ができない。はじめのうちは子葉に蓄えられた養分を使って成長したが，やがて，子葉に蓄えられている養分がなくなったため枯《か》れたと考えられる。

⑷　ダイズや緑豆などを水にひたし，日光に当てずに暗くした状態で発芽させ，育てたものをもやしという。

⑸　７種類の食品のうち，いっぱんにダイズを用いた発酵食品は，みそ，しょうゆ，納豆《なっとう》である。豆腐《とうふ》はダイズを原料としているが，発酵食品ではない。

⑹　豆類には肉類と同様にタンパク質が多く含まれているため，豆類を原料とした肉類の代わりになる加工食品が注目されている。

4　気温としつ度，熱《ねっ》中《ちゅう》症《しょう》警戒《けいかい》アラートについての問題

⑴　空気１m^3中に含むことのできる水蒸気の量を飽和《ほうわ》水蒸気量という。しつ度は，ある温度における飽和水蒸気量に対する，そのときの空気１m^3中に含まれている水蒸気の量の割合を表している。したがって，しつ度50パーセントとは，そのときの温度における飽和水蒸気量の半分の水蒸気が含まれている状態といえる。

⑵　図１で，左側の温度計は気温を示すかん球温度計で，右側の温度計はしつ球温度計である。

⑶　しつ球温度計は水を含んだガーゼなどにふれているため，ガーゼから水分が蒸発するときに熱が奪《うば》われてかん球温度計より低い温度を示す。ただし，しつ度が100パーセントのときはガーゼから水分が蒸発できないため，しつ球温度計とかん球温度計は同じ温度を示す。

⑷　図２で，かん球温度計の示度は34℃なので34の行，かん球温度計としつ球温度計との示度の差は，34－31＝３（℃）なので，3.0の列を選び，これらの交点の値を読むと，このときのしつ度は80パーセントとわかる。

⑸　暑さ指数が33になるときの黒球温度を□℃とすると，0.7×31＋0.2×□＋0.1×34＝33が成り立つので，□＝(33－21.7－3.4)÷0.2＝39.5より，少なくとも黒球温度は39.5℃以上となる。

⑹　晴れの日は気温の上《じょう》昇《しょう》とともにしつ度が低くなるが，雨の日は１日を通してしつ度が高く，気温があまり変化しない。図４で，１日目は気温の変化が少なくて日中のしつ度が高くなっているが，２日目は日中のしつ度が低くなっていることから，１日目は日中に雨が降り，２日目はよく晴れたと考えられる。

国　語　＜第１回試験＞（50分）＜満点：100点＞

解　答

一　下記を参照のこと。　　二　①　舌　②　頭　③　指　④　口　⑤　鼻

三　**問1**　**X**　ア　**Y**　ウ　**Z**　イ　**問2**　**A**　ウ　**B**　ア　**C**　ア　**問3**　息子／先生　**問4**　ア　**問5**　イカ　**問6**　**ア**　魚が喰べられたのだ　**イ**　征服と新鮮　**問7**　（例）　子供が鮨を食べたこと。　**問8**　無我夢中　**問9**　晩酌の膳の前　**問10**　エ

四　**問1**　**X**　イ　**Y**　エ　**問2**　**ア**　映画　**イ**　映画館のスクリーンで観ること　**ウ**　音楽　**エ**　生演奏を聴くこと　**問3**　**A**　エ　**B**　カ　**C**　ウ　**問4**　②　ウ　③　イ　**問5**　実利　**問6**　ア　**問7**　エ　**問8**　（例）　芸術として認められた（ということ。）　**問9**　しかし自宅

●漢字の書き取り

一　①　熟読　②　断腸　③　極秘　④　圧縮　⑤　業績

解　説

一　漢字の書き取り

①　文章の意味をよく考えながら，じっくり読むこと。　②　はらわたがちぎれるほど，悲しくつらいこと。　③　絶対に秘密であること。　④　物に圧力を加えて，容積を小さくすること。　⑤　事業をするうえで得た成果。

二　慣用句の完成

①　すぐれていることへの驚《おどろ》きを表す。　②「ひねる」を使った慣用句は，他に“理解できずに考え込む”という意味の「首を捻《ひね》る」がある。　③“うらやましがりながら，手を出せないさま”と，“はずかしそうにするさま”という二つの意味がある。　④「唇《くちびる》をとがらす」も同様の意味。　⑤　ほかよりすぐれていることを自慢《じまん》するさまを表し，よくない意味で使われることが多い。

三　出典：岡本《おかもと》かの子『鮨《すし》』。鮨屋の常連客である湊《みなと》が，子供の頃《ころ》，母親がつくった鮨を食べた時の思い出を語っている場面が描《えが》かれている。

問1　**X**　母親は，食べることが苦手な子供に鮨を食べさせようとしている。直前に「怖《こわ》くない程度の」とあることに着目する。アがふさわしい。　**Y**　“栄養があって味がいいこと”，“豊かで深い味わい”という意味。鮨を食べた子供が「上品なうま味に衝《つ》きくずされ」ているのだから，ウがよい。　**Z**　「道楽」とは本業以外のことに熱中して楽しむこと，趣味《しゅみ》として楽しむことなので，イが選べる。

問2　**A**　食事が苦手だった子供に，母親は自ら鮨をつくって食べさせようとしている。そこで「飯に酢《す》を混ぜ」て，そのにおいをかいで母親も子供も「噎《む》せた」のだから，ウがふさわしい。

B　自分が魚を食べられたことに「歓《よろこ》びを感じた」子供は，その「歓びで」脇腹《わきばら》を「掴《つか》み搔《か》いた」のだから，落ち着かないさまを表すアがよい。なお，「いそいそ」は心が浮《う》き立ち喜ぶようすを表すためあてはまりそうだが，空らんには「脇腹」を修飾《しゅうしょく》する言葉が入るため，合わない。

C　手をはたく動作を表す言葉があてはまるので，アが選べる。

問３　この「子供」は，福ずしの常連客である「湊」の子供の頃を指している。そこで，「湊」がほかにどう呼ばれたり，どう表現されたりしているかを探していけばよい。すると，「湊」を親から見た表現として「息子」，「ともよ」からの呼び名として「先生」がぬき出せる。

問４　母親がつくってくれた鮨を食べた子供は，「体を母に拠《よ》りつけたいほど，おいしさと，親しさ」を感じている。しかし，「おいしいと云《い》うのが，きまり悪い」ので，「にいっと笑」うだけにした。「きまり悪い」とは，はずかしいようす。それまで食事が苦痛だった子供は，苦手だと思っていたことと，おいしいと思ったこととの落差にはずかしさを感じたのだと考えられる。よって，アがふさわしい。

問５　いま食べている鮨は，直後の段落から，「イカ鮨」であることがわかる。白くて長方形だといえるので，「イカ」とぬき出せる。

問６　ぼう線部のように笑ったきっかけは，直前の段落の「そう気づくと〜歓びを感じた」ことである。「そう」とあるので前の部分に注目する。イカ鮨のあと，「白い透《す》きとおる切片」のついた鮨を「脅《おびや》かされるにおい」を感じつつも「思い切って口の中へ入れた」子供は，「自分は，魚が喰《た》べられたのだ――」と気づいたのだから，アは「魚が喰べられたのだ」とぬき出せる。そのあとで，「征服《せいふく》と新鮮《しんせん》」を感じ，あたりを広く見廻《まわ》したいほどの歓びを感じていることをおさえる。

問７　問６で見たとおり，子供は鮨が食べられたことをうれしく思っている。それは，母親の側からすれば，苦手な食事をさせることに成功したということであり，その成功を「勝利」と表現している。

問８　一度食べられたことで子供は鮨を食べることに夢中になっていくし，母親は食べてくれたうれしさから次々と鮨を握《にぎ》っていく。「母親が握って皿の上に置く」のと「子供が摑み取る」のとで「競争する」ぐらい「熱中」しているようすを表す四字熟語として，「無我夢中」がふさわしい。

問９　子供はだんだん食事が苦手ではなくなり，「健康」で「美しく逞《たくま》しい少年」に成長した。そのような少年に父親は興味を持って，いろいろと経験をさせようとする。しかしその結果，子供が「道楽者」になってしまったので，母親は，父親が子供を「台なしにしてしまった」と怒《おこ》っているのである。四十字以上という条件をふまえて，「晩酌《ばんしゃく》の膳《ぜん》の前」からぬき出す。

問10　ぼう線部がふくまれている会話で，湊は，「年をとったせいか，しきりに母親のことを想い出す」と言い，「鮨までなつかしくなる」と言っている。「なつかしい」とは心ひかれる，したわしいようすであることもふまえると，エが選べる。なお，ウは「一緒《いっしょ》に作った」の部分が間違《まちが》っている。

四　**出典：稲田豊史《いなだとよし》の『映画を早送りで観《み》る人たち―ファスト映画・ネタバレ――コンテンツ消費の現在形』**。映像を倍速視聴《しちょう》する習慣に対する抵抗《ていこう》感は，社会に新しいメディアやデバイスが登場するたび繰《く》り返されてきたことの一つだということが述べられている。

問１　**X**　映像を倍速や10秒飛ばしで視聴するという現代人の習慣について，どう「言い切」ると「抵抗感をおぼえる人」がいるのかを考える。“必ずそうなる”という意味の「必然」がふさわしい。　**Y**　映像や音源の「オリジナルからの改変行為」は，供給側が率先《そっせん》して行ってきたことであり，その理由は「ビジネスチャンス」「経済的メリット」があるからだと述べられている。それを「より大きく儲《もう》けられる」と直接的な表現に言いかえているのだから，はっきり物事に言及するさまを表す「端的《たんてき》」がよい。

問２　ぼう線部の後には，「『オリジナルの状態』では鑑賞《かんしょう》していない」ことの例として，「たとえば」に続けて，「映画」は「映画館のスクリーンで観ることを前提に作られた」ものなのに，TVモニタで視聴していることがあげられている。また，同様の別の例として，「真の音楽鑑賞とは生演奏を聴《き》くことを指す」のに，機械を通して聴くことは音楽鑑賞とは呼ばないと言われていたことがあげられている。そこで，字数をふまえて空らんにあてはまる言葉を考えると，アに「映画」，ウに「音楽」，イに「映画館のスクリーンで観ること」，エに「生演奏を聴くこと」とぬき出し，あてはめられる。

問３　**Ａ**「だろうか」という表現と呼応するかたちで，本当に「言い切れる」か疑問を提示している部分であるから，「果たして」がふさわしい。　**Ｂ**　空らんの前の段落では，「実利的な理由」でする倍速視聴について，鑑賞する態度としてふさわしくないのではないかと述べられている。空らんの後では，レコードなどは「実利的な特性によってその存在意義が支えられてきた」し，会社やメーカーも「実利的な動機」でそれを推進してきたという状況《じょうきょう》が述べられている。よって，前のことがらを受けて，それに反する内容を述べるときに用いる「しかし」が選べる。
Ｃ「新しいメディアやデバイスが登場するたび」と，「それらの新しい使い方が見いだされるたび」という二つの事がらを並べているので，同類のことがらを並べ立て，いろいろな場合があることを表す「あるいは」がよい。

問４　②「寸分」は“ごくわずか，少し”という意味。「たがわぬ」とは“違う”という意味の「たがう」に，打ち消しの意味の「ぬ」がついた言葉である。合わせて考えると，“少しも違わない”という意味だから，ウがふさわしい。　③“はじめてその土地を開拓すること”という意味から派生して，“ある物事を初めて行う人”という意味なので，イがよい。

問５　この文は「すなわち」と言いかえで始まっているので，前の文の内容に注目する。「レコードやVHSやDVD」について，「実利的な特性によってその存在意義が支えられてきた」と述べられているので，空らんにも「実利」が合う。

問６「文章を作者の意図に支配されたものと見るのではなく，あくまでも文章それ自体として読むべきだとする思想」というのは，文章を読むときは，作者の意図にとらわれることなく，読む側が文章そのものを自由に読むべきだという立場だと考えられる。そのような立場からすれば，「倍速視聴」をすることは視聴する側の自由ということになりそうだが，筆者はそれに「抵抗を示した」，つまり反対したのである。筆者としてはその立場を「倍速視聴」にあてはめてはいけないという意見だと考えられるから，アがふさわしい。

問７「この段落中で述べられているような扱《あつか》い」とは，具体的には，映画は「芸術にはなりえない見世物」，ラジオは「聞かないことが教養ある人々の態度」，「TVは人の想像力や思考力を低下させる」とされた扱いのことを指す。これらは，前段落で述べられている「〝良識的な旧来派〟が不快感を示す」例であり，後の段落にある「〝良識的な旧来派〟からこぞって表明された」「抵抗感・嫌悪《けんお》感」である。「〝良識的な旧来派〟」とは，旧来のものを支持したい立場をとる人々のことを指しているので，エがよい。

問８　直後に，映画が「登場時は『芸術にはなりえない見世物』という扱い」だったと述べていることから，ぼう線部は，現在では逆に，映画が「芸術」であると認められたということを意味していると考えられる。

問９　「多数派ではない」の対《つい》であるから，“多数派である”という内容になる。「倍速視聴や10秒飛ばし」が，人々のなかでひろく認められる事態を述べている文をさがすと，「しかし自宅」からはじまる一文が見つかる。

2024年度 江戸川女子中学校

【算　数】〈第２回試験〉（50分）〈満点：100点〉

1　次の□にあてはまる数を答えなさい。

(1)　$5.6+4.5-3.4\times2.3=$□

(2)　$1-\left\{\left(2\frac{1}{3}-\frac{3}{4}\right)\times6-7\right\}\div3\frac{1}{3}=$□

(3)　$1\frac{4}{5}\div\left\{5-\left(\square-1.5\right)\right\}=\frac{2}{5}$

(4)　$\boxed{0}$，$\boxed{0}$，$\boxed{1}$，$\boxed{1}$，$\boxed{2}$，の５枚のカードから３枚選ぶと，３桁の偶数を□通り作ることができます。

(5)　今から７年前，母の年れいは花子さんの年れいの６倍でしたが，今から13年後には２倍になります。現在の花子さんの年れいは□才です。

(6)　ある姉妹の所持金は合計で6400円です。姉が妹に300円あげたところ，姉と妹の所持金の比は９：７になりました。初めの妹の所持金は□円です。

(7)　ある水そうには水を入れるための管がA，B，Cの３つあります。Aだけを用いると１分12秒，Bだけを用いると１分48秒，Cだけを用いると３分36秒でそれぞれ空の水そうをいっぱいにすることができます。これら３つの管をすべて用いると□秒で空の水そうをいっぱいにすることができます。

(8)　先生は買ってきたアメをクラスの生徒全員に配ることにしました。１人３個ずつ配ると16個余り，１人４個ずつ配ると15個足りません。先生が買ってきたアメは□個です。

(9)　下の図１の平行四辺形の面積は 30cm^2 です。点Dが点Aと点Bの真ん中の点であるとき，斜線《しゃせん》部分の面積は□cm^2 です。

図１

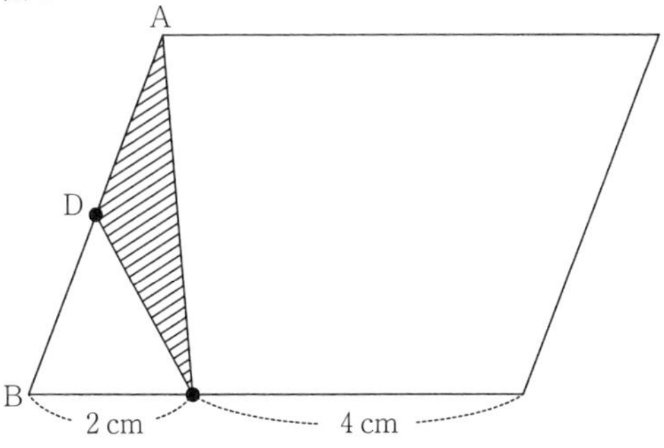

図２

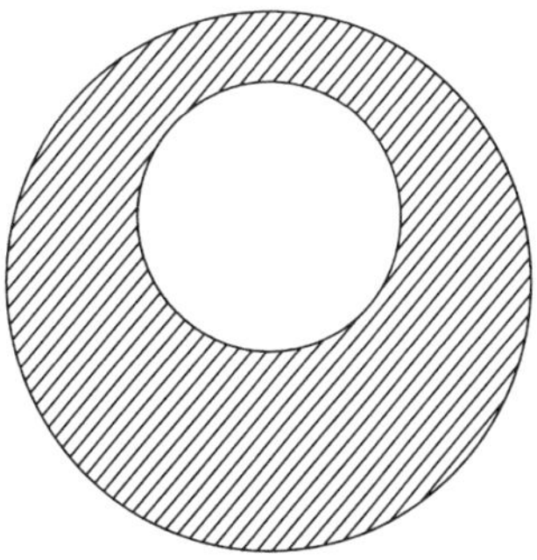

(10)　上の図２の大きい円の半径は小さい円の半径の２倍です。小さい円の半径が３cmのとき，斜線部分の面積は□cm^2 になります。ただし，円周率は3.14とします。

(11)　次のページの図３のような一辺10cmの立方体について，正方形Aから向かい合う面まで垂直にくりぬき，さらに正方形Bから向かい合う面まで垂直にくりぬきます。このとき，残った図形の体積は□cm^3 になります。

図３

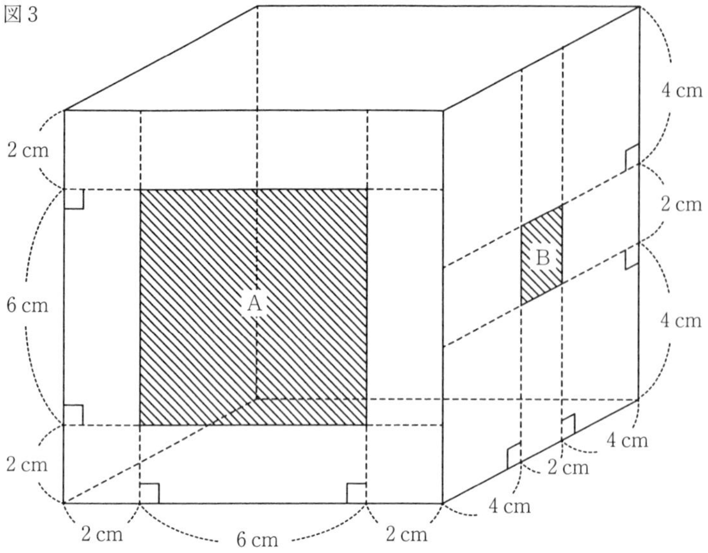

2　A△BはAをB回かけたものを表します。例えば

　　2△3＝2×2×2＝8

となります。このとき，次の計算をしなさい。

(1)　3△4

(2)　(2△3)△2

(3)　(12△12)÷(2△20)÷(3△10)

3　次の文章を読み，［(1)］，［(2)］，［(3)］に入る正しい数または比を答えなさい。ただし，［(3)］は最も簡単な整数の比で答えなさい。

　ある病気の検査薬があります。実際にその病気にかかっている人にこの検査薬を用いると，調べた人の９割は陽性と判定されますが，１割は陰性《いんせい》と判定されます。逆に，病気にかかっていない人にこの検査薬を用いると，９割は陰性と判定されますが，１割は陽性と判定されます。

　ある町の人口はちょうど10,000人で，現在人口の１％がこの病気にかかっています。町民全員にこの検査薬を用いると，陽性と判定される人は［(1)］人いますが，その内実際には病気にかかっていない人は［(2)］人います。また，陽性と判定された［(1)］人全員に再びこの検査薬を用いて，なおも陽性と判定された人の内，実際に病気にかかっている人とかかっていない人の人数の比は［(3)］です。

4　ある姉妹の家から学校までの間にお弁当屋があります。姉は8:00に家を出て，毎分 80m の速さでお弁当屋まで歩き，お弁当屋で10分買い物をしてから毎分 120m の速さで走って学校まで向かったところ，8:30に学校につきました。妹は8:00に家を出て，姉と同じ道を毎分 60m の速さで学校に向かったところ，姉と同時に学校につきました。このとき，次の問に答えなさい。

(1)　家から学校までの道のりは何mですか。

(2)　姉が毎分 80m の速さで歩いた時間は何分ですか。

(3)　妹がお弁当屋を通り過ぎたのは８時何分ですか。

【社　会】〈第２回試験〉（35分）〈満点：75点〉

1　次のＡ～Ｈの文は，日本の各時代について説明したものである。これらを参照して各問に答えよ。

Ａ　将軍徳川吉宗が，①幕府の財政を立て直すための政治改革をおこなった。

Ｂ　②日本の国民総生産(GNP)が，アメリカに次いで世界第２位となった。

Ｃ　③朝鮮半島で，伽耶《かや》が滅びた。その結果，百済《くだら》・新羅《しらぎ》・高句麗《こうくり》の３国が分立することとなった。

Ｄ　④保元の乱と平治の乱がおこった。

Ｅ　吉野作造が⑤民本主義を唱えた。

Ｆ　（　⑥　）が唐から来日し，奈良に唐招提寺を建てた。

Ｇ　沖縄で，中山《ちゅうざん》王の尚巴志《しょうはし》が，北山《ほくざん》・南山《なんざん》を倒して沖縄を統一し，（　⑦　）王国を建国した。

Ｈ　幕府は，元寇後に，生活が苦しくなって土地を失った御家人を救済するための⑧法令を出した。

問１　下線①について，**正しい**文を下のア～エから１つ選べ。ただし，すべて誤っている場合はオで答えよ。

ア　物価の上昇を抑えるために，株仲間の解散を命じた。

イ　大名に米を差し出させて財政難を補おうとした。その一方で，大名の参勤交代を一時的に廃止した。

ウ　町人に対して積極的に新田開発をするよう呼びかけた。

エ　農民に対して毎年の米の収穫量に応じて年貢の税率を決める定免法《じょうめんほう》を導入した。

問２　下線②について，このころの日本社会について**正しい**文を下のア～エから１つ選べ。ただし，すべて誤っている場合はオで答えよ。

ア　足尾銅山鉱毒事件などの公害問題が深刻化した。

イ　電気冷蔵庫や電気洗濯機などの電化製品が普及した。

ウ　八幡製鉄所が開業するなど重化学工業が発展した。

エ　ラジオ放送が始まった。

問３　下線③について，**誤っている**文を下のア～エから１つ選べ。ただし，すべて正しい場合はオで答えよ。

ア　伽耶は任那《みまな》とも呼ばれ，日本の支配下に置かれていた，とされる。

イ　百済は，３国のうち，国家として最も長い間存続した。

ウ　新羅は，日本と戦ったことがある。

エ　高句麗は，３国のうち，最も北に位置していた。

問４　下線④について，**誤っている**文を下のア～エから１つ選べ。ただし，すべて正しい場合はオで答えよ。

ア　保元の乱の原因は，崇徳《すとく》上皇と後白河天皇の対立にあった。

イ　保元の乱では，藤原氏・平氏・源氏の一族が分裂して戦った。

ウ　平治の乱では，平清盛と源義朝が戦った。

エ　平治の乱の結果，源頼朝は伊豆に流された。

問５　下線⑤について，**誤っている**文を下のア～エから１つ選べ。ただし，すべて正しい場合はオで答えよ。

ア　民衆のために政治はおこなわれるべきと主張した。

イ　自由民権運動の理論的な支えとなった。

ウ　政党内閣の必要性を説いた。

エ　普通選挙の必要性を説いた。

問６　空欄⑥に入る人物を漢字で答えよ。

問７　空欄⑦に入る語句を漢字で答えよ。

問８　下線⑧について，この法令の名称をあげた上で，その内容と結果について，40字以上60字以内で説明せよ。

問９　Ａ～Ｈの文を時代順に正しく並べた場合，その３番目と６番目にくる文を，それぞれＡ～Ｈで答えよ。

2　右のⅠ～Ⅲの各図を参照して各問に答えよ。

問１　Ⅰの図は，平安時代に①摂政・関白をつとめた藤原氏が，代々住んだとされる②東三《ひがしさん》条殿《じょうどの》と呼ばれる建物の復元模型である。これについて，次の〔ⅰ〕・〔ⅱ〕の問いに答えよ。

〔ⅰ〕　下線①について，藤原氏は摂政・関白となるために，天皇家との結びつきを強めた。どのような方法で結びつきを強めたか，説明せよ。

〔ⅱ〕　下線②について，東三条殿にみられる建築様式は何か，漢字で答えよ。

問２　Ⅱの図の③建物は，④ある人物が京都に別荘として建てたものである。この建物は，建てた人物の死後，⑤禅宗の寺院となった。これについて，次の〔ⅰ〕～〔ⅲ〕の問いに答えよ。

〔ⅰ〕　下線③について，この建物を何というか，漢字で答えよ。

〔ⅱ〕　下線④について，正しい文を，下のア～エから１つ選べ。

ア　将軍となって京都に幕府を開いた。

イ　南北朝の統一を実現させた。

ウ　応仁の乱がおこった時の幕府の将軍だった。

エ　大輪田泊を修築し，中国との貿易に力を注いだ。

〔ⅲ〕　下線⑤について，禅宗が社会や

Ⅰ

Ⅱ

Ⅲ

文化に与えた影響の説明として，**誤っている**文を，下のア～エから１つ選べ。

ア　信者たちが一向一揆をおこした。

イ　竜安寺《りょうあんじ》に枯山水《かれさんすい》の庭園がつくられた。

ウ　慈照寺《じしょうじ》の東求堂《とうぐどう》に書院造の部屋がつくられた。

エ　墨の濃淡で表現する水墨画が描かれた。

問３　Ⅲの図の建物は，二条城《にじょうじょう》である。二条城は⑥徳川家康が，京都滞在時の宿泊所として建てたことで知られるが，後に，江戸幕府最後の将軍徳川慶喜が，政治を朝廷に返還する（　⑦　）を行った場所としても有名である。これについて，次の〔ⅰ〕・〔ⅱ〕の問いに答えよ。

〔ⅰ〕　下線⑥について，**正しい**文を，下のア～エから１つ選べ。

ア　将軍として武家諸法度を定めた。

イ　参勤交代を制度化した。

ウ　朱印船貿易を盛んにした。

エ　鎖国を完成させた。

〔ⅱ〕　空欄⑦に入る語句を漢字で答えよ。

3　次の三重県に関する文と地図１・地図２を参照して各問に答えよ。

三重県にある（　ⅰ　）半島は山地が海に沈んでできた①リアス海岸が見られ，入り組んだ海岸線が特徴である。波が穏やかな湾内では②養殖業が盛んに行われている。また，県南部にある尾鷲《おわせ》市では林業が盛んで特に尾鷲の（　ⅱ　）は，③吉野のすぎ，天竜のすぎとともに日本の人工の三大美林に数えられる。北部の（　ⅲ　）市では石油化学工業が盛んで，戦後の経済成長の中では四大公害病の一つである（　ⅲ　）ぜんそくが発生し問題となった。県内には天照大御神《あまてらすおおみかみ》を祀《まつ》る伊勢神宮があり，④江戸時代には「お伊勢参り」が流行し全国から民衆が参拝に訪れた。

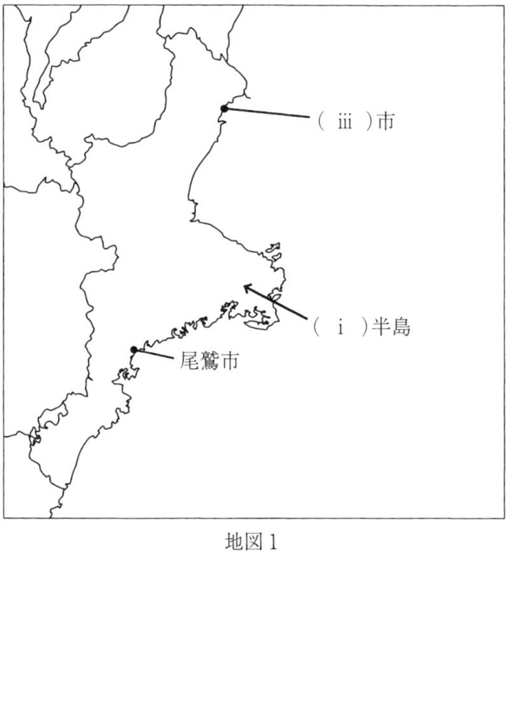

地図１

地図２

問１　文中の空欄（ｉ）～（iii）に入る語句を，空欄（ｉ）・（iii）は漢字で，空欄（ii）はひらがなで答えよ。

問２　下線①について，

⑴　地図２中のＡ～Ｅが示す地形の名称として適当なものを語群ア～コから１つずつ選べ。

―語群―

ア	有明海	イ	宇和海	ウ	大村湾	エ	九十九里浜	オ	三陸海岸
カ	湘南海岸	キ	駿河湾	ク	三河湾	ケ	弓ヶ浜	コ	若狭湾

⑵　地図２中のＡ～Ｅの中でリアス海岸が**見られない**場所を１つ選べ（Ａ～Ｅのアルファベットで答えよ）。

⑶　地図２中のＣの海岸には発電所が建設されている。その発電所の種類を，その発電所が海沿いに建設される理由とともに答えよ。

問３　下線②について，三重県で養殖業が盛んな水産物として最も適切なものを下のア～エから１つ選べ。

ア　しじみ　　イ　真珠

ウ　ほたて　　エ　わかめ

問４　下線③について，この「吉野」「天竜」はどの県の地域を指すか，それぞれ漢字で答えよ。

問５　下線④について，江戸からお伊勢参りを行う人は現在の神奈川県・静岡県・愛知県を通る道を歩き，三重県で伊勢街道へと分かれて進むことが多かった。この伊勢街道へ分かれる前の道の名称を漢字で答えよ。

4　次のⅠ～Ⅲの各問に答えよ。

Ⅰ・次の年表を参照して各問に答えよ。

737年　日本で天然痘《てんねんとう》が流行……①
1347年　ヨーロッパで史上最大規模のペストが流行
19世紀　イギリスで結核が流行
1882年　コッホが結核菌を発見
1893年　パスツールがコレラワクチンを開発
1894～1922年　ペストがアジア全域で流行，この中で（　②　）がペスト菌を発見
1918年　野口英世が黄熱病の病原体を発見，ワクチンを開発
1918～1919年　スペイン風邪が世界全域で流行……③
1954年　麻疹《ましん》(はしか)ウイルスの発見
1983年　エイズウイルスの発見
2020年　（　④　）が新型コロナウイルスでパンデミック宣言

問１　年表中の①について，この頃の日本は，時代区分でいうといつにあたるか，下のア～エから１つ選べ。
　ア　飛鳥時代　　イ　奈良時代
　ウ　平安時代　　エ　鎌倉時代

問２　年表中の空欄②について，ペスト菌を発見した日本人で，2024年から使用される日本の新紙幣で千円札の肖像に採用される人物を漢字で答えよ。

問３　年表中の③について，スペイン風邪が世界的に流行した時期に世界でおこっていた出来事として**正しい**ものを下のア～エから１つ選べ。
　ア　日清戦争
　イ　日露戦争
　ウ　第１次世界大戦
　エ　第２次世界大戦

問４　年表中の空欄④について，新型コロナウイルスでパンデミック宣言を行った国際連合の専門機関をアルファベット３字で答えよ。

Ⅱ・日本の地方自治や地方財政について，各問に答えよ。

問１　下の表のように地方公共団体の住民は，首長や議員の解職を求めたり，監査を求めたりできるが，この権利を何というか漢字で答えよ。

<table>
<tr><th></th><th>必要な署名数</th><th>請求先</th><th>請求後行われること</th></tr>
<tr><td>条例の制定・改廃</td><td rowspan="2">有権者総数の【 A 】以上</td><td>首長</td><td>20日以内に議会を招集し，採決</td></tr>
<tr><td>監査</td><td>監査委員</td><td>監査を実施し，結果を公表</td></tr>
<tr><td>議会の解散</td><td rowspan="2">有権者総数の【 B 】以上</td><td rowspan="2">（　１　）</td><td>解散について有権者の投票を実施し，（　２　）の賛成があれば解散</td></tr>
<tr><td>首長・議員の解職（リコール）</td><td>解職について有権者の投票を実施し，（　２　）の賛成があれば解職</td></tr>
</table>

問２　問１の表の中の空欄Ａ・Ｂに入る数字の適当な組み合わせを下のア～エから１つ選べ。

ア　【A】　1/3　【B】　1/50

イ　【A】　1/50　【B】　1/3

ウ　【A】　1/25　【B】　1/2

エ　【A】　1/2　【B】　1/25

問３　問１の表の中の空欄１・２に入る語句を漢字で答えよ。

問４　問１の権利のように行政への苦情受け付けや行政監視のために地方公共団体から独立した人や組織が調査を行う制度を何というか答えよ。

問５　下のグラフは，東京都と鳥取県の歳入(財政収入)をあらわしている。グラフの中のＸは，地方税の収入不均衡を是正するために設けられた国からの交付金を示す語句が入る。この語句を漢字で答えよ。

(2023年)

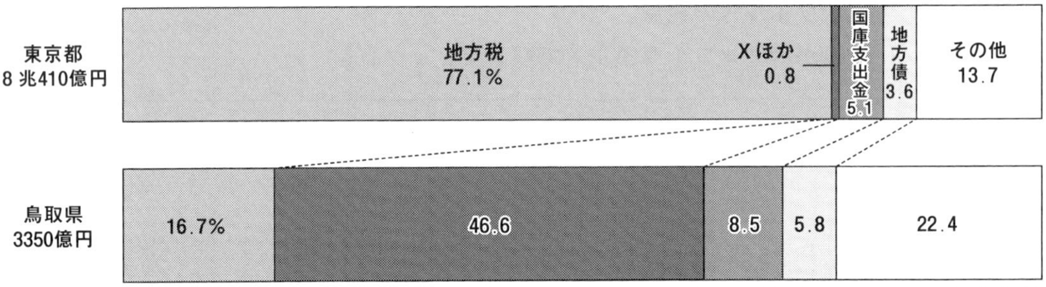

(東京都，鳥取県のホームページより作成)

問６　国から使いみちを指定されているものを問５のグラフの中から１つ選び，その語句を漢字で答えよ。

問７　問５のグラフから読み取れることとして，**誤っている**ものを下のア～エから１つ選べ。

ア　東京都は歳入において地方税の割合が多いため，歳入全体にしめるＸなどの割合が少ない。

イ　東京都の地方債の発行額は，鳥取県のそれに比べて多い。

ウ　鳥取県は歳入において地方税の金額が東京都より少ない。

エ　鳥取県では地方税・地方債を合わせた割合が東京都のそれらとほぼ同じである。

Ⅲ・次の日本国憲法第25条の条文，および，グラフを参照して各問に答えよ。

日本国憲法　第25条

第１項　すべて国民は，健康で文化的な(　1　)の生活を営む権利を有する。

第２項　国は，すべての生活部面について，社会福祉，社会保障及び公衆衛生の向上及び増進に努めなければならない。

問１　文中の空欄１に入る語句を漢字で答えよ。

問２　この日本国憲法第25条では社会権の一種である(　2　)権について規定されている。空欄２に入る語句を漢字で答えよ。

問３　グラフ中の空欄３に入る費目を漢字で答えよ。

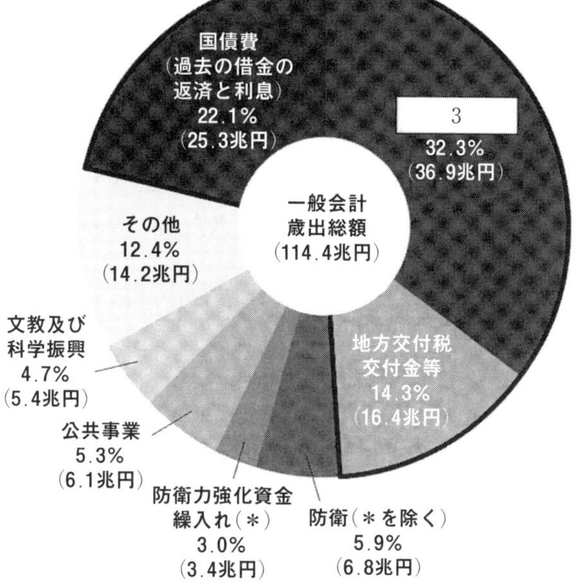

2023年度予算(財務省ホームページより)

問４　以下の文(1)・(2)について，その内容に該当する項目を下のア～エから１つずつ選べ。

(1)　生活が困っている人に対して，国が生活費や医療費の一部を給付する。

(2)　子供や障がい者，高齢者など，社会で弱い立場にある人々を保護し援助する。

ア　公的扶助　　イ　社会保険　　ウ　社会福祉　　エ　公衆衛生

【理　科】〈第２回試験〉（35分）〈満点：75点〉

1　Ｅ子さんとＫ先生の次の会話文を読んで，あとの問いに答えなさい。

Ｅ　子：先生，夏休みに「マイ・エレメント」という映画を観てきました。「火」の女の子と「水」の男の子が主人公だったのですが，すてきだったなあ。

Ｋ先生：そうなんだ。その映画では，他にどんな人が出てきたの？

Ｅ　子：えっと，「風」のスポーツ選手とか，「土」の役人なんかも出てきていました。エレメント・シティという街に，「火」「水」「風」「土」という４種類の人たちが暮らしているというお話でした。

Ｋ先生：なるほど，人種を「火」「水」「風」「土」の４つのエレメントに見立てたということなんだね。それは面白そうだ。

Ｅ　子：ところで，エレメントって何ですか？

Ｋ先生：要素とか成分って意味だけど，この場合は元素《げんそ》っていう意味で使っているかな。古代ギリシャとか，それくらいの大昔は「この世界を構成している物質は，４つの元素でできている」とする考え方があって，これを「四元素説」と呼んでいたんだ。その４つの元素が「火」「水」「空気(風)」「土」なんだよ。

Ｅ　子：そうなんですね。本当にすべてのものはその４つでできているのですか？

Ｋ先生：さすがに，今そう考えるのは無理があるかな。今では約［　ア　］種類の元素がみつかっているからね。(A)<u>元素が一覧になった周期表</u>というのを知っているかな？

Ｅ　子：理科室にはってありますよね。

Ｋ先生：みんながよく知っている(B)<u>水素</u>，炭素，アルミニウム，鉄なんかは，元素の種類の１つでもあるんだよ。それから，空気は何種類もの気体が混じりあったものだということは知っているよね？

Ｅ　子：はい。空気に１番多くふくまれている気体は［　イ　］で，２番目に多いのは［　ウ　］です。

Ｋ先生：そうだね。そんなことから考えても，すべての物質が「火」「水」「空気」「土」でできているという「四元素説」を，私たちは昔の人の間違《まちが》った考え方としか思えないかもしれないね。

Ｅ　子：間違った考え方じゃないんですか？

Ｋ先生：物質をつくっている元素ということではなく，状態やエネルギーを表すということならば，割とよくできた考え方だったんじゃないかな。(C)<u>「水」「空気」「土」で３つの状態をすべて表すことができる</u>し，(D)<u>「火」で熱や温度のことも考えることができる</u>からね。少なくとも，大昔に「四元素説」が信じられていたとしても，全然おかしな話ではないと思うよ。

Ｅ　子：ものが何からできているか，考えてみると不思議な気持ちになります。人間は大昔からずっとそのことについて考え続けてきたんですね。ありがとうございました。

(1)　空欄《くうらん》［ア］に当てはまる数を，次の①～④の中から選びなさい。

①　20　　②　40　　③　120　　④　600

(2)　空欄［イ］，［ウ］に当てはまる気体は何ですか。

(3)　下線部(A)について，現在の周期表には日本の理化学研究所の研究グループが発見した元素がのっています。2016年に決まったこの元素の名前を次の①～④から選びなさい。

①　ニホニウム　　②　ジャポニウム　　③　リケニウム　　④　ウンウントリウム

(4)　下線部(B)について，気体の水素の性質として正しいものを，次の①～⑤のうちから２つ選びなさい。

①　水にとかすと酸性になる。

②　石灰水に通すと白くにごる。

③　マッチの火を近づけると音を立てて燃える。

④　亜鉛《あえん》に塩酸を加えると発生する。

⑤　二酸化マンガンに過酸化水素水を加えると発生する。

(5)　下線部(C)について，次の(あ)～(う)に答えなさい。

(あ)　「水」「空気」「土」で表すことができる状態は，それぞれ何ですか。

(い)　「水」の状態から「土」の状態に変わることを，何といいますか。

(う)　「土」の状態から「空気」の状態へ直接変わることを，何といいますか。また，この変化を起こしやすい物質を１つ答えなさい。

(6)　下線部(D)について，次の(え)～(か)に答えなさい。

(え)　ものが燃えるためには３つの条件が必要で，そのうちの１つでも欠けるとものは燃えません。この３つの条件を答えなさい。

(お)　火に水をかけると，火は消えてしまいます。その理由を，(え)の条件のうちの１つを使って説明しなさい。

(か)　100℃の水１ｇを水蒸気に変えるためには540カロリーの熱が必要です。ビーカーに入れた100℃の水100ｇを，ガスバーナーの火で加熱してすべて水蒸気にするのに必要な熱は何カロリーですか。ただし，ガスバーナーで加えようとした熱の25％は水に伝わらずに失われるものとし，その失われた熱もふくめて答えなさい。

2　図１のように，50ｇと25ｇの２個のおもりをつるした棒をばねばかりにぶら下げたところ，ばねばかりは75ｇを示し，棒は水平につり合いました。このことを参考にして，以下の問いに答えなさい。ただし，棒とひもの重さは無視できるものとします。

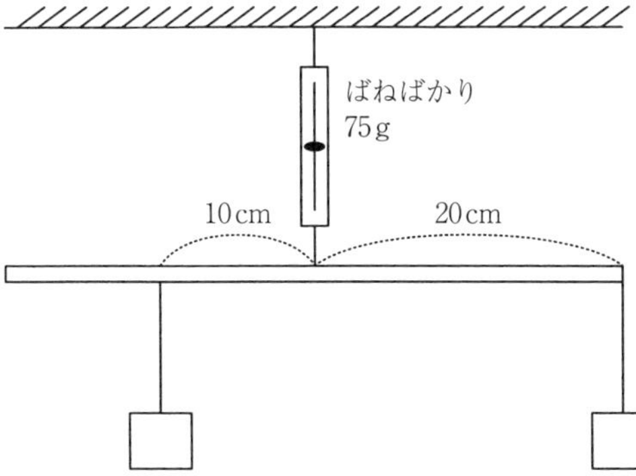

図１

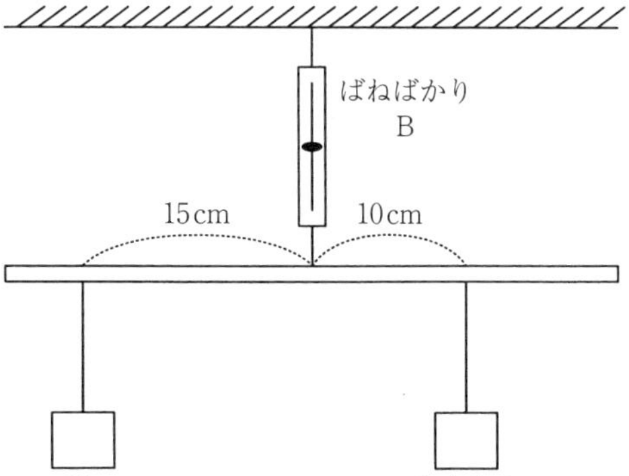

図２

(1)　図２のように，おもりの重さとつるす位置を変えて，棒を水平につり合わせました。このとき，おもりAは何ｇですか。また，ばねばかりBは何ｇを示しますか。

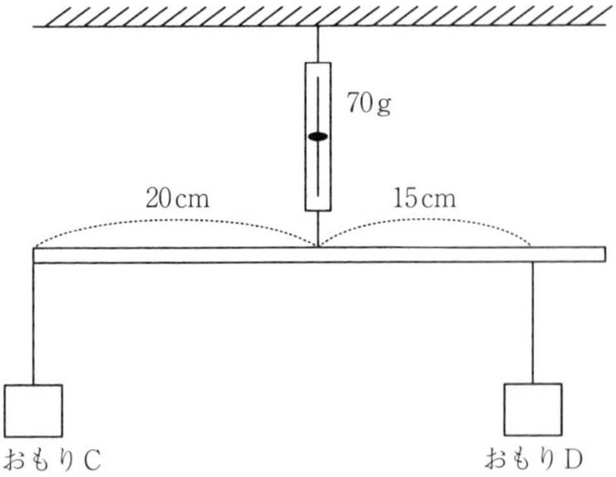

図３

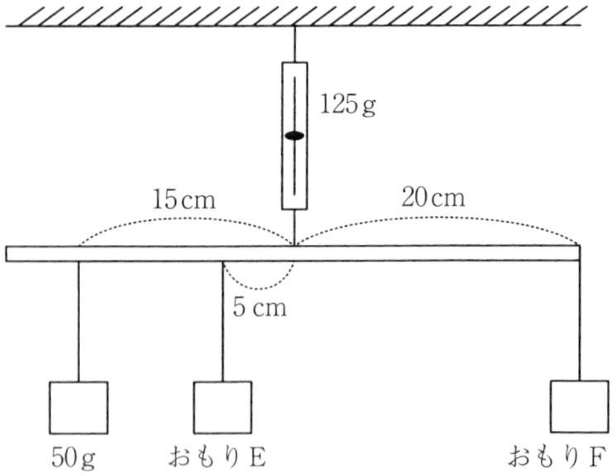

図４

(2) 図３のように，おもりの重さとつるす位置を変えて，棒を水平につり合わせました。このとき，ばねばかりは70gを示していました。おもりCとおもりDはそれぞれ何gですか。

(3) 図４のように，おもりを３個に変えて，棒を水平につり合わせました。このとき，ばねばかりは125gを示していました。おもりEとおもりFはそれぞれ何gですか。

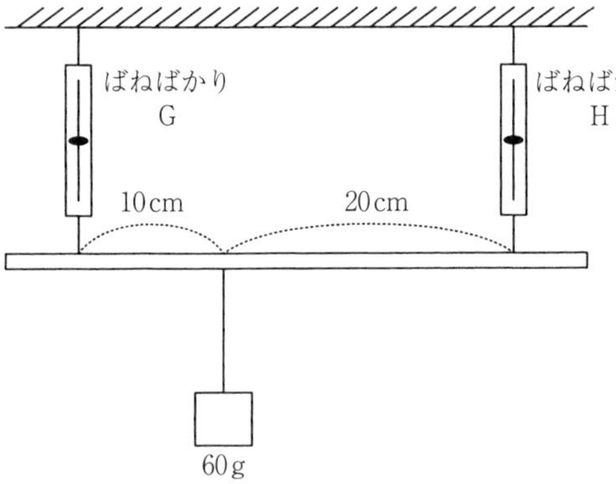

図５

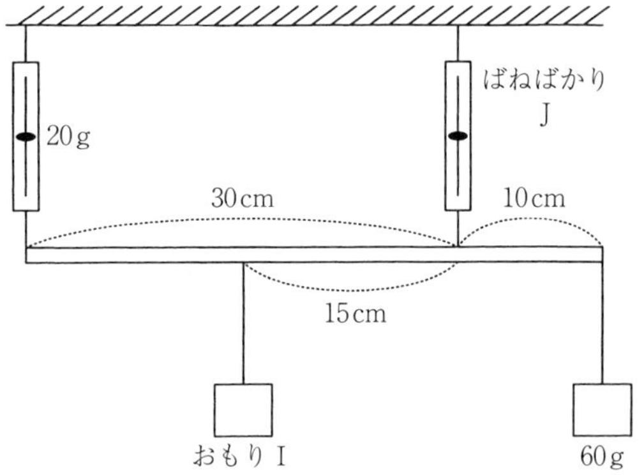

図６

(4) 図５のように，ばねばかり２個と60gのおもり１個を使って，棒を水平につり合わせました。このとき，ばねばかりGとばねばかりHはそれぞれ何gを示していますか。

(5) 図６のように，ばねばかり２個とおもり２個を使って，棒を水平につり合わせました。おもりIは何gですか。また，このときばねばかりJは何gを示しますか。

3 人間の活動によって，もともと生息していた地域とは別の地域で生息するようになった生物を(A)外来生物といいます。外来生物による生態系への影響は大きく，環境省は，2023年６月１日より(B)「条件付特定外来生物」として２種の生物を指定しました。どちらの生物も日本全国に広く定着し，日光浴の場所や食物をめぐって在来種との間で競合したり，水生植物を消失させたり，水生昆虫の絶滅《ぜつめつ》を引き起こしています。

江戸川区小岩で発見されたムジナモは水草でありながら，ミジンコなどを(C)捕食《ほしょく》する食虫植物です。(D)絶滅危惧種《きぐしゅ》に分けられており，連続テレビ小説の主人公のモデルである植物学者の牧野富太郎が名付けたことでも有名です。

(1) 下線部(A)について，正しいものを以下の選択肢(ア)～(オ)のうちから２つ選びなさい。

(ア) 生態系のバランスがくずれることがあるのは，生態系に持ち込まれた外来生物の天敵となる生物がおらず，その外来生物が繁殖しすぎてしまうことが原因の１つである。

(イ)　外来生物とは，人間が人工的に飼育や繁殖させたり，ペットなど意図的に国外から持ち込んだりした生物のことを言い，品物や荷物などにまざって持ち込まれたものは含まれない。

(ウ)　日本国内で問題となっている外来生物はおもに動物であり，植物の影響はほぼない。

(エ)　数種類の外来生物が持ち込まれたくらいでは，生態系の全体に影響はほとんどなく，生態系のバランスは保たれる。

(オ)　生態系にこれまで存在しなかった病気が外来生物と一緒に持ち込まれることがあり，在来生物の生存に影響することがある。

(2)　下線部(B)について，以下の問いに答えなさい。

①：条件付特定外来生物に指定された２種の生物のうち１種の生物名を答えなさい。

②：規制内容として正しいものを以下の選択肢(ア)～(オ)のうちから２つ選びなさい。

(ア)　規制開始前から飼育している条件付特定外来生物は速やかに野外に放さなければいけない。

(イ)　規制開始前から飼育している条件付特定外来生物はそれまで通り飼育し続けることができる。

(ウ)　これから条件付特定外来生物を飼育する場合は，手続きをすれば飼育できる。

(エ)　条件付特定外来生物を飼育し続けることができなくなったときは，友人や新しい飼い主など責任をもって飼える人に無料であればゆずって良い。

(オ)　条件付特定外来生物が勝手に逃げ出した場合は，罰則《ばっそく》・罰金《ばっきん》の対象となることはない。

(3)　下線部(C)について，以下の問いに答えなさい。

①：生物はほかの生物を食べたり，ほかの生物に食べられたりする関係でつながっています。このつながりを何というか答えなさい。

②：昆虫がエサとする植物は，昆虫によって種類が限られています。例えば，ミカン科の植物はアゲハチョウの幼虫が，アブラナ科の植物はモンシロチョウの幼虫が，桑《くわ》の葉はカイコの幼虫が食べます。アブラナ科の植物には「辛い」と感じる成分が含まれており，この成分を分解することができるモンシロチョウの幼虫だけがアブラナ科の植物を食べることができます。

(i)　アブラナ科の植物例の組み合わせとして正しいものを以下の選択肢(ア)～(オ)のうちから１つ選びなさい。

(ア)　ハクサイ，ナス，カブ，ブロッコリー

(イ)　キャベツ，ダイコン，ナス，キュウリ

(ウ)　ハクサイ，キャベツ，トマト，ナス

(エ)　キャベツ，ダイコン，トマト，キュウリ

(オ)　キャベツ，ダイコン，カブ，ブロッコリー

(ii)　モンシロチョウの幼虫はアシナガバチやクモなどに捕食されます。しかし，アオムシコマユバチによって，モンシロチョウの一生が終わることもあります。これは，どのような方法によるものか，簡単に説明しなさい。

(iii)　モンシロチョウは，幼虫からさなぎになり，さらに成虫に変化します。モンシロチョウと同じように，さなぎから成虫に変化するものを以下の選択肢(ア)～(カ)のうちから２つ選びなさい。

(ア)　クマゼミ　　　(イ)　ナナホシテントウ　　(ウ)　オオカマキリ
(エ)　トノサマバッタ　(オ)　スズメバチ　　　(カ)　シオカラトンボ

(4)　ある大きな公園で，モンシロチョウを49匹捕まえ，それらに目印をつけて放しました。後日70匹捕まえると，うち７匹に目印がついていました。この公園にはモンシロチョウは何匹生息していたと推測できますか。ただし，モンシロチョウはこの公園に流入・流出せず，新たに産まれることも死ぬこともないものとします。

(5)　下線部(D)について，絶滅のおそれのある野生生物の種のリストの解説として，その生物の生息状況などをとりまとめた書籍のことを何というか答えなさい。

(6)　以下の文章中の空欄(ア)～(ウ)に入る語として適切なものをそれぞれ答えなさい。また，空欄(エ)にはその利点を答えなさい。

ほ乳類に近いなかまを比べると，あたたかい地域に生息する種類よりも，寒い地域に生息する種類の方が体の大きさが(　ア　)いという傾《けい》向が見られます。また，耳や鼻などの飛び出た部分の大きさが(　イ　)いという傾向も見られます。前者の傾向をベルグマンの法則，後者の傾向をアレンの法則と呼びます。寒い地域に生息するこのような特徴をもつなかまは，からだの体積あたりの表面積が(　ウ　)くなり，(　　エ　　)という利点があると考えられています。

(7)　以下の文章中の空欄(ア)～(ウ)に入る語として適切なものをあとの１～７からそれぞれ選び数字で答えなさい。

ヤモリやカモノハシは，背骨をもつ動物なので，セキツイ動物に分類されます。その中でもヤモリは(　ア　)類であり，カモノハシは(　イ　)類です。カモノハシは(　イ　)類であるにも関わらず，子孫を増やす方法は(　ウ　)である。

１　魚　　２　両生　　３　は虫　　４　鳥
５　ほ乳　６　卵生　　７　胎生

4　Ｅ子さんの学校では，校外学習で地層の観察を行いました。後日，Ｅ子さんは友人のＫ美さんと採集した堆積岩《たいせきがん》について調べました。以下の会話文を読み，あとの問いに答えなさい。また，図は校外学習で観察した地層のスケッチです。

〔スケッチした図〕

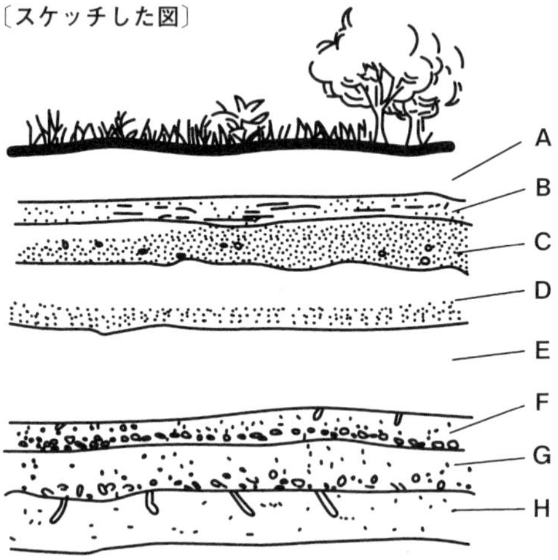

Ｅ子：近くで地層を見たのは初めてだったけれど，なんだか空間の広がりと過去からの時間のつながりを感じることができた気がする。

Ｋ美：本当だね，地層全体をイメージすることもできたし，①ていねいに観察していたことを先生がほめてくれて嬉しかったね。

Ｅ子：ところで，Ｄの層とＣの層を比べると，Ｃの層の方が堆積物の粒が大きくなっていたよ。Ｃの層が堆積したときの様子は(　あ　)と推測できる。

Ｋ美：Ｂの層は，どうだろう？　生物の死がいからできた岩石だ。②Ｂの層の岩石片を拾ってきたから，うすい塩酸をかけた様子をあとで観察してみよう。

Ｅ子：ルーペを使って岩石を分類するとき，何に着目していたの？

Ｋ美：れき岩と砂岩と泥岩を分類するためには，（　い　）をもとに見分けていたんだよ。Ｅ層はどうだった？

Ｅ子：Ｅ層は，凝灰岩の層だね。分類していた３つの岩石の粒と比べるとＥ層の岩石は火成岩に似ているように見えた。どうして違いがあるのだろう？　Ｈ層には貝の巣穴の化石があって，③Ｇ層にはシジミの化石を発見したんだ！

ところで，凝灰岩の層が堆積した当時，この地域では（　う　）が起こったはず。そして，最も古い時代に堆積した地層は（　え　）層だ。

Ｋ美：次回は，④地層が波を打っている様子を観察したいなぁ。

⑤雨が降ってきた！　今日のフィールドワークはこれで終わりにしよう！

(1)　下線部①について，地層を観察するときの注意点として誤っているものはどれか，以下の選択肢(ア)～(エ)から１つ選びなさい。

(ア)　まず遠くから観察して，全体の様子をスケッチする。

(イ)　全体の様子をスケッチしたら，柱状図を作成する。

(ウ)　露頭《ろとう》についたら，地形図上に印と日付などを書く。

(エ)　カメラで撮影すれば，スケッチはしなくてもよい。

(2)　会話文中の（あ）に当てはまる内容として適当なものを以下の選択肢(ア)～(ウ)から１つ選びなさい。

(ア)　海水面が少しずつ上昇していった

(イ)　海水面が少しずつ下降していった

(ウ)　海水面の高さは変化しなかった

(3)　下線部②について，次の文章を読み，以下の(i)・(ii)の問いに答えなさい。

Ｂ層の岩石の破片をうすい塩酸の中に入れた。すると，岩石は盛んに泡をだしてとけてしまいました。

(i)　Ｂ層の岩石は何か，その名称を答えなさい。また，発生した泡は何の気体か。

(ii)　(i)の岩石のように生物の死がいからできた岩石で(i)の岩石よりもかたい岩石を何というか。また，(i)と同様に塩酸の中に入れるとどうなるか，次の選択肢(ア)～(ウ)から１つ選び，記号で答えなさい。

(ア)　(i)と同じ気体が発生する

(イ)　(i)とは違う気体が発生する

(ウ)　変化しない（気体は発生しない）

(4)　会話文中の（い）に当てはまる内容として適当なものを会話文から読み取り，以下の選択肢(ア)～(エ)から１つ選び，記号で答えなさい。

(ア)　鉱物の種類　　(イ)　色の違い　　(ウ)　粒の大きさ　　(エ)　結晶の集まり方

(5)　ルーペで観察した３つの岩石（れき岩・砂岩・泥岩）をつくっている粒が，火成岩をつくる粒などと比べて丸みを帯びているのはなぜか，以下の選択肢(ア)～(エ)から１つ選び，記号で答えなさい。

(ア)　３つの岩石をつくる粒は，気温の変化や雨水のはたらきで岩石がくずれたものだから。

(イ)　３つの岩石をつくる粒が流水によって運搬《うんぱん》される間に，角が水にとけてしまったから。

(ウ)　３つの岩石をつくる粒が流水によって運搬される間に，粒がぶつかり合ったから。

(エ)　３つの岩石をつくる粒が堆積している間に，まわりから大きな力が加わったから。

(6)　ルーペの適切な使い方はどれか，以下の選択肢(ア)～(エ)から１つ選び，記号で答えなさい。

(ア)　地層に含まれている岩石や化石などの一部の採集のために使う。

(イ)　地層の位置を確かめ，ほかの地層との関連を調べるために使う。

(ウ)　岩石の中に含まれている鉱物の様子を見るために使う。

(エ)　地層の傾きや，広がっている方向を調べるために使う。

(7)　下線部③について，Ｇ層が堆積した当時の環境はどのようであったか，以下の選択肢(ア)～(エ)から１つ選び，記号で答えなさい。また，シジミの化石のように地層が堆積した当時の環境を知る手がかりとなる化石を何というか答えなさい。

(ア)　あたたかくて浅い海　　(イ)　海水と淡水が混ざる河口や湖

(ウ)　冷たくて浅い海　　(エ)　比較的寒い陸上

(8)　会話文中の(う)について，Ｅの層が堆積した当時，この地域ではどのようなことが起こったと考えられるか，(う)に当てはまるように簡単に書きなさい。

(9)　会話文中の(え)について，最も古い時代に堆積したと考えられる地層はどれか。スケッチした図中のＡ～Ｈから１つ選び，記号で答えなさい。

(10)　下線部④について，地層に押す力が加わり波打つようになったものを何というか答えなさい。

(11)　下線部⑤について，2021年７月に静岡県熱海市に大きな被害をもたらした，大雨が降った時に水が多量の土砂や岩石を含んで流れることを何というか答えなさい。

字で書きぬきなさい。

問11　――線部⑥「職能的な芸術のせまさ」とあるが、どういうことか。その説明として最も適切なものを次の選択肢から選び、記号で答えなさい。

ア　創造は作品を残さなければならないもので、各々の分野や分類にあてはめて考えるという旧来の考え方。

イ　創造は作品を作り上げてこそ創造であり、傑作を残すことで芸術家になれるという近代以前の職業の枠組み。

ウ　創造は積極的に作り上げられるものであり、見るだけの芸術愛好家では芸術を楽しめないという偏見《へんけん》。

エ　創造は作品を残さなければならないものではなく、自分から作品を見に行くことでも可能という考え方。

問12　――線部⑦「そこですでに、あなたは、あなた自身を創造しているのです」とあるが、どういうことか。その説明として最も適切なものを次の選択肢から選び、記号で答えなさい。

ア　我々は作品とぶつかることで、自分の中の価値観を破壊《はかい》し、古い考え方のみを忘れ去るということ。

イ　我々は作品を受容することで、自分の心の中で感動し、新たな別の視野を手に入れるということ。

ウ　我々は作品に感動することで、自分の心の中を見つめ直し、芸術家としての認識を持つということ。

エ　我々は作品に触《ふ》れ合うことで、自分の中のこだわりを捨て、一人の人間として自立するということ。

問４　空欄【Ｘ】と【Ｙ】に入る言葉の組み合わせとして、最も適切なものを次の選択肢から選び、記号で答えなさい。

ア　Ｘ　構想　Ｙ　礼賛　　イ　Ｘ　受容　Ｙ　愛玩《あいがん》
ウ　Ｘ　変容　Ｙ　培養《ばいよう》　　エ　Ｘ　創造　Ｙ　鑑賞

問５　――線部①「考えてみれば疑問です」とあるが、それはなぜか。その説明として最も適切なものを次の選択肢から選び、記号で答えなさい。

ア　自分自身が写真機のように超然《ちょうぜん》と写しとって認識しているものは、ただ無機質に物体の把握をしているとしか考えられないから。
イ　自分自身が機械のように客観的に見ていると認識しているものは、自分が見たいと主観的に見ているものと考えられるから。
ウ　自分自身がレンズのように淡々《たんたん》と見ていると認識しているものは、実は自分が無意識に目を逸《そ》らしてきた現実と考えられるから。
エ　自分自身が自立した個人として見ていると認識しているものは、社会的な芸術の枠《わく》組みによって影響《えいきょう》を受けていたと考えられるから。

問６　――線部②「イマジネーション」とあるが、これを言い換えたものとして最も適切なものを次の選択肢から選び、記号で答えなさい。

ア　演技力　　イ　影響力　　ウ　想像力　　エ　技術力

問７　本文中から次の一段落がぬけている。その一段落が入る場所の直前として適切なものを本文中の［ア］～［エ］から一つ選び、記号で答えなさい。

【だから、創られた作品にふれて、自分自身の精神に無限のひろがりと豊かないろどりをもたせることは、りっぱな創造です。】

問８　――線部③「この、単数でありながら無限の複数であるところに芸術の生命があります」とあるが、どういうことか。その説明として最も適切なものを次の選択肢から選び、記号で答えなさい。

ア　芸術家の作品は一つであるが、その作品を作った芸術家の生涯《しょうがい》の作品は複数であるため、一つの作品ではその芸術家を評価できないということ。
イ　作品は一つであるが、その作品はそれまでに芸術家が何度も考え抜いた結果であるため、受け取る側はその過程を頭の中で追体験できるということ。
ウ　作品という対象物は一つであるが、その作品を解釈《かいしゃく》する受け取り側の見方はそれぞれの心の中でとらえられ、変化し続けるものであるということ。
エ　作品自体は一つしかないが、その作品を理解する一般大衆の目は時代を経て感性が研ぎ澄《す》まされたため、真の芸術性に迫《せま》っているということ。

問９　――線部④「だがそれが美しくなったのです」とあるが、なぜゴッホの作品は評価されるようになったのか。それを説明したのが次の文章である。文中の空欄ア・イ・ウに当てはまる言葉を、それぞれ指定の字数で本文中からぬきだして答えなさい。

ゴッホの作品は同時代の人々には評価されなかった。さらにいえば、現在では時間が経ち、かえって作品自体は［ア　五文字］のである。だが、作品を見る側により、その［イ　八文字］から問題がくつがえされてしまうことがある。すなわち、作品の評価を決めるのは作家自身ではなく、［ウ　七文字］ということだから。

問10　――線部⑤「味わうこと」とあるが、これを作者はどのように解釈しているか。それをわかりやすく示した表現を本文中より九

一般《いっぱん》大衆にはもちろん、※2セザンヌのような同時代の大天才にさえ、こんな腐《くさ》ったようなきたない絵はやりきれないとソッポをむかれました。当時はじっさい美しくなかったのです。それが今日はだれにでも絢爛《けんらん》たる傑作《けっさく》と思われます。けっしてゴッホの作品自体が変貌したわけではありません。むしろ色は日がたつにつれてかえってくすみ、あせているでしょう。④だがそれが美しくなったのです。社会の現実として。こんなことはけっしてゴッホのばあいにかぎりません。受けとる側によって作品の存在の根底から問題がくつがえされてしまう。[イ]

こうなると作品が傑作だとか、駄作《ださく》だとかいっても、そのようにするのは作家自身ではなく、味わうほうの側だということがいえるのではありませんか。そうすると鑑賞―味わうということは、じつは価値を創造することそのものだとも考えるべきです。もとになるものはだれかが創ったとしても、⑤味わうことによって創造に参加するのです。だからかならずしも自分で筆を握《にぎ》り絵の具をぬったり、粘土《ねんど》をいじったり、あるいは原稿用紙《げんこうようし》に字を書きなぐったりしなくても、なまなましく創造の喜びというものはあるわけです。

私の言いたいのは、ただ趣味的に受動的に、芸術愛好家になるのではなく、もっと積極的に、自信をもって創るという感動、それをたしかめること。作品なんて結果にすぎないのですから、かならずしも作品をのこさなければ創造しなかった、なんて考える必要もありません。創るというのを、絵だとか音楽だとかいうカテゴリーにはめこみ、私は詩だ、音楽だ、踊《おど》りだ、というふうに枠《わく》に入れて考えてしまうのもまちがいです。それは、やはり⑥職能的な芸術のせまさにとらわれた古い考え方であって、そんなものにこだわり、自分を限定して、かえってむずかしくしてしまうのはつまりません。[ウ]

それに、また、絵を描きながら、じつは音楽をやっているのかもしれない。音楽を聞きながら、じつはあなたは絵筆こそとっていないけれども、絵画的イメージを心に描いているのかもしれない。【③】、そういう絶対的な創造の意志、感動が問題です。

さらに、自分の生活のうえで、その生きがいをどのようにあふれさせるか、自分の充実《じゅうじつ》した生命、エネルギーをどうやって表現していくか。たとえ、定着された形、色、音にならなくても、心の中ですでに創作が行なわれ、創るよろこびに生命がいきいきと輝《かがや》いてくれれば、どんなにすばらしいでしょう。[エ]

つまり、自分自身の、人間形成、精神の確立です。自分自身をつくっているのです。すぐれた作品に身も魂《たましい》もぶつけて、ほんとうに感動したならば、その瞬間《しゅんかん》から、あなたの見る世界は、色、形を変える。生活が生きがいとなり、今まで見ることのなかった、今まで知ることもなかった姿を発見するでしょう。⑦そこですでに、あなたは、あなた自身を創造しているのです。

（岡本《おかもと》太郎《たろう》『今日の芸術　時代を創造するものは誰《だれ》か』による）

（設問の都合上、原文の表記を改めたところがある。）

※1　ゴッホ…一八五三―一八九〇　オランダの印象派の画家。

※2　セザンヌ…一八三九―一九〇六　フランスの印象派の画家。

問1　空欄【①】【②】【③】に入る語として、適切なものを次の選択肢から選び、それぞれ記号で答えなさい。

ア　しかし　　イ　たとえば　　ウ　だから

エ　つまり　　オ　あるいは

問2　空欄【A】には「考え方や好みなどが人によってそれぞれに違《ちが》っていること」を示す漢数字を用いた四字熟語が入る。それを答えなさい。

問3　空欄【B】には「種類がたくさんあり、さまざまであること」を示す、同じ漢字を二回使用した四字熟語が入る。それを答えなさい。

なさい。

ア　自分が得をするために相手が望む人間でいるべきである。

イ　係をこなすことによる不満を悪口で解消してはいけない。

ウ　相手が期待する人間になりきってふるまうことである。

エ　どのような人間でもこなすことができる簡単なことだ。

オ　他者の気持ちを考える思いから生まれる行動である。

四

次の文章を読み、後の問いに答えなさい。

絵画は万人によって、鑑賞《かんしょう》されるばかりでなく、創《つく》られなければならない。だれでもが描《か》けるし、描くことのよろこびを持つべきであるというのが、私の主張です。

あなたはたぶん、絵というものは絵かきが創るもので、素人《しろうと》は、それを見て楽しめばよい、描くにしてもせいぜい遊び半分に、趣味《しゅみ》としてなぐさむものだと思っていられるでしょう。まあ、恥《はじ》をさらすようなものは、なるたけ描かないほうが無事だ、くらいな気分でいる人が多いと思います。

【①】、絵はたんに見るものではけっしてなく、だれでもが創るもの、いや、創らなければならないものだなどと言われると、まったく意外で、びっくりされるかもしれません。

しかし、じつは、見るということ自体に、あなた自身が創るというけはいがなければならない。この二つはそれぞれけっして離《はな》すことのできないものなのです。まず、これからお話ししましょう。

見たり味わうことならできるけれども、創るという時間がない。あるいは、どうもそれにふみきる積極性がないという人でも、次の問題について考えてみてほしいのです。

創ることと、味わうこと、つまり芸術【X】と【Y】というものは、かならずしも別のことがらではないということです。あなたが、たとえば一枚の絵を見る。なるほど、そこには描かれてあるいろんな形、色がある。それはある一人の作家がかってに創りだしたもので、あなたとはいちおうなんの関係もありません。【②】、あなたがそれを見ているのは、なんらかの関心があってのことです。当然、喜び、あるいは逆に嫌悪《けんお》、またはもっとほかの感動をもって、それにふれているはずです。[ア]

そのとき、はたしてあなたは画面の上にある色や形を、写真機のレンズが対象のイメージをそのまま映すように見ているかどうか、①考えてみれば疑問です。あなたはそこにある画布、目に映っている対象を見ていると思いながら、じつはあなたの見たいとのぞんでいるものを、心の中にみつめているのではないでしょうか。

それはあなたの②イマジネーションによって、自分が創りあげた画面です。一枚の絵を十人が見たばあい、その十人の心の中に映る絵の姿は、それぞれまったく異なった十だけのイメージになって浮《う》かんでいるとみてさしつかえありません。人によって感激の度合いがちがうし、評価もちがいます。同じように好きだといっても【A】、その好き方はまたさまざまです。こういうことを考えてみても、鑑賞がどのくらい【B】であり、それがその人の生活の中にはいっていくばあい、どんなに独特な姿を創りあげるか。それは、見る人数だけ無数の作品となって、それぞれの心の中で描きあげられたことになります。さらにそれは、心の中でその精神の力によってつねに変貌《へんぼう》し創られつつあるのです。

③この、単数でありながら無限の複数であるところに芸術の生命があります。たとえどんな作品でもすばらしいと感じたら、それはすばらしい。逆にどんなすばらしい作品でもつまらない精神にはつまらなくしかうつらないのです。作品自体は少しも変わってはいないのに。

前章でも言ったように※1ゴッホの絵は、彼《かれ》が生きているあいだは

して最適なものを後の中から一つ選び、記号で答えなさい。

③「朝飯前」

ア　あたりまえのこと　イ　ずるがしこいこと

ウ　たやすいこと　エ　ゆかいなこと

⑥「バツが悪い」

ア　居心地が悪い　イ　運が悪い

ウ　きげんが悪い　エ　気味が悪い

問３　――線部④「□を飲んで」、――線部⑩「□の中に入れても痛くない」とあるが、それぞれの□に当てはまる漢字一字を書きなさい。

問４　――線部⑧「娘」とあるが、これは誰を指すか。本文中から一語でぬきだしなさい。

問５　――線部⑫「係の任務」とあるが、「すみれ」の場合は具体的には何をすることか。それを説明した次の文の空欄に当てはまる漢字一字を本文中からぬきだしなさい。

【□らしくふるまうこと。】

問６　――線部⑦「五本指の古びた靴下」について、次の問いに答えなさい。

(1)「おじいちゃま」は、いつもはどのような靴下をはいているのか。本文中から九字で探し、ぬきだしなさい。

(2)本文中の★★★(「家に帰ると、～」で始まる段落)から、「すみれ」が帰宅していることに「おじいちゃま」が気づくまで、「おじいちゃま」はどのような気持ちでいたと――線部⑦の表現から考えられるか。それを説明した次の文の空欄に当てはまる言葉を本文中からぬきだしなさい。

【すみれと同じようにおじいちゃまも［空欄Ⅰ（十字以内）］をすごし、［空欄Ⅱ（二字）］を感じていた。】

問７　――線部②「私だけがなんだかひねくれ者なのだ」とあるが、これはどういうことか。その説明として最適なものを次の中から一つ選び、記号で答えなさい。

ア　誰に対しても優しく接することのできる両親とは違って、すみれは表面上ではいい子を演じながら内心では嫌いな人を馬鹿にすることで小気味よさを味わおうとしているということ。

イ　他人を無条件で信じて愛することができる両親とは違って、すみれは他人からもらった自分へのほめ言葉をうのみにすることができず、自分の能力に自信を持てずにいるということ。

ウ　天真爛漫《てんしんらんまん》で周りの人から愛されている両親とは違って、すみれは何事に対しても攻撃《こうげき》的な気持ちを向け、周囲から孤立してしまっているということ。

エ　真正直に自分の感情をさらけだせる両親とは違って、すみれは否定的な感情を本心ではいだいているのに、他人に自分の本音をさとられないようにふるまってしまうということ。

問８　――線部⑤「体が冷たくなった」とあるが、「すみれ」がこのような状態になったのはどうしてか。それを説明した次の文の空欄に当てはまる言葉を本文中からぬきだしなさい。ただし、空欄Ⅰは最初と最後の三字をぬきだしなさい。

【［空欄Ⅰ（二十字以内）］ような発言を本人に聞かれたことで［空欄Ⅱ（十字以内）］と思ったから。】

問９　――線部⑨「すみれさんも、いい子でいようと思ってるでしょう」とあるが、「すみれ」が「いい子でいようと思ってる」ことがわかる一文を、★★★以降の「すみれ」の発言の中から探し、最初の五字をぬきだしなさい。

問10　――線部⑪「係」とあるが、「係」についての「おじいちゃま」の考えとして最も適切なものを次の中から二つ選び、記号で答え

2024年度 江戸川女子中学校

【国　語】〈第二回試験〉（五〇分）〈満点：一〇〇点〉

〈注意〉字数指定のある設問はすべて、句読点等を字数に含む。

一 次の①～⑤の――線部のカタカナを漢字に直しなさい。

① 仕事をヤめる。

② 使用方法のジュンジョを守ろう。

③ キリツ正しい生活を送る。

④ くわしいことはセンモン家に聞こう。

⑤ 内容をケントウする。

二 次の□には、上の熟語の対義語が当てはまる。□に当てはまる熟語を後の【語群】から選び、漢字に直して答えなさい。

① 自然↔□

② 革新↔□

③ 現実↔□

④ 需要《じゅよう》↔□

⑤ 権利↔□

【語群】

キョウキュウ　ギム　ショウヒ　ジンコウ

ヒテイ　ヒツゼン　ホシュ　リソウ

三 次の文章を読み、後の問いに答えなさい。

小学六年生の「すみれ」は両親と東京で暮らしている。大学教授で長野に住む母方の祖父（「おじいちゃま」）が仕事の都合で一か月間すみれの家で過ごすことになったが、「おじいちゃま」のことが大好きで、はりきっておもてなしをする「ママ」や上品で完璧《かんぺき》な「おじいちゃま」の前で、すみれはいい子のふりをしながらも疲《つか》れを感じていた。

〔編集部注…課題文は著作権上の問題により掲載しておりません。作品の該当箇所につきましては次の書籍を参考にしてください〕

・西　加奈子著『おまじない』所収の「孫係」（筑摩書房　二〇一八年三月初版第一刷発行）

七〇ページ最終行～七三ページ八行目

（中略）

七五ページ冒頭～八〇ページ一一行目

（中略）

八一ページ一四行目～八三ページ一〇行目

（一部省略・改変された箇所があります）

※１　ラブ…すみれが飼っている犬。

※２　さくらちゃん…すみれの同級生。

※３　あなたのおばあさん…すでに亡くなっている。

問１　――線部①「数字は濃くなった」とあるが、「数字」とは何か。それを具体的に表した十一字の言葉を本文中から探し、ぬきだしなさい。

問２　――線部③「朝飯前」、⑥「バツが悪そう」の本文中の意味と

2024年度

江戸川女子中学校　▶解説と解答

算　数　＜第２回試験＞（50分）＜満点：100点＞

解　答

1 (1) 2.28　(2) $\frac{1}{4}$　(3) 2　(4) 7　(5) 12　(6) 2500　(7) 36　(8) 109　(9) 2.5　(10) 84.78　(11) 624　**2** (1) 81　(2) 64　(3) 144　**3** (1) 1080　(2) 990　(3) 9：11　**4** (1) 1800m　(2) 15分　(3) 8時20分

解　説

1　四則計算，逆算，場合の数，年れい算，比の性質，仕事算，過不足算，辺の比と面積の比，面積，体積

(1)　$5.6+4.5-3.4\times2.3=5.6+4.5-7.82=10.1-7.82=2.28$

(2)　$1-\left\{\left(2\frac{1}{3}-\frac{3}{4}\right)\times6-7\right\}\div3\frac{1}{3}=1-\left\{\left(\frac{7}{3}-\frac{3}{4}\right)\times6-7\right\}\div\frac{10}{3}=1-\left\{\left(\frac{28}{12}-\frac{9}{12}\right)\times6-7\right\}\div\frac{10}{3}$ $=1-\left(\frac{19}{12}\times6-7\right)\div\frac{10}{3}=1-\left(\frac{19}{2}-7\right)\div\frac{10}{3}=1-\left(\frac{19}{2}-\frac{14}{2}\right)\div\frac{10}{3}=1-\frac{5}{2}\times\frac{3}{10}=1-\frac{3}{4}=\frac{1}{4}$

(3)　$1\frac{4}{5}\div\{5-(\square-1.5)\}=\frac{2}{5}$より，$5-(\square-1.5)=1\frac{4}{5}\div\frac{2}{5}=\frac{9}{5}\times\frac{5}{2}=\frac{9}{2}=4.5$，$\square-1.5=5-4.5=0.5$　よって，$\square=0.5+1.5=2$

(4)　3桁《けた》の偶数《ぐうすう》を作るので，一の位は0か2になる。一の位が0のとき，百の位が1のものが，100，110，120の3通り，百の位が2のものが，200，210の2通り作れるので，合わせて，3＋2＝5（通り）作れる。また，一の位が2のとき，百の位は1なので，102，112の2通り作れる。よって，3桁の偶数は全部で，5＋2＝7（通り）作ることができる。

(5)　今から7年前の花子さんの年れいを①とすると，今から7年前の母の年れいは⑥なので，2人の年れいの差は，⑥－①＝⑤と表せる。この年れいの差は何年たっても同じなので，今から13年後の2人の年れいの差も⑤となる。また，13年後に母と花子さんの年れいの比は，2：1になるから，13年後の花子さんの年れいは，⑤×$\frac{1}{2-1}$＝⑤と表せる。さらに，7年前と13年後の花子さんの年れいの差は，7＋13＝20（才）だから，⑤－①＝④にあたる年れいが20才となる。よって，①にあたる年れい，つまり，7年前の花子さんの年れいは，20÷4＝5（才）なので，現在の花子さんの年れいは，5＋7＝12（才）と求められる。

(6)　姉と妹の所持金の比が9：7になったとき，2人の所持金の合計は初めと同じ6400円である。よって，このときの妹の所持金は，$6400\times\frac{7}{9+7}=2800$（円）だから，姉から300円もらう前の妹の所持金は，2800－300＝2500（円）とわかる。

(7)　水そうの容積を1とする。空の水そうをいっぱいにするのに，Aだけでは，1分12秒＝60秒＋12秒＝72秒，Bだけでは，1分48秒＝60秒＋48秒＝108秒，Cだけでは，3分36秒＝60秒×3＋36秒＝216秒かかるので，1秒あたり，Aだけでは，$1\div72=\frac{1}{72}$，Bだけでは，$1\div108=\frac{1}{108}$，Cだけでは，$1\div216=\frac{1}{216}$の水を入れることができる。よって，3つの管を用いると，1秒あたり，$\frac{1}{72}$

$+\frac{1}{108}+\frac{1}{216}=\frac{1}{36}$の水が入るから，$1\div\frac{1}{36}=36$(秒)で空の水そうがいっぱいになる。

(8)　１人３個ずつ配るときと４個ずつ配るときで，必要な個数の差は，16＋15＝31(個)となる。これは，１人あたり，４－３＝１(個)の差が生徒の人数分だけ集まったものだから，生徒の人数は，31÷１＝31(人)とわかる。よって，先生が買ってきたアメは，３×31＋16＝109(個)である。

(9)　右の図１で，三角形ABPの面積は平行四辺形の面積の半分だから，30÷２＝15(cm^2)である。また，三角形ABQと三角形AQPは，底辺をそれぞれBQ，QPとすると，高さが等しいので，面積の比は，BQ：QPと等しく，２：４＝１：２となる。したがって，三角形ABQの面積は，$15\times\frac{1}{1+2}=5$(cm^2)とわかる。さらに，三角形ADQと三角形DBQは，底辺をそれぞれ，AD，DBとすると，高さが等しく，ADとDBの長さも等しいから，面積も等しくなる。よって，三角形ADQ(斜線《しゃせん》部分)の面積は，５÷２＝2.5(cm^2)と求められる。

図１

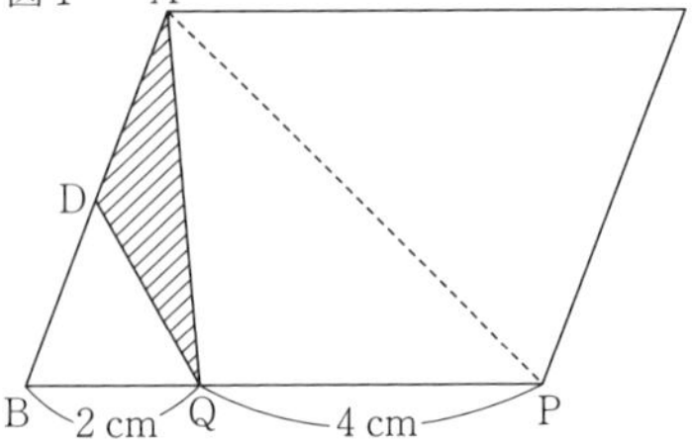

(10)　大きい円の半径は，３×２＝６(cm)になるから，大きい円の面積は，６×６×3.14＝36×3.14(cm^2)，小さい円の面積は，３×３×3.14＝９×3.14(cm^2)となる。よって，斜線部分の面積は，大きい円の面積から小さい円の面積をひいて，36×3.14－９×3.14＝(36－９)×3.14＝27×3.14＝84.78(cm^2)と求められる。

(11)　右の図２で，正方形Ａから向かい合う面までを垂直にくりぬくとき，くりぬかれる部分は，縦10cm，横６cm，高さ６cmの直方体だから，残った立体の体積は，10×10×10－10×６×６＝1000－360＝640(cm^3)になる。次に，正方形Ｂから向かい合う面までを垂直にくりぬくとき，すでにくりぬかれている部分をのぞくと，新たにくりぬかれるのは，１辺が２cmの立方体２個分だから，その体積は，(２×２×２)×２＝16(cm^3)である。よって，最後に残った立体の体積は，640－16＝624(cm^3)とわかる。

図２

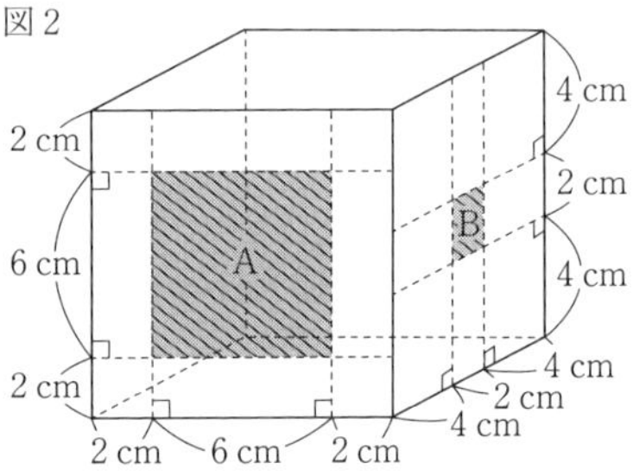

2 約束記号，整数の性質

(1)　３△４は，３を４回かけた数だから，３×３×３×３＝81となる。

(2)　２△３＝２×２×２＝８より，(２△３)△２＝８△２＝８×８＝64となる。

(3)　２×２＝４より，２を20回かけた数は，４を，20÷２＝10(回)かけた数と等しくなる。つまり，２△20＝４△10だから，(12△12)÷(２△20)÷(３△10)＝(12△12)÷(４△10)÷(３△10)となる。また，４を10回かけた数と３を10回かけた数でわることは，４×３＝12を10回かけた数でわることと同じになる。よって，(12△12)÷(４△10)÷(３△10)の計算は，12を12回かけた数を，12を10回かけた数でわる計算と同じになるから，その答えは，12を，12－10＝２(回)かけた数と等しくなり，12×12＝144と求められる。

3 割合と比

町の人口10000人のうち，１％がこの病気にかかっているので，病気にかかっている人は，10000×0.01＝100(人)，かかっていない人は，10000－100＝9900(人)である。また，病気にかかっている人の９割，かかっていない人の１割が陽性と判定されるから，病気にかかっていて陽性と判定される人は，100×0.9＝90(人)，病気にかかっていなくて陽性と判定される人は，9900×0.1＝990(人)いる。よって，陽性と判定される人は全部で，90＋990＝1080(人)(…⑴)いて，そのうち，実際には病気にかかっていない人は990人(…⑵)いる。また，陽性と判定された1080人全員に再び検査薬を用いると，病気にかかっている90人のうち，なおも陽性と判定されるのは，90×0.9＝81(人)，病気にかかっていない990人のうち，なおも陽性と判定されるのは，990×0.1＝99(人)となる。よって，その人数の比は，81：99＝９：11(…⑶)とわかる。

4 速さ，つるかめ算

⑴ 妹は８時に家を出て，姉と同時に学校についたので，学校についたのは８時30分である。よって，妹は家から学校まで毎分60mの速さで30分かけて進んだから，家から学校までの道のりは，60×30＝1800(m)とわかる。

⑵ 姉は８時に家を出てから８時30分に学校につくまでの30分のうち，10分買い物をしたので，毎分80mと毎分120mの速さで進んだ時間の合計が，30－10＝20(分)で，進んだ道のりの合計は1800mである。もし，毎分120mの速さで20分進んだとすると，進んだ道のりは，120×20＝2400(m)となり，実際よりも，2400－1800＝600(m)長くなる。毎分120mで進むかわりに毎分80mで１分進むごとに，進んだ道のりは，120－80＝40(m)ずつ短くなるから，毎分80mで進んだ時間は，600÷40＝15(分)と求められる。

⑶ ⑵より，姉は家からお弁当屋まで毎分80mの速さで15分かけて進んだので，家からお弁当屋までの道のりは，80×15＝1200(m)である。よって，妹がお弁当屋を通り過ぎたのは，８時に家を出てから，1200÷60＝20(分後)なので，８時20分である。

社　会 ＜第２回試験＞(35分)＜満点：75点＞

解　答

1 **問１** ウ　**問２** イ　**問３** イ　**問４** オ　**問５** イ　**問６** 鑑真　**問７** 琉球　**問８** (例) 鎌倉幕府は，永仁の徳政令を出して，御家人が失った土地を取り戻すことを認めたが，経済の混乱を招いて効果は少なかった。　**問９** **３番目**…D　**６番目**…A

2 **問１** 〔ｉ〕 (例) 娘を天皇の妻にし，生まれた子を次の天皇にすることで，天皇家との結びつきを強めた。　〔ii〕 寝殿造　**問２** 〔ｉ〕 金閣　〔ii〕 イ　〔iii〕 ア　**問３** 〔ｉ〕 ウ　〔ii〕 大政奉還

3 **問１** ｉ 志摩　ii ひのき　iii 四日市　**問２** ⑴ **A** オ　**B** エ　**C** コ　**D** イ　**E** ウ　⑵ B　⑶ (例) 核燃料を冷却するための海水を得やすいため，原子力発電所が建設されることが多い。　**問３** イ　**問４** **吉野**…奈良県　**天竜**…静岡県　**問５** 東海道

4 Ⅰ **問１** イ　**問２** 北里柴三郎　**問３** ウ　**問４** WHO　Ⅱ **問１** 直接請求権　**問２** イ　**問３** **1** 選挙管理委員会　**2** 過半数　**問４** オンブズマン制度　**問５** 地方交付税交付金　**問６** 国庫支出金　**問７** エ　Ⅲ **問１** 最低限度　**問２** 生存　**問３** 社会保障　**問４** ⑴ ア　⑵ ウ

解　説

1　各時代の歴史的なことがらについての問題

問１　江戸幕府の第８代将軍徳川吉宗は，町人に積極的に呼びかけて新田開発を進め(ウ…○)，豊作や不作に関係なく一定の米を納めさせる定免《じょうめん》法を導入し(エ…×)，大名から石高１万石につき100石を納めさせる上げ米の制を実施《じっし》して，幕府の年貢収入を増加させた。なお，株仲間の解散を命じたのは水野忠邦《ただくに》である(ア…×)。享保の改革では，参勤交代を廃止《はいし》したのではなく，上げ米の代わりに江戸の滞在《たいざい》期間を縮めた(イ…×)。

問２　日本の国民総生産(GNP)は，1968(昭和43)年に資本主義諸国の中でアメリカに次いで世界第２位となった。このころの日本は高度経済成長期にあり，普及《ふきゅう》した電気冷蔵庫，電気洗濯機，白黒テレビの３つの電化製品が三種の神器と呼ばれた(イ…○)。なお，アとウは明治時代，エは大正時代の日本社会についての文である。

問３　百済《くだら》は４世紀半ば～660年，新羅《しらぎ》は４世紀半ば～935年，高句麗《こうくり》は紀元前１世紀ごろ～668年に存続した国家であるので，百済(約300年)よりも新羅(約600年)や高句麗(約700年)のほうが長い間存続した(イ…×)。

問４　1156年，崇徳《すとく》上皇を中心とする勢力と後白河天皇を中心とする勢力の対立(ア…○)や，摂《せっ》政《しょう》・関白をめぐる藤原氏の内部争いから，貴族や源氏・平氏などの武士が上皇方と天皇方に分かれて戦う保元の乱に発展した(イ…○)。この乱でともに勝利した平清盛と源義朝の権力争いが激しくなり，1159年に平治の乱が起こったが(ウ…○)，源義朝は敗北し，その息子である頼朝は伊豆に流された(エ…○)。

問５　吉野作造は，1916年に「中央公論」に発表した論文の中で，言論の自由と普通選挙による政党政治の実現を主張するとともに，民衆を政治の中心に置くことを唱え，そのときに「民本主義」という言葉を用いた。自由民権運動が行われたのは，大日本帝国憲法の発布や帝国議会の設置の前の1870～80年代である(イ…×)。

問６　唐《とう》(中国)の高僧《こうそう》だった鑑真は，８世紀半ばに日本への渡航《とこう》を試み，５回目で視力を失いながらも６回目で来日を果たすと，僧の守るべき決まりである戒律《かいりつ》を伝え，奈良に唐招提《とうしょうだい》寺を建てた。

問７　琉球王国は，1429年に北山・中山・南山に分かれていた王国を中山王の尚巴志《しょうはし》が統一して成立し，17世紀初めに薩摩《さつま》藩(鹿児島県)に征服《せいふく》されると，その支配下に入った。明治時代に琉球藩が置かれ，1879年の琉球処分によって沖縄県が置かれたことでほろんだ。

問８　1274年と1281年の二度にわたる元の襲来《しゅうらい》(元寇《げんこう》)で鎌倉幕府からほうびをもらえず生活が苦しくなった御家人を救うため，1297年に幕府は永仁の徳政令を出し，借金の取り消しや御家人から買った土地は御家人に返すことを命じたが，経済の混乱を招いて効果は限定的だった。

問９　Ａは江戸時代(徳川吉宗の政治)，Ｂは昭和時代(日本のGNP世界第２位)，Ｃは古墳時代(伽耶《かや》滅亡《めつぼう》)，Ｄは平安時代(保元の乱と平治の乱)，Ｅは大正時代(民本主義)，Ｆは奈良時代(唐招提寺建立)，Ｇは室町時代(琉球王国建国)，Ｈは鎌倉時代(元寇)のことなので，年代の古い順に，Ｃ→Ｆ→Ｄ→Ｈ→Ｇ→Ａ→Ｅ→Ｂとなる。

2　歴史的な建造物に関する問題

問１　〔ｉ〕　藤原氏は，自分の娘を天皇のきさきにしてその間に生まれた皇子を天皇の位につけ，天皇の母方の親戚《しんせき》となって権力をにぎった。また，天皇が幼いときは摂政，成人してからは関白となり，それ以外の重要な官職の多くも独占《どくせん》した。　〔ii〕寝殿《しんでん》造は，平安時代の貴族が住んだ大きな屋敷《やしき》の建築様式で，中央に建てられた寝殿の周りに対屋《たいのや》を設け，寝殿と対屋とを渡殿《わたどの》と呼ばれる廊下《ろうか》でつなぎ，池にのぞむ釣殿《つりどの》を備えていた。

問２　〔i〕足利義満は，14世紀末，京都の北山に３層の造りで外壁《がいへき》に金箔《きんぱく》がほどこされた鹿苑《ろくおん》寺金閣を建てた。　〔ii〕足利義満は，60年にわたって吉野に南朝が，京都に北朝が開かれていた状態を，1392年に南北朝の統一を実現させて解消した(イ…○)。なお，京都に幕府を開いたのは足利尊氏(ア…×)，1467年に応仁の乱が起こったときの将軍は足利義政(ウ…×)，大輪田泊を修築し宋《そう》(中国)と貿易を行ったのは平清盛である(エ…×)。　〔iii〕15世紀以降，近畿，東海，北陸地方の一向宗(浄土真宗)の信者たちが，守護大名や戦国大名に対してしばしば起こした反乱を，一向一揆《いっき》という(ア…×)。

問３　〔i〕徳川家康は，朱印状と呼ばれる幕府の海外渡航許可書を大名や商人に与《あた》え，朱印船貿易をさかんにした。これにより，九州や京都の大商人は朱印船で主に東南アジアに向かい，日本人の居留地である日本町が各地に形成された(ウ…○)。なお，武家諸法度を将軍として最初に定めたのは，第２代将軍徳川秀忠(ア…×)，参勤交代を制度化したり，鎖国を完成させたりしたのは，第３代将軍徳川家光である(イ，エ…×)。　〔ii〕薩長を中心とした倒幕《とうばく》の動きから，もはや幕府による政治は続けられないとさとった第15代将軍徳川慶喜《よしのぶ》は，1867年10月に京都の二条城で，政治を朝廷《ちょうてい》に返還《へんかん》する大政奉還を行った。

3　三重県を題材とした問題

問１　i　志摩《しま》半島は，紀伊半島の東の端《はし》に位置している。志摩半島南側の沿岸は，山地が海に沈《しず》みこんでできたリアス海岸で，志摩半島南部の英虞《あご》湾では，明治時代に初めて御木本《みきもと》幸吉が真珠《しんじゅ》の養殖《ようしょく》に成功して以来，真珠の養殖業がさかんである。　ii　尾鷲《おわせ》市は，背後にそびえる高く険しい紀伊山地によって多くの湿気《しっけ》をおびた夏の南東の季節風がさえぎられることで雨が多く降るため，夏の降水量は特に多く，古くから林業がさかんで，この地域で植林されたひのきは尾鷲ひのきと呼ばれる。　iii　三重県北部の四日市市では，石油化学コンビナートの工場から排出《はいしゅつ》された煙《けむり》にふくまれる亜硫酸《ありゅうさん》ガス(二酸化硫黄《いおう》)が原因で，1950～70年代に四日市ぜんそくと呼ばれる公害病が発生した。

問２　(1)　A　岩手県から宮城県の牡鹿《おしか》半島にかけての太平洋岸は三陸海岸である。　B　千葉県北東部の太平洋岸に広がる砂浜海岸は九十九里浜である。　C　福井県と京都府が面しているのは若狭《わかさ》湾である。　D　愛媛県の西側に広がるのは宇和海である。　E　長崎県の中央部に位置しているのは大村湾である。　(2)　(1)Bの解説を参照のこと。　(3)　若狭湾沿岸には，原子力発電所が建設されている。原子力発電は，発電機を回すための蒸気を水にもどすさい，また発電にともなって発生する熱を冷ますさいに大量の水を必要とするため，海水を得やすい沿岸部に建設されている。

問３　問１ i の解説を参照のこと。

問４　一般《いっぱん》に，奈良県南部の旧吉野郡一帯を吉野，静岡県西部の天竜川流域を天竜といい，ともにすぎの産地となっている。

問５　伊勢神宮(三重県)は，天皇の祖先とされる天照大御神《あまてらすおおみかみ》をまつる神社で，江戸時代には庶民《しょみん》の参詣《さんけい》が流行した。江戸からお伊勢参りをする場合，行きは海沿いの東海道を利用し，帰りは善光寺詣《もう》でを兼《か》ねて内陸部の中山道を通ることが多かった。

4 感染症《かんせんしょう》，地方自治，日本国憲法第25条についての問題

Ⅰ　**問１**　710年，元明天皇は唐の長安をまねてつくった平城京(奈良県)に都を移した。これより784年に桓武《かんむ》天皇によって都が長岡京(京都府)に移されるまでを奈良時代という。

問２　北里柴三郎は，ドイツ留学中にローベルト＝コッホのもとで破傷風の血清療法《りょうほう》を発見し，世界的に知られる細菌《さいきん》学者となった。また，1894年に明治政府の命令を受けてペストが流行していた香港に派遣され，ペスト菌を発見した。

問３　スペイン風邪《かぜ》は，記録上では1918年に初めてアメリカで集団感染が確認されたインフルエンザで，第一次世界大戦に参戦するために戦地におもむいたアメリカ兵によってヨーロッパに伝わり，世界的な大流行となって，1919年までの間に多くの命をうばった。

問４　WHO(世界保健機関)は，全ての人々が可能な最高の健康水準に到達することを目的として1948年に設立された国際連合の専門機関で，2020年には新型コロナウイルスのパンデミック(世界的大流行)を宣言し，世界各国へ対策の強化を呼びかけた。

Ⅱ　**問１～問３**　地方自治においては，地方公共団体の住民の権利として，直接請求《せいきゅう》権が認められている。これにより，有権者の50分の１以上の署名を首長に提出すると，条例の制定・改廃の請求が，有権者の50分の１以上の署名を監査委員に提出すると，監査請求ができる。また，原則として有権者の３分の１以上の署名を選挙管理委員会に提出すると，議会の解散請求や首長・議員の解職請求(リコール)ができ，その後の住民投票で過半数の賛成があれば決定する。

問４　オンブズマン(オンブズパーソン)制度は，住民の権利と利益を守る代理人として選ばれたオンブズマンが，行政が適切に行われているかどうかを行政や議会から独立して監視し，不適切な活動に対して調査や是正《ぜせい》をはかる制度で，19世紀初めにスウェーデンから始まり，日本では川崎市などで導入されている。

問５　地方財政の歳入《さいにゅう》の格差をなくすために，国が使いみちを指定せず，財源(地方税)の少ない地方公共団体に配分する資金を，地方交付税交付金という。

問６　選挙費・道路の建設費・義務教育費などの，特定の活動に国が使いみちを指定し，地方公共団体に配分する資金を，国庫支出金という。

問７　鳥取県の地方税の割合は16.7％，地方債《さい》の割合は5.8％であり，合わせると22.5％である。東京都の地方税の割合は77.1％，地方債の割合は3.6％であり，合わせると80.7％である。よって，ほぼ同じ割合とはいえない(エ…×)。

Ⅲ　**問１，問２**　日本国憲法第25条１項《こう》で定められた「健康で文化的な最低限度の生活を営む権利」を生存権といい，第２項でそのために，国は社会福祉《ふくし》，社会保障，公衆衛生の向上や増進に努めなければならないことを規定している。

問３　社会保障費は，医療，年金など，国民の健康や生活を守るために使われる費用で，高齢化の進展とともに増加傾向《けいこう》にあり，2023年度予算の約３分の１を占《し》めている。

問４　⑴　公的扶助《ふじょ》は，生活の苦しい人の自立を助けるために1950年に制定された生活保護法にもとづき，所得が少なく生活に困っている人に対して，国が生活費や医療費などを給付する制度である。　⑵　社会福祉は，子ども，障がいを持った人，高齢者など，社会的に弱い立場にある人を保護するため，施設を提供したり手当を支給したりし，自立や社会参加をうながす制度である。

理　科　＜第２回試験＞（35分）＜満点：75点＞

解　答

1 (1) ③　(2) イ　窒素　ウ　酸素　(3) ①　(4) ③，④　(5) (あ) 水…液体　空気…気体　土…固体　(い) 凝固　(う) 変わること…昇華　物質…(例) ドライアイス　(6) (え) (例) 燃えるものがある／酸素がある／発火点以上の温度になる　(お) (例) 火に水をかけると，発火点よりも温度が低くなるから。　(か) 72000カロリー　2 (1) A　45g　B　75g　(2) C　30g　D　40g　(3) E　30g　F　45g　(4) G　40g　H　20g　(5) I　80g　J　120g　3 (1) (ア)，(オ)　(2) ①　アメリカザリガニ（アカミミガメ）　②　(イ)，(エ)　(3) ①　食物連鎖　② (i) (オ)　(ii) (例) モンシロチョウの幼虫の体に卵を産み，寄生するという方法。　(iii) (イ)，(オ)　(4) 490匹　(5) レッドデータブック　(6) ア　大き　イ　小さ　ウ　小さ　エ　(例) 体の表面から熱が逃げにくい　(7) ア　3　イ　5　ウ　6　4 (1) (エ)　(2) (イ)　(3) (i) 岩石…石灰岩　気体…二酸化炭素　(ii) 岩石…チャート　記号…(ウ)　(4) (ウ)　(5) (ウ)　(6) (ウ)　(7) (イ)，示相化石　(8) 火山の噴火　(9) H　(10) しゅう曲　(11) 土石流

解　説

1　物質のすがたや気体の性質，ものの燃え方についての問題

(1) すべての物質にはそれらを構成するもとになっているものがあり，その最も基本となる成分を元素という。2024年２月現在，118種類の元素が認定されている。

(2) 乾燥《かんそう》した空気に含《ふく》まれている気体を，体積の割合が多い順に並べると，窒素《ちっそ》，酸素，アルゴンなどとなる。

(3) 2004年に日本の理化学研究所の研究グループが発見した元素は，2016年にニホニウムと命名された。

(4) 水素には無色とう明でにおいがない，空気より軽く水にとけにくい，マッチの火を近づけると音を立てて燃えるなどの性質がある。また，水素は亜鉛《あえん》や鉄，アルミニウムなどの金属に塩酸を加えると発生する。

(5) 物質には固体・液体・気体の３つの状態があり，水は液体，空気は気体，土は固体である。また，液体から固体に変わることを凝固《ぎょうこ》といい，固体から液体にならずに，直接気体に変化することを昇華《しょうか》という。昇華しやすい身のまわりの物質には，二酸化炭素の固体であるドライアイスや防虫剤《ざい》の成分であるナフタレンなどがある。

(6) (え) ものが燃えるためには，燃えるものがあること，酸素があること，発火点以上の温度になることの３つの条件が必要である。　(お) 火に水をかけると，燃えているものの温度が下がるので，発火点より温度が低くなると火は消える。　(か) 100℃の水100gをすべて水蒸気にするには，540×100＝54000(カロリー)の熱が必要である。ここでは，ガスバーナーで加えようとした熱の25％が水に伝わらずに失われるので，実際に必要なガスバーナーで加える熱を□カロリーとする

と，□×(１－0.25)＝54000より，□＝72000(カロリー)と求められる。

2　棒のつり合いについての問題

(1)　図１で棒が水平につり合ったことから，(おもりの重さ)×(支点からの長さ)で求められる値《あたい》が左回りと右回りで等しくなると棒は水平につり合うこと，ばねばかりはつるしたおもりの重さの合計を示すことがわかる。図２で，おもりＡの重さを□ｇとすると，棒のつり合いから，30×15＝□×10となるので，□＝450÷10＝45(ｇ)となる。また，ばねばかりＢが示す重さは，30＋45＝75(ｇ)とわかる。

(2)　棒のつり合いから，(おもりＣの重さ)×20＝(おもりＤの重さ)×15となるので，(おもりＣの重さ)：(おもりＤの重さ)＝15：20＝３：４とわかる。ばねばかりの示す重さより，２個のおもりの重さの合計は70ｇなので，おもりＣの重さは，$70\times\frac{3}{3+4}$＝30(ｇ)で，おもりＤの重さは，70－30＝40(ｇ)となる。

(3)　おもりＥの重さを□ｇとし，おもりＦをつるしている点を支点として考えると，□×(５＋20)＋50×(15＋20)＝125×20が成り立つので，□＝(2500－1750)÷25＝30(ｇ)と求められる。すると，おもりＦの重さは，125－50－30＝45(ｇ)とわかる。

(4)　図５は，おもりとばねばかりの関係が図１と逆になっているので，おもりをつるしている点を支点とみると，(ばねばかりが示す重さ)×(支点からの長さ)が支点の左右で等しく，ばねばかりが示す重さの合計がおもりの重さとなる。(2)と同様に考えると，(ばねばかりＧが示す重さ)：(ばねばかりＨが示す重さ)＝20：10＝２：１より，ばねばかりＧが示す重さは，$60\times\frac{2}{2+1}$＝40(ｇ)とわかる。したがって，ばねばかりＨが示す重さは，60－40＝20(ｇ)となる。

(5)　ばねばかりＪでつるしている点を支点として，おもりＩの重さを□ｇとする。すると，□×15＝60×10＋20×30が成り立つので，□＝1200÷15＝80(ｇ)と求められる。また，ばねばかりＪが示す重さは，80＋60－20＝120(ｇ)となる。

3　生物どうしのつながりについての問題

(1)　もともとその地域に生存していなかったが，人間によって他の地域から持ち込《こ》まれた動物や植物のことを外来生物という。人間に持ち込む意図があったかどうかは関係ない。持ち込まれた外来生物の天敵となる生物がいない場合，繁殖《はんしょく》しすぎて在来生物のえさやすみかを奪《うば》ってしまい，生態系のバランスがくずれてしまうことがある。また，外来生物と一緒《いっしょ》に，その地域には存在しなかった病気が持ち込まれることがあるので，１種類であっても持ち込むべきではない。

(2)　環境《かんきょう》省によって，アメリカザリガニとアカミミガメが2023年６月１日より条件付特定外来生物に指定され，野外への放出や販売・購入などが禁止された。これらの２種類の生物は，規制開始後もそれまで通り飼育し続けることができ，申請《しんせい》や許可，届出などの手続きは必要ない。条件付特定外来生物を飼育し続けることができなくなった場合は，新しい飼い主など，責任をもって飼える人に無償《むしょう》(無料など)であればゆずることができる。また，これらの生物が自力で逃《に》げ出した場合，罰則《ばっそく》・罰金の対象となることがある。

(3)　①　生物どうしの食べる・食べられるの関係を食物連鎖《れんさ》という。　②　(i)　ハクサイ，カブ，ブロッコリー，キャベツ，ダイコンはアブラナ科の植物で，ナスとトマトはナス科，キュウリはウリ科の植物である。　(ii)　アオムシコマユバチはモンシロチョウの幼虫(アオムシ)の体の中に卵を産み，ふ化した幼虫はアオムシに寄生して養分を得る。アオムシが十分成育したころ，アオムシコマユバチの幼虫はアオムシの体を破って体外に出て，まゆを作ってさなぎになる。一方，アオムシはさなぎになることができずに死ぬ。　(iii)　モンシロチョウのように，卵→幼虫→さなぎ→成虫と変化する育ち方を完全変態という。このような育ち方をする昆虫には，ガやチョウ，テントウムシやカブトムシ，ハチやアリなどがある。セミやバッタ，トンボ，カマキリなどのなかまは，幼虫からさなぎにならずに直接成虫に変化する。このような育ち方を不完全変態という。

(4)　最初の操作の結果，公園にいるモンシロチョウのうち49匹に目印がついている。２回目に捕《つか》まえた70匹《ひき》中に，目印をつけたモンシロチョウが７匹いたことから，(全体の数)：49＝70：７が成り立つと考えられる。よって，この公園に生息しているモンシロチョウの個体数は，$49\times\frac{70}{7}=490$(匹)と推測できる。

(5)　絶滅《ぜつめつ》のおそれがある野生生物のことを絶滅危惧《きぐ》種といい，それらの生物の生息状況《じょうきょう》などをとりまとめた書籍《しょせき》のことをレッドデータブックという。

(6)　ほ乳類に近いなかまを比べると，あたたかい地域よりも寒い地域に生息する種類の方が体が大きいという傾向《けいこう》がある。これは，体が大きい方が，体の体積あたりの表面積が小さくなり，体の表面から熱が逃げにくくなるからである。また，耳や鼻などの飛び出た部分が小さい方が空気とふれる面積が小さくなるため，熱が逃げにくくなる。

(7)　ヤモリはは虫類に属する。カモノハシはほ乳類だが卵生で，子を卵で産んで育てる。

4　地層や岩石についての問題

(1)　地層を観察するとき，層の厚さや色，粒《つぶ》の並び方や大きさなどを調べながらスケッチし，それぞれの層の特徴《とくちょう》をスケッチした図に書き込む。したがって，カメラで撮影《さつえい》しただけでは不十分である。

(2)　いっぱんに，地層は下の層ほど古い。また，堆積《たいせき》物の粒が小さいものほど，河口から遠く，深いところまで運ばれて堆積する。Ｄ層とＣ層とではＤ層の方が古いと考えられ，時間の経過とともに堆積物の粒が大きくなっているので，海水面が少しずつ下降するなどして河口に近くなったと推測できる。

(3)　生物の死がいからできた岩石には石灰岩やチャートなどがあり，チャートは石灰岩よりかたい。石灰岩にうすい塩酸をかけると二酸化炭素の泡《あわ》をだしてとけるが，チャートは変化が見られない。

(4)，(5)　土砂が堆積してできた岩石には，れき岩や砂岩，泥《でい》岩などがあり，岩石を作っている粒の大きさが，れき岩は直径２mm以上，砂岩は0.06mm～２mm，泥岩は0.06mm以下で分けられている。また，これらの岩石を作る粒は流水によって運搬《うんぱん》される間に，川底や川岸にぶつかったり，粒どうしがぶつかり合ったりするため，角がとれて丸みを帯びている。

(6)　ルーペはとつレンズでできていて，虫めがねと同じように，ものを拡大して観察する道具である。地層の観察では，おもに岩石の中に含まれている鉱物のようすを見るために使う。

(7)　シジミは海水と淡水《たんすい》が混ざる環境などで生活している。よって，シジミの化石が見つかったＧ層は，堆積した当時は海水と淡水が混ざる河口や湖などであったと考えられる。このように，堆積した当時の環境を知る手がかりとなる化石を示相化石という。

(8)　凝灰岩《ぎょうかいがん》はおもに火山灰が堆積してできた地層なので，Ｅの層が堆積した当時，この地域では火山の噴火《ふんか》が起こったと考えられる。

(9)　(2)で述べたように，いっぱんに，地層は下にあるものほど古い。よって，最も古い時代に堆積したのは一番下のH層と考えられる。

(10)　海底で堆積してできた地層に，何らかの理由で横から押《お》す力が加わり，波打つようになったものをしゅう曲という。

(11)　大雨や集中豪雨《ごうう》などのときに，水が多量の土砂や岩石を含んで一気に下流へと流れることを土石流という。

国　語　＜第２回試験＞（50分）＜満点：100点＞

解　答

一　下記を参照のこと。　　二　①　人工　②　保守　③　理想　④　供給　⑤　義務　　三　**問１**　おじいちゃまがいる日数　**問２**　③　ウ　⑥　ア　**問３**　④　息　⑩　目　**問４**　ママ　**問５**　孫　**問６**　(1)　ほとんど新品の靴下　(2)　Ⅰ　完全なひとりの時間　Ⅱ　自由　**問７**　エ　**問８**　Ⅰ　おじい～ている　Ⅱ　傷つけてしまった　**問９**　嬉しいよ，　**問10**　ウ，オ　　四　**問１**　①　ウ　②　ア　③　エ　**問２**　十人十色　**問３**　多種多様　**問４**　エ　**問５**　イ　**問６**　ウ　**問７**　エ　**問８**　ウ　**問９**　**ア**　あせている　**イ**　作品の存在の根底　**ウ**　味わうほうの側　**問10**　価値を創造すること　**問11**　ア　**問12**　イ

●漢字の書き取り

一　①　辞　②　順序　③　規律　④　専門　⑤　検討

解　説

一　漢字の書き取り

①　音読みは「ジ」で，「辞退」などの熟語がある。　②　物事を行う手順のこと。　③　一定の秩序《ちつじょ》のこと。　④　限られた分野の学問や職業にもっぱら従事すること。　⑤　よく調べ考えること。

二　対義語の知識

①「自然」は，人間の手の加わらない，そのもの本来のありのままの状態のこと。対義語は，自然の事物や現象に人間が手を加えることを表す「人工」。　②「革新」は，旧来の制度・組織・方法・習慣などを改めて新しくすること。対義語は，旧来の風習・伝統・考え方などを重んじて守っていこうとすることを表す「保守」。　③「現実」は，いま目の前に事実として現れていることがらや状態のこと。対義語は，人が心にえがき求め続ける，それ以上望むところのない完全なものを表す「理想」。　④「需要《じゅよう》」は，もとめること。対義語は，必要に応じて，物をあたえることを表す「供給」。　⑤「権利」は，ある物事を自分の意志によって自由に行ったり，他人に要求したりすることのできる資格・能力。対義語は，人がそれぞれの立場に応じて当然しなければならないつとめを表す「義務」。

三　出典：西加奈子《にしかなこ》「孫係」（『おまじない』所収）。家族やまわりの人の前でいい子でいることに疲《つか》れた「私」（すみれ）は，家に来ていたおじいちゃまも実はひとりになりたいと感じていたことを知

り，それぞれの係として相手の期待に応えるようにふるまうようになる。

問１　完璧《かんぺき》なおじいちゃまと，おじいちゃまをもてなすママの前で，「私」はいい子のふりをしながらも疲れを感じており，夜眠《ねむ》るときだけ，ほっとすることができると書かれている。「ベッドに入っているときには，まぶたの裏に『あと何日』と数字が出た」とあり，後の段落で「おじいちゃまがいる日数」をカレンダーで数えているようすも書かれている。

問２　③「朝飯前」は，朝食をとる前のわずかな時間でできるような，たやすいこと。　⑥「バツが悪い」は，きまりが悪いようす。

問３　④「息をのむ」は，“おそれやおどろきなどで一瞬《いっしゅん》息を止める”という意味。　⑩「目の中に入れても痛くない」は，子どもなどを溺愛《できあい》する気持ちやようすを表す。

問４　「私」は，家でひとりになった時間に「ひとりになりたい」という本心をつぶやいていたが，おじいちゃまにその独り言を聞かれてしまう。それをきっかけに，おじいちゃまも，今の家で過ごす時間に疲れていて，「私」のママのことを，「娘《むすめ》だし色々気遣《きづか》ってくれるのは嬉《うれ》しいんですけど～すごく疲れるんですよ」と話した。

問５　「私」もおじいちゃまも，家で完璧な自分を演じることに疲れていたことがわかったが，「このおじいちゃまの姿をママに見せてはいけないのだ」とも「私」は感じている。そこで，「おじいちゃまと私は，協定を取り結」ぶことにし，おじいちゃまが「すみれさんは，孫係，わたしは，爺《じじい》係」として，それぞれの役目をつとめあげることを提案した。「孫係」の「私」は，「孫」らしくふるまうことになる。

問６　⑴　すみれの家に来たおじいちゃまは，「上品で完璧《かんぺき》」だった。ぼう線部①の後の段落でも，「家でも綺麗《きれい》なお洋服を着て(シャツには絶対に皺《しわ》がなかったし，いつもほとんど新品の靴下《くつした》をはいていた)」とある。　⑵　おじいちゃまも「私」と同じように，家で過ごす時間に疲れていて，「ひとりになりたい」と思っていた。「私」が「家にひとり」であることを喜び，「自由をしみじみと感じ」ていたのと同じように，おじいちゃまも「私」が帰って来るまで望んでいた「完全なひとりの時間」を過ごし，「自由」を感じていたのである。

問７　「私」は，おじいちゃまがやって来てから家での時間に疲れているが，おじいちゃまは「そんな私の本音になんて，まったく気づいていない」ようすである。これに対して，「私」のパパやママは，おじいちゃまのことが大好きで，「なんでも素直に感情を表現」できる。また，「私」は，「いつも何かを観察しているようなところ」があり，「愛想笑いはお手のものだし，行儀《ぎょうぎ》よくするのなんて朝飯前」というほど，「先生や大人の前でも」心の中で考えていることをうまく取りつくろうことができる。よって，エが最も近い。

問８　「ひとりになりたい」と本心を言っていた「私」は，おじいちゃまに独り言を聞かれてしまったことにおどろき，「今この状態で『ひとりになりたい』なんて，おじいちゃまのことを邪魔《じゃま》だと言っているようなもの」だと考え，「おじいちゃまを傷つけてしまった」と思っている。

問９　ふだんの「私」は，いい子でいるために，愛想笑いをしたり行儀よくふるまっていたりしている。おじいちゃまに本心を聞かれてしまった後も，「気を遣うでしょう」というおじいちゃまの言葉に対して「嬉しいよ，おじいちゃまがいてくれて……」と優しい孫としての言葉を返している。

問10　おじいちゃまは係について，「私」のママやパパを喜ばせるためのもので，「私」は「孫係」，おじいちゃまは「爺係」として，それぞれの係になりきって，役目をつとめあげようと「私」に話している。また，そのように相手の期待に応える気持ちは，「思いやりの心からくる」ものだとも話し，誰《だれ》かをだますのではなく，「思いやりの範囲《はんい》」で「その人の望む自分でいる努力をする」ことが係だとおじいちゃまは考えている。よって，ウとオが選べる。

四 **出典：岡本《おかもと》太郎《たろう》『今日の芸術　時代を創造するものは誰か』**。芸術を鑑賞《かんしょう》することは，それぞれの人によって見方が変わるという点で，芸術の創作とつながりをもつことであり，作品にふれることで自分自身を創作していくことにつながっていくと述べられている。

問１　①　前で，絵かきではない素人《しろうと》は，ただ絵を見て楽しむだけでよいという考えが述べられている。後では，「絵はたんに見るものではけっしてなく，だれでもが創るもの，いや，創らなければならないものだなどと言われると，まったく意外で，びっくりされるかもしれません」と続けている。前のことがらを理由・原因として，後にその結果をつなげるときに用いる「だから」が合う。　②　前では，芸術を見ることについて，見る側にとっては，描《か》かれているものは「いちおうなんの関係もありません」と述べている一方で，後では，鑑賞する人が見ているのは「なんらかの関心があってのことです」と述べている。よって，前のことがらを受けて，それに反する内容を述べるときに用いる「しかし」がよい。　③　前で，筆者は，芸術のカテゴリーにとらわれず創作することについて述べており，その例として，絵と音楽をいっしょに創ったり鑑賞したりすることをあげている。後では，「そういう絶対的な創造の意志，感動が問題です」とまとめているので，前に述べた内容を“要するに”とまとめて言いかえるときに用いる「つまり」が選べる。

問２　「十人十色」は，人はそれぞれ好みや意見が異なっていること。

問３　「多種多様」は，種類が多く，さまざまであること。

問４　すぐ前の部分に芸術を「創ることと，味わうこと，つまり」とあるので，空らんＸとＹにはそれぞれを言いかえている言葉があてはまる。よって，新しいものを初めてつくり出すことを表す「創造」と，芸術作品などを見たり聞いたり読んだりして，それが表現しようとするところをつかみとり，そのよさを味わうことを表す「鑑賞」の組み合わせが適切である。

問５　筆者は，絵画などの芸術について，「たんに見る」だけのものではなく，「だれでもが創るもの」で，絵の鑑賞であっても，「なんらかの関心」や感情をいだきながら見ているので，芸術を「創ること」とは，「かならずしも別のことがらではない」と述べている。人が絵を見るときには，「画面の上にある色や形を，写真機のレンズが対象のイメージをそのまま映すように見ている」のではなく，見る人が「見たいとのぞんでいるものを，心の中にみつめている」のであり，その人自身が画面を創りあげているのである。よって，イが正しい。

問６　絵画の鑑賞であっても，見る人自身がちがった画面を創りあげており，「見る人数だけ無数の作品」ができると筆者は主張している。ぼう線部②の後の部分で，「それぞれの心の中で描きあげられ」ることによって作品の見え方がちがってくるのであり，「さらにそれは，心の中でその精神の力によってつねに変貌《へんぼう》し創られつつある」とも述べられているので，想像する能力や，心の働きを表すウがふさわしい。

問７　もどす文は，創られた作品にふれることもりっぱな創造であること，また，作品にふれることで自分自身の精神にも「ひろがり」や「いろどり」がもたせられることについて述べられている。エに入れると，作品の鑑賞と創造によって自分の生命が充実《じゅうじつ》することを述べたあと，創造が

「自分自身の，人間形成，精神の確立」につながり，「自分自身をつくっている」という主張につながっていくので，文意が通る。

問8　絵画を見ることは，その人の心の中でイメージし，作品を描きあげることでもあるので，同じ作品を見たとしても，「人によって感激の度合いがちがうし，評価もちが」い，「見る人数だけ無数の作品」となる。また，作品の評価についても，「心の中でその精神の力によってつねに変貌《へんぼう》し創られつつある」ものでもある。これらの内容に，ウが最も近い。

問9　**ア**　作品自体は変わらないのに，作品を受け取る側の見方が変わり，評価も変わってしまう例として，筆者はゴッホの絵の評価について説明している。ゴッホが生きている時代には美しいと評価されなかった絵が，現代では「だれにでも絢爛《けんらん》たる傑作《けっさく》」だと評価されているが，作品自体は「むしろ色は日がたつにつれてかえってくすみ，あせている」のである。　**イ**　作品自体は「あせている」のに，美しいものだという評価に変わってしまったことは，受け取る側の見方が変わり，「作品の存在の根底から問題がくつがえされて」しまったからだと述べられている。　**ウ**　作品自体は変わらないのに，見る側の受け取り方によって，作品の評価は大きく変わってしまうため，作品の評価をつけるのは作家ではなく，「味わうほうの側」だといえる。

問10　同じ段落で，作品を味わうことは，作品の評価をつけることと同じであり，「じつは価値を創造することそのものだとも考えるべき」で，それによって「創造に参加する」ことができるのだと筆者は主張している。

問11　ぼう線部⑥の前後に注目すると，自分で作品の創作をしなくても，味わうことによって，創造の喜びを感じられるので，「かならずしも作品をのこさなければ創造しなかった，なんて考える必要」はないと述べられている。また，創造や芸術をカテゴリーの枠《わく》に入れてしまうのもまちがいであり，「そんなものにこだわり，自分を限定して，かえってむずかしくしてしまうのはつまりません」とも述べられているので，アが合う。

問12　作品の形にはならなくても，心の中で「創作が行なわれ，創るよろこびに生命がいきいきと輝《かがや》いて」いくことで，「自分自身をつくって」いくことにつながると述べられている。そのうえで，創作によって，「今まで見ることのなかった，今まで知ることもなかった姿を発見する」と筆者は主張しているので，イがふさわしい。

Dr.福井の

入試に勝つ！脳とからだのウルトラ科学

意外！　こんなに役立つ“替え歌勉強法”

病気やケガで脳の左側（左脳）にダメージを受けると，字を読むことも書くことも，話すこともできなくなる。言葉を使うときには左脳が必要だからだ。ところが，ふしぎなことに，左脳にダメージを受けた人でも，歌を歌う（つまり言葉を使う）ことができる。それは，歌のメロディーが右脳に記憶されると同時に，歌詞も右脳に記憶されるからだ。ただし，歌詞は言葉としてではなく，音として右脳に記憶される。

そこで，右脳が左脳の10倍以上も記憶できるという特長を利用して，暗記することがらを歌にして右脳で覚える“替え歌勉強法”にトライしてみよう！

歌のメロディーには，自分がよく知っている曲を選ぶとよい。キミが好きな歌手の曲でもいいし，学校で習うようなものでもいい。あとは，覚えたいことがらをメロディーに乗せて替え歌をつくり，覚えるだけだ。メロディーにあった歌詞をつくるのは少し面倒かもしれないが，つくる楽しみもあって，スムーズに暗記できるはずだ。

替え歌をICレコーダーなどに録音し，それを何度もくり返し聞くようにすると，さらに効果的に覚えることができる。

音楽が苦手だったりして替え歌がうまくつくれない人は，かわりに俳句（川柳）をつくってみよう。五七五のリズムに乗って覚えてしまうわけだ。たとえば，「サソリ君，一番まっ赤は，あんたです」（さそり座の１等星アンタレスは赤色――イメージとしては，運動会の競走でまっ赤な顔をして走ったサソリ君が一番でゴールした場面）というように。

Dr.福井（福《ふく》井《い》一成《かずしげ》）…医学博士。開成中・高から東大・文Ⅱに入学後，再受験して翌年東大・理Ⅲに合格。同大医学部卒。さまざまな勉強法や脳科学に関する著書多数。

2024年度

江戸川女子中学校

【算　数】〈第３回試験〉（50分）〈満点：100点〉

1　次の□にあてはまる数を答えなさい。

(1)　$\left(\frac{2}{3}+1\frac{3}{4}\right)\div\left(1\frac{5}{6}-\frac{7}{8}\right)=\square$

(2)　$(16\times23\div8-26)\times2-(16-2\div6\times3)=\square$

(3)　$\left(\square-\frac{1}{8}\right)\div1\frac{5}{6}+\frac{1}{4}=4$

(4)　0，1，2，3の4枚のカードから3枚のカードを並べて3けたの数を作ります。3の倍数になるものは□通りあります。

(5)　AさんとBさんの所持金の比は3：5，BさんとCさんの所持金の比は4：3です。A，B，Cの3人の所持金の合計が9400円であるとき，Bさんの所持金は□円です。

(6)　Aさんの年れいの2倍が父の年れいですが，11年前はAさんの年れいの3倍が父の年れいでした。今のAさんの年れいは□才です。

(7)　花子さんの家から学校までの道のりは4.5 kmです。花子さんは7時45分に家を出発して学校へ向かいました。最初は毎分250 mの速さで自転車に乗っていましたが，途中でパンクしたので自転車から降りて毎分50 mの速さで歩いたところ，8時15分に学校につきました。花子さんの家からパンクした場所までの道のりは□mです。

⑻　4％の食塩水 150 g と □ ％の食塩水 250 g を混ぜたところ，6.5％の食塩水ができました。

⑼　下の図は長方形を折り曲げたものです。角アの大きさは □ 度です。

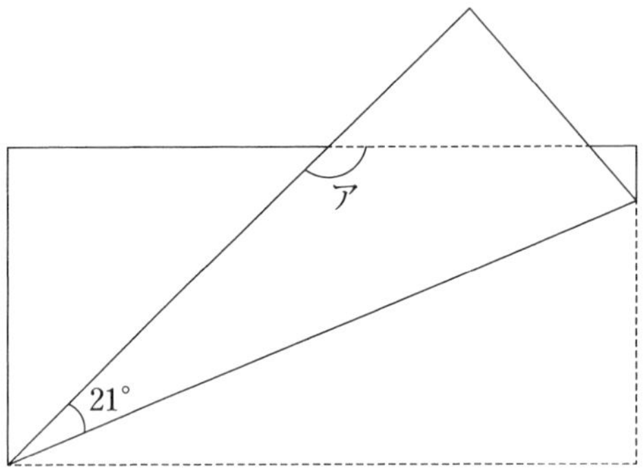

⑽　こういちさんのつけているマスクは，下の図のような面積が 144 cm^2 の正方形と，正方形の一辺を直径とする半円でできています。斜線《しゃせん》部分の面積の和は □ cm^2 です。ただし，円周率は 3.14 とします。

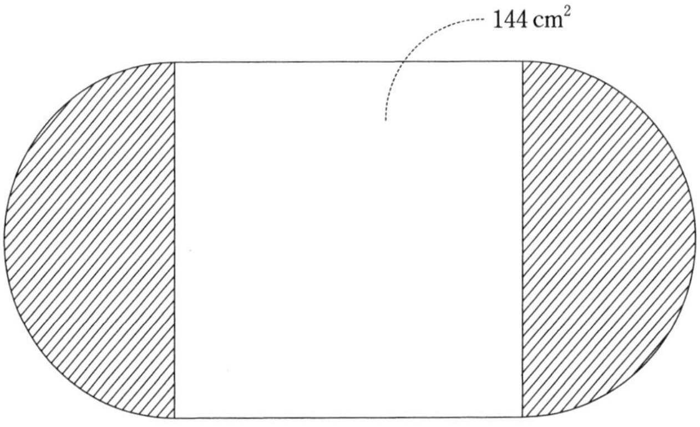

(11) 下の図のような円柱Aと円柱Bの表面積の比を最も簡単な整数で表すと

(円柱Aの表面積):(円柱Bの表面積)＝ [　　] : [　　] です。

円柱A

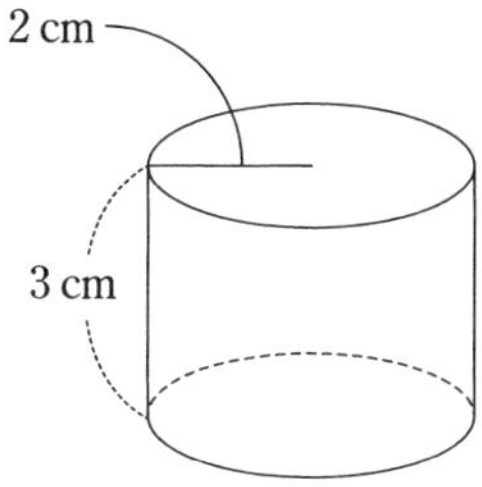

円柱B

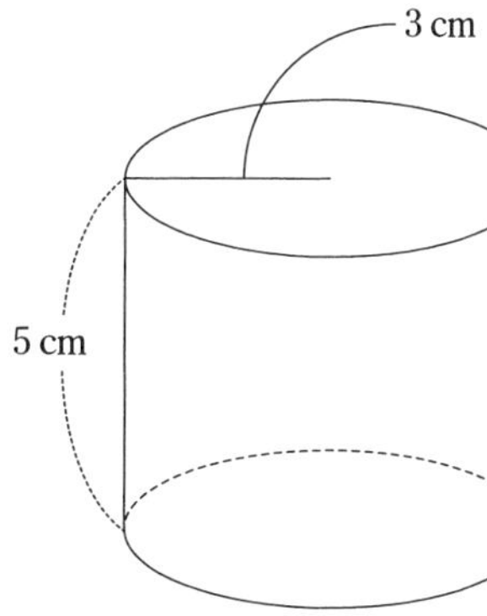

2 下の図のように，数を1から順番に並べていきます。このとき，後の問に答えなさい。

	1列目	2列目	3列目
1行目	1	2	3
2行目	4	5	6
3行目	7	8	9
4行目	10	11	12
⋮	⋮	⋮	⋮

(1) 100があるのは何行目の何列目ですか。

(2) 50行目の2列目の数は何ですか。

(3) 同じ行にある3つの数の和が初めて2024より大きくなるのは何行目ですか。

3　１□１□１の２つの□に＋，－，×，÷のいずれかの記号を入れて計算式を作ります。同じ記号を入れてもよいこととします。ただし，１－１－１のように，計算の結果が０を下回るものは作ることができません。このようにして作った計算式で出た数を１のエドジョ数と呼ぶことにします。例えば

１＋１＋１＝３

１＋１×１＝２

１－１＋１＝１

１－１÷１＝０

のように，１のエドジョ数は３，２，１，０の４種類あります。同じように２□２□２の計算式で出た数を２のエドジョ数，３□３□３の計算式で出た数を３のエドジョ数というように呼んでいくことにします。このとき，次の問に答えなさい。

⑴　２のエドジョ数のうち，最も大きい数は何ですか。

⑵　３のエドジョ数のうち，整数ではない数は何ですか。

⑶　2024のエドジョ数は何種類ですか。

4 図１のように，直線 ℓ 上に正方形(ア)と図形(イ)があります。正方形(ア)が，直線 ℓ 上を毎秒１cm の速さで矢印の方向に動きます。図形(イ)は動きません。図２は，正方形(ア)と図形(イ)が重なり始めてからの時間と，重なった部分の面積を表したグラフです。このとき，後の問に答えなさい。

図１

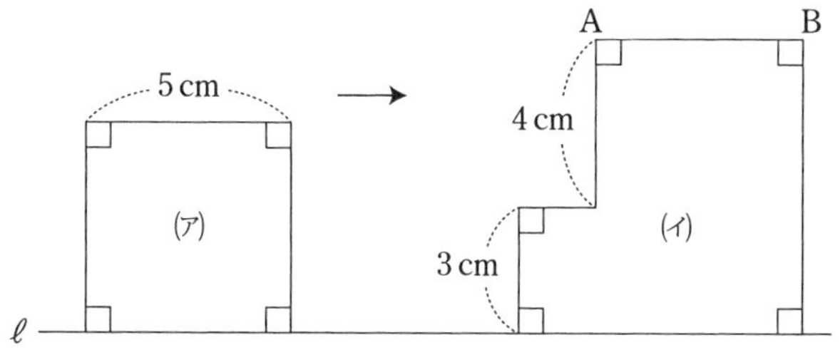

図２

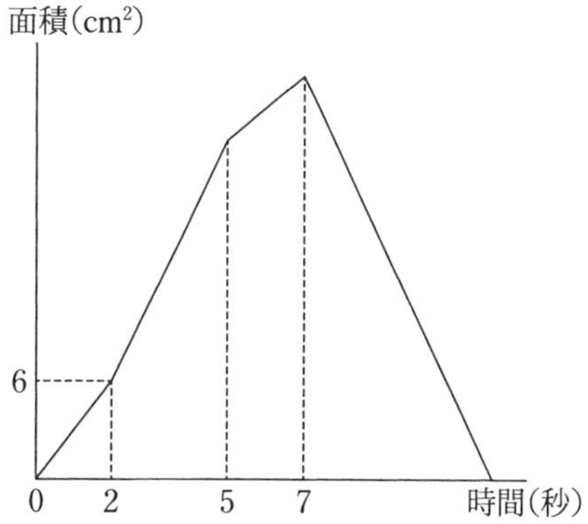

(1) 辺 AB の長さは何 cm ですか。

(2) 重なり始めてから３秒後の重なった部分の面積は何 cm² ですか。

(3) 重なった部分の面積が 10 cm² になるのは，重なり始めてから何秒後と何秒後ですか。

【社　会】〈第３回試験〉（35分）〈満点：75点〉

1　次のＡ～Ｈの文は、日本の各時代について説明したものである。これらを参照して各問に答えよ。

Ａ　①後醍醐天皇が亡くなった。

Ｂ　伊藤博文が最初の②内閣総理大臣に就任した。

Ｃ　③パリ講和会議が開かれた。

Ｄ　④弓矢の使用が始まった。

Ｅ　⑤和同開珎がつくられた。

Ｆ　慈照寺《じしょうじ》の銀閣や東求堂《とうぐどう》が建てられ、（　⑥　）の建築様式が用いられた。

Ｇ　幕府の老中阿部正弘とアメリカのペリーが、（　⑦　）条約を結び、鎖国が終わった。

Ｈ　シャムのアユタヤなど⑧東南アジアの各地に日本町がつくられた。

問１　下線①について、**正しい**文を下のア～エから１つ選べ。ただし、すべて誤っている場合はオで答えよ。

ア　後醍醐天皇は倒幕に失敗して吉野に流されたことがある。

イ　後醍醐天皇は室町幕府を滅ぼした後、建武の新政を始めた。

ウ　後醍醐天皇による建武の新政は、わずか2年ほどで失敗した。

エ　後醍醐天皇は、建武の新政が失敗した後、京都を離れて院政を始めた。

問２　下線②について、**正しい**文を下のア～エから１つ選べ。ただし、すべて誤っている場合はオで答えよ。

ア　二・二六事件がおこった時の内閣総理大臣は、犬養毅だった。

イ　サンフランシスコ平和条約を結んだ時の内閣総理大臣は、東条英機だった。

ウ　普通選挙法が制定された時の内閣総理大臣は、原敬だった。

エ　大日本帝国憲法が発布された時の内閣総理大臣は、吉田茂だった。

問３　下線③について、**正しい**文を下のア～エから１つ選べ。ただし、すべて誤っている場合はオで答えよ。

ア　アメリカ大統領セオドア＝ローズヴェルトの呼びかけで開かれた。

イ　日本は会議に招かれなかった。

ウ　ドイツの領土や賠償金の支払いについて話し合われた。

エ　国際連合の設立について話し合われた。

問４　下線④について、**誤っている**文を下のア～エから１つ選べ。ただし、すべて正しい場合はオで答えよ。

ア　矢の先端には石器がつけられていた。

イ　オオツノジカやナウマンゾウ、マンモスなどの大型動物の狩りに用いられた。

ウ　このころ、土器の使用も始まった。

エ　このころ、稲作はまだ始まっていなかった。

問５　下線⑤について、正しい文を下のア～エから１つ選べ。ただし、すべて誤っている場合はオで答えよ。

ア　日本で最初につくられた貨幣である。

イ　つくられた時の都は平安京である。

ウ　三斎市《さんさいいち》などの定期市で最も多く用いられた貨幣である。

エ　主に都とその周辺で用いられた。

問６　空欄⑥について、下の写真は空欄⑥に入る建築様式が用いられた慈照寺の東求堂の部屋である。空欄⑥に入る建築様式を漢字で答えよ。

問７　空欄⑦に入る語句を漢字で答えよ。

問８　下線⑧について、東南アジアの各地に日本町がつくられた理由を、当時の貿易の状況をふまえて、３０字以上５０字以内で説明せよ。

問９　Ａ～Ｈの文を時代順に正しく並べた場合、その３番目と６番目にくる文を、それぞれＡ～Ｈで答えよ。

2 次のⅠ～Ⅴの文を参照して各問に答えよ。

Ⅰ・①聖徳太子が、この地に四天王寺を建てた。

Ⅱ・平清盛は、この地に②大輪田泊を修築した。

Ⅲ・（　③　）は、石山本願寺があったこの地に城を築き、全国統一の拠点とした。

Ⅳ・江戸時代に、この地は④「天下の台所」と呼ばれた。

Ⅴ・この地を中心に元禄文化がさかえ、この地の町人であった⑤井原西鶴は多くの作品を残した。

問１　Ⅰ～Ⅴの文中の波線「この地」について、次の〔ｉ〕・〔ii〕の問いに答えよ。

〔ｉ〕Ⅰ～Ⅴの文中の波線「この地」のうち、４つは同じ場所だが、１つだけ異なる場所となっている。他の４つと異なる場所はどれか、下のア～オから１つ選べ。

ア　Ⅰの「この地」

イ　Ⅱの「この地」

ウ　Ⅲの「この地」

エ　Ⅳの「この地」

オ　Ⅴの「この地」

〔ii〕〔ｉ〕で答えたものを除いた４つの「この地」に共通する場所どこか、下の地図のア～エから１つ選べ。

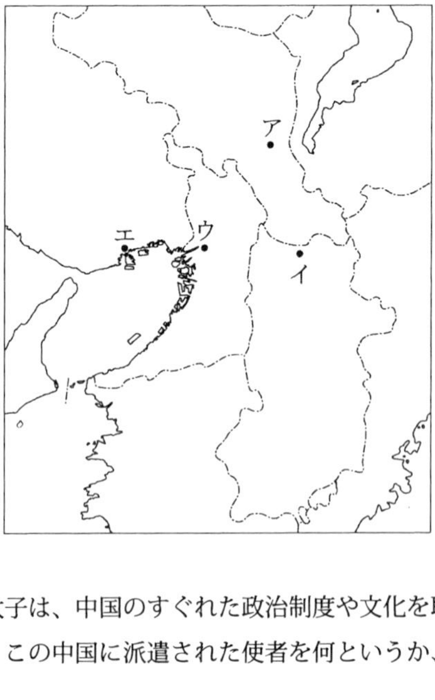

問２　下線①について、聖徳太子は、中国のすぐれた政治制度や文化を取り入れるために、中国に小野妹子らを使者として派遣した。この中国に派遣された使者を何というか、漢字で答えよ。

問３　下線②について、大輪田泊とは何か、修築した目的と合わせて説明せよ。

問４　空欄③に入る人物を漢字で答えよ。

問５　下線④について、「天下の台所」と呼ばれた理由として、**正しい**文を、下のア～エから１つ選べ。
　ア　各地から農民たちによって調が運ばれ、蔵屋敷に保管されたから。
　イ　各地から年貢や特産品などの物資が集まり、商人たちによって取り引きされたから。
　ウ　各地から集められた稲が、千歯こきや千石どおし、とうみを用いて米に加工されたから。
　エ　この地で生産された米や茶、酒やしょう油などが各地に出荷されたから。

問６　下線⑤について、井原西鶴について、**正しい**文を、下のア～エから１つ選べ。
　ア　『東海道五十三次《つぎ》』などの作品を残した。
　イ　『日本永代蔵《にっぽんえいたいぐら》』や『好色《こうしょく》一代男』などの小説を著した。
　ウ　『東海道中膝栗《ひざくり》毛《げ》』などの小説を著した。
　エ　『国姓《こくせん》爺《や》合戦《かっせん》』や『曽《そ》根《ね》崎心中《ざきしんじゅう》』などの脚本を書いた。

3　次の北海道に関する文と地図を参照して各問に答えよ（文中のＡ～Ｅは地図内のＡ～Ｅと対応している）。

北海道中央部には北海道最高峰である【　Ａ　】山を含む多くの火山があり、（　１　）の盛んな十勝平野や【　Ｂ　】台地には①火山灰が多く積もっている。中央部の山地から流れ出て（　２　）へと注ぐ【　Ｃ　】川の下流には【　Ｃ　】平野が広がっており（　３　）が盛んである。

北海道の（　４　）に面した地域には（　５　）の養殖が盛んな②サロマ湖や、③世界自然遺産に登録されている【　Ｄ　】半島がある。また、【　Ｅ　】山が噴火した際に形成された洞爺湖のように、④火山の噴火によって形成された湖が道内にはいくつも存在する。

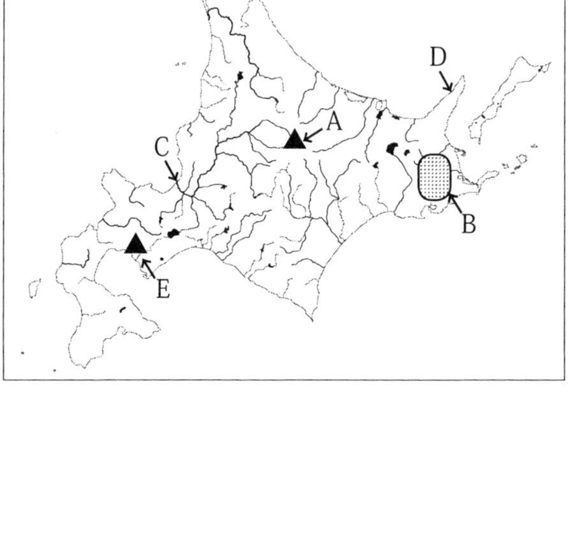

問１　文中および地図中の【　Ａ　】～【　Ｅ　】に入る地名を下のア～シから１つずつ選べ。

ア　浅間　　イ　阿蘇　　ウ　石狩　　エ　有珠　　オ　渡島　　カ　根釧

キ　白神　　ク　シラス　　ケ　知床　　コ　大雪　　サ　天塩　　シ　能登

問２　文中の（　１　）～（　５　）に入る語句を下のア～ケから１つずつ選べ。

ア　稲作　　イ　畑作　　ウ　オホーツク海　　エ　太平洋　　オ　日本海

カ　うなぎ　　キ　真珠　　ク　ぶり　　ケ　ほたて

問３　下線①について、火山灰が積もった地域では畜産業やいも類・茶の生産が盛んである。以下の表は各統計の上位５都道府県を表し、〈　あ　〉～〈　え　〉には北海道、千葉県、静岡県、鹿児島県のいずれかが当てはまる。北海道と千葉県が入るものをあ～えから１つずつ選べ。

	肉用牛の飼育頭数	豚の飼育頭数	じゃがいもの収穫量	さつまいもの収穫量	茶の収穫量
1	〈　あ　〉	〈　い　〉	〈　あ　〉	〈　い　〉	〈　え　〉
2	〈　い　〉	宮崎県	〈　い　〉	茨城県	〈　い　〉
3	宮崎県	〈　あ　〉	長崎県	〈　う　〉	三重県
4	熊本県	群馬県	茨城県	宮崎県	宮崎県
5	岩手県	〈　う　〉	〈　う　〉	徳島県	京都府

問４　下線②について、サロマ湖は海岸の砂が海の流れによって流されて、海洋と隔離されたことで形成された湖である。同様に形成された湖としてふさわしいものを下のア～エから１つ選べ。

ア　諏訪湖　　イ　十和田湖　　ウ　浜名湖　　エ　琵琶湖

問５　下線③について、世界自然遺産では観光客による生態系の破壊が問題となっている。環境保護と観光業の両立を目指す取り組みのことを何と呼ぶか、カタカナで答えよ。

問６　下線④について、火山の噴火によって地面が沈み込み形成されるおおきなくぼ地のことを何と呼ぶか、カタカナで答えよ。

問７　青森県から北海道へ渡るにはかつては船が多く用いられていたが、現在は違う交通手段が用いられることが多い。その要因となった施設の整備について触れながら、どのような交通手段か説明せよ。

4　次のⅠ～Ⅲの各問に答えよ。

Ⅰ・次の文は、２０２３年５月に日本で行われたＧ７サミット（主要国首脳会議）についての政府の公式ホームページからの抜粋である。これを参照して各問に答えよ。

> 岸田総理は、世界が（　①　）侵略、大量破壊兵器の使用リスクの高まりという未曾有《みぞう》の危機に直面している中、日本が議長を務める②２０２３年のＧ７サミットでは、武力侵略も核兵器による脅しも国際秩序の転覆の試みも断固として拒否するというＧ７の意思を歴史に残る重みを持って示したいと述べています。こういった考えの下、（　③　）が平和へのコミットメントを示すのに最もふさわしい場所と判断し、政府としてＧ７サミットを（　③　）で開催することを決定しました。
>
> Ｇ７サミットを機に各国の首脳が被爆の実相に触れ、平和への思いを共有することで、④「核兵器のない世界」の実現に向けた歩みが確固たるものとなることが期待できるでしょう。また、被爆から復興を遂げた（　③　）の姿を世界に向けて発信することで、平和の素晴らしさを改めて強調していきたいと考えます。

問１　空欄①に入る国名を答えよ。

問２　下線②について、Ｇ７に属する国を下のア～オから１つ選べ。

ア　カナダ　　イ　ロシア　　ウ　中国　　エ　インド　　オ　トルコ

問３　空欄③に入る日本の都市名を漢字で答えよ。

問４　下線④について、これを目指し、２００９年にノーベル平和賞を受賞したアメリカの大統領を答えよ。

Ⅱ・次の文を参照して各問に答えよ。

> 日本国憲法は、大日本帝国憲法の改正という形式をとったが、①世界の人権の歴史を受けて制定された実質的には新しい憲法といえる。（　１　）の草案をもとに政府原案が作成され、帝国議会で一部修正したうえで可決となり、１９４６年に公布された。（　２　）、（　３　）、平和主義を基本原則とし、天皇は政治に関する一切の権能を持たず、形式的・儀礼的な②国事行為のみを行うとしている。また、③憲法の改正に関しては、厳格な手続きが定められている。

問１　空欄１に入るアルファベット、空欄２・３に入る語句を答えよ。

問２　下線①について、日本国憲法には新しく社会権の保障が含まれている。社会権の登場の背景として最も関係が深いものを下のア～エから１つ選べ。

ア　核兵器の開発　　イ　環境問題の発生　　ウ　宗教上の対立　　エ　貧富の差の拡大

問３　下線②について、次の文中の空欄Ａ・Ｂに入る語句の組み合わせとして**正しい**ものを下のア～エから１つ選べ。

「天皇は（　Ａ　）の指名に基づいて、最高裁判所長官を（　Ｂ　）する。」

ア　Ａ…内閣　Ｂ…任命　　　イ　Ａ…国会　Ｂ…任命

ウ　Ａ…内閣　Ｂ…指名　　　エ　Ａ…国会　Ｂ…指名

問４　下線③について、国会が憲法の改正を発議したのちに、さらに何を実施しなければならないか答えよ。

問５　二重下線＿＿＿について、現在の日本が平和主義を掲げている理由を以下に挙げる「憲法前文（抜粋）」を参考にして説明せよ。

　日本国民は、正当に選挙された国会における代表者を通じて行動し、われらとわれらの子孫のために、諸国民との協和による成果と、わが国全土にわたつて自由のもたらす恵沢を確保し、政府の行為によつて再び戦争の惨禍が起ることのないやうにすることを決意し、ここに主権が国民に存することを宣言し、この憲法を確定する。

Ⅲ・次の文を参照して各問に答えよ。

　商品が売買される場を「（　１　）」といい、そこでの商品の価格は需要と供給の関係で決まる。この、需要量と供給量の関係で変化する価格を（　１　）価格という。商品の価格が上昇すると、需要量は【　Ａ　】し、供給量は【　Ｂ　】する。需要量と供給量が一致した時の価格が（　２　）価格である。一方で、公的に料金が管理されているものもある。

問１　空欄１・２に入る語句を漢字で答えよ。

問２　空欄Ａ・Ｂに入る語句として、適当な組み合わせを下のア～エから１つ選べ。

ア　【Ａ】増加【Ｂ】減少　　　イ　【Ａ】減少【Ｂ】増加

ウ　【Ａ】増加【Ｂ】増加　　　エ　【Ａ】減少【Ｂ】減少

問３　下線について、下の⑴、⑵について答えよ。

⑴　これに**該当しない**ものを下のア～カから１つ選べ。

ア　鉄道運賃　　イ　電気料金　　ウ　公立学校の授業料

エ　水道料金　　オ　ガソリン料金　　カ　ガス料金

⑵　このような公的に管理されている料金がある理由を説明せよ。

【理　科】〈第３回試験〉（35分）〈満点：75点〉

1　次の（ア）～（オ）の水よう液について、以下の問いに答えなさい。

（ア）　砂糖水　　（イ）食塩水　　（ウ）炭酸水　　（エ）塩酸　　　（オ）アンモニア水

(1)　青色リトマス紙を赤色に変えるものはどれですか。すべて選び、記号で答えなさい。

(2)　フェノールフタレイン液を加えると赤色になるものはどれですか。すべて選び、記号で答えなさい。

(3)　ＢＴＢ液を加えると緑色になるものはどれですか。すべて選び、記号で答えなさい。

(4)　石灰水と混ぜ合わせると、白くにごるものはどれですか。記号で答えなさい。

(5)　亜鉛《あえん》を加えると、はげしく気体が発生するものはどれですか。記号で答えなさい。

(6)　(5)で発生した気体は何ですか。

(7)　(5)で発生した気体の性質として正しいものを、次の①～⑤のうちから２つ選び、記号で答えなさい。

①　鼻をさすようなにおいがある。
②　水上置換《ちかん》法で集めることができる。
③　燃料電池の燃料として使われている。
④　植物が光合成をするために空気中から吸収する。
⑤　過酸化水素水に二酸化マンガンを加えることでも発生する。

(8)　（イ）について、20℃で食塩は水100cm^3に36gまでとけるとすると、20℃の飽和《ほうわ》食塩水のこさは何％ですか。答が割り切れない場合は、**四捨五入して整数で**答えなさい。ただし、水の密度は１g/cm^3とします。

(9)　（ア）と（イ）の水よう液のどちらがどちらなのかわからなくなってしまったとき、それを実験によって確かめる方法（実験のやり方およびその結果）を説明しなさい。ただし、なめて味を確認してはいけないものとします。

2 次の会話文を読んであとの問いに答えなさい。

Ａ子：うちの洗面台には大きな鏡があるんだけど、どの位置に立っても全身は映らないんだ。どうしてなんだろう。

Ｂ子：じゃあ鏡の見え方について考えてみようか。身長は何センチ？

Ａ子：150センチだよ。

Ｂ子：じゃあ足元から縦に200センチある鏡を使って、まずは鏡の前200センチの位置に立っていることを考えてみよう。

Ａ子：図を描《か》いて考えてみたよ（図１）。こんな感じかな。

Ｂ子：そうだね。じゃあ足元から出た光（情報）が鏡に反射して目に飛び込《こ》んでくるまでの光の通り方はどんな感じになるだろう。

Ａ子：アこんな感じ？

Ｂ子：いいね。足元の像は、反射前のこの光の通り道を鏡に対して折り返した位置に見えるんだよ。

Ａ子：ということは鏡の奥《おく》［　イ　］センチメートルのところに足元があるように見えるはずだね。

Ｂ子：同じように頭のてっぺんから出た光（情報）が鏡に反射して目に飛び込んでくると、鏡の奥に頭のてっぺんの像が見えるよ。

Ａ子：それも作図してみたよ。これで足の先と頭のてっぺんから出た光（情報）が目に飛び込んでくる様子と、見える像の様子が分かったよ。

Ｂ子：描いてくれた絵をよく見れば全身が映るための鏡の最小のサイズが分かるんじゃないかな？

Ａ子：あ、そうか。光の反射の特徴《ちょう》を考えると鏡の大きさが最小で［　ウ　］センチメートルあれば鏡越しに頭の先から足の先まで映る様子を見ることができる！

Ｂ子：もう少し考えてみよう。じゃあ今度はその最小の大きさの鏡を用意して、さっきと同じく鏡から200センチはなれた場所で全身（上下）がギリギリ映る状態にして立つ。そこから鏡の方へ前進して、100センチ離《はな》れた場所までやってきたとする。すると鏡に映る自分の姿はどうなると思う？ちなみに鏡の横幅《はば》は十分にあるとするよ。

Ａ子：うーん、さっきと同じように考えてみれば・・・・・あ、分かった！
［　エ　］で正解？

Ｂ子：正解だよ！　じゃあ、また200センチの場所に戻《もど》って立ったとして、今度は全身がギリギリ映っていた鏡の位置を少し下におろしたとする。するとどんな自分の姿はどんな風に映るかな。

Ａ子：［　オ　］と思う。

Ｂ子：完璧《ぺき》だね。

Ａ子：なるほど。鏡に映る自分の姿にはこんなルールがあるんだね。ということは、自分の家では自分の頭のてっぺんは映るけど足元が映らないから、［　カ　］かもしれないということか。

Ｂ子：その通りだね。じゃあ他の人からＡ子がどう見えているかについても分かると思うから考えてみようか。図２を見て。これは鏡の前に立つＡ子と、鏡越しにＡ子を見ようとするＣ子、Ｄ子、Ｅ子が様々な場所にいる状況を上から見た図だよ。

Ａ子：この図だと、鏡越《こ》しの私は［　キ　］と分かるね（**なお、ここではＡ子の全身が映っているかどうかは問いません**）。

Ｂ子：そうだよね。じゃあ最後だけどク図３を見て。この場合、Ｃ子から見てＡ子は鏡越しに何人見えると思う？

Ａ子：難しいね。でも頑《がん》張って考えてみるよ。

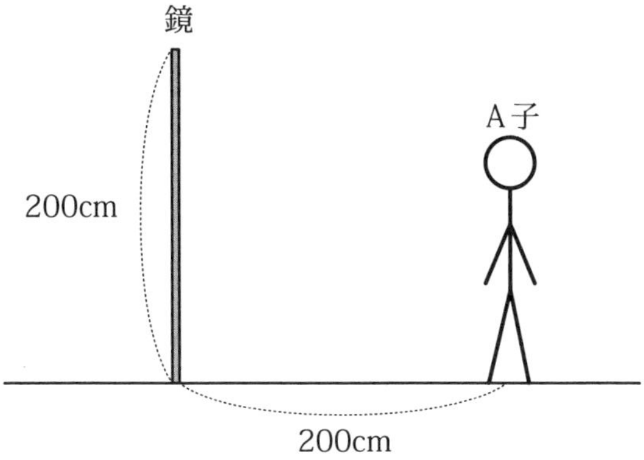

図１

図２

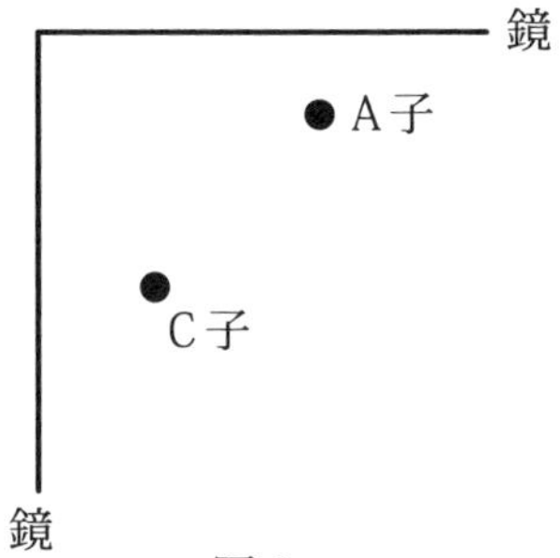

図３

(1)　鏡に下図のように光が入射したときの、入射角はどの角度を指すのか、簡単に図に描いて示しなさい。

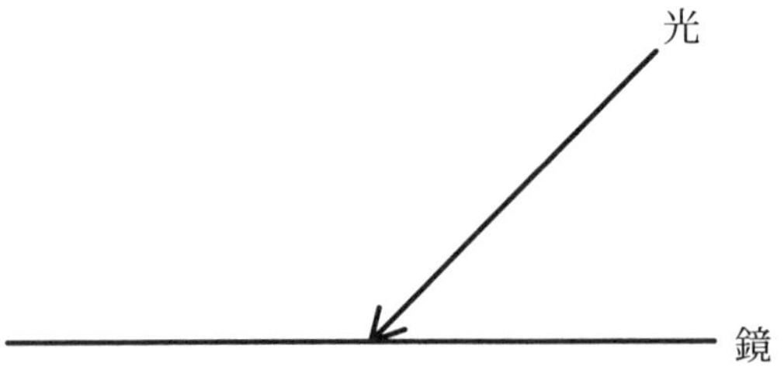

(2)　会話文中の下線部アについて、作図として、最も適切なものを次の①～④から１つ選びなさい。

①

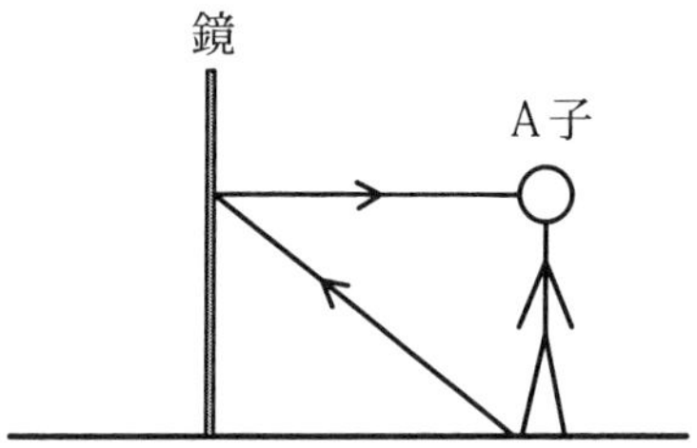

②

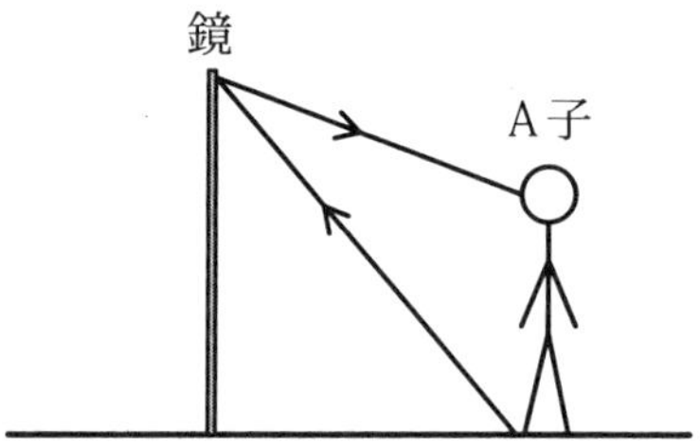

③

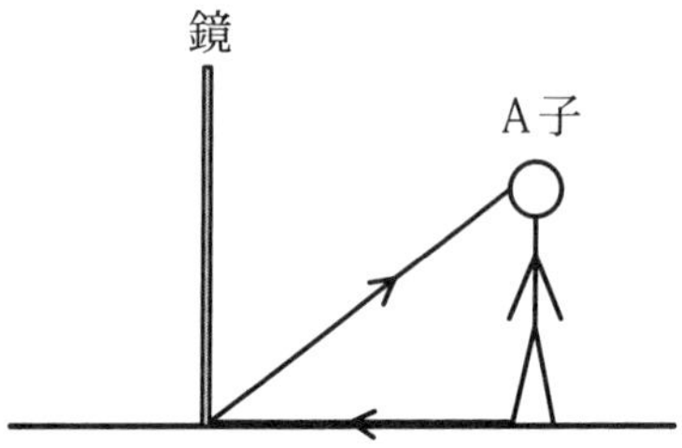

④

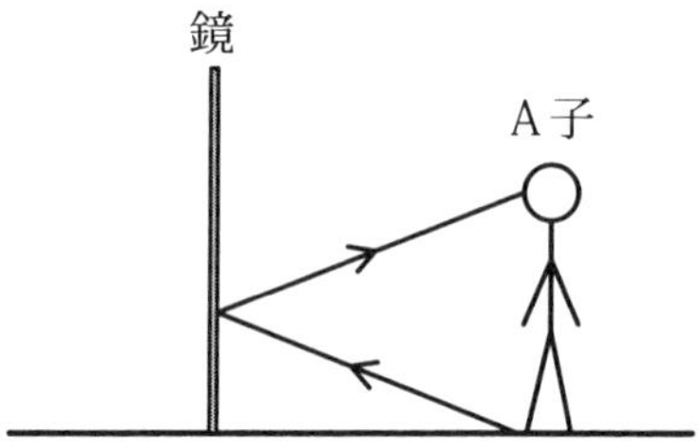

(3)　[　イ　]に入る適切な数値を答えなさい。

(4)　[　ウ　]に入る適切な数値を答えなさい。

(5)　[　エ　]に入る文章として最も適切なものを次の①～④から１つ選びなさい。

①　近づくと全身が余裕《ゆう》をもって映るようになって、頭より上などが映り込むようになる
②　近づくと鏡の上下から自分の姿がフレームアウトしていって、頭も足元も見えなくなっていく
③　近づくと頭の側だけがフレームアウトしていって、頭のてっぺん側から順に映らなくなっていく
④　近づいても頭の先から足の先までがギリギリ映るという状況《きょう》は変わらない

(6) ［　オ　］に入る文章として最も適切なものを次の①～④から１つ選びなさい。

① 全身が余裕をもって映るようになって、頭より上などが映り込むようになる
② 鏡の上下から自分の姿がフレームアウトして、頭も足元も見えなくなる
③ 頭の側だけがフレームアウトして、頭のてっぺん側が映らなくなる
④ 頭の先から足の先までがギリギリ映るという状況は変わらない

(7) ［　カ　］に入る可能性がある文章として適切なものを次の①～④から２つ選びなさい。

① 鏡が全身を写す最小の鏡の大きさよりも小さい
② 鏡が全身を写す最小の鏡の大きさよりも大きい
③ 足元を映そうとするには鏡の位置が低すぎる
④ 足元を映そうとするには鏡の位置が高すぎる

(8) ［　キ　］に入る文章として最も適切なものを次の①～⑥から１つ選びなさい。

① Ｃ子にだけ見える
② Ｃ子にだけ見えない
③ Ｄ子にだけ見える
④ Ｄ子にだけ見えない
⑤ Ｅ子にだけ見える
⑥ Ｅ子にだけ見えない

(9) 会話文中の下線部クについて、作図によってＣ子から見えるＡ子の像を下図の例を参考にしてすべて作図しなさい。

（例）Ａ子から見えるＡ子の像を作図したもの

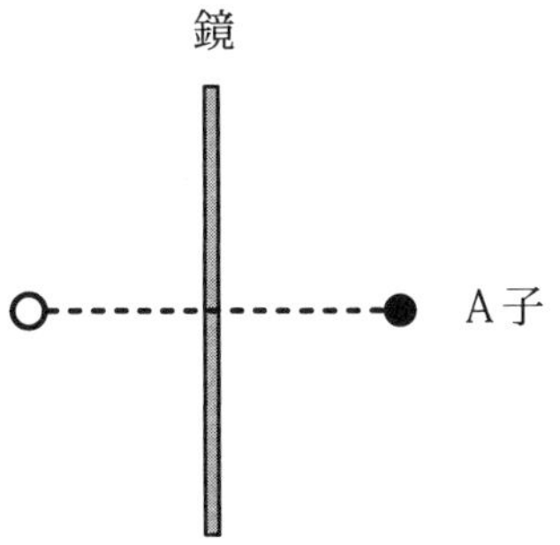

3 私たちは生きていくために食べ物を食べています。口から入った食べ物は消化され、水分や養分などは体内に吸収されます。吸収されずに残ったものは、体外へ排出されます。

私たちは、起きているときも寝ているときも常に呼吸を行っています。呼吸によって吸い込まれた空気は、肺胞にたどりつき、そこで酸素と二酸化炭素の交換が行われます。肺は、呼吸のたびに縮んだり広がったりを繰り返します。また、心臓は、血液を全身に送り出すためのポンプのように常に動いています。この心臓の動きを拍動といいます。

Ｅ子さんは、ご飯をよくかんで食べるとだんだん甘くなってくることに気が付き、だ液のはたらきについて調べるために、以下のような実験を行いました。

【実験】
- 試験管①：ご飯粒をつぶしたもの 3g ＋ 水 3mL
- 試験管②：ご飯粒をつぶしたもの 3g ＋ だ液 3mL
- 試験管③：ご飯粒をつぶしたもの 3g ＋ だ液 3mL ＋ 水 3mL
- 試験管④：ご飯粒をつぶしたもの 3g ＋ だ液 3mL ＋ うすい塩酸 3mL

試験管①〜④を約 40℃のお湯の入ったビーカーにつけました。15 分後、それぞれの試験管にヨウ素液を数滴たらして、反応を観察しました。

⑴ 試験管①・②の結果として予想される反応を、次の選択肢（ア）〜（エ）からそれぞれ１つずつ選びなさい。

（ア） 赤色になる　（イ） 青紫色になる　（ウ） 無色透明《とうめい》になる　（エ） 変化しない

⑵ 試験管①・②の結果を比較して分かることを簡単に説明しなさい。

⑶ 試験管③・④の結果を比較して分かることを簡単に説明しなさい。

⑷ 実験結果のちがいを明らかにするために、調べようとすることがら以外の条件を同じにして行う実験のことを何というか答えなさい。

⑸ 食べ物は口から入り、最終的に肛門《こうもん》から体外に出ます。食べ物が通る口から肛門までの通り道のことを何というか答えなさい。

⑹ ヒトの食べ物の通り道の長さは７ｍもあります。ペットとして飼われているネコのそれは２ｍ、ウサギは 5.6m あると言われています。また家畜であるウシは 63m もの長さです。食べ物の通り道の長さから推測すると、草食動物はどうしてこのような特ちょうを持っているのか、肉食動物と比較して理由を説明しなさい。

⑺　Ｅ子さんの呼吸数は、１分間当たり 25 回です。１回の呼吸により吸い込む空気と吐《は》き出す空気は、ともに 400mL でした。吸い込む空気と吐き出す空気の酸素の体積の割合は、それぞれ 21％と 16％でした。１分間当たりに肺に吸い込む空気に含まれる酸素と、肺から吐き出す空気に含まれている酸素の体積の差は何 mL か答えなさい。

⑻　肺胞について、左右の肺にある個数の合計を３億個、形を球、直径を 0.3mm としたとき、表面積の合計は何 m^2 か答えなさい。ただし、円周率は 3.14 とし、球の表面積は４×半径×半径×円周率で求められます。

⑼　肺に空気が出入りするとき、複数の筋肉がはたらいています。肺の下にある、肺の空気の出入りに関係する筋肉の名前を答えなさい。また、この筋肉がけいれんしたときの現象を答えなさい。

⑽　肺のかわりにエラを用いて呼吸を行う生物を以下の選択肢（ア）～（オ）から１つ選び記号で答えなさい。

（ア）　シャチ　　（イ）　アシカ　　（ウ）　カメ　　（エ）　サメ　　（オ）　クジラ

⑾　心臓に戻る血液が流れている血管は何というか答えなさい。

⑿　心臓や血管には弁がある。その共通の理由を簡単に答えなさい。

4 次の問いに答えなさい。

⑴ 月の満ち欠けのサイクルとして最も近いものを次の①～④から１つ選びなさい。

① 7日　② 15日　③ 30日　④ 60日

⑵ 夕方に南西の空に見える月として最も適切なものを次の①～④から１つ選びなさい。

① 満月　② 三日月　③ 上弦《げん》の月　④ 下弦の月

⑶ ある日、ある方角に21：10頃《ころ》に月が見えた。３日後、同じ位置に月が見えるとしたら、その時刻はいつか。最も適切なものを次の①～④から１つ選びなさい。

① 18：45頃　② 20：35頃　③ 21：45頃　④ 23：35頃

⑷ 次の図の中で、下弦の月が観測されるのは月がどの位置にある時か。最も適切な位置を次の①～⑧の中から選びなさい。観測は北半球で行われるものとする。

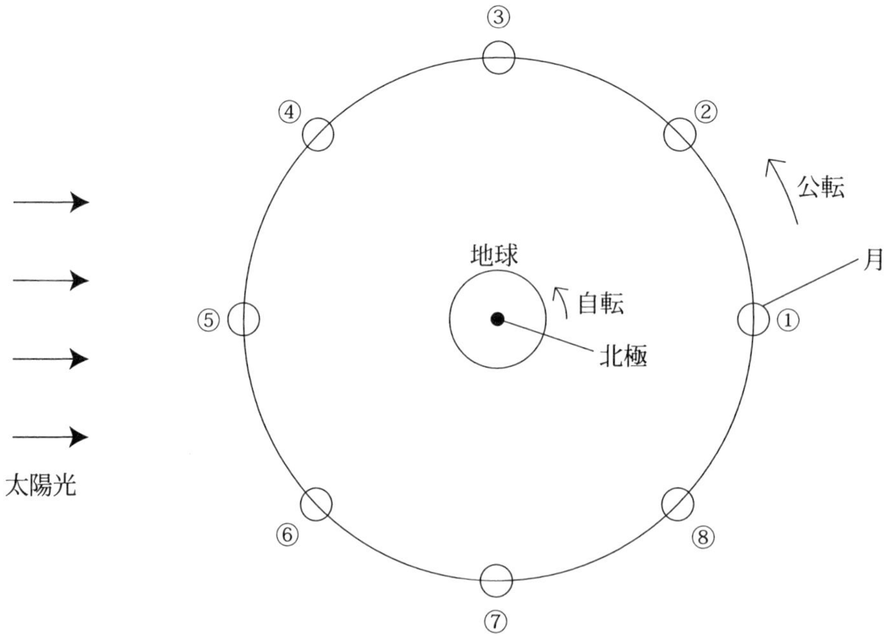

⑸　⑷の月が西の空に見えたとする。大体の時刻と、その時の月の状態を何というか、正しい組み合わせを次の①～⑨から１つ選びなさい。

	時刻	状態の呼び名
①	０時頃	月の出
②	０時頃	月の入
③	０時頃	南中
④	６時頃	月の出
⑤	６時頃	月の入
⑥	６時頃	南中
⑦	１２時頃	月の出
⑧	１２時頃	月の入
⑨	１２時頃	南中

⑹　太陽→月→地球と一直線上に並んだ時に、地球上から観測される天体現象を何というか、漢字で答えなさい。

(2) 次のA～Dの短歌のうち、「短詩型文学の本質」があると考えられるものは○、ないと考えられるものは×と答えなさい。

A　瓶《かめ》にさす　藤《ふじ》の花ぶさ　花垂《た》れて　病の床《ゆか》に　春暮れんとす
（正岡子規）

B　われ歌を　歌へり今日も　故分《ゆえわ》かぬ　悲しみどもに　うち追はれつつ
（若山牧水）

C　明け暮れに　昔恋《こい》しき　心もて　生《い》くる世もはた　夢のうきはし
（与謝野晶子）

D　遠近《あちこち》の　烟《けむり》に空や　濁《にご》るらし　五日を経つつ　なほ燃ゆるもの
（山木赤彦）

問８　――線部⑦「自分の思い、感じたこと、思想などを表現するのに、できるだけ〈出来あいの言葉〉を使わずに、自分の言葉によって、自分の思いを、人に伝える」とあるが、これができるようになるためにはどのようなことをすべきであると筆者は述べているか。その説明として最も適切なものを次の中から一つ選び、記号で答えなさい。

ア　自分とは異なる価値観を持つ人間の言葉を否定するのではなく、聞き入れることで自分の視野を広げようとすること。

イ　「ヤバイ」や「ら抜き言葉」のような間違った言葉を使うことをすぐにやめ、常に正しい言葉づかいをしようとすること。

ウ　使用する機会が頻繁《ひんぱん》にはないことを承知の上で、読書などを通じて自分が使いこなせる語彙《ごい》を増やそうと努力すること。

エ　短歌のような文字数の少ない文学に多く触《ふ》れ、少ない言葉で簡潔に自分の言いたいことを伝える力を身につけること。

問９　――線部⑩「仲間うちでしか通用しない言葉に依存している」とあるが、これによって生じうる問題として最も適切なものを次の中から二つ選び、記号で答えなさい。

ア　自分とは異なる感性や考え方を持つ人と触れ合うことで認識することができる自分という存在の意味に気づけなくなる。

イ　同年代の仲間とコミュニケーションをとる機会が失われ、若者に特有の言葉の意味がわからずに孤立《こりつ》してしまう。

ウ　自分に他人と違う側面があることがあらわになることを恐れ、仲間のなかでも言いたいことが言えなくなってしまう。

エ　気のおけない関係の仲間のなかで過ごすことにこだわり、同じ価値観や言葉を共有できない者を排除《はいじょ》するようになる。

オ　苦労をせずに自分の言いたいことが通じてしまうことに甘えてしまい、人として持っているべき道徳観が失われてしまう。

問１　――線部②「私たちが使ってきたニュアンス」とあるが、次のア～エの「ヤバイ」のうち、「私たちが使ってきたニュアンス」と同じ意味で使っているものをすべて選びなさい。（完答）

ア　このお菓子《かし》、ヤバイからおすすめだよ。食べてみて。
イ　明日の宿題の提出に間に合わない、ヤバイ！
ウ　昨日のコンサートはヤバイ！　興奮して眠《ねむ》れなかった。
エ　最近の日中の暑さはヤバイね、倒《たお》れてしまいそうだ。

問２　［④］、［⑨］に当てはまる接続詞として最も適切なものを次の中からそれぞれ一つずつ選び、記号で答えなさい。ただし、同じ選択肢は選んではいけない。

ア　さて　　イ　しかし　　ウ　たとえば
エ　また　　オ　だから　　カ　さらに

問３　［⑤］に当てはまる言葉として最も適切なものを次の中から一つ選び、記号で答えなさい。なお、本文中に［⑤］は二か所あるが、両方とも同じ言葉が当てはまる。

ア　ざわざわと　　イ　ぐずぐずと
ウ　しんしんと　　エ　どんどんと

問４　――線部⑧「すこぶる」の本文中の意味として最も適切なものを次の中から一つ選び、記号で答えなさい。

ア　非常に　　イ　ほとんど　　ウ　意外と　　エ　幸いにも

問５　――線部①「ヤバイという言葉の意味を聞いたときは正直驚いた」とあるが、筆者はなぜ「驚いた」のか。その理由として最も適切なものを次の中から一つ選び、記号で答えなさい。

ア　「ヤバイ」という言葉が、元々の使い方である否定的な事柄《ことがら》に対してでなく、肯定的《こうていてき》な事柄に対して使われるようになっているから。
イ　若者の間で「ヤバイ」という言葉が当然のように使われるようになった結果、若者が乱暴な言葉づかいしかできなくなったから。
ウ　「ヤバイ」という広い範囲《はんい》の事柄を指す言葉が広まったことにより、短歌のような高度な文学を理解できる若者が少なくなったから。
エ　誤った言葉の用法である「ら抜き言葉」と同じように、くだけた言葉である「ヤバイ」が急速に世の中で広まっていってしまったから。

問６　――線部③「『ヤバイ』は多くの形容詞の凝縮体である」とあるが、これはどういうことか。それを説明した次の文の空欄に当てはまる言葉を本文中から四十一字で探し、最初と最後の三字をぬきだしなさい。

【「ヤバイ」という言葉は、［四十一字］ものであるということ。】

問７　――線部⑥「短詩型文学の本質」について次の問に答えなさい。

(1)　「短詩型文学の本質」とは、具体的にはどのようなことか。「～こと。」という形に続くように、本文中から四十五字で探し、最初と最後の三字をぬきだしなさい。

でメールを返しているさまは驚嘆《きょうたん》に値する。

　実際は、彼《かれ》らといえども返事をすべて打っているわけではないらしい。「あ」と打てば「ありがとう」と、「ま」と打てば「また今度」と変換《へんかん》されるらしい。これを予測変換機能と言う。

　この機能は⑧すこぶる便利で早いが、これだけでメールをやり取りしていたのでは、用を足すだけで、会話にならない。いわば鸚鵡返《おうむがえ》しの対話が、ケータイのショートメールを介したコミュニケーションの大部分を占《し》めているらしい。

　コミュニケーションという言葉は、本来違う価値観を持っていた人間同士が、価値観の違いをまず認識し、それを共有するというところに語源がある。最初から同じ価値観と言葉で用が足りている仲間うちでは、そもそもコミュニケーションという言葉は意味をなさない。

　本来自分という存在は、人と違うから自分なのであって、人とまったく同じであれば、自己という存在は意味がなくなる。その違うということをお互《たが》いに大切にするには、相槌《あいづち》や共感や符牒だけで済ましているわけには行かなくなるだろう。人と違うことに違和感を抱き、できるだけ同じになろうとするのではなく、人と違うところにこそ、自分という存在の意味があることをもう一度思い出しておきたい。

　ところが、誰でも小さな世界で、常に他人と接触《せっしょく》せざるを得ない状況《じょうきょう》では、いつもいつも他人とのざらざらした違和感のなかにいることにはなかなか耐《た》えられないものだ。できれば心やすらかに、あなたと私は同じであるということに、安心をしていたい。　⑨　言葉の違和感を嫌うのである。ヤバイの意味が本来のマズイ、危険だ、であってもらっては困るし、それが理解できない人間にはできれば自分たちの輪のなかにいて欲しくない。排他的《はいたてき》にならざるを得ない。

　⑩仲間うちでしか通用しない言葉に依存《いぞん》していると、そのなかにいる間は心地よく安心していられるが、外の世界へ出ることに恐怖《きょうふ》を覚えて消極的になる。気心の知れた、同じ価値観を持つ仲間うちから、外の世界へ出ていくことをためらう。逆に、固定した仲間とだけは心愉《こころたの》しく過ごすことができるが、その安心の輪のなかに、異分子が混入してくることを極端《きょくたん》に怖《おそ》れるようにもなっていく。ここに大きな問題が潜《ひそ》んでいよう。

　青春と呼ばれる若い時期には、何も言わなくても心が通じ合えるような友人を得ることは大切だが、自分とは考え方も感性もまったく違う友人にめぐりあうことは、それに劣《おと》らず大切なことである。自分では気づいていなかった自分の別の面を教えてくれるということにおいて大切な存在なのである。友人を通して、自分を相対化して見る視線を獲得《かくとく》する。それが若い時代の友人の意味である。

（永田和宏『知の体力』による）

※１　ニュアンス……言葉などの微妙な意味合い。また、言外に表された話し手の意図。
※２　大野晋氏の言葉……筆者は本文より前の章で、大野氏の「一生に一度しか出あわないような単語が、ここというときに適切に使えるかどうか」がよい言語生活を営む上で大切であるという考えを紹介している。
※３　符牒……仲間うちだけに通用する言葉。隠語。合い言葉。
※４　歌人……ここでは短歌を作る人を指す。短歌とは、五・七・五・七・七の五句三十一音からなる歌。
※５　アララギ派……短歌雑誌『アララギ』を中心に短歌を発表し、活躍した歌人の一派。
※６　写生……景色や事物のありさまを見たままに写し取ること。
※７　かはづ……「かわず」と読む。蛙《かえる》のこと。

しか使わないかもしれないけれど、それを覚悟《かくご》で一つの語彙を自分のなかに溜《た》め込《こ》んでおくことが、生活の豊かさでもあるはずなのだ。

すべてが「ヤバイ」という※3符牒《ふちょう》で済んでしまう世界は、便利で効率がいいかもしれないが、その便利さに慣れていってしまうことは、実はきわめて薄《うす》い文化的土壌《どじょう》のうえに様々な種を蒔《ま》くことに等しいのであるかもしれない。

③「ヤバイ」は多くの形容詞の凝縮体《ぎょうしゅくたい》であると考えることができる。「ヤバイ」一語で済ませるのではなく、それを自分の側からもっと細かいニュアンスを含《ふく》めた表現によって深めたいという話をしてきた。

しかし、先にあげたさまざまの状態や感情を表す言葉は、それでも一般的な、最大公約数的な意味を担った形容詞なのである。必ずしも、その人独自の表現というわけではなく、誰《だれ》にも通用する表現法であることからは、「ヤバイ」とそんなに違ったものではないという反論も可能である。

話が飛躍《ひやく》するようだが、近代の※4歌人に島木赤彦《しまぎあかひこ》がいる。彼は※5アララギ派の歌人であり、アララギは※6「写生《しゃせい》」をその作歌理念に掲《かか》げてきた。なぜ写生が必要なのか。赤彦は『歌道小見《かどうしょうけん》』という入門書の中で、「悲しいと言えば甲《こう》にも通じ乙《おつ》にも通じます。④、決して甲の特殊《とくしゅ》な悲しみをも、乙の特殊な悲しみをも現しません。歌に写生の必要なのは、ここから生じて来ます」と述べる。

短歌は、自分がどのように感じたのかを表現する詩形式である。歌を作りはじめたばかりの人の歌には、悲しい、嬉《うれ》しいと形容詞で、自分の気持ちを表そうとするものは圧倒的に多い。作者は「悲しい」と言うことで、自分の感情を表現できたように思うのであるが、これでは作者が「どのように」悲しい、うれしいと思ったのかが一向に伝わってこない。赤彦の言う作者の「特殊な」悲しみが伝わることがない。形容詞も一種の出来合いの符牒なのである。

斎藤茂吉《さいとうもきち》は島木赤彦と同時期に「アララギ」を率いた近代短歌の巨匠《きょしょう》であるが、彼に、母の死を詠《よ》んだ一連がある。歌集『赤光《しゃっこう》』中の「死にたまふ母」一連である。

死に近き母に添寝《そひね》の ⑤ ※7遠田《とおた》のかはづ天に聞《きこ》ゆる
のど赤き玄鳥《つばくらめ》ふたつ屋梁《はり》にゐて足乳根《たらちね》の母は死にたまふなり

誰もが知っている歌であろう。一首目は「死に近き母」をはるばる陸奥《みちのく》の実家に見舞い、添《そ》い寝《ね》をしている場面である。普段は気にもならない蛙《かわず》の声が天にも届くかと思われるほどに聞こえてくる。決して騒《さわ》がしい声ではなく、⑤天にも地にも沁《し》みいるような声である。一首が言っているのはそれだけのこと、まことに単純な事実だけを詠っている。二首目も、母がもう死のうとしている枕元《まくらもと》、ふと見上げると喉《のど》の赤い燕《つばめ》が二羽、梁《はり》に留まっていた。ただそれだけである。

ここには「悲しい」とか「寂《さび》しい」とか、そのような茂吉の心情を表わす言葉は何一つ使われていないことに注意してほしい。にもかかわらず、私たちはそのような形容詞で表わされる以上の、茂吉の深い内面の悲しみを感受することができる。考えてみれば不思議な精神作用である。文章の上では何も言われていない作者の感情を、読者はほとんど何の無理もなく感受することができているのである。

もしこれらの歌のなかに、茂吉の感情として「悲し」「寂《さび》し」などの形容詞が入っていたとするならば、一般的な感情としては理解できるが、それだけではけっしてその時の茂吉の悲しさ、寂しさを表現したものにはならないだろう。悲しい、寂しいという最大公約数的な感情の表現でしかないからである。「決して甲の特殊な悲しみをも、乙の特殊な悲しみをも現しません」と赤彦の言う通りである。

短歌では、作者のもっとも言いたいことは敢《あ》えて言わないで、その言いたいことをこそ読者に感じ取ってもらう。単純化して言えば、⑥短詩型文学の本質がここにあると私は思っている。

これはかなり高度な感情の伝達に関する例であるが、私たちは⑦自分の思い、感じたこと、思想などを表現するのに、できるだけ〈出来あいの言葉〉を使わずに、自分の言葉によって、自分の思いを、人に伝える。この大切さをもう一度確認しておきたいものだと思う。

（中略）

もう一つ驚くのは、若者たちのメールを打つ早さ。打てば響《ひび》くようにケータイ

問10　――線部④「路男は躊躇いなく手をかけた」とあるが、その時の心情として最適なものを次の中から選び、記号で答えなさい。

ア　電話は、息子の正雄からだろうと思い、孫の弘晃の現状を伝えて、少しの間預かることを伝えようと思っている。

イ　誰《だれ》からの電話か、分からなかったが、息子の正雄からの電話なら、孫の弘晃が安心するだろうと思っている。

ウ　電話の相手が、息子の正雄だと思い、少しでも早く孫の弘晃が来ていることを伝えて、安心させてやろうと思っている。

エ　家を出て二日間も、自分の息子の弘晃の居どころが思いつかなかった父親の正雄をしかってやろうと思っている。

問11　――線部⑧「路男は敢えて無言のまま、真剣な眼差しを孫へと向けた」とあるが、それはなぜか。最適なものを次の中から選び、記号で答えなさい。

ア　弘晃が、予想外の話をしはじめたので、どう答えたらよいかわからず、困惑《こんわく》したから。

イ　話の内容が衝撃《しょうげき》的だったので、このあとで、じっくり考えてからアドバイスしようと思ったから。

ウ　相当な決意をもって話し始めたのだろうから、まずはじっくり最後まで聞いてやろうと思ったから。

エ　すぐにでもアドバイスしてやりたいと思ったが、反発されるのではないかと心配になったから。

問12　――線部⑨「激しい怯えが宿り」とあるが、「弘晃」がこの「怯え」から解放された瞬間がある。その瞬間の直後の一文を抜き出し、初めの五字を答えなさい。

四　次の文章を読み、後の問いに答えなさい。

何を今ごろと言われそうだが、いわゆる若者言葉[※1]で、①ヤバイという言葉の意味を聞いたときは正直驚《おどろ》いた。②私たちが使ってきたニュアンスとはまったく逆。「あの試験どうもヤバイな」と言えば、落っこちそうだということだったはず。いつの間にか「このコーヒー、めっちゃヤバイ」が、すごく旨《うま》いというニュアンスになっていた。

言葉が時代とともに変わっていくのはやむをえないことであり、とどめようもないところがある。いまとなっては「ら抜《ぬ》き言葉」の是非《ぜひ》を云々《うんぬん》すること自体、どこか間が抜けていると感じるほどに、わずか20年ほどのあいだに「ら抜き言葉」が一般化《いっぱんか》してしまった。

私自身はいまもはかない抵抗《ていこう》を続けていて、どうしても「見れる」とか「食べれる」などの「ら抜き言葉」は使えないし、使うつもりもないが、若者たちの「ヤバイ」にはそれとは違《ちが》った違和感《いわかん》と危惧《きぐ》を抱いている。「ヤバイ」が「旨い」「おもしろい」「かっこいい」「素敵だ」「気持ちいい」など、ほんらいかなりニュアンスの違った感覚、感情をすべてひっくるめて一語で代弁してしまうというところにまず引っかかる。

ある感動を表現するとき、たとえば「good!」一語で済ませてしまうのではなく、そこにニュアンスの異なったさまざまな表現があること自体が、文化なのである。「旨い」にしても、「おいしい」「まろやかだ」「コクがある」「とろけるようだ」などなど、どのように「旨い」かを表すために、私たちの先人はさまざまに表現を工夫してきた。それが文化であり、民族の豊かさである。

いつも、もってまわった高級な表現を使えというのではまったくないが、必要に応じて、自分自身が持ったはずの〈感じ〉を自分自身の言葉で表現する、そんな機会は、人生において必ず訪れるはずである。そんなときのために、私たちは普段《ふだん》は使わなくともさまざまな語彙《ごい》を用意しているのである。語彙は自然に増えるものではなく、読書をはじめとするさまざまな経験のなかで培《つちか》われていくものである。すでに大野晋《すすむ》[※2]氏の言葉を紹介《しょうかい》したように、ひょっとしたら一生に一度

問４　[⑤]に入れる言葉として、最適なものを次の中から選び、記号で答えなさい。

ア　戦々恐々《きょうきょう》　　イ　電光石火　　ウ　疑心暗鬼《き》　　エ　単刀直入

問５　――線部⑥「固唾を呑んで」の、本文中での意味として、最適なものを次の中から選び、記号で答えなさい。

ア　安心して　　イ　戸惑《まど》って　　ウ　緊張《きんちょう》して　　エ　恐れて

問６　――線部⑦「部屋の空気が一瞬、薄くなった」とはどういうことか。それを説明した次の文の□に適する漢字を一字で答えなさい。

部屋の雰囲《ふんい》気《き》が□苦しくなったということ。

問７　――線部⑩「育っていた」とあるが、作者がこのような表現をした理由を次のようにまとめた。空欄に適する言葉を本文中から抜き出し、そのうちＢ・Ｅのみ答えなさい。

初めは[Ａ]という[Ｂ]だったものが、[Ｃ]に変化し、
最後には[Ｄ]という[Ｅ]へと変化したから。

問８　――線部⑪「胸に宿っていた寂しさ」とあるが、それはどのようなことに対する気持ちか。最適なものを次の中から選び、記号で答えなさい。

ア　孫が父親と話し合って、本当に仲直りできるかどうか、分からないこと。

イ　久しぶりに会い、数日間過ごして元気を取り戻《もど》した孫が、帰っていくこと。

ウ　数日間楽しく過ごした孫が、本当にまた遊びに来てくれるか、定かでないこと。

エ　孫が父親と理解しあえず、また自分のところに逃《に》げてくるのではないかということ。

問９　――線部③「弘晃がぎくりと身を固くする」とあるが、それはなぜか。最適なものを次の中から選び、記号で答えなさい。

ア　自分のことを心配して、父親がかけてきた電話だと思い、申し訳ない気持ちになったから。

イ　父親に、勉強が遅れることを心配されるだろうと思ったら、急に申し訳ない気持ちになったから。

ウ　家出先として、よりによって父親と仲が悪い祖父の家を選んだことを父親が怒《おこ》っているだろうと思ったから。

エ　父親からの電話だと直感して、厳しく叱《しか》られるのではないかと心配になったから。

弘晃、もう何も心配要らんで。

号泣する孫の背中を撫《な》でながら、祖父は幾度《いくど》もそう胸のうちで繰り返した。

翌日の昼過ぎ、乗降客の行き交うホームに、弘晃と路男の姿があった。

駅蕎麦屋の制服に前掛《か》けを締めた路男の姿はひと目を引きそうだったが、案外、気に留める者は居ない。

乗車を促《うなが》す笛の音が響《ひび》いて、弘晃は祖父を振《ふ》り返った。

「親父とちゃんと話すよ。色々、ほんと色々、ありがと、ジィちゃん」

来た時とは別人のような、晴れやかな笑顔だった。路男は大きく頷いてみせた。

「気ぃつけてな、弘晃」

「また来るから」

弘晃が電車に乗り込んだ瞬間《しゅんかん》、プシューッと間延びした音がして、扉《とびら》が両側から閉じられようとした。

扉が閉まる直前、弘晃が早口で言った。

「ムシヤシナイさせてもらいに、オレ、何度でも来る」

孫を乗せた電車がホームを出て、その姿が消えてしまうまで見送ると、路男はぼそりと呟《つぶや》いた。

「ムシヤシナイ……何やあいつが言うと、外国語に聞こえるがな」

声に出してみれば、⑪胸に宿っていた寂《さび》しさが消えて、路男はからからと笑い声を上げる。

次の電車の入線を告げるアナウンスが、師走《しわす》のホームに響いていた。

（高田郁「ムシヤシナイ」による）

※１　双眸《そうぼう》……両方の瞳。

問１　［①］に入れる言葉として、最適なものを次の中から選び、記号で答えなさい。

ア　目を細めて
イ　目を丸くして
ウ　目を三角にして
エ　目を皿のようにして

問２　［Ａ］～［Ｅ］に入れる言葉として、最適なものを次の中から選び、記号で答えなさい。ただし、同じ記号を二度以上使用しないこと。

ア　ちゃんと　イ　そろそろ　ウ　たかだか　エ　ずっと
オ　暫《しばら》く　カ　さらに　キ　漸《ようや》く　ク　かえって

問３　――線部②「祖父のその台詞に、孫ははっと両の瞳を見開く」について、生徒Ａ・Ｂが話し合った次の会話の、空欄《らん》に適する言葉を、それぞれ二字で本文中から抜《ぬ》き出しなさい。

Ａ「僕《ぼく》はこの場面、『駅蕎麦』が、そこで働いている『ジイちゃん』を暗示していて、『ちゃんとした食堂』は『窮屈』という表現からして、父親のことを暗示していると思い至ったから、はっと両の瞳を見開いたんだと思うな。」

Ｂ「そうかな。僕は、弘晃が学校生活に疲《つか》れて、家出をしてきたことを考えると、ここは、現在自分の置かれている状況《じょうきょう》からして、『ちゃんとした食堂』は［Ｘ］を、『駅蕎麦』は［Ｙ］を暗示しているような気がするな。［Ｙ］にも存在する価値があるってことに気づいたからだと思うな。」

営業中は圧倒《あっとう》的な存在感を誇《ほこ》っていた駅蕎麦屋も、商いを終え、照明も落ちてしまえば影《かげ》が薄《うす》い。

ほんの数時間前にかけた鍵《かぎ》を外し、明かりをつけると、路男は弘晃を厨房《ちゅうぼう》に招き入れた。

落ち着かない様子で店内を見回す孫には構わず、ネギの根を落とし、流しで洗って俎板《まないた》に束ねて置き、包丁を添《そ》えた。

「さて、と。弘晃、こっちおいで」

声をかけられて、祖父の方へ向き直った弘晃だが、俎板に置かれた包丁を認めると、ぎょっとして両の肩を引いた。

「ジィちゃん、オレ、包丁は……」

両腕《うで》を後ろに回して身を強張《こわば》らせる弘晃に、路男は緩《ゆる》やかに頷《うなず》いてみせる。

「大丈夫《だいじょうぶ》、ジィちゃんが手ぇ添えたるよって」

祖父に言われて、孫は俎板の前に立つと、恐《おそ》る恐る包丁の柄《え》を握《にぎ》った。朴《ほお》の木を用いた白い柄を、しかし、弘晃は掌に包むだけで精一杯《せいいっぱい》の様子だった。

「もっとしっかり握らなあかん、[D]危ないで」

こうするんや、と路男は孫の手に自分の手を添え、がちがちに固まった指を解《ほぐ》して、正しく持たせた。

「せや、『小峯《こみね》にぎり』いうてな、この持ち方を覚えたら、これから先、色々と役に立つ」

そうして、ネギに刃《は》をあてがうと、

「よっしゃ、ほんならネギ切ってみよか」

と命じ、手を添えたまま刻み始めた。

切りたくない、との思いが弘晃の腕《うで》を重くする。難儀《なんぎ》しながらも、路男は弘晃を導き、さくっさくっとネギに刃を入れていく。

「口に障らん厚み……これくらいの小口切りにな。ほな、自分で切ってみ」

見本を示すと、祖父は孫の右手を解放した。

必死の形相で、弘晃は包丁を握り締《し》めて、ネギを刻む。ざく、ざく、とぎこちない包丁遣《づか》いは、しかし、暫《しばら》くすると、さく、さく、と徐々《じょじょ》に柔《やわ》らかな音へと変化していった。それにつれて、弘晃の身体の強張りは取れ、表情も少しずつ穏《おだ》やかになっていく。

「いくつもの塾《じゅく》をかけ持ちして、実力以上の中学に受かった。けど、入ってみたら秀才《しゅうさい》がゴロゴロ。授業についていくのがやっとだった」

路男はただ無言で、孫の打ち明け話に耳を傾《かたむ》ける。

「親父には努力が足りない、と殴《なぐ》られてばかり。でも、足りないのは努力じゃなくて、能力だったんだ。三年通ってそれが身に沁《し》みた」

自身に言い聞かせるような口調だった。

[E]十五歳で、自身の人生を諦《あきら》めた様子の弘晃の姿が、路男には胸に応える。それに耐《た》えて、祖父は孫の包丁遣いを見守った。

さくっさくっ、という包丁の音は、何時しか、とんとんとん、と軽やかな音色へと⑩育っていた。俎板の上で包丁がリズミカルに踊《おど》り、正確な厚みでネギが刻まれていく。用意したネギの束もそろそろ尽《つ》きようとしていた。

「仰山《ぎょうさん》できたなぁ、おおきにな、弘晃」

業務用の笊《ざる》に山盛りになった刻みネギを示して、路男は弘晃に笑みを向けた。

「上手《うま》いこと使えるようになったな。——もう大丈夫や」

孫に手を差し伸べ、弘晃の右手を包丁ごと、自身の両の掌で包み込む。包丁の刃先が路男の腹を向いているのを知り、弘晃は怯えた目で祖父を見た。

「弘晃、お前はもう大丈夫やで」

逃《のが》れようとする孫の手をしっかりと握ったまま、路男はぎゅっと目を細めてこう続けた。

「包丁は、ひと刺すもんと違う。ネギ切るもんや。この手ぇが、弘晃の手ぇが覚えよった」

「あ……」

弘晃の瞳《ひとみ》に涙が浮《う》き、瞬《またた》く間に溢《あふ》れだす。堪《た》えようとして堪えきれず、戦慄《わなな》く唇から嗚咽《おえつ》が洩《も》れ始めた。

心配要らん。

あったら、派手なご馳走も食べられる。でも今は、そういうわけにいかん。せやから、取り敢《あ》えず駅蕎麦で虫養いして、力を補う――そういう虫養いを、ジィちゃんは大事に思うんや」

　話の途中《とちゅう》から、弘晃は箸《はし》を止めて、じっと祖父の双眸《そうぼう》※1を見つめていた。聞き終えて、何か言いたげに弘晃は唇《くちびる》を開きかけ、しかし、またきゅっと一文字に結び直した。

　路男は、手もとの湯飲みを手に取って、温もりを確かめるように掌《てのひら》で包むと、こう言い添《そ》えた。

「それになぁ、お前の言う『ちゃんとした食堂』ばかりなら、世の中、窮屈《きゅうくつ》で味気ないと思うで」

　②祖父のその台詞に、孫ははっと両の瞳《ひとみ》を見開く。

　トゥルルル

　トゥルルル

　秋元家の電話が鳴ったのは、丁度その時だった。咄嗟《とっさ》に③弘晃がぎくりと身を固くする。勧誘《かんゆう》か間違《まちが》いか、あるいは悪戯《いたずら》でしか鳴ることのない電話だったが、その受話器に、④路男は躊躇《ためら》いなく手をかけた。

「はい、秋元です」

　名乗ったあと、受話器の向こうの声を聴《き》いて、路男は唇を僅《わず》かに歪《ゆが》めた。思った通り、電話の主は東京の正雄《まさお》だったのだ。弘晃が家を出て二日、正雄は［B］、息子の立ち寄り先として大阪の路男のことを思い出したのだろう。

　無沙汰《ぶさた》を詫《わ》びるでもなく、老父の暮らしぶりを尋《たず》ねるでもなく、［⑤］に弘晃の消息を問う正雄に、路男は苦い表情のまま答える。

「ああ、弘晃なら来てるで。［C］うちで預かるさかい。……えっ？　何やて？」

　視野の隅《すみ》に、⑥固唾《かたず》を呑《の》んで様子を窺《うかが》う弘晃が映っている。路男は身体ごと電話に向き直り、声を低めた。

「『勉強が遅《おく》れる』て……お前、それ本気で言うてんのか」

　恵子《けいこ》が生きていれば、上手にとりなしたかも知れない。だが、路男は良い齢《とし》をした息子のあまりの愚《おろ》かさに、このド阿呆《あほう》！　と受話器に向かって罵声《ばせい》を浴びせていた。

「おんどれは父親のクセしてから、子供を潰《つぶ》す気か。いっぺん目ぇ覚まさんかい！」

　がしゃん、と怒《いか》りに任せて受話器を叩《たた》きつけたものの、煮《に》えたぎった憤怒《ふんぬ》はそう簡単には路男から去らなかった。

　音のない一室に、古い掛《か》け時計の秒針だけが妙《みょう》に大きく響《ひび》いている。

　振《ふ》り返り、孫の様子はと見れば、弘晃は卓上《たくじょう》に置いた握《にぎ》り拳《こぶし》をわなわなと震《ふる》わせていた。必死で感情の爆発《ばくはつ》に耐《た》えているその姿を目にして、路男は黙《だま》り込んだ。

どれほどそうしていただろうか、弘晃が、オレ、と掠《かす》れた声を絞《しぼ》り出した。

「オレ、親父を殺すかも知れない」

　⑦部屋の空気が一瞬《いっしゅん》、薄《うす》くなった。

　弘晃が苦悩《くのう》の果てにその台詞を口にしたことが容易に察せられて、⑧路男は敢《あ》えて無言のまま、真剣《しんけん》な眼差しを孫へと向けた。

　弘晃は右の拳で唇を覆《おお》い、くぐもった揺《ゆ》れる声で打ち明ける。

「目の前に包丁があると、親父を刺《さ》しそうな気がして息が出来ない。いつか自分で自分をコントロール出来なくなる。そしたら……」

　弘晃の肩《かた》が、上腕《じょうわん》が、小刻みに震えだした。双眸《そうぼう》に⑨激しい怯《おび》えが宿り、うっすらと涙《なみだ》が膜《まく》を張っている。

「そしたら、オレ……親父を……」

「弘晃」

　見かねて路男は孫の名を呼び、その背中に手を置いた。

　刹那《せつな》、下瞼《したまぶた》で辛《かろ》うじて止《とど》まっていた涙《なみだ》が、色の失せた頬《ほお》へと滑《すべ》り落ちる。

「ジィちゃん、オレ……自分が恐《こわ》い」

　恐くて堪《たま》らない、と言葉にすると、弘晃は両の掌を開いて顔を覆《おお》った。

　怯えの根源を口にしたことで、弘晃を支えていた何かが崩《くず》れたのだろう。十五歳《さい》の少年は、電気コタツの天板に突《つ》っ伏して慟哭《どうこく》した。

【中略】

2024年度 江戸川女子中学校

【国語】〈第三回試験〉（五〇分）〈満点：一〇〇点〉

（注意）字数指定のある設問はすべて、句読点等を字数に含む。

一

次の――線部のカタカナを漢字に直しなさい。

① 首相がショシン表明演説を行う。
② 逆転のゼッコウの機会が訪れた。
③ ケイカイなテンポの曲。
④ タイショウ的な性格の兄弟。
⑤ 不吉《ふきつ》なヨカンが的中した。

二

次の意味を表す四字熟語を、後から選び、記号で答えなさい。

① 周りがすべて敵や反対する者ばかりで、孤立《こりつ》すること。
② 物事が快調に進むようす。
③ 絶望的な状態を、再び有望な状態にもり返すこと。
④ 自由自在にふるまうこと。
⑤ ちょっとしたきっかけで、大事になりそうな緊迫《きんぱく》した状態。

ア 危機一髪《いっぱつ》　イ 起死回生　ウ 一触即発《いっしょくそくはつ》
エ 一刀両断　オ 縦横無尽《むじん》　カ 四面楚歌《そか》
キ 共存共栄　ク 大胆《だいたん》不敵　ケ 順風満帆《まんぱん》

三

大阪で独り暮らしをする路男《みちお》は、駅蕎麦《そば》屋を任されている。ある日そこへ中学三年生になる孫の弘晃《ひろあき》が、東京から家出してきた。次の文章を読んで、後の問いに答えなさい。

火の気のないアパートの一室に戻《もど》ると、路男はそのまま台所に立った。弘晃はあれからずっと、むっつりと黙《だま》り込《こ》んでいる。電気コタツのスイッチを入れることさえ忘れている孫に、路男は、

「今、夜食つくるよって、温うして待っとき」

と、声をかけた。

身を屈《かが》めて冷蔵庫を探ると、賞味期限が明日までの茹《ゆ》で蕎麦が二袋《ふくろ》、残っていた。ネギを小口に切り、蒲鉾《かまぼこ》は大きく斜《なな》めに削《そ》ぎ切りする。

「虫養い、いう言葉が大阪にはあるんや」

出来上がった二人分の蕎麦を電気コタツの上に並べて、路男は弘晃に語りかける。

冷えた室内に、丼《どんぶり》からはほかほかと柔《やわ》らかな湯気が立っていた。

「ムシヤシナイ？」

どんな文字をあてるのか、皆目《かいもく》見当もつかないのだろう、外来語にしか聞こえない口調で、弘晃は繰り返すと、熱い丼に手を伸《の》ばした。ああ、と祖父は頷《うなず》き、孫のために瓢箪《ひょうたん》型の七味入れを取ってやる。

「軽うに何ぞ食べて、腹の虫を宥《なだ》めとく、いう意味や」

「ふーん」

興味の湧《わ》かない声で応えて、弘晃は熱々の蕎麦を口に運ぶ。一口すすって気に入ったのか、ズズズッと美味しそうに食べ進めた。

[①]その様子を眺《なが》めていた路男だが、ゆっくりとした仕草で急須《きゅうす》を取り上げ、茶葉にポットの熱湯を注ぐ。

「今日みたいに寒い日ぃは、湯気がご馳走《ちそう》や」

湯気の立つ湯飲みを孫の手もとに置いて、祖父は[A]続けた。

「帰ればご飯が待ってる。時間さえあれば、ゆっくり食事が出来る。懐《ふところ》に余裕《よゆう》が

2024年度
江戸川女子中学校　▶解　答

※　編集上の都合により，第３回試験の解説は省略させていただきました。

算　数　＜第３回試験＞（50分）＜満点：100点＞

解　答

[1] (1)　$2\frac{12}{23}$　(2)　25　(3)　7　(4)　10　(5)　4000　(6)　22　(7)　3750　(8)　8　(9)　138　(10)　113.04　(11)　5：12　[2] (1)　34行目の１列目　(2)　149　(3)　226行目　[3] (1)　8　(2)　$\frac{1}{3}$　(3)　8種類　[4] (1)　5 cm　(2)　11cm^2　(3)　$2\frac{4}{5}$秒後と10秒後

社　会　＜第３回試験＞（35分）＜満点：75点＞

解　答

[1] **問１**　ウ　**問２**　オ　**問３**　ウ　**問４**　イ　**問５**　エ　**問６**　書院造　**問７**　日米和親　**問８**　（例）　幕府から許可を与えられた日本の貿易船が，東南アジアで貿易を行う朱印船貿易がさかんであったため。　**問９**　**３番目**…A　**６番目**…G　[2] **問１**　〔i〕イ　〔ii〕ウ　**問２**　遣隋使　**問３**　（例）　宋との貿易(日宋貿易)を行うために修築された港のこと。　**問４**　豊臣秀吉　**問５**　イ　**問６**　イ　[3] **問１**　**A**　コ　**B**　カ　**C**　ウ　**D**　ケ　**E**　エ　**問２**　**１**　イ　**２**　オ　**３**　ア　**４**　ウ　**５**　ケ　**問３**　**北海道**…あ　**千葉県**…う　**問４**　ウ　**問５**　エコツーリズム　**問６**　カルデラ　**問７**　（例）　青函トンネルが建設され，鉄道(新幹線)で渡ることが多くなった。　[4] I　**問１**　ウクライナ　**問２**　ア　**問３**　広島　**問４**　オバマ　II　**問１**　**１**　GHQ　**２，３**　国民主権(主権在民)，基本的人権の尊重　**問２**　エ　**問３**　ア　**問４**　国民投票　**問５**　（例）　過去の(日本)政府の行為によって戦争が起こされたことを反省し，二度と同じあやまち(惨禍)が起こることがないようにするため。　III　**問１**　**１**　市場　**２**　均衡　**問２**　イ　**問３**　(1)　オ　(2)　（例）　国民生活に与える影響が大きいため。

理　科　＜第３回試験＞（35分）＜満点：75点＞

解　答

[1] (1)　(ウ)，(エ)　(2)　(オ)　(3)　(ア)，(イ)　(4)　(ウ)　(5)　(エ)　(6)　水素　(7)　②，③　(8)　26％　(9)　（例）　電気を通すか調べて，電気を通す方が食塩水である。　[2] (1)　下

の図Ⅰ　(2)　④　(3)　200　(4)　75　(5)　④　(6)　③　(7)　①，④　(8)　②　(9)　右の図Ⅱ

図Ⅰ

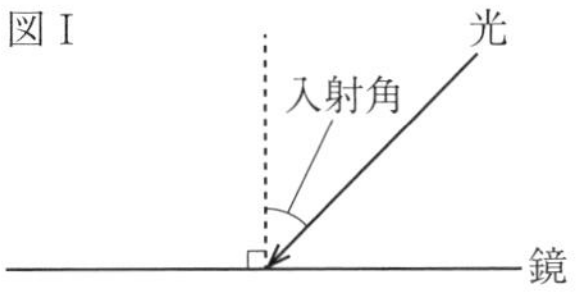

図Ⅱ

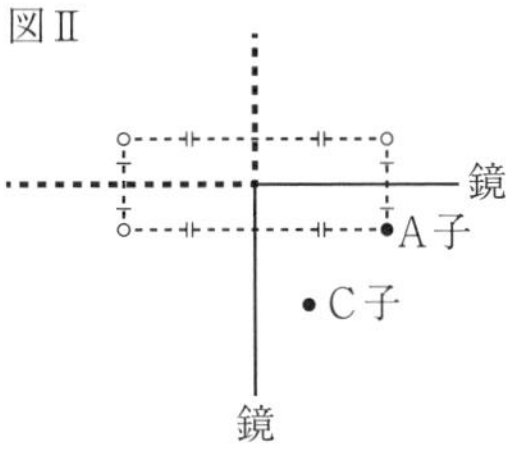

3　(1)　①　(イ)　②　(エ)　(2)　(例)　だ液にはでんぷんをほかの物質に変えるはたらきがあること。　(3)　(例)　だ液は酸性ではなく中性のときによくはたらくこと。　(4)　対照実験　(5)　消化管　(6)　(例)　肉と比べて分解，消化しにくい草を，長い時間をかけて分解し吸収するため，消化管が長い。　(7)　500mL　(8)　84.78m^2　(9)　**筋肉**…横かく膜　**現象**…しゃっくり　(10)　(エ)　(11)　静脈　(12)　(例)　血液の逆流を防ぐため。

4　(1)　③　(2)　②　(3)　④　(4)　③　(5)　⑧　(6)　日食

国　語　＜第３回試験＞（50分）＜満点：100点＞

解　答

一　下記を参照のこと。　二　①　カ　②　ケ　③　イ　④　オ　⑤　ウ

三　**問1**　ア　**問2**　**A**　カ　**B**　キ　**C**　オ　**D**　ク　**E**　ウ　**問3**　**X**　秀才　**Y**　(例)　自分　**問4**　エ　**問5**　ウ　**問6**　重(息)　**問7**　**B**　ぎこちない包丁遣い　**E**　軽やかな音色　**問8**　イ　**問9**　エ　**問10**　ア　**問11**　ウ　**問12**　弘晃の瞳に

四　**問1**　イ，エ　**問2**　④　イ　⑨　オ　**問3**　ウ　**問4**　ア　**問5**　ア　**問6**　ほんら～しまう　**問7**　(1)　作者の～もらう　(2)　**A**　○　**B**　×　**C**　×　**D**　○　**問8**　ウ　**問9**　ア，エ

●漢字の書き取り

一　①　所信　②　絶好　③　軽快　④　対照　⑤　予感

Memo

2023年度 江戸川女子中学校

【算　数】〈**第１回試験**〉（50分）〈満点：100点〉

1　次の□にあてはまる数を答えなさい。

(1)　$1.2\times2.4+0.3\times20.2-2.3\times2.3=$□

(2)　$(0.5-$□$)\times\frac{3}{4}\div0.25+2\frac{1}{6}=2\frac{2}{3}$

(3)　記号A☆Bを，A☆B＝(A×B)÷(A＋B)と決めます。例えば，$5☆3=(5\times3)\div(5+3)=1\frac{7}{8}$となります。このとき，(4☆3)☆2を計算すると，□になります。

(4)　ある３人の足の大きさを測りました。２人ずつの平均を計算すると20cm，21cm，25cmでした。足が最も大きな人は□cmです。

(5)　15％の食塩水500gに21％の食塩水□gを加えると，17％の食塩水ができます。

(6)　みかんが□個あります。これをクラスの生徒全員に４個ずつ配ると20個余ります。ところが２人の生徒が休んだため，１人５個ずつ配ったところちょうど配ることができました。

(7)　[0]，[1]，[1]，[2]，[2]，[2]の６枚のカードから３枚選んで３桁の偶《ぐう》数《すう》を作ると，□通り作ることができます。

(8)　ご石を並べて，下の図１のように少しずつ大きな正方形を作っていきます。ご石を□個使ってなるべく大きな正方形を作ると12個余ります。□個に15個ご石を追加すると，さきほどより１つ大きな正方形をちょうど作ることができます。ただし，□には同じ数が入ります。

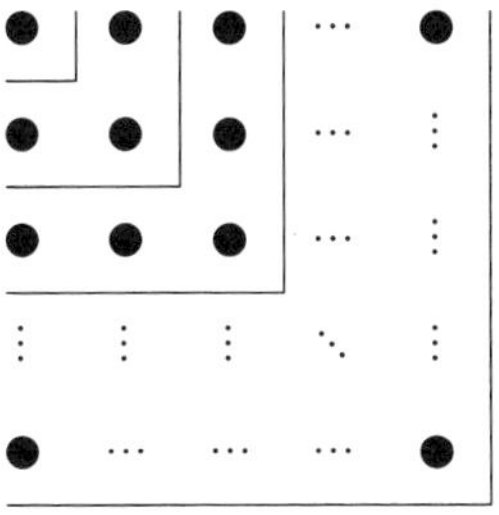

図１

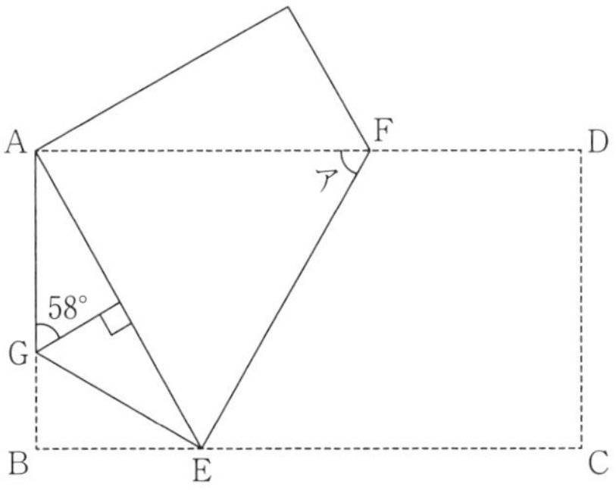

図２

(9)　上の図２は，長方形ABCDをEFとEGを折り目として折り曲げたものです。このとき，角アの大きさは□度です。

(10)　半径１cmの円と，縦９cm，横14cmの長方形があります。次のページの図３のように，円の中心が長方形の辺上を１周するとき，円が通過した部分の面積は□cm^2です。ただし，円周率は3.14とします。

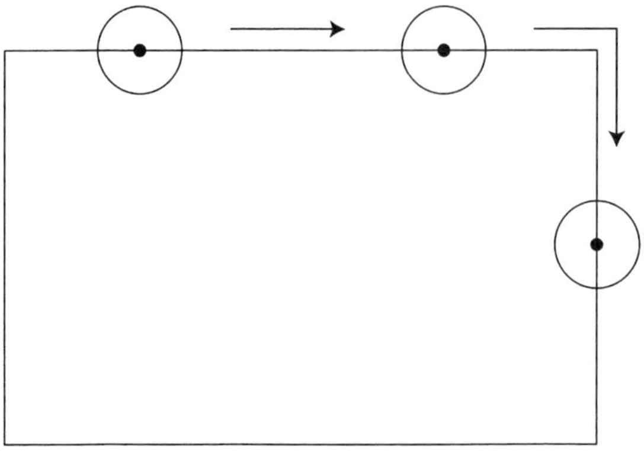

図３

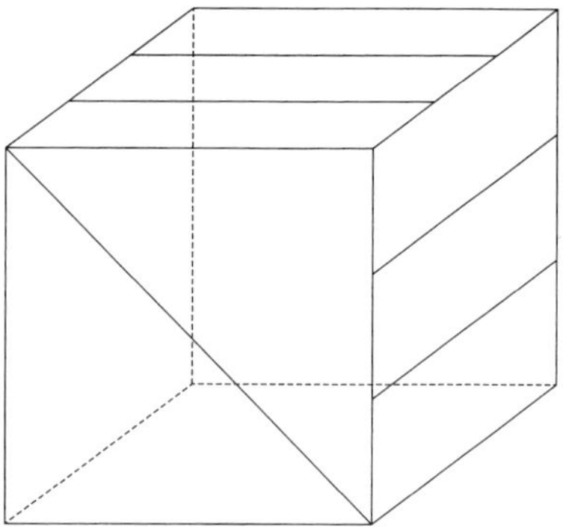

図４

⑾　上の図４のように，立方体の３つの面に，合わせて５本の線がかいてあります。これから包丁を使ってこの５本の線に刃《は》を当てて，線がかいてある面とは反対側の面までまっすぐ垂直に切ります。できあがった立体は［　　　］個です。

2　１，２，３，４の４つの数字を使って，小さい順に１から444まで下のように数を並べます。ただし，同じ数字は何回使ってもよいものとします。このとき，後の問に答えなさい。

１，２，３，４，11，12，13，14，21，22，23，24，31，…，444

(1)　２桁の数は何個ありますか。

(2)　50番目の数は何ですか。

(3)　並べた数をすべて足すといくつになりますか。

3　図１のように，直方体の容器が長方形の仕切りでＡとＢに分けられています。Ａには毎分５Ｌの割合で水を入れる給水管，Ｂには一定の割合で排水《はいすい》する排水管があり，排水管はつねに開いています。図２のグラフは，水を入れ始めてからの時間とＡの水面の高さの関係を表しています。ただし，仕切りの厚さは考えないものとします。このとき，後の問に答えなさい。

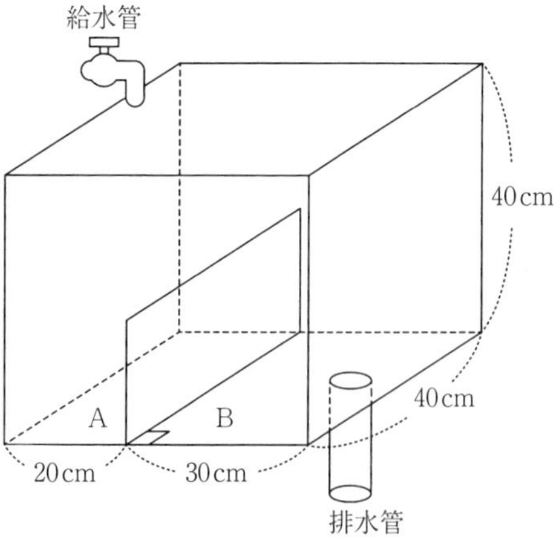

図１

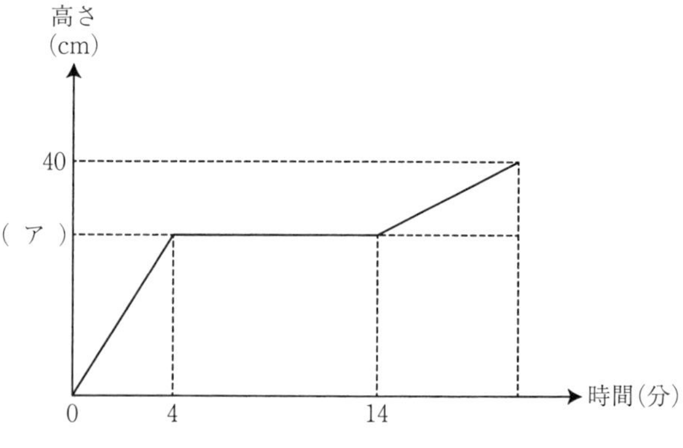

図２

(1)　給水を始めてから４分たつと，Ａの水面の高さがしばらく変わらなくなりました。このとき，図２の(ア)にあてはまる数を答えなさい。

(2)　Ｂの排水管は毎分何Ｌ排水していますか。

(3) 容器が満水になるのは，水を入れ始めてから何分後ですか。

4 かごの中にビー玉がいくつかあります。ＡとＢの２人が，このビー玉を使って次のような【ルール】のゲームをしようとしています。

【ルール１】 最初にビー玉を取るのはＡとする

【ルール２】 ＡとＢが交互に１個，２個，３個のいずれかの個数のビー玉を取っていく

【ルール３】 直前に相手が取った個数と，同じ個数のビー玉は取ることができない

【ルール４】 ビー玉を最初に取れなくなった方が負け，もう片方を勝ちとする

次の会話文はＡとＢとＣの３人の会話の内容です。この会話文を読み，後の問に答えなさい。

Ａ：必ず勝てる方法があるかな？

Ｂ：ちょっと考えてみよう。全部でビー玉が４個だとどうなるかな。

Ｃ：その場合はＢが必ず勝てる。初めにＡが１個取ると，次にＢが３個取ればＢの勝ち。初めにＡが２個取ると，次にＢが［(1)］個取ればＢの勝ち。初めにＡが３個取ると，次にＢが１個取ればＢの勝ち。

Ａ：なるほど。全部でビー玉が５個だとどうなるかな。

Ｃ：その場合はＡが必ず勝てる。初めにＡが１個取れば残りのビー玉が４個になるからね。

Ｂ：ということは６個や７個の場合も同じかな。全部でビー玉が８個だとどうかな。

Ｃ：どうやら［ア］が必ず勝てる方法がありそうだね。全部でビー玉が９個だと［イ］が必ず勝てる。

Ａ：必ずどちらかが勝てる方法があるみたいだね。

Ｂ：それじゃあゲームにならないか。

(1) ［(1)］に入る正しい数を答えなさい。

(2) ［ア］，［イ］にはＡ，Ｂのどちらかが入ります。それぞれ正しいものを選びなさい。

(3) Ｂが必ず勝てる方法があるビー玉の個数は，10個以上100個以下の中に何通りありますか。

【社　会】〈第１回試験〉（35分）〈満点：75点〉

1　次のＡ～Ｈの文は，日本の各時代について説明したものである。これらを参照して各問に答えよ。

Ａ　①墾田永年私財法が制定された。

Ｂ　②自由民権運動がさかんになった。

Ｃ　③堺では自治的な町の運営がおこなわれ，日明貿易の港として栄えた。

Ｄ　緒方洪庵《こうあん》が，大阪に④蘭学の塾を開いた。

Ｅ　⑤ヤマト政権が，関東地方から九州地方に支配を広げた。

Ｆ　平戸から長崎の出島に（　⑥　）の商館が移された。

Ｇ　（　⑦　）が『枕草子《まくらのそうし》』を著した。

Ｈ　⑧サンフランシスコ平和条約が結ばれたのと同じ日に，日米安全保障条約も結ばれた。

問１　下線①について，**正しい**文を下のア～エから１つ選べ。ただし，すべて誤っている場合はオで答えよ。

ア　これにより，有力な貴族や寺院・神社が，積極的に土地の開発をおこなった。

イ　これにより，有力な商人が，積極的に土地の開発をおこなった。

ウ　これにより，公地公民の原則が確立した。

エ　これにより，兵農分離の原則が確立した。

問２　下線②について，**正しい**文を下のア～エから１つ選べ。ただし，すべて誤っている場合はオで答えよ。

ア　板垣退助が，イギリス流の議会政治の実現を主張して立憲政友会を結成した。

イ　伊藤博文らが，政府に対して国会の開設を要求した。

ウ　大隈重信らが，民主的な憲法草案である五日市憲法をつくった。

エ　労働者たちが，政府に対して普通選挙の実現を要求した。

問３　下線③について，**誤っている**文を下のア～エから１つ選べ。ただし，すべて正しい場合はオで答えよ。

ア　堺の自治的な運営の様子は，ヨーロッパにも伝わっていた。

イ　堺の商人たちは，日明貿易で，明に生糸を輸出した。

ウ　茶道を確立した千利休は，堺出身の商人であった。

エ　織田信長は，堺の自治を奪い，支配下に置いた。

問４　下線④について，**正しい**文を下のア～エから１つ選べ。ただし，すべて誤っている場合はオで答えよ。

ア　緒方洪庵は，大阪に鳴滝塾《なるたきじゅく》を開いた。

イ　北里柴三郎は，物理学を研究した。

ウ　前野良沢は，オランダの医学書を翻訳した。

エ　本居宣長は，『古事記伝』を著した。

問５　下線⑤について，**正しい**文を下のア～エから１つ選べ。ただし，すべて誤っている場合はオで答えよ。

ア　「漢委奴国王《かんのわのなのこくおう》」の金印は，中国の皇帝からヤマト政権の大王に贈られたものとして知られている。

イ　中国で発見された好太王《こうたいおう》碑《ひ》は，ヤマト政権の大王が朝鮮半島に進出したことを記念してつくったものである。

ウ　埼玉県の稲荷山《いなりやま》古墳《こふん》で発見された鉄剣には，ヤマト政権の大王の名が刻まれていた。

エ　大仙陵《だいせんりょう》古墳(大山古墳)は，ヤマト政権の都の遺跡として知られている。

問６　空欄⑥に入る国名を答えよ。

問７　空欄⑦に入る人物を漢字で答えよ。

問８　下線⑧について，このことを説明した次の文の空欄Ⅰ・Ⅱに入る表現を考えて，空欄Ⅰは10字以上20字以内で，空欄Ⅱは20字以上30字以内で答えよ。

　サンフランシスコ平和条約が結ばれたことで，(　　Ⅰ　　)。一方，日米安全保障条約が結ばれたことで，(　　Ⅱ　　)。

問９　Ａ～Ｈの文を時代順に正しく並べた場合，その３番目と６番目にくる文を，それぞれＡ～Ｈで答えよ。

2　次のＡ～Ｃの文を参照して各問に答えよ。

Ａ　次の文は，988年に尾張国《おわりのくに》の農民たちが，①国司藤原元命《ふじわらのもとなが》を，②朝廷に訴えるためにつくった文章の一部をわかりやすく書いたものである。

　私たち尾張国の農民が，国司藤原元命が３年間におこなった悪政を訴えます。

一　朝廷に決められた以上の税を取り立てています。

一　朝廷に送ると言って，布・うるし・油などをだまし取っています。

問１　下線①について，この文がつくられたころの国司について，**正しい**文を下のア～エから１つ選べ。

ア　郡司や里長《さとおさ》から任命された。

イ　将軍によって任命された。

ウ　朝廷から派遣された。

エ　農民たちの投票で選ばれた。

問２　下線②について，このころの朝廷では，藤原兼家《ふじわらのかねいえ》という人物が摂政を務め，政治の権力を握っていた。この藤原兼家の子で，４人の娘を４人の天皇の妻にし，自身も摂政や太政大臣を務めて，藤原氏の全盛期を築いた人物を漢字で答えよ。

Ｂ　次の文は，③1275年に紀伊国《きいのくに》の④阿氏河荘《あてがわのしょう》の農民たちが，地頭を荘園領主に訴えるためにつくった文章の一部をわかりやすく書いたものである。

　荘園領主様に納める材木が遅れていることについては，地頭がさまざまな仕事をさせるので，材木を切り出す時間がないのです。残った人で材木を切り出しに行こうとすると，地頭は，「逃げた農民の畑に麦をまけ。言うことをきかないと，お前たちの妻や子どもをつかまえて，耳を切り，鼻をそぎ，髪を切って縄でしばるぞ」とおどすので，材木を納めるのがますます遅れてしまうのです。

問３　下線③について，この年の前年にあたる1274(文永11)年には，外国の軍勢が九州に攻めこんでくる事件がおこっている。この事件を中心となっておこした国は，このとき何という国名だったか，漢字で答えよ。

問４　下線④について，この文がつくられたころの荘園の様子について，**誤っている**文を下のア

～エから１つ選べ。

ア　農民たちは，荘園での税を軽くしてもらうために，しばしば一揆をおこした。

イ　農民たちのなかには，読み書きができる者もいたと考えられる。

ウ　荘園での税を取り立てることは，地頭の仕事のひとつであった。

エ　地頭のなかには，農民に対して厳しい支配をする者もいた。

C　次の文は，1837年に，大阪町《まち》奉行所《ぶぎょうしょ》の元役人で陽明学者であった（ ⑤ ）が，反乱をおこす際に，農民たちに協力を呼びかけるために書いた文章の一部をわかりやすく書いたものである。

このごろは⑥米の値段がますます上がっているが，大阪の奉行所の役人たちは自分勝手な政治をして，大商人ばかりを大切にしている。このたび，有志の者と相談して，このような役人や商人をたおすつもりだ。⑦大阪で騒ぎがおきたと聞いたならば，すぐにかけつけてほしい。

問５　空欄⑤に入る人物を漢字で答えよ。

問６　下線⑥について，この理由として**正しい**文を下のア～エから１つ選べ。

ア　貨幣の質を良くしたため。

イ　飢饉《ききん》がおこったため。

ウ　米が豊作だったため。

エ　欧米諸国との貿易が始まったため。

問７　下線⑦について，ここで「騒ぎ」と記された（⑤）の反乱は，幕府によって鎮圧された。その後，幕府は政治改革を始めた。どのような役職の誰が何という政治改革を始めたか答えよ。

3　次のⅠ・Ⅱの文を参照して空欄ａ～ｋに入る語句を語群から１つずつ選べ。また，各問にも答えよ。

Ⅰ　2010年に日本の原子力発電所は54基あったが，2022年６月時点で地元の同意をえて再稼働している原子力発電所は，６発電所の10基（定期検査中のものを含む）に①減った。その発電所は大飯《おおい》，高浜，美浜，②玄海《げんかい》，川内《せんだい》，③伊方《いかた》である。大飯・高浜・美浜は（ ａ ）湾に面しており（ ｂ ）県にある。玄海は（ ｃ ）県にあり，その北方には隣県の壱岐《いき》がある。川内は（ ｄ ）県にあり，九州新幹線の川内駅がある。伊方は（ ｅ ）県の佐多岬半島にある。

Ⅱ　次のページのｉの地図はある県をしめしている。地図中Ａは日本海に流れ出している（ ｆ ）川，Ｂは太平洋に流れ出している（ ｇ ）川である。また地図中Ｃは（ ｈ ）湖で，④この周辺は，交通の便がよく鉄道のJR（ ｉ ）本線で首都圏とつながり，地質的には東日本と西日本を分ける（ ｊ ）静岡構造線が走っている。地図中Ｄは火山の（ ｋ ）で，近くには避暑地の軽井沢がある。

i

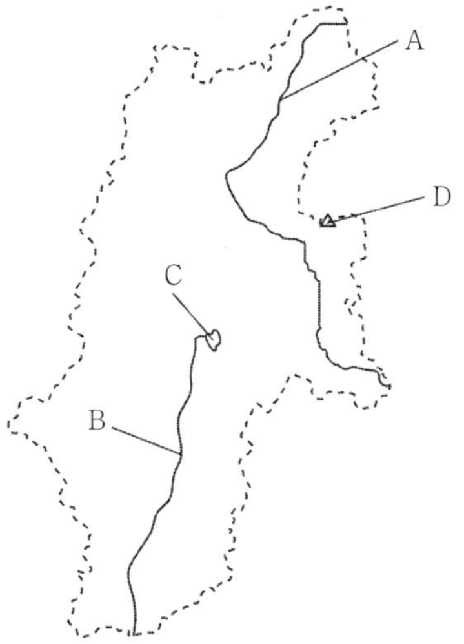

ii

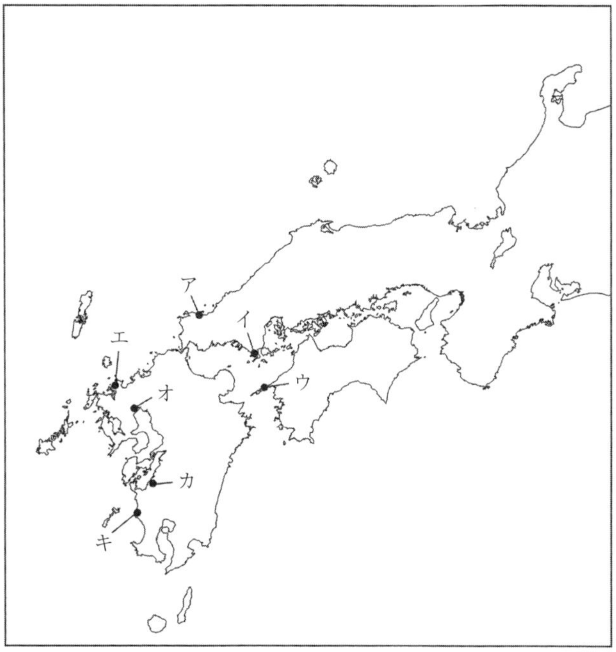

語群

ア	鹿児島	イ	熊本	ウ	福岡	エ	佐賀	オ	愛媛	カ	高知
キ	兵庫	ク	山口	ケ	福井	コ	石川	サ	木曽	シ	天竜
ス	利根	セ	千曲《ちくま》	ソ	若狭《わかさ》	タ	糸魚川	チ	柏崎	ツ	八ヶ岳
テ	白根山	ト	浅間山	ナ	琵琶	ニ	諏訪	ヌ	猪苗代《いなわしろ》	ネ	東海道
ノ	信越	ハ	中央								

問１　下線①の事情について１行で説明せよ。

問２　下線②③の場所をⅱの地図のア～キから１つずつ選べ。

問３　下線④の産業は太平洋戦争の前と後で大きく変化した。これについて１行で説明せよ。

問４　下の表のア～エからⅡの文の県をしめしているものを１つ選べ。

県	りんご 収穫量(千ｔ)	きゃべつ 収穫量(千ｔ)	レタス 収穫量(千ｔ)	肉用牛 飼育頭数(千頭)
ア	142	69	209	21
イ	8	276	46	55
ウ	446	17	2	54
エ	0	29	29	53

(2018年)

問５　Ⅱの文の県に**接していない**県を下のア～エから１つ選べ。

ア　山梨　　イ　群馬　　ウ　愛知　　エ　石川

4　次のⅠ～Ⅲの文を参照して各問に答えよ。

Ⅰ　現在の日本では，東京一極集中と地方での(　　)化が進んでいる。しかし，新型コロナウィルスの感染拡大で状況が変わってきた。東京都では2020年５月，東京都への転入者から東京都からの転出者を差し引いた人数が，マイナスに転じた。コロナ禍でテレワークが広がり地方へ移住する人が増えたと考えられる。しかし，全国的に見れば，地方の人口減少は続いている。そのため，いわゆる①地方自治が成り立たなくなる状況が生まれてきている。②地方公共団体は様々な対策を立てて対応している。

問１　空欄に入る語句を漢字で答えよ。

問２　下線①について，これに関連することとして**正しい**文を下のア～エから１つ選べ。

ア　住民投票は地域にとっての重要な問題に対して，住民が直接投票を行う仕組みである。

イ　条例の制定・改廃や監査の請求には有権者の３分の１以上の署名が必要である。

ウ　地方議会は，条例の制定や，予算の議決などを行う執行機関である。

エ　地方公共団体から国へと仕事を移す地方分権が進められている。

問３　下線②について，その住民が直接，首長や選挙管理委員会などに首長・議員の解職や議会の解散などを請求できる権利を何というか答えよ。

Ⅱ　2022年７月に，日本では①第26回参議院議員通常選挙が行われた。参議院は，衆議院のような全員改選(総選挙)ではなく，３年ごとに半数改選(通常選挙)が行われる。また，衆議院と異なり参議院では任期途中での解散が生じないため，実際の任期の差はさらに広がる。衆議院と参議院で同時選挙が実施されても，②参議院議員の半数が国会の議席に残っているという特徴もある。法律案の再可決，予算の議決，条約の承認，③内閣総理大臣の指名においては，衆議院の(　　)が認められている。しかし，④憲法改正案の議決に関しては，両院は完全に対等である。

問１　空欄に入る語句を漢字で答えよ。

問２　下線①について，この選挙でそれまでの参議院議員通常選挙と異なる点について，**正しい**文を下のア～エから１つ選べ。

ア　議員定数が増えた。

イ　議員の任期が延長された。

ウ　被選挙権を持つ年齢が下がった。

エ　議員数が男女同数とされた。

問３　下線②について，参議院が衆議院の解散中に，内閣の求めで招集される国会を何というか，下のア～エから１つ選べ。なお，この会での議決内容は，次の国会開会の後10日以内に衆議院の同意を得る必要がある。

ア　通常国会　　イ　臨時国会　　ウ　特別国会　　エ　緊急集会

問４　下線③について，内閣総理大臣の指名の議決を行う国会を何というか，下のア～エから１つ選べ。

ア　通常国会　　イ　臨時国会　　ウ　特別国会　　エ　緊急集会

問５　下線④について，衆議院と参議院で，ともに総議員の賛成割合がどれほどになれば憲法改正の発議を行うことができるか，下のア～エから１つ選べ。

ア　４分の３　　イ　３分の２　　ウ　３分の１　　エ　２分の１

Ⅲ　2022年，日本の物価が上がった第一の理由は，ロシアの(　１　)への侵攻である。両国が生産する原油や穀物の供給が滞るとの不安が世界的に高まり，価格が高騰し，その波が日本にも押し寄せている。第二の理由は，急速に進んだ円安である。日本が輸入に頼るモノの価格は，円の価値が【　A　】と，支払いにより多くの円が【　B　】になり，割高になる。高騰する原油や食料品などの輸入品が円安でさらに値上がりしている。日本銀行によると，2022年６月の輸入物価はその１年前と比べて46％上がったが，その要因の４割以上を円安が占めた。円安が進む最大の理由は，日米の中央銀行の金融政策の違いだ。アメリカの中央銀行である連邦準備制度理事会(FRB)が利上げを進める一方，日銀は金融【　C　】を続けている。これによって日米の金利差が開き，金利が高く運用益が見込めるドルを【　D　】，円を【　E　】動きが外国為替市場で広がった。2022年３月以降，円安が進み物価高に拍車をかけている。そもそも，貿易の世界経済における役割は，とても大きい。各国の貿易の自由化を進めるためには，世界共通のルールを作り，そのルールに従い貿易を行う必要がある。このルールを作るのが(　２　)(WTO)である。

問１　空欄１に入る国名をカタカナで，空欄２に入る組織名を漢字で答えよ。

問２　空欄Ａ～Ｅに入る語句として，適当な組み合わせを下のア～エから１つずつ選べ。

①　【A】【B】

ア　【A】　上がる　【B】　必要　　イ　【A】　上がる　【B】　不要

ウ　【A】　下がる　【B】　必要　　エ　【A】　下がる　【B】　不要

②　【C】【D】【E】

ア　【C】　引き締め　【D】　売って　【E】　買う

イ　【C】　緩和　　　【D】　売って　【E】　買う

ウ　【C】　引き締め　【D】　買って　【E】　売る

エ　【C】　緩和　　　【D】　買って　【E】　売る

【理　科】〈第１回試験〉（35分）〈満点：75点〉

1　５種類の白い固体Ａ～Ｅは，①砂糖，②食塩，③ホウ酸，④石灰石，⑤水酸化ナトリウムのうちのどれかです。これらの固体について，【実験１】～【実験３】を行うことで，Ａ～Ｅが何であるかを調べました。これについて，あとの問いに答えなさい。

【実験１】

Ａ～Ｅを少しずつとって，それぞれ水にとけるか調べたところ，Ａだけはとけなかった。

【実験２】

Ｂ～Ｅをそれぞれとかした水よう液にBTB液を加えてよくかきまぜたところ，Ｂをとかした水よう液は青色，Ｃをとかした水よう液は黄色，Ｄをとかした水よう液とＥをとかした水よう液は緑色になった。

【実験３】

Ｂ～Ｅをそれぞれとかした水よう液をそれぞれ蒸発皿にとり，ガスバーナーで加熱して水を蒸発させると，Ｂ，Ｃ，Ｄをそれぞれとかした水よう液では白い固体が残り，Ｅをとかした水よう液では黒っぽい固体が残った。

(1)　Ａ～Ｅはそれぞれ何か，①～⑤の番号で答えなさい。

(2)　【実験２】でBTB液がなかったので，代わりにフェノールフタレイン液を使うことにした場合，①～⑤のうちのどれか２つは，【実験１】～【実験３】の結果から区別することができなくなります。その２つは何と何か，**①～⑤の番号で**答えなさい。

(3)　③のホウ酸は，100gの水にとかすことができる量が，60℃で15g，20℃で５gです。これについて(ア)，(イ)の問いに，必要ならば四捨五入して**整数で**答えなさい。

(ア)　60℃の飽和《ほうわ》ホウ酸水（とけるだけとかしたホウ酸水）の濃《こ》さは何％ですか。

(イ)　60℃の飽和ホウ酸水が460gあります。この温度を20℃まで下げると，何gのホウ酸がとけなくなって出てきますか。

(4)　④の石灰石は，塩酸に加えると二酸化炭素が発生します。ある濃さの塩酸40cm^3に５gの石灰石を加えたところ，1.2Lの二酸化炭素が発生し，石灰石はすべて反応しました。同じ濃さの塩酸40cm^3に10gの石灰石を加えたところ，1.8Lの二酸化炭素が発生し，石灰石の一部が反応せずに残りました。これについて(ウ)，(エ)の問いに，必要ならば四捨五入して**小数第１位までの数で**答えなさい。

(ウ)　反応せずに残った石灰石は何gですか。

(エ)　10gの石灰石をすべて反応させるには，この濃さの塩酸は全部で何cm^3必要ですか。

2　次のⅠ～Ⅳの問いに答えなさい。

Ⅰ．音の基本性質に関する問いに答えなさい。

(1)　音の区分けには高低・強弱・音色があります。これを音の何と呼びますか。

(2)　(1)のうち音の強弱は，音の何によって決まりますか。

(3)　音の媒体《ばいたい》として一般《いっぱん》に伝える速さが速いのは「気体・液体・固体」のうちどれですか。

Ⅱ．音に興味のあった江子さんは身近なものを使って楽器のようなものを作ろうと【実験ア】・【実験イ】を行いました。これらに関するあとの問いに答えなさい。

【実験ア】

注がれた水の量の異なる同じ大きさのガラスのコップを複数用意し，細い棒で叩《たた》いたときに発生する音を比較《ひかく》しました。ただし，叩くときの強さはすべて同じとします。

(4)　発生する音の特徴《とくちょう》を説明した文として正しいものを次の①～④から１つ選びなさい。

①　水の量が多いほどコップのフチから液面までの距離《きょり》が短くなる。そのため，振動《しんどう》しにくくなり叩くと小さな音が発生する。

②　水の量が多いほどコップのフチから液面までの距離が短くなる。そのため，振動しやすくなり叩くと高い音が発生する。

③　水の量が多いほど全体の重さが増す。そのため，振動しにくくなり叩くと低い音が発生する。

④　水の量が多いほど全体の重さが増す。そのため，振動しやすくなり叩くと大きな音が発生する。

【実験イ】

板に２本クギをさし，そこに輪ゴムを引っ掛けました。クギの間隔《かんかく》は等しいまま，輪ゴム同士が接触《せっしょく》するように，掛ける輪ゴムの数を増やしていき，そのつど同じ強さではじいて発生する音を比較しました。ただし，輪ゴムはすべて均質で，実験中は複数であっても一体となって振動し，たるむことはなかったとします。

(5)　輪ゴムを増やしていったときに発生する音の変化の仕方についてと，これと同様な音の変化が起こる可能性がある実験の組み合わせとして正しいものを次の①～④から１つ選びなさい。

①　輪ゴムを増やしていくとだんだん音は低くなる。これと同様な音の変化が起こる可能性があるのは，クギの間隔をだんだんと広げて，張り具合を一定にたもつようにしながら太さの等しい長さが異なる輪ゴムを１本引っ掛けてはじいていくことである。

②　輪ゴムを増やしていくとだんだん音は低くなる。これと同様な音の変化が起こる可能性があるのは，クギの間隔をだんだんとせばめて，張り具合を一定にたもつようにしながら太さの等しい長さが異なる輪ゴムを１本引っ掛けてはじいていくことである。

③　輪ゴムを増やしていくとだんだん音は高くなる。これと同様な音の変化が起こる可能性があるのは，クギの間隔をだんだんと広げて，張り具合を一定にたもつようにしながら太さの等しい長さが異なる輪ゴムを１本引っ掛けてはじいていくことである。

④　輪ゴムを増やしていくとだんだん音は高くなる。これと同様な音の変化が起こる可能性があるのは，クギの間隔をだんだんとせばめて，張り具合を一定にたもつようにしながら太さの等しい長さが異なる輪ゴムを１本引っ掛けてはじいていくことである。

Ⅲ．江子さんは学校の音楽室を訪れました。すると，音楽室の壁面《へきめん》には右の写真のような有孔《ゆうこう》ボードが使われ，その内側の材質はウレタンフォームであることがわかりました。

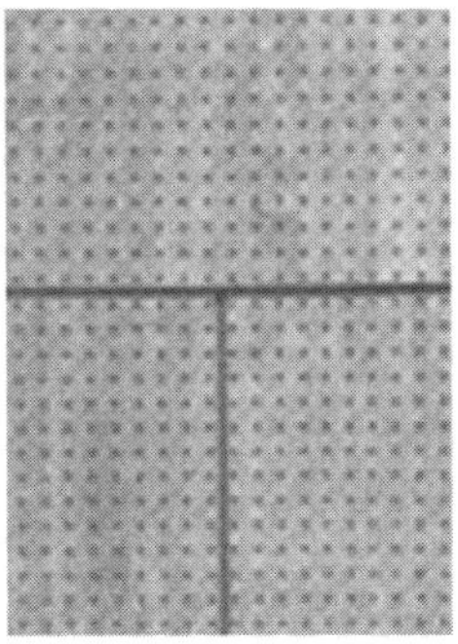

(6)　この音楽室の壁面がもたらす効果は，音の性質のひとつとして「音の ◯◯」と呼ばれます。◯◯に入る言葉を**漢字２字**で答えなさい。

Ⅳ．江子さんは音楽室にある鏡に反射して映る自分の姿を見て，光も音と同じ種類の現象であると学んだことを思い出しました。

(7) 光と音には共通した性質がいくつもあることが知られていますが，ちがう性質もあります。特にその伝わり方についてちがう点を２つ説明しなさい。

3 Ｅ子さんとＫ先生の次の会話文を読んで，あとの問いに答えなさい。

Ｅ　子：先生，最近，世界で異常気象が起こっているというニュースをよく目にします。

Ｋ先生：よく知っていますね。大雨が降ったり，猛暑《もうしょ》になったり，山火事が起こったりというニュースが，以前よりも増えている気がします。

Ｅ　子：オーストラリアの山火事で，コアラがやけどをしているのを見て悲しくなってしまいました。山火事が起こったら，燃え広がらないうちに消してしまうのが一番ですね。

Ｋ先生：それが，いちがいにそうも言えないんですよ。ニュースになるような①大規模な山火事は，確かに生態系に悪影響《あくえいきょう》を与《あた》えます。ただ，②すべての山火事を人間が消してしまうと，それはそれで，森林の多様性を低下させてしまうんです。

Ｅ　子：自然に介入《かいにゅう》するのは難しいのですね。ところで，近年の異常気象は，やはり地球温暖化が原因なんでしょうか？

Ｋ先生：はっきりとこれが原因だと断定することは難しいのですが，地球温暖化が影響している可能性は大きいと考えている科学者は多いと思います。

Ｅ　子：地球温暖化は，大気中の(Ａ)の増加が主な原因なんですよね？

Ｋ先生：よく知っていますね。その通りです。

Ｅ　子：③大気中の(Ａ)を減らすためには，森林を守ったり，増やしたりすることが必要ですよね。

Ｋ先生：その通りです。ただ，陸上の森林だけではなく，最近は海の生態系も注目されているのですよ。

Ｅ　子：どうしてですか？

Ｋ先生：④海の生態系は，陸上の生態系に比べて，吸収した(Ａ)を蓄《たくわ》えておく能力が高いことがわかってきたんです。陸上では，吸収された(Ａ)は数十年～数百年で再び大気中に放出されます。一方海では，その期間は数千年と言われています。

Ｅ　子：陸上の森林だけでなく，海の生態系のことも考える必要があるのですね。

Ｋ先生：その通りです。近年，(Ａ)の増加が海の生態系に悪影響を及《およ》ぼしている可能性が指摘《してき》されています。2020年に北極海で行われた調査で，海にすむ⑤翼足類《よくそくるい》の殻《から》がとけてしまっていることがわかりました。⑥(Ａ)の増加が，この原因になっているのではないかと考えられています。

(1) (Ａ)に入る気体の名前を答えなさい。

(2) 地球温暖化が起こる仕組みとして適切なものを，次の(ア)～(エ)から１つ選び，記号で答えなさい。

(ア) (Ａ)が化学反応を起こして，熱が発生する。

(イ) (Ａ)が太陽の熱エネルギーを反射する。

(ウ) (Ａ)が地球上の生物に働きかけて，熱を発生させる。

(エ) (Ａ)が地表から放出される熱を吸収する。

(3) 下線部①について。大規模な山火事で地表の植物が全て燃えてしまった土地は，その後長い年月をかけて，どのように変化していきますか。次の(ア)～(エ)を正しい順番に並べかえて答えなさい。

(ア)　陽樹《ようじゅ》と陰樹《いんじゅ》が入り混じった森林ができる。

(イ)　陽樹を中心とする森林ができる。

(ウ)　陰樹を中心とする森林ができる。

(エ)　草原の中に，幼木が育つようになる。

(4)　下線部②の理由は，以下のように説明されます。

山火事が全く存在しないと，ほとんど(　B　)だけからなる森林となる。一方，適度に山火事が発生すると，その跡地《あとち》には(　C　)も生育することができるので，(　B　)と(　C　)が入り混じった森林になる。

(B)・(C)に入る語を，それぞれ漢字２文字で，(3)から(5)までの文章のどこかから抜《ぬ》き出して答えなさい。

(5)　下線部③について。以下の図１は，生態系における炭素の循環《じゅんかん》を模式的に表したものです。

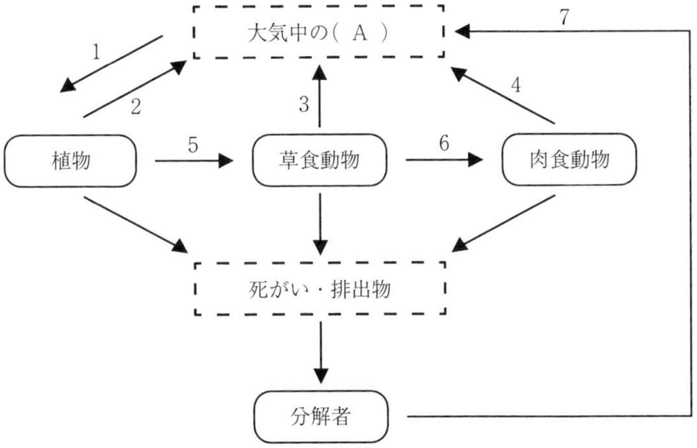

図１

(i)　矢印１・２は，生物の何という働きを表していますか。その名前をそれぞれ答えなさい。

(ii)　分解者として適切なものを，次の(ア)～(カ)から２つ選び，記号で答えなさい。

(ア)　ススキ　　(イ)　トノサマバッタ　　(ウ)　ミミズ

(エ)　カマキリ　　(オ)　シイタケ　　(カ)　クルマエビ

(6)　下線部④は，以下のように説明されます。

水中では，陸上に比べて(　D　)が少ないため，矢印(　E　)の働きが鈍《にぶ》いから。

(i)　(D)に入る気体の名前を答えなさい。

(ii)　(E)に入る矢印を，図１の１～７から１つ選び，数字で答えなさい。

(7)　下線部⑤について。生物の分類において，コアラと翼足類に最も近いグループに属する生物を，あとの(ア)～(ク)からそれぞれ２つずつ選び，記号で答えなさい。ただし，翼足類は以下のような特徴《とくちょう》を持っています。

・内骨格を持たず，柔《やわ》らかい体である。

・筋肉でできた翼《つばさ》のような器官を動かし，水中を泳ぐ。

・殻を持つものと持たないものがいる。殻を持つものに関しては，その殻は炭酸カルシウムで主に構成されている。

(ア)　ネズミ　　(イ)　アサリ　　(ウ)　カニ　　(エ)　マグロ

(オ)　イルカ　　(カ)　アメンボ　　(キ)　タコ　　(ク)　スズメ

(8)　下線部⑥について。(A)の増加が翼足類の殻をとかす仕組みを推測して答えなさい。

4　2022年６月の関東は，後に訂正《ていせい》はありましたが，観測史上最速の梅雨《つゆ》明けの発表がなされました。東京都ではこのとき，梅雨時期としては降雨量が少なく，平年の半分程度でした。また，2022年の都内の猛暑《もうしょ》日の日数も歴代１位の記録で，大変暑い夏となりました。これらの天気について次の問いに答えなさい。

(1)　通常の梅雨では，前線が停滞《ていたい》することでシトシトと長雨を降らせます。この原因となる雲の名前を**漢字で**答えなさい。

(2)　早い梅雨明けとなった原因の一つとして，日本上空で吹《ふ》く風が例年よりも北側寄りで吹いていたことで，南の海上からの高気圧が大きく張り出し，前線を北へ押《お》し上げたことが考えられます。この風の名前を答えなさい。

(3)　南の海上から高気圧が大きく張り出したことで，2022年の６月は下の図のような一般《いっぱん》的な夏らしい気圧配置になりました。このような気圧配置を何と呼びますか。**漢字４文字で**答えなさい。

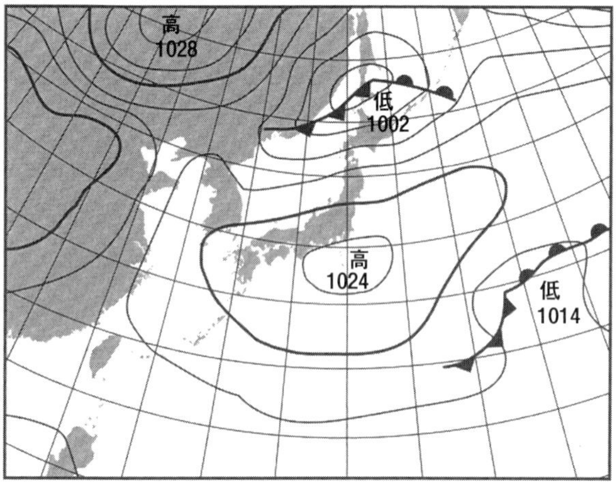

図

(4)　次の文の空欄《くうらん》ア～ウに当てはまる言葉を，あとの語群①～⑩から１つずつ選びなさい。

2022年に猛暑日が多かったのは，南の海上から張り出した(　ア　)の影響《えいきょう》が強かったためですが，この原因は日本上空を吹く風の影響と，もう一つは(　イ　)のせいでインドネシア付近にあたたかい海水が厚くたまることで発生する(　ウ　)が関わっていると考えられています。

①　エルニーニョ現象　　②　ラニーニャ現象　　③　フェーン現象

④　オホーツク海高気圧　　⑤　シベリア高気圧　　⑥　小笠原《おがさわら》高気圧

⑦　強い東風　　⑧　弱い東風　　⑨　強い西風　　⑩　弱い西風

(5)　日本の夏は，ただ暑いだけではなく，湿度《しつど》が高く蒸し暑いと言われます。なぜ，湿度が上がってしまうのか。考えられる理由としてもっともよく当てはまるものを次の①～④から１つ選びなさい。

①　高気圧は上昇《じょうしょう》気流を引き起こす。そのため，大陸からのしめった空気を日本側へ引きこんでしまうから。

②　高気圧は下降気流を引き起こす。そのため，海上のしめった空気を日本側へ送り出してしまうから。

③　高気圧は上昇気流を引き起こす。そのため，海上のしめった空気を巻き上げて日本全体をおおってしまうから。

④　高気圧は下降気流を引き起こす。そのため，大陸から送られてきたしめった空気を日本に吹き下ろしてしまうから。

ること。

エ　ネットにこそ本当の情報がのっていると考え、正しい判断をすること。

問4　――線部⑥「フェラーリ」とあるが、これはどのようなことを説明するための例か。次の文中の a ～ d に当てはまる言葉をそれぞれ指定の字数で本文中から抜き出しなさい。

a（十字以内）であったフェラーリの車体が赤だったので、b（十五字以内）を「赤」と答える人が多いように、c（十五字以内）は、d（十字以内）によって作り出されることが多いということ。

問5　――線部①「できるだけ多くの媒体から情報を得ること」とあるが、なぜそうすることが必要なのか。次の中から最適なものを一つ選び、記号で答えなさい。

ア　時代背景が同じであっても生活様式は変化していて、現在を考える前提が変わっているため。

イ　ＩＴ革命以降、ネットやＳＮＳから発信された正しくない情報が世の中に溢れているため。

ウ　さまざまな趣味嗜好を持った人たちの好みに応える、多様な商品を作るため。

エ　自分とは異なる考え方を知って、できるだけ正しく現在を見つめられるようにするため。

問6　――線部③「潜在的共通認識」の説明として最適なものを次の中から一つ選び、記号で答えなさい。

ア　同じ地域や時代で行われている教育によって与えられた、人々が同じように持っている知識。

イ　同じ地域や時代に生きている人々が無意識に身につけている、似たようなもののとらえ方。

ウ　同じ地域や時代であっても世の中にたくさん溢れている、個々の人々の多様な感じ方。

エ　同じ地域や時代の人々が共同生活を送るために作り上げた、共通のものの見方。

問7　――線部④「シズル」とあるが、筆者は「シズル」をどのようなものだと考えているか。次の文中の a 、 b に当てはまる言葉を指定の字数で探し、初めの五字をそれぞれ抜き出しなさい。

もともとは肉を焼くときの様子や a（十五字以内）を表す言葉だが、筆者は b（二十五字以内）という意味も含《ふく》めて考えている。

問8　――線部⑤「こうした『～っぽい』から導き出した～デザインをしていけばいいのです」とあるが、このようなことをするのは何のためか。「チョコレート」という言葉を使って三十字以内で書きなさい。

のパッケージを多く見かけます。ということは、スイス人にとってチョコレートのイメージカラーは紫色かもしれません。このように、地域に対する適応性は必要です。

そして、パッケージをつくるとなったら、⑤こうした「〜っぽい」から導き出した「チョコレートらしい色」を念頭に置いたうえで、デザインをしていけばいいのです。その色のままデザインするのか、あえて外すのか。【　ハ　】

ただし、チョコレートの「定番品」をつくりたいのであれば、多くの人が「チョコレートっぽい」と感じる色とあまりにかけ離《はな》れた色を選ぶのは危険です。チョコレート「らしさ」のないパッケージは、ちょっと変わったキワモノのチョコレートのように見えてしまう可能性があるからです。【　ニ　】

「シズル」「らしさ」は、そのものの本質につながります。

モノの本質をつかんで、みんながいいと思うものをつくるのは、とりもなおさず定番商品をつくるための条件です。現在売れているもの、求められていることから「ソーシャルコンセンサス」を導き出すことが、未来の定番商品のアイデアを見つけることにつながります。

こうした「らしさ」と「定番」の関係は、ちょうど［　X　］の関係に似ているといえるかもしれません。

スポーツカーの車体のイメージを尋ねられたら、「赤」と答える人が多いのではないでしょうか。これは⑥フェラーリが強く影響《えいきょう》しているはずです。スポーツカーの定番といえば、その筆頭はフェラーリ。

つまり、あるジャンルの「らしさ」は、実はその時代の定番から生まれている場合も多いのです。この「定番→らしさ」という図式を※4踏襲《とうしゅう》することで、新しい定番をつくることができると考えています。「らしさ→新定番」という図式です。もしかしたらこの新定番がさらに次の時代の「らしさ」を生むことになるかもしれません。

（水野　学　中川　淳　鈴木啓太　米津雄介「デザインの誤解
——いま求められている『定番』をつくる仕組み」より）

※1　媒体…一方から他方へ伝えるための仲立ちとなるもの。
※2　嗜好…好み。
※3　バカラ…フランスの、クリスタルガラスの高級メーカー。
※4　踏襲…ふまえる。

問1　次の一文は、本文中の【イ】〜【ニ】のいずれかから抜き出されたものである。元の位置に戻した場合、どこに戻すのが最適か。記号で答えなさい。

そういうふうに、何の気なしにぼくたちは感覚を総動員して、ものに接しています。

問2　［X］に当てはまる言葉として最適なものを次の中から一つ選び、記号で答えなさい。

ア　月とすっぽん　　イ　水と油　　ウ　うさぎと亀《かめ》
エ　盆と正月　　オ　鶏《にわとり》と卵

問3　——線部②「個人の壁は厚くなっています」について、以下の問いに答えなさい。

a　「個人の壁」と同じ内容を指している十字以内の言葉をここより前から探し、抜き出しなさい。

b　「個人の壁は厚くなっています」とあるが、このような状態を正すためには具体的にどうすることが必要か。次の中から最適なものを選び、記号で答えなさい。

ア　時代背景や生活様式が変化していることを常に意識して情報を得ること。
イ　出版社や新聞社などの責任のある人が発した、正しい情報だけを得ること。
ウ　どこが発信源なのかに関わらず、さまざまな情報を見比べ

現在のことは、誰《だれ》もが分かっていると思いがちです。しかし、これだけ情報に溢《あふ》れた時代でも、自分が得ている情報には、無意識に「自分のバイアス」がかかっていることが多いものです。

自分が好きなもの、得意なものとは別の考え方があるといった多様性をいかにきちんと感じることができるか、調査することができるかというのは、現在を考えるうえでとても大切なことです。

ＩＴ革命以降、ぼくたちは世界が広くなったように感じていますが、実は、②個人の壁《かべ》は厚くなっています。好きなことだけ知っておけばいいという趣味《しゅみ》※2嗜好《しこう》の壁ができあがってしまったのです。その壁をいかに乗り越《こ》えるかは、ものづくりをする人間にとって重要課題です。

自分の情報のバイアスを正すには、やはりネットやＳＮＳに頼《たよ》るだけでなく、出版社や新聞社、テレビやラジオなど、情報に責任を持っている人たちが発信した情報も得ることが大事です。

もちろん、メディアが真実を伝えていないこともたくさんありますし、逆にネットに本当のことがのっている場合もあるでしょう。要は、さまざまな情報を見比べたうえで、どれが正しい情報なのかを判断することが大切だということです。

（中略）

「現在を考える」作業の前提として必要なこと。二つめは、「ソーシャルコンセンサス」を探ることだと書きました。

この「ソーシャルコンセンサス」という言葉は、ぼくの造語です。「③潜《せん》在的共通認識」とでも言い換《か》えればいいでしょうか。

たとえば、空という言葉を聞くと、大抵《たいてい》の人は青のイメージ、あるいは青い空に白い雲を思い浮《う》かべます。口に出して確認し合うわけでなくとも、同じようなものを連想する。でも、もしも夜しかない国があったとすると、空といえば黒色と星を思い浮かべるはずです。こういった共通認識は、国や地域、時代によって当然異なります。しかし、潜在的な共通認識自体は世の中に非常にたくさん溢れています。

【　イ　】

そうしたソーシャルコンセンサスを導き出す方法として、④シズルを見つけ出すという作業があります。

シズルとは、英語で「（肉を焼くときの）ジュージューいう様子」という意味です。広告業界などでは食品を美味しそうに見せる演出のことを「シズル」と呼びます。ぼくはこの言葉をもう少し広く捉《とら》え、思わず手に取りたくなるような「そのものらしさ」と定義しています。

モノにとって「らしさ」というのは重要な要素です。「味噌汁《みそしる》」が「※3バカラ」のグラスに入っていたら、いくら高級な器でも、あまり美味しそうには思えないでしょう。やはり、味噌汁はお椀《わん》などに入っていてほしい。

三ツ星レストランの料理でも、紙皿にのっていたら美味しさは半減するはずです。逆にコンビニの惣菜《そうざい》でも、立派な皿に美しく盛りつければ美味しく感じられるかもしれません。【　ロ　】

そのもののシズルを見つけ出すために、ぼくがよくやる方法が、「〜っぽい分類」と呼んでいるものです。

たとえば、チョコレートのパッケージをデザインしようとしたら、まず、どこの国っぽいかを考えます。「チョコレートっぽい国」のイメージを人に尋《たず》ねると、だいたい「ベルギー」とか、「フランス」など。ヨーロッパの名前が挙がります。いきなりロシアとか中国と言う人はいません。ごくまれにガーナと言う人もいますが、それは原料となるカカオのイメージなのでちょっと特殊《しゅ》です。

そこで、ベルギーやチョコレートのイメージを色にたとえてもらいます。多く出るのは、「金色」や「茶色」、「赤色っぽい」など。ただし、これは日本の場合。たとえばスイスでは、チョコレートは紫《むらさき》色

【A（四字）がB（六字）をC（二字）してくれる】

問４　――線部⑩「奈落の底へとつき落された気分」とあるが、この気分を表した言葉として、最適なものを次の中から一つ選び、記号で答えなさい。

ア　絶望　　イ　立腹　　ウ　油断　　エ　後悔《こうかい》

問５　――線部⑪「的を□ていた」とあるが、□に漢字一字を入れて、慣用句を完成させなさい。

問６　――線部①「千秋ちゃん」とあるが、「千秋ちゃん」はどのような人物としてえがかれているか。その説明として最適なものを次の中から一つ選び、記号で答えなさい。

ア　亜樹の気分が悪くならないように、茶化しつつも真剣に亜樹の話を聞き、問題の原因を他人のせいにしている亜樹の考えを改めさせようとして、亜樹にとっては耳の痛い指摘《してき》をする人物。

イ　亜樹の機嫌が悪いことを察知し、相談に乗って助けようとして亜樹の不満を聞こうとするが、無意識にしゃくにさわるような発言を繰《く》り返すことで、亜樹を怒らせてしまう無神経な人物。

ウ　亜樹の性格を理解しており、亜樹が不機嫌であることに気づいて話を聞くが、亜樹の肩を持つことはなく、無意識に亜樹自身が認めたくない亜樹の本心を指摘するような発言をする人物。

エ　めずらしく機嫌の悪い亜樹をおもしろがり、興味本位で話を聞くが、亜樹のかかえている問題が思ったよりも深刻であることを知り、親身になってアドバイスをしてくれる心優しい人物。

問７　――線部⑥「亜樹が、美佳とクリちゃんに呼ばれたのは、つい一週間前のことだった」とあるが、この「一週間前のこと」の話が終わり、現在の場面にもどるのはどこからか。その箇所《かしょ》の最初の五字をぬきだしなさい。

問８　⑦に当てはまる言葉として最適なものを次の中から一つ選び、記号で答えなさい。

ア　いらいらした　　イ　苦笑した

ウ　ぼうぜんとした　　エ　赤面した

問９　――線部⑧「美佳とペアだったから、亜樹はタイプはちがっても卓球部にのこったのだ」とあるが、「美佳」と「亜樹」は卓球部のなかではどのようにタイプがちがうのか。その説明をした次の文章の空欄に当てはまる言葉を本文中からそれぞれ十五字前後で探し、ぬきだしなさい。

【亜樹ははじめから　A　タイプだが、美佳は最初は　B　タイプだったというちがい。】

問10　⑫に当てはまる表現を本文中から十字で探してぬきだしなさい。

問11　――線部④「機嫌がわるい」とあるが、「亜樹」が「機嫌がわるい」状態になっている原因とはどのような出来事か。三十五字以内で具体的に説明しなさい。

四

次の文章は、「定番を生み出すためにまずは過去を知り、現在を考えることが必要だ」という説明の後に続くものである。これを読み、後の問いに答えなさい。

「現在を考える」際には、その前提として必要となることがあります。一つは、①できるだけ多くの※1媒《ばい》体から情報を得ること。そしてもう一つは、「ソーシャルコンセンサス」（ぼくの造語です）を探ることです。

前者の「多くの媒体から情報を得ること」から説明してみたいと思います。

亜樹はそのきびしい言葉に目をふせた。はげましてもらえるなんて期待していなかったけれど、崖《がけ》っぷちにいた亜樹にしてみれば、千秋ちゃんの言葉はまさにうしろから⑩奈落の底へとつき落《おと》された気分だった。

「ほらぁ、手がとまってるじゃなぁい。早く本棚作ってよぉ」

だけど千秋ちゃんは、自分の言葉が亜樹をそんなふうに傷つけたことにまったく気づかない。亜樹は心の中で「そんなんだから、結婚《けっこん》できないんだよ」と毒づきながら、作業を再開した。

本棚は、亜樹の手によって順調に完成した。

「また、てつだいにきてねぇ」

完成するとすぐ、千秋ちゃんは仕事があるからと、お茶ひとつださずに亜樹のことを追いだした。亜樹の告白のことなどすっかりわすれて、満足そうに手をふっている。

マンションをでてから、ポケットにいれてあった二千円をとりだして亜樹は「もう二度とてつだってやんない」と心に決めた。だけど、ひとりになったとたん、千秋ちゃんの言葉が胸によみがえる。

「いい顔したくて、素直にパートナーをゆずったんでしょ」

亜樹はマンションの千秋ちゃんの部屋を見あげた。くやしいことに、その言葉はなかなか⑪的を□ていた。

だけど亜樹は今回、いい顔がしたくてパートナーをゆずったわけじゃなかった。それだけだったら、こんなにくやしくない。あのとき亜樹は、確かに美佳とクリちゃんなら勝てるよなぁ、と納得してしまったのだ。どんどん上達していく美佳にくらべて、亜樹はのびなやんでいたから。本当は、いつかそういわれるんじゃないかって、びくびくしていたから。

くやしいのは、ダブルスを解消されたことじゃなくて、［　⑫　］ことなのだ。

そこまで考えて、ようやく亜樹はそのことを素直に認められた。

（草野たき『リボン』による）

※1　いつみ…「亜樹」の姉。高校生。

※2　ダブルス…試合の形式。二人一組となり、二人対二人で試合を行う。

※3　卓球部女子の伝統…「亜樹」の所属する卓球部は、野球部やサッカー部の男子と仲良くすることで彼氏を作る部員が多く、そのために入部をする女子がほとんどであった。

※4　シングルス…試合の形式。一人対一人で試合を行う。

※5　金田先輩…卓球部の先輩。亜樹や美佳たちより学年が一つ上で、現在は高校生。

問1　――線部②「途方にくれる」、③「案外」の意味として最適なものを後の中からそれぞれ一つずつ選び、記号で答えなさい。

②「途方にくれる」
ア　夢中になって、時間を忘れてしまう
イ　どうしたらよいかわからず、ぼんやりする
ウ　あきれはてて、何もいえなくなる
エ　思い通りにいかず、いらいらする

③「案外」
ア　味気ない　　イ　さりげない
ウ　せわしない　エ　思いがけない

問2　――線部⑤「おこづかいだって、こんなときにしかくれないし、しかもタダじゃない」とあるが、「おこづかい」をもらうために「亜樹」はこの日、何をしなければならないのか。本文中から七字でぬきだしなさい。

問3　［⑨］には次の表現が当てはまる。次の空欄《くうらん》A～Cに当てはまる言葉を本文中からそれぞれ指定の字数で探し、ぬきだしなさい。

「ずっと、一年のときからダブルス専門で練習してきたんだもん。今さらシングルスなんかじゃ、勝てない！」
　でも、本当はシングルスで試合にでることより、美佳にうらぎられたショックのほうがずっと大きかった。
　⑥亜樹が、美佳とクリちゃんに呼ばれたのは、つい一週間前のことだった。
「じつはわたし、つぎの大会はクリちゃんとくむことにしたよ。先生の許可ももらったし、わたしたち、絶対に県大会に出場してみせるから」
　美佳のその言葉があまりにとつぜんのことで、亜樹は最初、なにをいわれているのかよくわからなかった。
「わたしと美佳なら、地区大会で入賞できる自信あるし……そしたら、県大会にいけるでしょ？」
　クリちゃんはそこまでいうと、うれしそうにグフフと笑った。
「じつはね、県大会まで進んだら、※5金田《かねだ》先輩《せんぱい》が彼氏《かれし》の友だちつれて応援《おうえん》にいくっていってくれてるんだ。それって、新しい出会いのチャンスじゃん？　だから、わたしたちで県大会に進んで……そのときは亜樹も応援にきて、いっしょに男の子を紹介《しょうかい》してもらおうよ」
　美佳はそういうと、亜樹の顔色をうかがうようににっこり笑ってみせた。と同時に、クリちゃんが「キャー！　どうしよう！　高校生の彼氏ができちゃうかもぉ！」とぴょんぴょんはねてはしゃいだ。
「だから今度の大会、亜樹はシングルスでよろしくね」
　クリちゃんはそういうと、亜樹の肩に手を置いて返事を待っている。
亜樹は［⑦］まま、でも気づくとこう返事をしていた。
「うん、わかった」
　そうして亜樹は、シングルスに転向することになったのだ。
「ふうん。でも、まあ、シングルスでもいいじゃん」
　千秋ちゃんは、亜樹の話をきくと軽い調子でいった。
「がんばってみればいいじゃん」
「そういう問題じゃない……」
　千秋ちゃんの軽々しいいい方に、亜樹はムッとした。
「美佳とは、ずっといっしょにがんばってきたんだよ。それなのに、最後の最後でうらぎるなんて、私は美佳をゆるせないよ」
　亜樹はいらだつ気持ちをおさえられなかった。
　美佳は「彼氏持ち」になりたくて入部したタイプでも、練習や試合には本気でとりくんでいた。ちゃらちゃらしているようで、そこのところはきっちりけじめをつけていた。そんな⑧美佳とペアだったから、亜樹はタイプはちがっても卓球部にのこったのだ。実際、ふたりはいつも真剣勝負だった。試合に負けたときは、本気でくやしがったし、そんな試合の帰りには必ずマクドナルドで、ビッグマックをやけ食いして、つぎは絶対に勝つんだと約束しあってきた。それなのに、今さらダブルスを解消するなんて、しかも理由が、［⑨］からなんて、亜樹が納得できるわけがなかった。
「だったら、なんでちゃんとヤダっていわないのよ」
　千秋ちゃんの言葉に、亜樹は顔をあげた。
「どうせあんたのことだから、いい顔したくて、素直にパートナーをゆずったんでしょ」
「そんなんじゃないよ！」
「じゃあ、なんなのよ。素直にパートナーをゆずったってことは、あんたも自分の実力が足りないってわかってたってこと？」
　ドキッとした。今度は、ちがうよ！　とはいい返せなかった。亜樹がだまってると、千秋ちゃんが最後にいった。
「実力が足りないのを人のせいにしてると、自分がみじめになるわよぉ」

くる。

「もう、じゃま。やめてよ」

亜樹は不機嫌《ふきげん》な声でいった。

「おっと、④機嫌がわるいねぇ。まあ、受験生だし、しかたないか」

千秋ちゃんはそれでもしつこく、亜樹にだきついたままはなれない。

「もう、あっち、いって！　べつになやんでなんかないから！」

亜樹はイライラする気持ちをおさえられなくて、思わず大声をだしてしまった。すると、千秋ちゃんはそっと亜樹からはなれると床をはいつくばって、ずりずりと部屋のすみのほうまでひきさがった。

さすがに亜樹も気まずくなって、作業する手をとめた。

「ふうん。めずらしいじゃない。いつも、いい子ちゃんなのに」

千秋ちゃんは亜樹のことを、赤《あか》ん坊《ぼう》の頃《ころ》から見てきているせいか、亜樹の性格をするどく見ぬいていた。だけどただ見ぬいているだけで、手をさしのべてくれるわけじゃないので、まったくたよりにならない。⑤おこづかいだって、こんなときにしかくれないし、しかもタダじゃないところが、いかにも「千秋ちゃん」だ。

「ほら、なにがあったかいってみな」

ふいに、千秋ちゃんにならいってもいいかな、という気持ちがめばえる。どうせ親身になってくれるわけじゃないとわかっているから、かえって気楽かもしれない。

「お母さんには内緒《ないしょ》にしてあげるからさ」

それは、本当はずっとだれかに吐《は》きだしたかったことだった。

「※2ダブルスを解消された」

だから亜樹はなんの説明もなしに、いきなり不満を短くぶちまけた。

「ダブルス？」

もちろん千秋ちゃんには、なんの話だかわからないにきまっていた。

「卓球《たっきゅう》のこと」

「卓球？」

それでも千秋ちゃんは、亜樹の言葉をくり返すばかりだ。

「卓球でずっと、ダブルスくんできた美佳《みか》に、ペアを解消されちゃったの！」

亜樹は泣いてしまったりしないように、怒《おこ》った口調のままつづけた。

「あんた、卓球、そんな真剣《しんけん》にやってたっけ？」

※3卓球部女子の伝統を知っている千秋ちゃんの疑問は、とうぜんだった。

「やってたの！　ずっと卓球が好きでつづけてきたの！　県大会でれるくらいに強くなりたかったの！」

ずっと心に秘めてきた本音を、こんなふうにはっきりと口にするのは初めてだった。

（中略）

「へぇ～初耳。びっくりぃ」

千秋ちゃんのおどろき方に、亜樹はバカにされてる気分になった。だけど、もう吐きださずにはいられなかった。そうじゃないと、怒《いか》りで自分が爆発《ばくはつ》してしまいそうだったから。

「でも、ダブルス解消されちゃうとどうなるわけ？　試合にでれないの？」

千秋ちゃんを相手にしゃべるのは屈辱《くつじょく》だったけれど、亜樹は話をつづけた。

「でれるけど、※4シングルスでやるしかない」

「じゃあ、シングルスでやればいいじゃん」

その千秋ちゃんのあっさりした回答が亜樹をさらにムカつかせた。

「今さら無理なの！」

「なんで？」

千秋ちゃんのとぼけた感じの口調が、ますます亜樹をイラつかせた。

2023年度 江戸川女子中学校

【国　語】〈第一回試験〉（五〇分）〈満点：一〇〇点〉

（注意）字数指定のある設問はすべて、句読点等を字数に含む。

一　次の――線部のカタカナを漢字に直しなさい。

①　楽器をカナでる。

②　パーティーに友人をショウタイする。

③　お金を銀行にヨキンする。

④　ヒタイに汗《あせ》を浮《う》かべる。

⑤　敵にイッシをむくいる。

二　次の□に漢字を入れ、四字熟語を完成させなさい。

①　□田□水な行いは周りの人からきらわれるよ。

②　初心にかえって、□骨砕《さい》□の気持ちでがんばろう。

③　□目□目というように、周りの意見も大切だよ。

④　彼は□□雷《らい》同な性格ですぐに多数派につこうとする。

⑤　まわりくどい言い方でなく、単□直□に言ってくれよ。

三　次の文章を読み、後の問いに答えなさい。

卓球《たっきゅう》部に所属する中学三年生の「亜樹《あき》」は、叔母《おば》である「千秋ちゃん」に手伝いを頼《たの》まれ、「千秋ちゃん」の住むマンションをたずねた。

ようやく①千秋ちゃんのマンションに到着《とうちゃく》してチャイムを鳴らす。

「待ってたわよぉ」

千秋ちゃんはにやにやして亜樹の肩《かた》をつかむと、部屋の中にまねきいれた。

イラストレーターをやっている千秋ちゃんのリビング兼《けん》アトリエには、大きな机に、パソコンと絵の具とインクが並んでいる。

「はい、お願いね」

部屋にはいると、千秋ちゃんは早速亜樹に二千円と説明書をわたした。

亜樹は本棚《ほんだな》のくみ立てを千秋ちゃんにたのまれるのは、これで三度目だ。バラバラな部品や板を見ると一瞬《いっしゅん》②途方《とほう》にくれるけど、丁寧《ていねい》に説明書を読んで、そのとおりにネジをしめたり、板をはめこんだりすれば、本棚は③案外かんたんにできあがる。

「あんた、勉強してるの？　※１いつみよりかなり成績悪いらしいじゃん？」

説明書にしたがって、部品を確認していると、そばで見ているだけの千秋ちゃんがきいてきた。亜樹はムッとしてその質問にはこたえずに、説明書を読み始めた。

「まあ、べつにいい高校にはいっても、いつみみたいに学校に興味なくなっちゃしょうがないけどね」

千秋ちゃんはたいくつそうに、床《ゆか》にすわってストレッチを始める。いつものように、まったくてつだう気がないようだ。

「なによ。元気ないじゃない」

千秋ちゃんはストレッチをやめて、床をはいつくばって亜樹に近づくと、顔をのぞきこんできた。

「なんかなやみごとでもあるの？　千秋ちゃんが相談にのってあげてもいいわよぉん」

そういって、今度は背中から亜樹の首に手をまわして、だきついて

2023年度

江戸川女子中学校　▶解説と解答

算　数　＜第１回試験＞（50分）＜満点：100点＞

解　答

1 (1) 3.65　(2) $\frac{1}{3}$　(3) $\frac{12}{13}$　(4) 26　(5) 250　(6) 140　(7) 10　(8) 181　(9) 61　(10) 91.14　(11) 18　2 (1) 16個　(2) 242　(3) 18210　3 (1) 25　(2) 2 L　(3) 24分後　4 (1) 1　(2) **ア**…B，**イ**…A　(3) 23通り

解　説

1 四則計算，逆算，約束記号，平均，濃度《のうど》，過不足算，場合の数，方陣《ほうじん》算，角度，図形の移動，面積，立体図形の構成

(1) $1.2\times2.4+0.3\times20.2-2.3\times2.3=2.88+6.06-5.29=8.94-5.29=3.65$

(2) $(0.5-\square)\times\frac{3}{4}\div0.25+2\frac{1}{6}=2\frac{2}{3}$より，$(0.5-\square)\times\frac{3}{4}\div0.25=2\frac{2}{3}-2\frac{1}{6}=2\frac{4}{6}-2\frac{1}{6}=\frac{3}{6}=\frac{1}{2}$，$(0.5-\square)\times\frac{3}{4}=\frac{1}{2}\times0.25=\frac{1}{2}\times\frac{1}{4}=\frac{1}{8}$，$0.5-\square=\frac{1}{8}\div\frac{3}{4}=\frac{1}{8}\times\frac{4}{3}=\frac{1}{6}$　よって，$\square=0.5-\frac{1}{6}=\frac{1}{2}-\frac{1}{6}=\frac{3}{6}-\frac{1}{6}=\frac{2}{6}=\frac{1}{3}$

(3) $4☆3=(4\times3)\div(4+3)=12\div7=\frac{12}{7}$だから，$(4☆3)☆2=\frac{12}{7}☆2=\left(\frac{12}{7}\times2\right)\div\left(\frac{12}{7}+2\right)=\frac{24}{7}\div\left(\frac{12}{7}+\frac{14}{7}\right)=\frac{24}{7}\div\frac{26}{7}=\frac{24}{7}\times\frac{7}{26}=\frac{12}{13}$

(4) 2人ずつの大きさの合計は，$20\times2=40$(cm)，$21\times2=42$(cm)，$25\times2=50$(cm)なので，3人の足の大きさをa cm，b cm，c cmとすると，右の図1のような式に表せる。3つの式をたすと，a，b，c 2つずつの和が，$40+42+50=132$(cm)となるから，$a+b+c=132\div2=66$(cm)とわかる。よって，アより，$c=66-40=26$(cm)，イより，$b=66-42=24$(cm)，ウより，$a=66-50=16$(cm)だから，足が最も大きな人は26cmである。

図1

$a+b\quad=40$(cm)…ア
$a+\quad c=42$(cm)…イ
$\quad b+c=50$(cm)…ウ

(5) 右の図2で，かげをつけた部分の面積は，15%の食塩水500gと21%の食塩水□gに含《ふく》まれる食塩の重さの和を表し，太線で囲んだ部分の面積は，混ぜてできた17%の食塩水に含まれる食塩の重さを表すから，これらの面積は等しい。したがって，アとイの部分の面積は等しくなり，アの部分の面積は，$500\times(0.17-0.15)=10$(g)にあたるから，イの部分の面積も10gとなる。よって，$\square=10\div(0.21-0.17)=10\div0.04=250$(g)と求められる。

図2

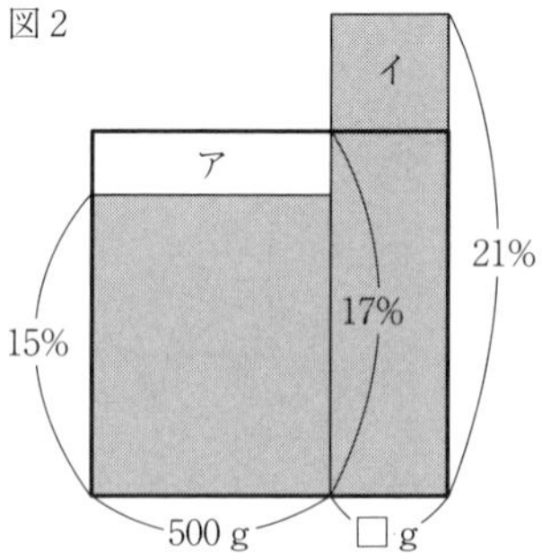

(6) 2人の生徒が休まなかったとすると，生徒全員に1人5個ずつ配るのに，$5\times2=10$(個)足りなくなる。したがって，生徒全員に1人4個ずつ配るときと5個ずつ配るときで，必要なみかんの個数の差は，$20+10=30$(個)とわかる。これは1人あたり，5－4

＝1(個)の差が生徒全員の人数分だけ集まったものだから，生徒全員の人数は，30÷1＝30(人)となる。よって，みかんは，4×30＋20＝140(個)ある。

(7) 偶数《ぐうすう》を作るので，一の位は0か2になる。一の位が0のとき，3桁《けた》の偶数は，110，120，210，220の4通り作ることができる。一の位が2のとき，百の位に0は使えないので，3桁の偶数は，102，112，122，202，212，222の6通り作ることができる。よって，全部で，4＋6＝10(通り)作ることができる。

(8) 余った12個のご石に15個を追加すると，1つ大きな正方形をちょうど作ることができたので，1辺に並ぶ数を1個増やすのに必要なご石の数は，12＋15＝27(個)である。したがって，右の図3より，追加する前に作った正方形の1辺に並ぶご石の数は，(27－1)÷2＝13(個)とわかる。よって，追加する前にあったご石の数は，13×13＋12＝181(個)と求められる。

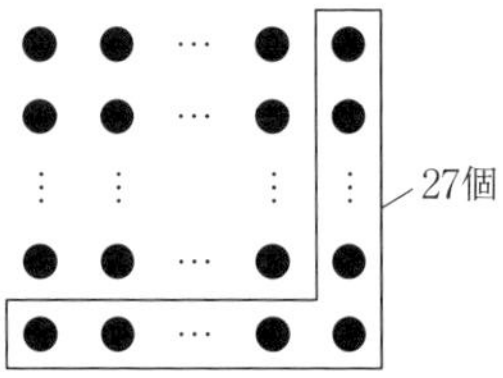

図3

(9) 右の図4で，折り曲げているので，同じ印をつけた角の大きさはそれぞれ等しい。したがって，○＝(180－58)÷2＝61(度)となる。また，●＝180－90－61＝29(度)より，●2つ分は，29×2＝58(度)なので，×1つ分は，(180－58)÷2＝61(度)となる。さらに，ADとBCは平行だから，角アの大きさは角FECの大きさと等しくなる。よって，角アの大きさは61度である。

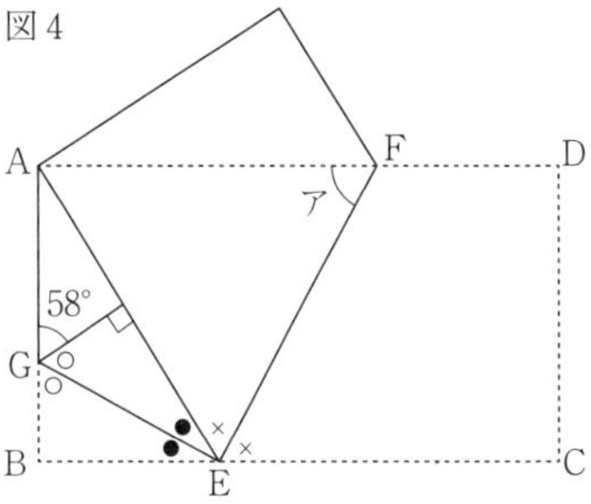

図4

(10) 円が通過した部分は右の図5のかげをつけた部分となる。この部分の面積は，長方形ABCDの面積から長方形PQRSの面積と，斜線《しゃせん》の部分の面積をひくと求められる。まず，ABの長さは，9＋1×2＝11(cm)，ADの長さは，14＋1×2＝16(cm)なので，長方形ABCDの面積は，11×16＝176(cm^2)であり，PQの長さは，9－1×2＝7(cm)，PSの長さは，14－1×2＝12(cm)なので，長方形PQRSの面積は，7×12＝84(cm^2)である。また，斜線の部分を合わせると1辺が，1×2＝2(cm)の正方形から半径1cmの円を除いた形になるので，斜線の部分の面積の和は，2×2－1×1×3.14＝4－3.14＝0.86(cm^2)とわかる。よって，円が通過した部分の面積は，176－84－0.86＝91.14(cm^2)と求められる。

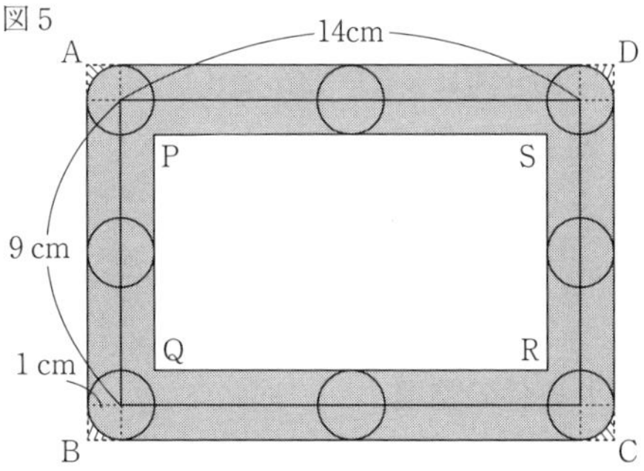

図5

(11) まず，立方体の辺に平行な4本の線で切ると，右の図6のようになるので，9個の立体に分けられる。その後，直線ABで切ると，9個の立体がいずれも2個ずつに分けられるから，できあがった立体は，9×2＝18(個)となる。

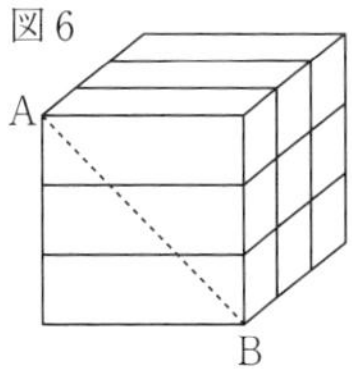

図6

2 数列

(1) 2桁の数は，十の位が1，2，3，4の4通りあり，それぞれの場合で一の位は1，2，3，4の4通りある。よって，2桁の数は，4×4＝16(個)ある。

(2) 1桁の数は1，2，3，4の4個あり，2桁の数は16個ある。また，百の位が1の3桁の数は，２桁の数の個数と同じ16個あり，同様に，百の位が２の３桁の数も16個ある。したがって，百の位が２の３桁の数で最も大きい数，つまり244は，４＋16×３＝52(番目)となる。よって，50番目の数は，244から数えて３番目に小さい数だから，244，243，242，…より，242とわかる。

(3)　１桁の数の和は，１＋２＋３＋４＝10である。また，すべての２桁の数で一の位には，１，２，３，４が４個ずつあり，十の位にも，１，２，３，４が４個ずつある。これより，一の位の数の和と十の位の数の和はどちらも，（１＋２＋３＋４）×４＝10×４＝40だから，２桁の数の和は，１×40＋10×40＝40＋400＝440となる。さらに，(1)と同様に考えると，３桁の数は，４×４×４＝64(個)ある。これらの３桁の数で一の位，十の位，百の位のいずれにも１，２，３，４が，64÷４＝16(個)ずつあるから，一の位の数の和，十の位の数の和，百の位の数の和はいずれも，（１＋２＋３＋４）×16＝10×16＝160となる。したがって，３桁の数の和は，１×160＋10×160＋100×160＝160＋1600＋16000＝17760とわかる。よって，並べた数をすべて足すと，10＋440＋17760＝18210になる。

3　グラフ―水の深さと体積

(1)　問題文中の図２の(ア)は，しきりの高さを表している。容器を正面から見た右の図で，①の部分に水が入るのに４分かかるから，①の部分の容積は，５×４＝20(Ｌ)より，1000×20＝20000(cm³)である。よって，しきりの高さは，20000÷(40×20)＝25(cm)と求められる。

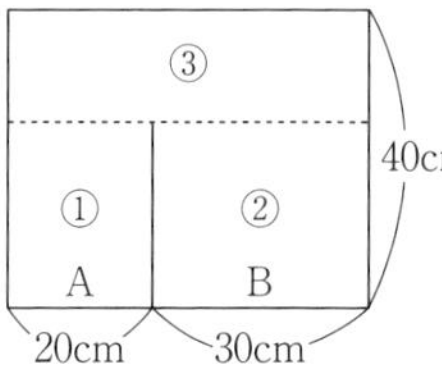

(2)　②の部分の容積は，40×30×25＝30000(cm³)より，30000÷1000＝30(Ｌ)である。また，②の部分に水が入り始めてからいっぱいになるまでに，14－４＝10(分)かかったので，その間に②の部分に入った水の体積は，５×10＝50(Ｌ)である。よって，Ｂの排水《はいすい》管は10分間に，50－30＝20(Ｌ)排水するから，毎分，20÷10＝２(Ｌ)排水する。

(3)　③の部分の容積は，40×(20＋30)×(40－25)＝40×50×15＝30000(cm³)より，30Ｌである。また，②の部分に水が入り始めてから，毎分２Ｌ排水されるので，容器の中の水は毎分，５－２＝３(Ｌ)の割合で増えていく。よって，容器が満水になるのは，③の部分に水が入り始めてから，30÷３＝10(分後)なので，水を入れ始めてから，14＋10＝24(分後)となる。

4　条件の整理

(1)　直前に相手が取ったのと同じ個数を取ることはできないので，初めにＡが２個取ったとき，Ｂは残りの，４－２＝２(個)をすべて取ることはできない。しかし，２個のうち１個を取ると，ＡはＢが取ったのと同じ個数を取ることはできないから，残りのビー玉を取れなくなる。よって，初めにＡが２個取ったとき，Ｂが１個取ればＢの勝ちになる。

(2)　(1)より，Ｂが取った後の残りが４個になればＢが必ず勝てる。ビー玉が８個のとき，初めにＡが３個取れば，Ｂが１個取り，初めにＡが１個取れば，Ｂが３個取ると，どちらの場合も残りが４個になるので，Ｂが勝てる。また，初めにＡが２個取れば，Ｂが２個取ることはできないが，Ｂが１個取ると，その後，Ａは２個または３個取ることになる。このとき，Ａが２個取ると，残りは，８－２－１－２＝３(個)，Ａが３個取ると，残りは，８－２－１－３＝２(個)となり，どちらの場合もＢは残りをすべて取ることができるから，Ｂが勝ちとなる。よって，ビー玉が８個のとき，Ｂ(…ア)が必ず勝てる。また，ビー玉が９個のとき，初めにＡが１個取ると，残りが８個になるので，Ａ(…イ)が必ず勝てる。

(3)　ビー玉が10個のとき，初めにAが２個取り，ビー玉が11個のとき，初めにAが３個取ると，残りが８個になるので，Aが必ず勝てる。また，ビー玉が12個のとき，(2)と同様に考えると，Bが取った後の残りを８個か４個にすることができるから，Bが必ず勝てる。この後も同じように考えていくと，Bが必ず勝てるビー玉の個数は４の倍数とわかる。１個以上100個以下の中に４の倍数の個数は，100÷４＝25(通り)あり，１個以上９個以下の中に４の倍数の個数は，９÷４＝２余り１より，２通りあるから，10個以上100個以下の中には，25－２＝23(通り)ある。

社　会　＜第１回試験＞(35分)＜満点：75点＞

解　答

1　**問１**　ア　**問２**　オ　**問３**　イ　**問４**　ウ　**問５**　ウ　**問６**　オランダ　**問７**　清少納言　**問８**　Ⅰ　(例)　連合国(軍)による日本の占領が終わった　Ⅱ　(例)　アメリカ軍が引き続き日本に留まることになった　**問９**　**３番目**…G　**６番目**…D　2　**問１**　ウ　**問２**　藤原道長　**問３**　元　**問４**　ア　**問５**　大塩平八郎　**問６**　イ　**問７**　(例)　老中の水野忠邦が天保の改革を始めた。　3　**a**　ソ　**b**　ケ　**c**　エ　**d**　ア　**e**　オ　**f**　セ　**g**　シ　**h**　ニ　**i**　ハ　**j**　タ　**k**　ト　**問１**　(例)　東日本大震災による福島第一原子力発電所の事故をうけて減少傾向となった。　**問２**　②　エ　③　ウ　**問３**　(例)　戦前は養蚕業中心だったが，戦後は精密機械工業が発展した。　**問４**　ア　**問５**　エ　4　Ⅰ　**問１**　過疎　**問２**　ア　**問３**　直接請求権　Ⅱ　**問１**　優越　**問２**　ア　**問３**　エ　**問４**　ウ　**問５**　イ　Ⅲ　**問１**　**１**　ウクライナ　**２**　世界貿易機関　**問２**　①　ウ　②　エ

解　説

1　各時代の歴史的なことがらについての問題

問１　743年，口分田の不足を補うため，新しく切り開いた土地の永久私有を認める墾田永年私財法が定められた。これにより，公地公民の原則がくずれはじめ，有力な貴族や寺院・寺社が大規模な開発を行い，荘園とよばれる私有地を増やしていった。

問２　アについて，イギリス流の議会政治の実現を主張して立憲改進党を結成したのは「板垣退助」ではなく「大隈重信」で，立憲政友会の初代総裁は「伊藤博文」である。イは「伊藤博文」ではなく「板垣退助」ら，ウは「大隈重信」ではなく「千葉卓三郎」らが正しい。エについて，自由民権運動では，国会開設などを要求したが，「普通選挙の実現」の要求はあまり行われなかった。

問３　堺(大阪府)は，日明貿易や南蛮貿易の拠点《きょてん》として栄えた港町であるが，日明貿易では，銅・硫黄・刀剣・扇《おうぎ》などを明(中国)に輸出し，銅銭・生糸・陶磁器・書画などを明から輸入したので，イが誤っている。

問４　前野良沢や杉田玄白らは，ドイツ人医師クルムスの医学解剖《かいぼう》書をオランダ語訳した『ターヘル・アナトミア』を苦労の末に和訳し，『解体新書』として刊行した。なお，アは「鳴滝《なるたき》塾」ではなく「適塾(適々斎塾)」が正しい。イについて，北里柴三郎は明治～昭和時代に活躍《かつやく》した細菌学者。エについて，本居宣長《もとおりのりなが》は『古事記伝』を著して国学を大成したが，蘭学とは直接の関係はな

い。

問５　稲荷山古墳(埼玉県行田市)から出土した鉄剣には，表と裏に合わせて115文字の漢字が刻まれており，ヤマト政権の大王であるワカタケル大王(武・雄略天皇)の名前がふくまれていた。なお，アの漢委奴国王《かんのわのなのこくおう》の金印はヤマト政権が成立する前の１世紀(57年)に倭《わ》(日本)の奴国王に贈られた。イの好太王碑《ひ》は好太王の事業を記念してつくられた。エについて，大仙陵《だいせんりょう》古墳は仁徳天皇の墓として知られる。

問６　オランダ商館は，1609年に江戸幕府から貿易を許可された東インド会社が，平戸に設置した東アジアにおける貿易拠点である。1639年にポルトガル船の来航が禁止されると，1641年に平戸からポルトガル人の居住地であった長崎の出島へ移された。

問７　清少納言は，平安時代半ばの作家・歌人で，一条天皇のきさきの定子に仕え，宮廷で見聞きして興味を持ったことや自然・日常を観察して感じたことを『枕草子』につづった。

問８　Ⅰ　1951年，第二次世界大戦の講和条約であるサンフランシスコ平和条約が結ばれ，日本は朝鮮の独立を認めること，台湾・千島列島・樺太の南半分を放棄《ほうき》すること，沖縄・奄美諸島・小笠原諸島は引き続きアメリカの施政下に置かれることなどが決められ，連合国軍による日本の占領が終わった。　Ⅱ　サンフランシスコ平和条約が結ばれたのと同じ日に日米安全保障条約が結ばれ，日本の安全と東アジアの平和を守るという理由から，アメリカ軍が引き続き日本国内に駐留《ちゅうりゅう》し，軍事基地を使用することが認められた。

問９　時代順に並べると，E(古墳時代)→A(奈良時代)→G(平安時代)→C(室町時代)→F(江戸時代初期)→D(江戸時代末期)→B(明治時代)→H(昭和時代)となる。

2　歴史的な史料を題材とした問題

問１　国司は，律令制度のもとで朝廷から派遣されて国ごとに置かれ，地方を治めた中央貴族で，戸籍の作成や税の徴収などの政治・軍事・裁判などを行った。

問２　藤原道長は，４人の娘を天皇のきさきにし，その間に生まれた子どもを天皇の位につかせ，３人の天皇の母方の祖父として権力をふるった。1016年には摂政《せっしょう》，1017年には太政《だいじょう》大臣となり，藤原氏の全盛期を築いた。

問３　13世紀初め，チンギス＝ハンがモンゴル帝国を築き，その孫のフビライ＝ハンは国の名前を元と改めて，中国を統一した。フビライは，日本を支配下に置こうとしてたびたび使者を送ってきたが，鎌倉幕府の第８代執権北条時宗がこれを拒否《きょひ》したため，1274年に北九州に攻めこんだ。

問４　農民が起こした初めての一揆は1428年(室町時代)の正長の土一揆といわれており，鎌倉時代には一揆を起こしていなかったと考えられる。

問５，問６　1837年，大坂(阪)町奉行所の元与力であった大塩平八郎が，天保のききんのさいの幕府の対応に不満を持ち，ききんで苦しんでいる人々を救おうと，同志の人々や周辺の農民らに呼びかけて大坂で反乱を起こしたが，半日でしずめられた。

問７　水野忠邦は，1828年に老中となり，大塩平八郎の乱後の1841年に天保の改革とよばれる政治改革を始めた。財政再建をはかるために，倹約《けんやく》令を出し，物価を引き下げるために株仲間を解散させたが，かえって経済は混乱し，改革はわずか２年で失敗した。

3　原子力発電所が位置するところとある県についての問題

a，b　若狭《わかさ》湾は，福井県から京都府にかけての海岸線に広がる海で，リアス海岸が発達し，沿岸地域には大飯《おおい》・高浜・美浜などの原子力発電所(原発)が多く建てられている。　**c**　九州電力玄海原発は，佐賀県東松浦郡玄海町に位置している。　**d**　九州電力川内《せんだい》原発は，鹿児島県薩摩川内市に位置している。　**e**　四国電力伊方原発は，愛媛県西宇和郡伊方町に位置している。　**f**　千曲《ちくま》川は，関東山地の甲武信ヶ岳(山梨県・埼玉県・長野県の県境)を源流として北西に流れ，長野市で最大の支流である犀《さい》川と合流して北東へ向かい，長野県から新潟県に入ると信濃《しなの》川と名前を変え，越後平野を流れて新潟市で日本海に注ぐ。　**g**，**h**　天竜川は，長野県の中央部に位置する諏訪湖を源流とし，赤石山脈(南アルプス)と木曽山脈(中央アルプス)の間を通って南に向かって流れ，静岡県西部を流れて遠州灘に注ぐ。　**i**　中央本線は，新宿(東京都)から塩尻(長野県)を経由して名古屋(愛知県)までを結んでいる線で，諏訪湖周辺はこの線によって東京都とつながっている。　**j**　糸魚川静岡構造線は，日本列島を東北日本と西南日本に分ける断層で，フォッサマグナ(地質学的な大きな溝)の西側のふちにあたる。　**k**　浅間山は，長野県北佐久郡軽井沢町と群馬県吾妻《あがつま》郡嬬恋《つまごい》村の境に位置する活火山で，標高は2,568mである。2023年３月，小規模な噴火が発生するおそれがあるとして，気象庁は噴火警戒《けいかい》レベルを１から２に引き上げた。

問１　2011年３月11日の東日本大震災によって発生した福島第一原発の事故をうけ，日本全国のすべての原発が運転を停止し，点検に入った。2014年に発表されたエネルギーに関する方針により，安全性の確認ができた原発は再稼働することとなったが，まだ稼働を停止している原発が多い。

問２　ウは伊方原発(愛媛県)，エは玄海原発(佐賀県)，キは川内原発(鹿児島県)である。

問３　長野県の諏訪湖周辺では，明治時代から養蚕がさかんに行われていたが，太平洋戦争中に疎《そ》開《かい》した企業などの影響《えいきょう》や，製糸業で培《つちか》った技術などを利用して，時計やカメラなどを製造する精密機械工業が発展した。

問４　Ⅱの文が示しているのは長野県である。この県はりんごの生産量が青森県についで第２位で，レタスの生産量が第１位である。なお，イは群馬県，ウは青森県，エは兵庫県の収穫《しゅうかく》量と飼育頭数。統計資料は「令和３年産果樹生産出荷統計」などによる。

問５　長野県は日本で最も多くの県と隣接《りんせつ》しており，北から時計回りに，新潟県・群馬県・埼玉県・山梨県・静岡県・愛知県・岐阜県・富山県の８県と接している。

4　地方自治，選挙と国会，円安についての問題

Ⅰ　**問１**　少子化が進んだり，若者が都市地域へ出ていったりして地域の人口が減ることを過疎化という。過疎化が進むと，その地域で暮らす人々の生活水準の維持が困難になり，社会生活を支える教育・医療・防災などの機能が低下してしまう。

問２　住民投票は，その地域の住民にとって重要な問題について住民の意思を問う制度で，住民が投票に参加できる。なお，イは「３分の１以上」ではなく「50分の１以上」，ウは「執行機関」ではなく「議決機関」が正しい。エについて，国から地方公共団体へと仕事を移す地方分権が進められている。

問３　有権者の50分の１以上の署名を提出すると条例の制定・改廃の請求や監査請求が，有権者の３分の１以上の署名を提出すると議会の解散請求や首長・議員の解職請求ができる権利を直接請求権という。

Ⅱ　**問１**　衆議院議員の任期は４年で参議院議員の任期６年にくらべて短く，衆議院は任期途中で解散することもあるので，参議院より国民の意思や世論を反映しやすいと考えられていることから，衆議院の優越《ゆうえつ》とよばれる強い権限が認められている。

問２　2018年７月，改正公職選挙法が成立し，参議院議員の定数が６増えることになった。これにより，参議院議員の定数は2019年と2022年の参議院議員選挙で３ずつ増え，選挙区が148名，比例代表が100名の計248名となった。

問３　衆議院の解散中(特別国会が召集されるまでの間)に国会の審議が必要となるような重大な問題が起こった場合，内閣の求めによって開かれる国会を緊急集会という。

問４　特別国会は，衆議院解散ののち40日以内に行われる衆議院議員総選挙の日から30日以内に開かれる国会で，日本国憲法第70条の規定にもとづき，解散したときの内閣が総辞職し，新しい内閣総理大臣の指名が行われる。

問５　憲法改正の発議を行うためには，国会で改正案を審議し，各議院の総議員の３分の２以上の賛成が必要である。その後，国民の承認を得るための国民投票において過半数の賛成があれば憲法改正が決定し，天皇が公布する。

Ⅲ　**問１**　**１**　2022年２月，ロシアはウクライナ東部に住むロシア系住民を守るという口実で，隣国のウクライナに攻めこんだ。ロシアは天然ガス・石油・石炭の産出国であること，両国は小麦の産地であることなどから，世界的にエネルギー資源や穀物の価格が高騰《こうとう》した。　**２**　世界貿易機関(WTO)は，自由貿易を促進するために1995年１月に発足した国際連合の関連機関で，国際的な貿易に関するさまざまな取り決めをしている。

問２　①　円の価値が下がることを円安といい，たとえば，１ドル＝100円で取引されていたものが１ドル＝110円になるような状況を指す。円安になると，日本国内では外国製品が割高になり，輸入するときに多くの円を支払わなくてはならない。　②　日本銀行は，一般の銀行から国債を買って代金を支払うことで世の中の通貨量を増やし，生産活動を活発化させる金融緩和政策を続けている。これにより，日本の金利は下がるので，より金利の高いドルを買って円を売る動きが広がり，円安ドル高が進んだ。

理　科　＜第１回試験＞（35分）＜満点：75点＞

解　答

1　(1)　A　④　B　⑤　C　③　D　②　E　①　(2)　②と③　(3)　(ア)　13%　(イ)　40 g　(4)　(ウ)　2.5 g　(エ)　53.3cm³　**2**　(1)　(音の)三要素　(2)　しんぷく　(3)　固体　(4)　③　(5)　①　(6)　吸収　(7)　(例)　音は物質がないと伝わらないが，光は物質がなくとも伝わる。／音は気体より固体の方が速く伝わり，光はその逆となる。

3　(1)　二酸化炭素　(2)　(エ)　(3)　(エ)→(イ)→(ア)→(ウ)　(4)　B　陰樹　C　陽樹　(5)　(i)　**矢印１**…光合成　**矢印２**…呼吸　(ii)　(ウ)，(オ)　(6)　(i)　酸素　(ii)　7　(7)　**コアラ**…ア，オ　**翼足類**…イ，キ　(8)　(例)　海水にとける二酸化炭素が増加し，海が酸性化するため。　**4**　(1)　乱層雲　(2)　へん西風　(3)　南高北低　(4)　ア　⑥　イ　⑦　ウ　②　(5)　②

解　説

1　水よう液の性質，もののとけ方，気体の発生についての問題

⑴　実験１より，水にとけないＡは石灰石とわかる。BTB液はアルカリ性で青色，酸性で黄色，中性で緑色を示す。実験２より，BTB液を入れた水よう液が青色になったＢは水にとけるとアルカリ性を示す水酸化ナトリウム，BTB液を入れた水よう液が黄色になったＣは水にとけると酸性を示すホウ酸となる。さらに，実験３より，水を蒸発させて黒っぽい固体が残ったＥが砂糖であり，残ったＤは食塩とわかる。

⑵　酸性，中性の水よう液にフェノールフタレイン液を加えても変化は見られないが，アルカリ性の水よう液に加えると赤色に変化する。実験２でBTB液の代わりにフェノールフタレイン液を加えたときに，アルカリ性の水酸化ナトリウム水よう液だけが赤色に変わるので，区別できる。他の水よう液はすべて無色のまま変わらないが，実験１と実験３の結果から石灰石と砂糖はわかるので，ホウ酸と食塩が区別できなくなる。

⑶　(ア)　60℃の水100ｇにとかすことができるホウ酸の量は15ｇなので，60℃の飽和《ほうわ》ホウ酸水の濃《こ》さは，$15 \div (100+15) \times 100 = 13.0\cdots$ より，13％となる。　(イ)　水100ｇにとかすことができるホウ酸の量は，60℃で15ｇ，20℃で５ｇなので，60℃の飽和ホウ酸水，$100+15=115$(ｇ)の温度を20℃まで下げると，$15-5=10$(ｇ)のホウ酸がとけきれなくなって出てくる。よって，60℃の飽和ホウ酸水460ｇの温度を20℃まで下げると，$10 \times \frac{460}{115} = 40$(ｇ)のホウ酸が出てくる。

⑷　(ウ)　５ｇの石灰石がすべて反応すると1.2Ｌの二酸化炭素が発生するので，1.8Ｌの二酸化炭素が発生したときに反応した石灰石は，$5 \times \frac{1.8}{1.2} = 7.5$(ｇ)となる。したがって，反応せずに残った石灰石の重さは，$10-7.5=2.5$(ｇ)とわかる。　(エ)　塩酸40cm^{3}とちょうど反応する石灰石の重さは7.5ｇなので，10ｇの石灰石をすべて反応させるのに必要な塩酸の量は，$40 \times \frac{10}{7.5} = 53.33\cdots$ より，53.3cm^{3}となる。

2　音と光の性質についての問題

⑴，⑵　音は物が振動《しんどう》することで発生し，物の振動が空気や水などを振動させ，この振動が耳に伝わって音として聞こえる。音の区分けには，高低・強弱・音色の３つがあり，これを音の三要素という。たとえば，一定時間に振動する回数が多いと高い音になり，しんぷくが大きいと強い(大きい)音になる。

⑶　音は，音を伝える物質(媒体)をつくっている粒《つぶ》が密であるほど速く伝わるので，音を伝える速さは固体が最も速く，気体が最も遅《おそ》い。

⑷　ガラスのコップを叩《たた》いて音を出すとき，コップと水が振動することで音が発生する。このとき，水の量が多いほど全体の重さが重くなり，振動しにくくなるため，叩くと低い音が発生する。

⑸　ここでは，輪ゴムは一体となって振動するので，輪ゴムの数を増やすことは，輪ゴムの太さを太くすることと同じであると考えられる。よって，輪ゴムを増やしていくと，だんだん音は低くなる。また，張り具合を一定に保つようにしたとき，輪ゴムが振動する部分の長さを長くすると音が低くなる。

⑹　有孔《ゆうこう》ボードには，発生した音を吸収する効果がある。音は，穴の開いていない壁《かべ》に当たると反射するが，有孔ボードが使われている壁に当たった音は，有孔ボードの小さな穴から，内側にあるウレタンフォームに伝わる。ウレタンフォームはスポンジのようなつくりをしていて，内部に多量

の空気を含むので，音の振動が吸収される。

(7)　音は空気や水など，音を伝える物質がないと伝わらないが，光は真空中のように物質がないところでも伝わる。また，物質の中を伝わるとき，気体より固体の方が音は速く伝わり，固体より気体の方が光は速く伝わる。ほかにも，音には壁などを回りこむ性質があるが，光にはないことなどがあげられる。

3　地球環境《かんきょう》や生態系についての問題

(1)，(2)　地球温暖化は大気中の二酸化炭素の増加が主な原因だと考えられている。二酸化炭素は熱を吸収しやすく，地表から放射される熱を吸収し，その一部を再び地表にもどす働きをもつ。

(3)，(4)　大規模な山火事によって，地表の植物が全て燃えてしまった土地では，初めに，土の中で燃えずに残った種や風で運ばれてきた種などによって草原ができる。次に，幼木が育ち，日当たりがよいところで育つ陽樹を中心とする森林ができる。森林ができると地面に光が届きにくくなるので，陽樹の幼木は光が不足して育つことができなくなるが，陰樹《いんじゅ》の幼木は育つことができるので，陽樹と陰樹が入り混じった森林ができる。その後，陽樹が枯《か》れ，最終的に陰樹を中心とする森林となる。これらのことから，山火事が全く存在しないと，ほとんど陰樹だけの森林となるが，適度に山火事が発生することで日当たりのよい部分ができ，陽樹と陰樹が入り混じった森林になる。このことは，生息する生物の種類や数が多くなることに役立っている。

(5)　(i)　矢印１は，植物が大気中の二酸化炭素を吸収する働きなので，光合成を表している。また，矢印２は，植物が大気中に二酸化炭素を放出する働きなので，呼吸を表している。　(ii)　図１で，植物や動物の死がい・排出物《はいしゅつぶつ》などの有機物を分解しているカビやキノコなどの菌類や，ミミズなどの土中の小動物を分解者という。なお，ススキは生産者，トノサマバッタとカマキリ，クルマエビは消費者にあたる。

(6)　(i)，(ii)　酸素は水にとけにくい気体なので，水中では陸上に比べて酸素が少ない。そのため，酸素を必要とする，分解者による有機物の分解が遅く，図１の矢印７の働きが鈍《にぶ》くなるので，植物が吸収した二酸化炭素を蓄《たくわ》えておく能力が高い。

(7)　コアラはほ乳類のなかまで，翼足《よくそく》類はその特徴《とくちょう》から軟体《なんたい》動物のなかまだと考えられる。ネズミとイルカはほ乳類，アサリとタコは軟体動物，カニとアメンボは節足動物，マグロは魚類，スズメは鳥類のなかまである。

(8)　二酸化炭素が水にとけると酸性の水よう液になり，酸性の水よう液には炭酸カルシウムをとかす性質がある。そのため，海水にとける二酸化炭素が増加して海の水が酸性化すると，主に炭酸カルシウムでできている翼足類の殻《から》がとけてしまうと推測できる。

4　季節と天気，ラニーニャ現象についての問題

(1)　梅雨のころに見られる雲は，広い範囲《はんい》に長時間雨を降らせる乱層雲である。この雲は梅雨前線ともいわれる停滞《ていたい》前線によってもたらされる。

(2)　太平洋上空の高気圧の勢力が強まり，オホーツク海上空の高気圧の勢力が弱まると，梅雨前線が北へ押《お》し上げられて梅雨が明ける。2022年６月に梅雨明けの発表があったときには，日本上空のへん西風が例年よりも北寄りで吹《ふ》いたので，太平洋上空の高気圧が早い時期に北に張り出して，梅雨前線を日本海まで押し上げていたと考えられる。

(3)　日本付近の南に高気圧があり，北に低気圧があることから，このような気圧配置を南高北低という。

⑷　2022年に猛暑《もうしょ》日が多かったのは，小笠原《おがさわら》高気圧が日本上空に広く張り出したからである。これは，太平洋の熱帯域で一年を通して吹いている東風が強くなり，海面付近のあたたかい海水が太平洋西側のインドネシア付近に吹き寄せられるラニーニャ現象が発生したこととも関係している。ラニーニャ現象が発生すると，インドネシア付近の海面水温が上昇《じょうしょう》して積乱雲ができやすくなる。この積乱雲が小笠原高気圧に影響を与《あた》えるため，日本付近では小笠原高気圧が北に張り出しやすくなる。

⑸　高気圧は下降気流を引き起こし，低気圧は上昇気流を引き起こす。夏の日本付近では，気圧の高い海上から気圧の低い大陸に空気が移動し，海上のしめった空気が大陸側へ送り出されるため，湿度《しつど》が高く，蒸し暑くなる。このような季節ごとに吹く代表的な風を季節風といい，日本付近では夏に南東の季節風が吹く。

国　語　＜第１回試験＞（50分）＜満点：100点＞

解　答

一　下記を参照のこと。　二　①　我(田)引(水)　②　粉(骨砕)身　③　岡(目)八(目)　④　付和(雷同)　⑤　(単)刀(直)入　三　**問１**　②　イ　③　エ　**問２**　本棚のくみ立て　**問３**　**A**　金田先輩　**B**　彼氏の友だち　**C**　紹介　**問４**　ア　**問５**　(的を)射(ていた)　**問６**　ウ　**問７**　「ふうん。　**問８**　ウ　**問９**　**A**　ずっと卓球が好きでつづけてきた　**B**　「彼氏持ち」になりたくて入部した　**問10**　自分の実力が足りない　**問11**　(例)　ずっと卓球部でダブルスをくんできた美佳にペアを解消されたという出来事。

四　**問１**　ロ　**問２**　オ　**問３**　**a**　「自分のバイアス」　**b**　ウ　**問４**　**a**　スポーツカーの定番　**b**　スポーツカーの車体のイメージ　**c**　あるジャンルの「らしさ」　**d**　その時代の定番　**問５**　エ　**問６**　イ　**問７**　**a**　食品を美味　**b**　思わず手に　**問８**　(例)　チョコレートの本質をつかみ，定番商品をつくるため。

●漢字の書き取り

一　①　奏　②　招待　③　預金　④　額　⑤　一矢

解　説

一　漢字の書き取り

①　音読みは「ソウ」で，「演奏」などの熟語がある。　②　客として呼び，もてなすこと。　③　お金を預けること。　④　音読みは「ガク」で，「全額」などの熟語がある。　⑤　「一矢」は，一本の矢。「一矢をむくいる」で，“自分に向けられた攻撃《こうげき》・非難などに対して，大勢は変えられないまでも，反撃・反論する”という意味。

二　四字熟語の完成

①　「我田引水《がでんいんすい》」は，自分の都合の良いようにしたり言ったりすること。　②　「粉骨砕身《ふんこつさいしん》」は，力の限りがんばること。　③　「岡目八目」は，第三者のほうが，当人よりもかえって物事のよしあしがよくわかること。　④　「付和雷同《ふわらいどう》」は，安易にほかの人の意見に同調すること。

⑤ 「単刀直入」は，いきなり本題に入ること。

三 **出典は草野《くさの》たきの『リボン』による。**卓球《たっきゅう》部でダブルスを組んでいた美佳《みか》にペアを解消された亜樹《あき》は，千秋ちゃんと話して，ペアの解消より自分の実力不足がくやしかったのだと気づく。

問１ ② 「途方《とほう》にくれる」は，“どうしたらよいかわからなくなる”という意味。 ③ 「案外」は，思いのほか。意外に。

問２ 本文最初のほうで，亜樹は千秋ちゃんにお金をわたされ，「本棚《ほんだな》のくみ立て」に取り組み始めている。

問３ ぼう線部⑥に続く部分で，美佳は亜樹とのペアを解消する理由を説明している。美佳がクリちゃんとくむことにしたのは県大会に進むためであり，県大会まで進んだら金田先輩《かねだせんぱい》が「彼氏《かれし》の友だち」をつれて応援《おうえん》に来てくれるという。よって，美佳は「金田先輩」が「彼氏の友だち」を「紹介《しょうかい》」してくれるのを期待しているのだとわかる。

問４ 「奈落の底」は，地ごくのどん底のことなので，アが合う。

問５ 「的を射る」は，“正確に要点をとらえる”という意味。

問６ ぼう線部⑤の前後に注目すると，赤《あか》ん坊《ぼう》のころから亜樹を知る千秋ちゃんは亜樹の性格をよく見ぬいており，不機嫌《ふきげん》さに気づいて話を聞いてくれるが，親身にはなってくれないと亜樹が思っていることがわかる。ぼう線部⑩の前後で，千秋ちゃんは無意識に亜樹の本心を鋭《するど》く指摘《してき》しているので，ウがあてはまる。

問７ ぼう線部⑥の直後から，空らん⑦の二文後の「そして亜樹は～」まで，美佳にダブルスを解消され，亜樹がシングルスに転向することになったいきさつが述べられている。千秋ちゃんの「ふうん。」という言葉から現在の場面に切りかわっている。

問８ クリちゃんとダブルスをくむことにしたと美佳が亜樹に告げたのは，「あまりにとつぜんのこと」だったとある。そのため，今度の大会はシングルスででてほしいと言われたとき，亜樹は「ぼうぜんとした」と考えられる。「ぼうぜん」は，気ぬけしてぼんやりするようす。

問９ **A** （中略）の前で，亜樹は「ずっと卓球が好きでつづけてきたの」と言っている。 **B** ぼう線部⑧の二文前に，美佳は「『彼氏持ち』になりたくて入部したタイプ」だったとある。

問10 どんどん上達する美佳に比べて，自分はのびなやんでいると自覚していた亜樹は，素直《すなお》にパートナーの美佳をクリちゃんにゆずってしまった。パートナーをゆずったのは「自分の実力が足りない」とわかっていたからかと千秋ちゃんに聞かれ，亜樹が否定できなかったことに注目する。

問11 千秋ちゃんになにがあったのかと聞かれ，亜樹は，ずっと卓球部でダブルスをくんできた美佳にペアを解消されたできごとを打ち明けている。シングルスで試合にでても勝てないだろうということより，美佳にうらぎられたことが亜樹にはショックだったとぼう線部⑥の直前にも書かれている。

四 **出典は水野学《みずのまなぶ》・中川淳《なかがわじゅん》・鈴木啓太《すずきけいた》・米津雄介《よねづゆうすけ》の『デザインの誤解―いま求められている「定番」をつくる仕組み』による。**定番を生み出すには現在を考える必要があるとする筆者が，その前提となる「多くの媒体《ばいたい》から情報を得ること」「ソーシャルコンセンサス」を探ることについて述べている。

問１ 「そう」はすぐ前を指すので，戻《もど》す文にある「感覚を総動員して，ものに接して」いるようすが直前に書かれた位置に入れるのがよい。料理を例に，美しい盛りつけによって美味《おい》しく感じる，つまり視覚によって味覚が左右されることを述べた後の【ロ】に戻すと文脈に合う。

問２　「らしさ」と「定番」の関係に近い組み合わせが入る。次の二段落にあるとおり，「らしさ」は「定番」と密接な関連があるのだから，オが選べる。ア，イ，ウは全くちがうものや対照的なものとされる組み合わせで，エはそれぞれ先祖や年神を迎《むか》える行事とされているが，直接の関連はない。

問３　**a**　「個人の壁《かべ》」は，次の文で「好きなことだけ知っておけばいいという趣味嗜好《しゅみしこう》の壁」と言いかえられている。これは，二段落前にある，自分が得ている情報にかかった「自分のバイアス」にあたる。　**b**　次の二段落に，自分の情報のバイアスを正すために大切なのは，さまざまな発信源の情報を見比べ，どれが正しい情報なのかを判断することだと述べられているので，ウが合う。

問４　**a**　次の文に，フェラーリは「スポーツカーの定番」だとある。　**b**　フェラーリの車体の色に影響《えいきょう》されて，「スポーツカーの車体のイメージ」を「赤」と答える人が多いと書かれている。　**c**，**d**　次の段落の最初の文は，前の内容を言いかえるときに使う「つまり」で始まっている。ぼう線部⑥をふくむ段落の内容は，次の段落で「あるジャンルの『らしさ』は，実はその時代の定番から生まれている場合も多い」とまとめられる。

問５　ぼう線部①は，「現在を考える」前提として必要なことにあたる。続く三段落に注目する。自分が得ている情報には無意識に「自分のバイアス」がかかっていることが多いが，自分とは別の考え方があるという多様性をきちんと感じることが現在を考えるうえで重要なのだから，エがよい。

問６　次の段落に注目する。「空」から「青」や「青い空に白い雲」を思い浮《う》かべるように，同じ国や地域，時代に生きる人々に共通する，自然に身につけている物事のとらえ方を指すので，イが選べる。教育で与《あた》えられたり，共同生活のためにつくられたりしたものではないので，アやエは誤り。

問７　**a**　広告業界などでの「シズル」とは，「食品を美味しそうに見せる演出のこと」だと書かれている。　**b**　筆者が「シズル」を「思わず手に取りたくなるような『そのものらしさ』」と定義していることが述べられている。

問８　続く部分に注目する。多くの人が「チョコレートっぽい」と感じる色とあまりにかけ離《はな》れた色を選ぶのは「定番商品」をつくる場合には危険であること，「シズル」「らしさ」は「そのものの本質」につながるとあることから，チョコレートの本質をつかみ，定番商品をつくるためとまとめられる。

2023年度 江戸川女子中学校

【算　数】〈第２回試験〉（50分）〈満点：100点〉

1　次の□にあてはまる数，または記号を答えなさい。

(1)　$3\times\left\{4-\frac{5}{18}\div\left(\frac{5}{6}-\frac{3}{4}\right)\right\}\div 2=\square$

(2)　$\frac{54}{\square}\div\left(3.5-1\frac{1}{2}\right)=2.25+\frac{3}{4}$

(3)　下のようにある規則にしたがって数を表すと，86は□と表すことができます。

○	×	△	□	○○	○×	○△	○□	×○	××	×△	×□	△○	…
1	2	3	4	5	6	7	8	9	10	11	12	13	…

(4)　１以上100以下の整数で，４の倍数でも６の倍数でもないものは□個です。

(5)　赤，青，白のボールが１個ずつあります。これらを１番から３番まで番号のついた３つの箱に入れていきます。どの箱も３個までボールを入れることができ，１個もボールが入らない箱があってもよいものとします。このとき，ボールの入れ方は全部で□通りです。

(6)　ある電車は，長さ260mの鉄橋をわたり始めてからわたり終わるまでに22秒かかり，長さ900mのトンネルを通過するのに54秒かかりました。この電車の長さは□mです。

(7)　ある商店で，仕入れた商品の$\frac{2}{5}$を４割の利益で売り，残ったすべてを１割５分の利益で売ったところ，全体で3000円の利益になりました。仕入れた商品の原価の合計は□円です。

(8)　図１は，６枚の正方形の紙をつなぎ合わせた立方体の展開図です。紙のおもてにのみくと⊂という記号がかいてあります。図１の展開図を組み立てて立方体を作り，図１とは別の方法で展開したものが図２です。このとき，⊂は①～⑤のうち［ア］にあり，その向きは⊂，⊃，∪，∩のうち［イ］となります。

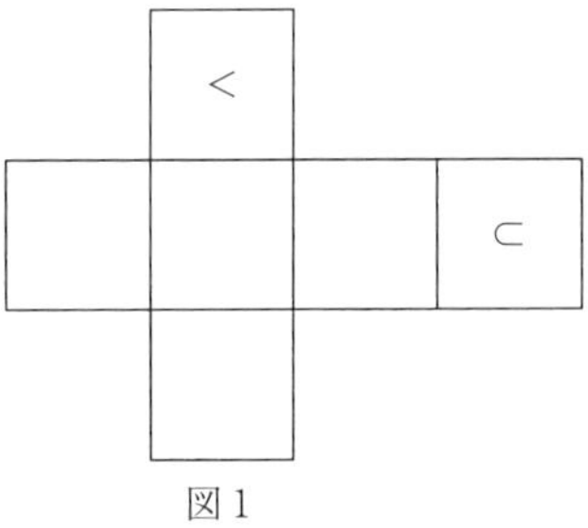

図１

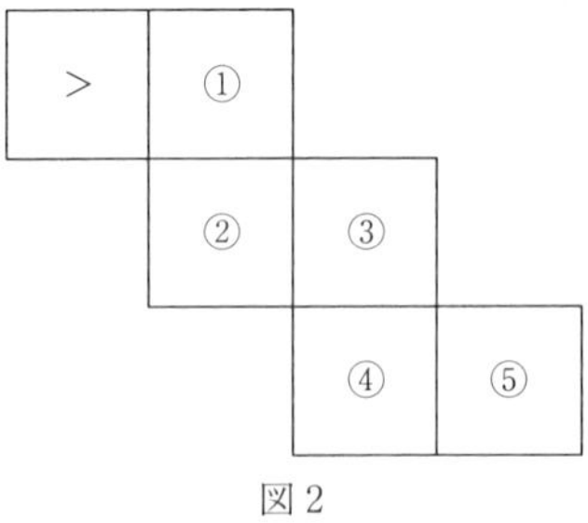

図２

(9)　右の図において，角アの大きさは［　　　］度です。

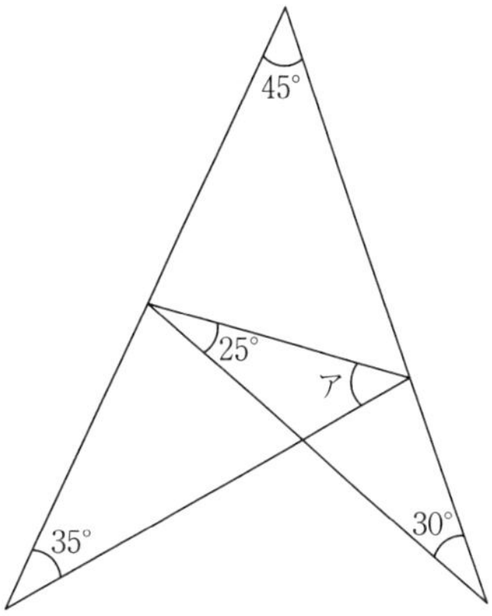

(10)　下の図のように，一辺３cmの正三角形を，同じく一辺３cmの正三角形にそってすべることなく転がします。三角形がもとの三角形と重なるまで回転させたとき，点Aが動いた長さは［　　　］cmです。ただし，円周率は3.14とします。

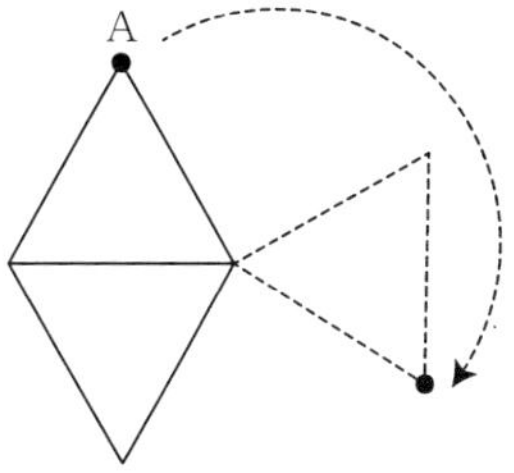

(11)　図のように，一辺が６cmの立方体があります。点Aと点Bは，ともに立方体の辺を３等分した点の１つです。この立方体を，３点A，B，Cを通る平面で切ります。点Dをふくむ立体の体積は［　　　］cm^3です。

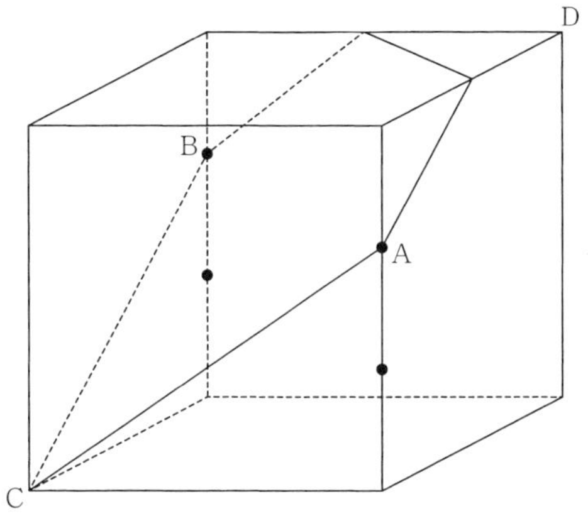

2　下の図のように，数を１から順番にある規則にしたがって並べていきます。このとき，後の問に答えなさい。

	１列目	２列目	３列目	４列目	５列目	…
１行目	1	2	4	7	11	
２行目	3	5	8			
３行目	6	9				
４行目	10					
⋮						

(1)　１行目の６列目にある数を求めなさい。

(2)　１行目に並んでいる５列目から８列目までの数をすべて足すといくつになりますか。

(3)　60は何行目の何列目にありますか。

3 図のように，縦 76cm，横 209cm の長方形があります。斜線《しゃせん》部分の 3 つの四角形はいずれも正方形です。このとき，後の問に答えなさい。

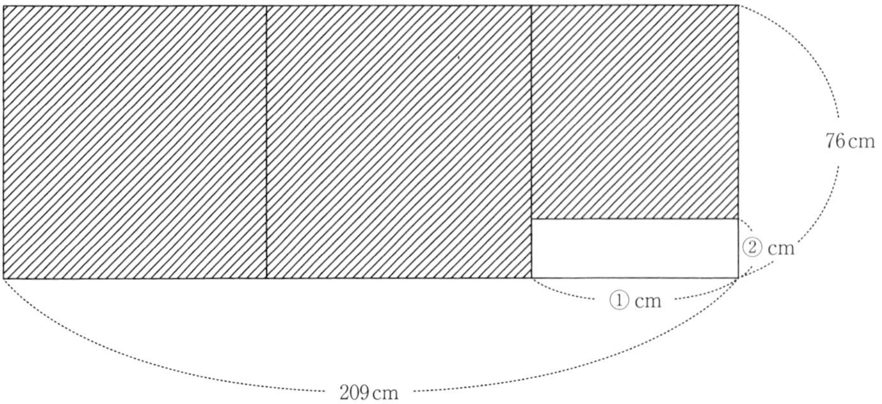

(1) ①と②にあてはまる数を答えなさい。

(2) ②×3＝① となっています。縦 76cm，横 209cm の長方形の中に，同じ大きさの正方形のタイルをすきまなくしきつめます。タイルの枚数を最も少なくするとき，その枚数は何枚になりますか。

(3) 551と1189の最大公約数を求めなさい。

4 図 1 のように，直線 l 上に図形(ア)と正方形(イ)があります。図形(ア)が，直線 l 上を毎秒 1 cm の速さで矢印の方向に動きます。正方形(イ)は動きません。図 2 は，図形(ア)と正方形(イ)が重なり始めてからの時間と，重なった部分の面積を表したグラフです。このとき，後の問に答えなさい。

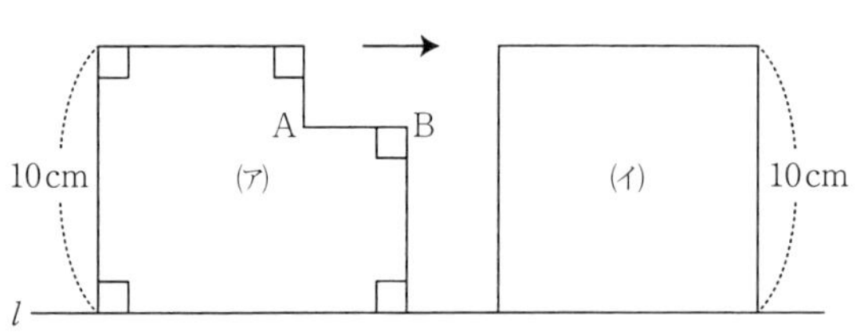

図 1

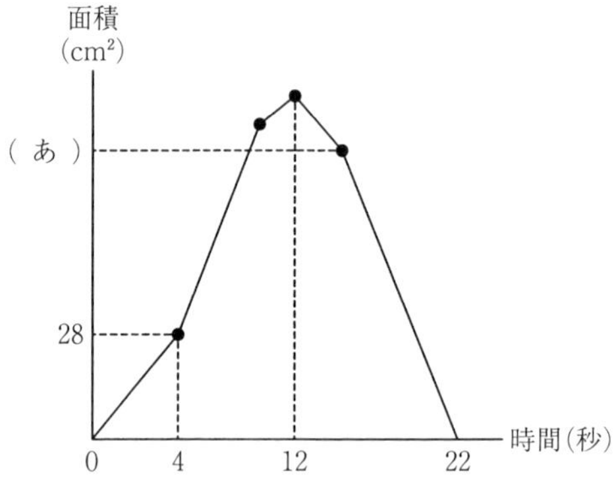

図 2

(1) 図 1 の辺 AB の長さは何 cm ですか。

(2) 図 2 の(あ)にあてはまる数を答えなさい。

(3) 図形(ア)と正方形(イ)の重なった部分の面積が $40cm^2$ になるのは，重なり始めてから何秒後と何秒後ですか。

【社　会】〈**第２回試験**〉(35分)〈満点：75点〉

1　次のＡ～Ｈの文は，日本の各時代について説明したものである。これらを参照して各問に答えよ。

Ａ　石包丁《いしぼうちょう》を用いた穂首刈《ほくびが》りによる①稲の収穫がおこなわれた。

Ｂ　②アメリカで株価が大暴落し，その影響が日本を含む世界各国に及んだ。

Ｃ　③天明の飢饉《ききん》がおこった。

Ｄ　執権④北条義時が，幕府の政治をおこなった。

Ｅ　⑤ポーツマス条約が結ばれた。

Ｆ　(　⑥　)が，京都の東山に銀閣を造営した。

Ｇ　小野妹子《おののいもこ》が，⑦中国に使者として派遣された。

Ｈ　⑧大宝律令が完成した。

問１　下線①に関連して，このころの稲作について，**正しい**文を下のア～エから１つ選べ。ただし，すべて誤っている場合はオで答えよ。

ア　幕府や商人，農民たちが，積極的に新田開発をおこなった。

イ　裏作として麦を栽培する二毛作が，西日本でおこなわれた。

ウ　稲の豊作を願って土偶がつくられた。

エ　地面を浅く掘ってつくった倉庫に稲を保管した。

問２　下線②について，**誤っている**文を下のア～エから１つ選べ。ただし，すべて正しい場合はオで答えよ。

ア　アメリカでは，失業者を救済するために，ニューディール政策が実施された。

イ　イギリスでは，自国と植民地との結びつきを強めるブロック経済政策がとられた。

ウ　ドイツでは，経済が打撃を受けるなかで，ヒトラーが政治の権力を握った。

エ　日本では，都市では失業者が増加し，農村では米騒動がおこった。

問３　下線③について，**誤っている**文を下のア～エから１つ選べ。ただし，すべて正しい場合はオで答えよ。

ア　浅間山が噴火したことで，この飢饉の被害はより深刻なものになった。

イ　この飢饉では，東北地方を中心に大きな被害が出た。

ウ　この飢饉を背景に，各地で百姓一揆や打ちこわしが発生した。

エ　この飢饉の影響で，松平定信は老中の辞職に追いこまれた。

問４　下線④について，**正しい**文を下のア～エから１つ選べ。ただし，すべて誤っている場合はオで答えよ。

ア　御家人を救済するために，永仁の徳政令を制定した。

イ　２度にわたる元軍の襲来を撃退した。

ウ　公正な裁判をおこなうために，御成敗式目を制定した。

エ　承久の乱で，後鳥羽上皇を中心とする朝廷側の軍勢に勝利した。

問５　下線⑤について，**正しい**文を下のア～エから１つ選べ。ただし，すべて誤っている場合はオで答えよ。

ア　韓国における日本の指導的立場が認められた。

イ　山東半島の租借権《そしゃくけん》を獲得した。

ウ　千島列島全島を獲得した。

エ　多額の賠償金を獲得した。

問６　空欄⑥に入る人物を漢字で答えよ。

問７　下線⑦について，このときの中国は何という国名だったか，漢字で答えよ。

問８　下線⑧について，大宝律令には，班田収授法について定めた条文がある。班田収授法の内容を，40字以上60字以内で説明せよ。

問９　Ａ～Ｈの文を時代順に正しく並べた場合，その３番目と６番目にくる文を，それぞれＡ～Ｈで答えよ。

2　次のＡ～Ｃの図を参照して各問に答えよ。

Ａ

Ｂ

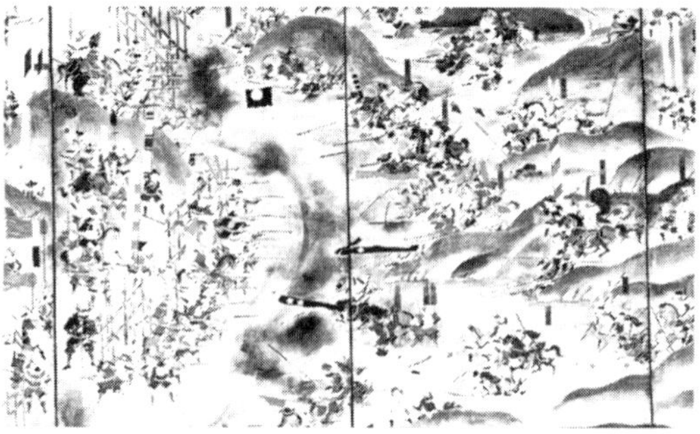

Ｃ

問１　Ａの図は，源氏が(①)氏を滅ぼした壇の浦の戦いを描いたものである。これについて，次の〔ｉ〕・〔ii〕の問に答えよ。

〔ｉ〕　空欄①に入る語句を漢字で答えよ。

〔ii〕　この戦いで滅ぼされた(①)氏は，その数年前まで大きな権力を握っていたことで知られる。(①)氏がどのようにして権力を握り，どのような政治をおこなったかに関する**正しい**文を，下のア～エから１つ選べ。

ア　娘を天皇にとつがせた。

イ　武士として初めて関白になった。

ウ　壬申の乱に勝利した。

エ　日明貿易に力を入れた。

問２　Ｂの図は，②織田信長が，(③)氏に勝利した戦いを描いたものである。この戦いで，織田信長は多数の④鉄砲を用いて，(③)氏の軍勢に勝利した。これについて，次の〔ｉ〕～〔iii〕の問に答えよ。

〔ｉ〕 下線②について，この人物に仕えていた画家に狩野永徳《かのうえいとく》がいる。狩野永徳の作品として**正しい**ものを，下のア～エから１つ選べ。なお，設問の都合上，作品の一部に手を加えている。

ア

イ

ウ

エ

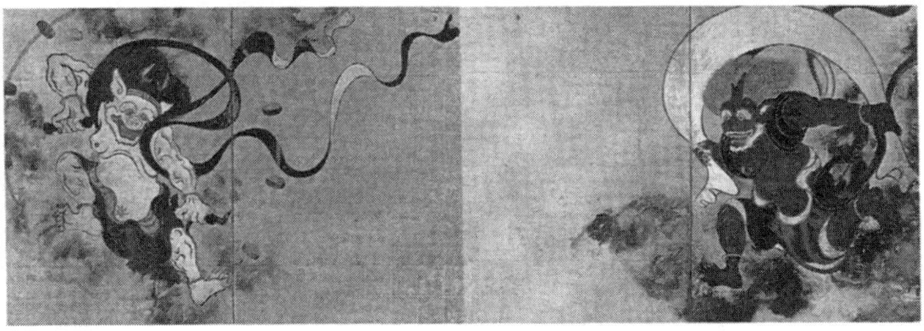

〔ii〕 空欄③に入る語句を漢字で答えよ。

〔iii〕 下線④について，鉄砲を日本に伝えたのはどこの国の人か。国名を答えよ。

問３　Ｃの図は，⑤明治政府の軍勢が，政府に対して反乱をおこした西郷隆盛の軍勢と戦っている場面を描いたものである。これについて，次の〔ｉ〕・〔ii〕の問に答えよ。

〔ｉ〕 下線⑤について，明治政府の政治について**正しい**文を，下のア～エから１つ選べ。

ア　財閥解体をおこなって，経済界を支配していた三井・三菱などを分割した。

イ　四民平等をめざして，士農工商の身分制度を廃止した。

ウ　殖産興業をおしすすめ，富岡製糸場を建設して綿糸の生産を増やそうとした。

エ　地租改正をおこなって，地主の土地を小作人に分け与えた。

〔ii〕 Ｃの図に描かれた戦いでは，明治政府軍と西郷隆盛軍がどのような人たちで組織されたかに大きな違いがあった。その違いを説明せよ。

3　次のⅠ～Ⅲの文を参照して各問に答えよ。

Ⅰ　2014年にロシアはウクライナの(　①　)半島を併合し，2022年にはロシアはウクライナに軍事侵攻した。これに対し②欧米諸国はロシアに制裁をくわえてウクライナ支援の態度をとった。これに対抗してロシアはヨーロッパ諸国に輸出していた③鉱産資源を輸出制限し，ヨーロッパ諸国も打撃をうけている。また，この軍事侵攻は④世界にも大きな影響をあたえた。

Ⅱ　2022年３月に１ドル＝115円だった為替《かわせ》相場が７月には１ドル＝136円となり，この急激な(　⑤　)のため海外から日本への⑥食材や⑦鉱産資源の輸入品の価格が値上がりし庶民の生活に悪影響をあたえた。

Ⅲ　日本における世界自然遺産の代表的なものに，

A　多雨地帯で樹齢千年を超える杉が群生し縄文杉が有名である，

B　ヒグマやオオワシなどの希少動植物が生息し，冬には流氷が押し寄せる，

C　世界最大級のブナの原生林が広がっている，

など３つがあげられる。

問１　空欄①について，次の〔ⅰ〕・〔ⅱ〕の問に答えよ。

〔ⅰ〕　空欄①に入る語句を答えよ。

〔ⅱ〕　(①)半島の場所を右の地図のア～エから１つ選べ。

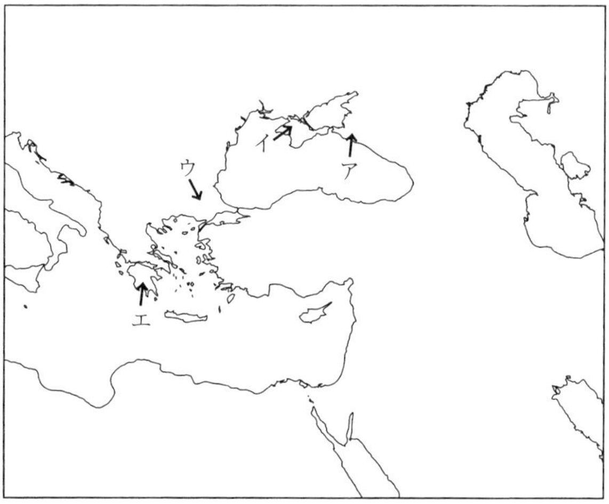

問２　下線②を中心とした軍事同盟はウクライナ支援を全面にうちだしているが，この同盟の名称をアルファベットで答えよ。

問３　下線③とは何か。この資源は日本もロシアのサハリン産のものを輸入している。該当するものを下のア～エから１つ選べ。

ア　ウラン　　イ　石炭　　ウ　鉄鉱石　　エ　天然ガス

問４　下線④の１つとして，右の表(ある農作物の輸出上位５カ国)の輸出品の世界的な不足がある。この影響を特にうけているのが，中東やアフリカ諸国である。この輸出品は何か，答えよ。

(2017年)

	万トン
ロシア	3,303
アメリカ	2,730
カナダ	2,206
オーストラリア	2,199
ウクライナ	1,731

問５　空欄⑤に入る語句を漢字２字で答えよ。

問６　下線⑥について，下の表は，ａとｂの食材を日本が海外から輸入している相手国を示したものである。ａとｂに該当するものを語群から１つずつ選べ。なお，ａは食用，ｂは大半が飼料となっている。

(2019年)

a	オーストラリア　47%，アメリカ　40%，カナダ　5%，ニュージーランド　3%
b	アメリカ　69%，ブラジル　28%，アルゼンチン　1%，ロシア　0.6%

語群

ア　コーヒー豆　　イ　キウイ　　ウ　とうもろこし

エ　牛肉　　オ　大豆　　カ　バナナ

問７　下線⑦について，下の表は，ｃとｄの鉱産資源を日本が海外から輸入している相手国を示したものである。ｃとｄに該当するものを語群から１つずつ選べ。

（2019年）

c	オーストラリア　58%，インドネシア　11%，ロシア　９％，アメリカ　８％
d	サウジアラビア　35%，アラブ首長国連邦　29%，カタール　８％，クウェート　８％

語群

ア　鉄鉱石　　イ　原油　　ウ　ニッケル

エ　石炭　　オ　金鉱石

問８　Ⅲの文のＡ～Ｃについて，次の〔ｉ〕・〔ⅱ〕の問に答えよ。

〔ｉ〕　Ａ～Ｃの地名を下のア～カから１つずつ選べ。

ア　知床《しれとこ》　　イ　富士山　　ウ　小笠原

エ　白神《しらかみ》　　オ　奄美大島　　カ　屋久島

〔ⅱ〕　Ａ～Ｃの場所を下の地図のア～サから１つずつ選べ。

4　次のⅠ～Ⅲの文を参照して各問に答えよ。

Ⅰ　①持続可能な開発目標は，2015年９月25日に国連【 Ａ 】で採択された，持続可能な開発のための②17の国際目標である。その下に，169の達成基準と232の指標が決められている。ミレニアム開発目標が2015年に終了することに伴い，2015年９月25日の国連【 Ａ 】で，『我々の世界を変革する：持続可能な開発のための2030アジェンダ』が採択された。これは，持続可能な開発のために必要不可欠な，向こう15年間の新たな行動計画である。その中で，2030年までに達成するべき持続可能な開発目標として17の世界的目標と169の達成基準が示された。

問１　下線①について，これをアルファベットで答えよ。

問２　下線②について，これに**該当しない**ものを下のア～エから１つ選べ。

ア　移住し続けられるまちづくりを

イ　働きがいも経済成長も

ウ　飢餓をゼロに

エ　貧困をなくそう

問３　空欄Ａに入る国際連合の機関を下のア～エから１つ選べ。

ア　経済社会理事会　　イ　事務局　　ウ　安全保障理事会　　エ　総会

Ⅱ　政府は，最高裁判所裁判官の国民（ １ ）について，海外在住の有権者が在外投票できないのは憲法違反とした2022年５月の最高裁判決を受け，対応を迫られることになった。国民（ １ ）を巡っては，法律に在外投票に関する定めがなく，衆議院議員選挙と同時に国内だけで実施されてきた。そもそも裁判官については，日本国憲法第78条には「裁判官は，裁判により，（ ２ ）の故障のために職務を執《と》ることができないと決定された場合を除いては，公の（ ３ ）によらなければ罷免されない。」とあり，また，日本国憲法第79条第２項には，「最高裁判所の裁判官の任命は，その任命後初めて行は《(わ)》れる衆議院議員総選挙の際国民の（ １ ）に付し，その後（ ４ ）年を経過した後初めて行は《(わ)》れる衆議院議員総選挙の際更に（ １ ）に付し，その後も同様とする。」とある。

問１　空欄１～４に入る語句または数字を答えよ。空欄１～３は漢字で答えよ。

問２　下線について，次の文の空欄Ａ～Ｄに入る語句または数字を答えよ。空欄Ａは漢字で答えよ。

①　衆議院議員選挙の選挙区は小選挙区と（ Ａ ）に分かれる。衆議院の選挙制度を小選挙区（ Ａ ）並立制という。

②　衆議院議員の任期は（ Ｂ ）年であるが，任期途中で解散となる場合もある。

③　衆議院議員選挙の選挙権は（ Ｃ ）歳以上の男女に与えられ，被選挙権は（ Ｄ ）歳以上の男女に与えられている。

Ⅲ　2022年３月９日に投票が行われた韓国大統領選挙で，①新大統領が誕生し，５年ぶりに保守政権が誕生した。新大統領は②日韓関係について，「過去より未来をどうするかが両国の利益だ」と語り，関係改善に意欲を示した。また８月には，北朝鮮に対して，北朝鮮の核開発の中止と実質的な非核化を前提とした，大規模な食糧供給と社会基盤施設の支援などを盛り込んだ「大胆な構想」を提案した。韓国と北朝鮮によって，朝鮮半島が分断されたのは，日本の植民地支配終了後，1950年に始まった③朝鮮戦争が原因である。1953年に休戦協定が締結され，両国は北緯（　1　）度線を境界に分断され，現在に至っている。北朝鮮(朝鮮民主主義人民共和国)と日本との間には現在，（　2　）が無い。

問１　空欄１に入る数字，空欄２に入る語句を答えよ。空欄２は漢字で答えよ。

問２　下線①について，該当する人物を下のア～エから１人選べ。

ア　イ・ミョンバク(李明博)　　イ　パク・クネ(朴槿恵)

ウ　ムン・ジェイン(文在寅)　　エ　ユン・ソギョル(尹錫悦)

問３　下線②について，日韓関係や韓国について，**誤っている**文を下のア～エから１つ選べ。

ア　1965年，韓国が朴正煕大統領の時に，日韓基本条約が締結された。

イ　1970年代，韓国や台湾，香港，シンガポールなど急速な工業化で発展した国や地域をNIESという。

ウ　2002年，サッカーワールドカップを日本と韓国が共同開催した。

エ　韓国と日本との間には，尖閣諸島をめぐる領有問題がある。

問４　下線③について，この時，国連のある機関が北朝鮮を侵略国として「国連軍」の派遣を決定したが，その機関は何か，下のア～エから１つ選べ。

ア　総会　　イ　安全保障理事会　　ウ　事務局　　エ　国際司法裁判所

【理　科】〈第2回試験〉（35分）〈満点：75点〉

1　E子さんとK先生の次の会話文を読んで，あとの問いに答えなさい。

E　子：先生，ホットケーキにはふくらし粉が入っているけど，スポンジケーキにはふくらし粉を入れないって本当ですか？

K先生：確かに市販《しはん》のホットケーキミックスにはベーキングパウダーとよばれるふくらし粉が入っているね。ベーキングパウダーの主な成分は重曹《じゅうそう》だよ。重曹は知っているかい？

E　子：はい。[　ア　]ともいうんですよね。理科の授業で教わりました。

K先生：重曹は加熱したり，酸性のものと反応したりすると，(A)二酸化炭素が発生するよ。その二酸化炭素の泡《あわ》がホットケーキの生地をふくらませるんだよ。

E　子：スポンジケーキも同じじゃないんですか？

K先生：ふつうスポンジケーキにはベーキングパウダーを入れないみたいだね。

E　子：じゃあどうやってスポンジケーキをふくらませるんですか？

K先生：スポンジケーキを作るとき，まず卵と砂糖をまぜて泡立てるでしょう。そのとき細かい空気の泡がたくさんできるんだよ。オーブンで焼くと，その空気の泡がぼうちょうして生地がふくらむんだね。

E　子：そうなんですね。でもベーキングパウダーを使えば泡立てなくてもふくらむんですよね？　何で使わないんだろう。

K先生：それは，ベーキングパウダーを使うと味が変わってしまうからじゃないかな。重曹や，重曹を加熱したときにできるものは水にとけると(B)アルカリ性を示すから，[　イ　]が出るはずだよ。だからケーキを作るときにはできるだけ使いたくないのだと思うよ。

E　子：なるほど。ベーキングパウダーを使わずに泡立てるのは，おいしいケーキにするためなんですね。

K先生：ところで，パンも生地をふくらませる過程があるんだけど，これはまた別の原理でふくらませているんだよ。

E　子：イーストを使うんですよね？

K先生：その通り。イーストを使ってふくらませる過程を発酵《はっこう》というよ。発酵でも二酸化炭素が発生するから，それでパンの生地がふくらむんだ。ちなみにこの(C)イーストによる発酵は，アルコール発酵ともよばれる，お酒を作るのに利用されている発酵と同じなんだよ。

E　子：他にも食べ物をふくらませる方法はありますか？

K先生：ふくらませるために何かしているわけではないけど，おもちを焼くと何でふくらむのかはわかるかい？

E　子：何でだろう。わかりません。

K先生：おもちを焼くと，中にふくまれている水分が[　X　]して水蒸気になるからだよ。そのとき，(D)ものすごく体積が大きくなるから，おもちが風船のようにふくらむんだ。

E　子：食べ物をふくらませるには色々な方法があるんですね。ありがとうございました。

(1)　空欄《くうらん》[ア]と[イ]に当てはまる語句を，それぞれ次の①～④の中から選びなさい。

ア：①　塩化ナトリウム　　②　水酸化カルシウム
　　③　炭酸水素ナトリウム　　④　ビタミンC

イ：①　酸味　　②　苦味　　③　甘味《あまみ》　　④　辛味《からみ》

(2)　空欄 X に当てはまる語句を答えなさい。

(3)　下線部(A)について，次の(あ)～(え)に答えなさい。

(あ)　二酸化炭素がとけた水のことを何といいますか。

(い)　二酸化炭素の固体のことを何といいますか。

(う)　実験で発生した気体が二酸化炭素であることを確かめる方法を説明しなさい。

(え)　世界中の国々で，二酸化炭素の排出《はいしゅつ》量を減らそうとしています。その理由を説明しなさい。

(4)　下線部(B)について，次の(か)・(き)に答えなさい。

(か)　重曹の他に，水にとけるとアルカリ性を示すものを1つ答えなさい。

(き)　水よう液の性質がアルカリ性であることを確かめる方法を説明しなさい。

(5)　下線部(C)について，発酵させた直後のパン生地にはお酒と同じアルコールがふくまれています。しかし，私たちが食べるパンにはほとんどアルコールがふくまれていません。その理由を説明しなさい。

(6)　下線部(D)について，$1\,cm^3$ の水が1.7L の水蒸気になったとすると，体積は何倍になりましたか。

2　様々な形をした物体のつり合いについて，あとの問いに答えなさい。ただし，問題中では糸と棒の接点を支点として考えます。また，図中の・は棒の左右の中点を表します。

Ⅰ．均質で太さが一様な100cm，100gの棒

(1)　この棒を1本の糸でつるすとき，水平になってつり合う図としてもっとも正しいものを次の①～④から1つ選びなさい。

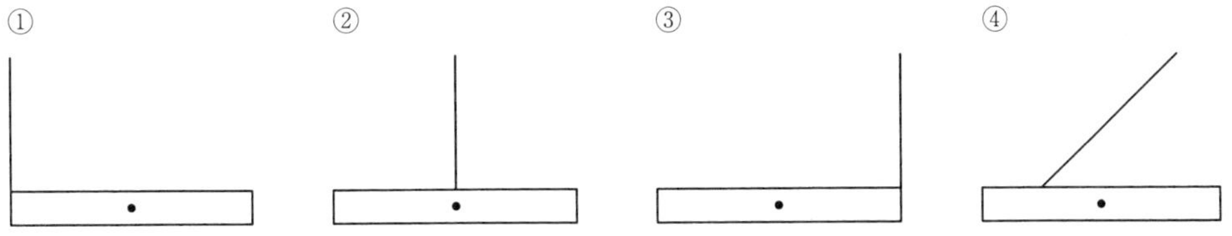

(2)　棒全体が支点を中心に右回り（時計回り）に回転する図を次の①～④から1つ選びなさい。

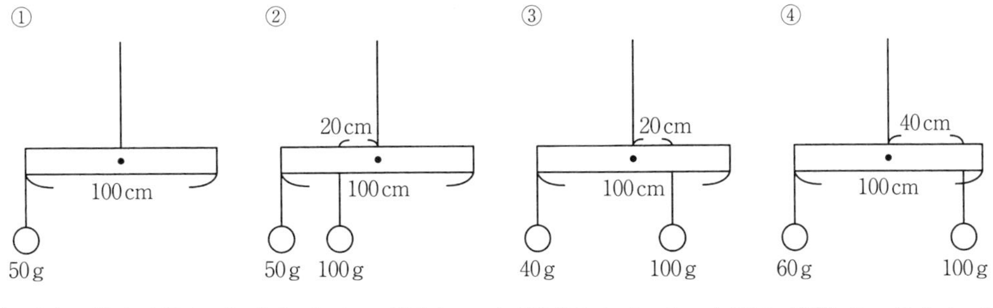

(3)　(2)で選んだ図におもりを1つ新たにつり下げることで，水平な状態でつり合わせることができます。支点から図の左に5cmのところにおもりをつるした場合，何gのおもりであれば水平なつり合いを実現できるか答えなさい。

Ⅱ．均質で太さが一様でない100cm，100gの棒

(4)　この棒のある位置に糸を取り付けてつるすと棒は水平につり合いました。つり合っている

図としてもっとも正しいものを次の①～④から１つ選びなさい。

①

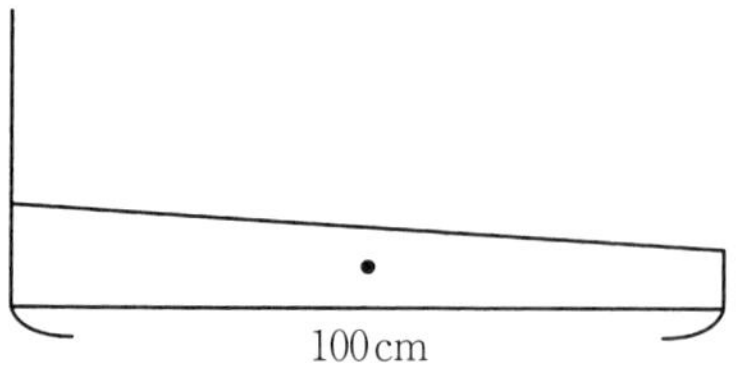

②

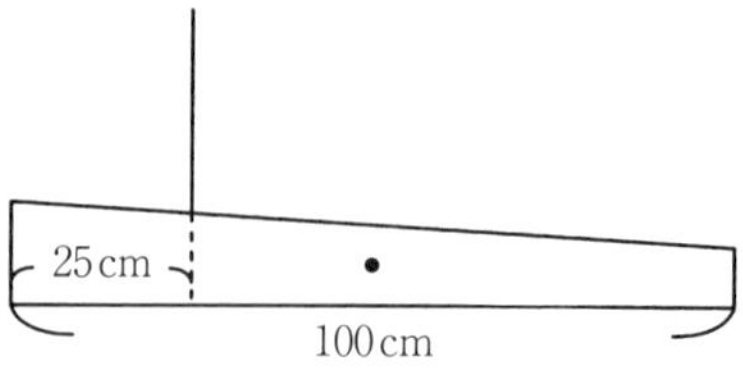

③

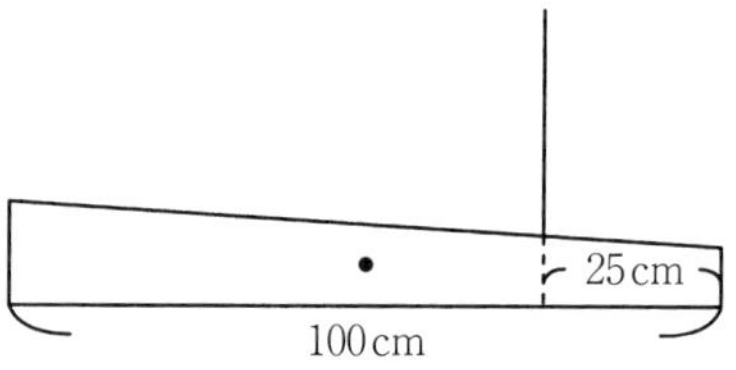

④

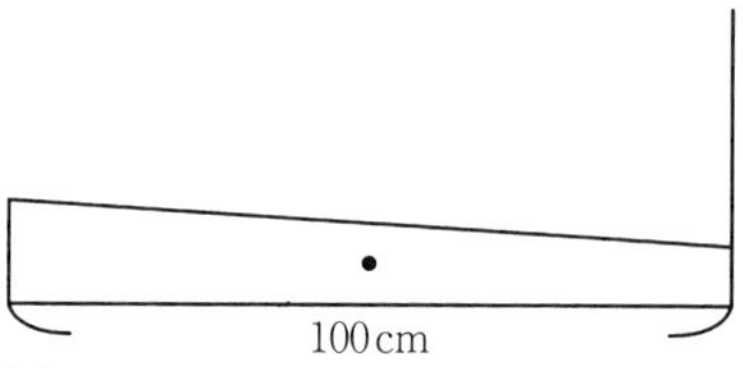

(5)　このように太さが一様ではない棒であっても一箇所《かしょ》の支えによって水平につり合うことができる箇所が存在します。支えた箇所のたての一直線上には，棒の重さが一点に集中していると考えられる点が存在します。この点を何というか答えなさい。

(6)　この棒の中点に糸をつるした場合，おもりを１つ新たにつり下げることで，水平な状態でつり合わせることができます。支点から図の右に10cmのところにおもりをつるした場合，何ｇのおもりであれば水平なつり合いを実現できるか答えなさい。

Ⅲ．厚さがうすく一定かつ均質で，形が不定な板

(7)　(5)の点は右図のような形の板にも存在します。その点を１点にしぼりこむにはどのようにすればよいか，簡単に説明しなさい。

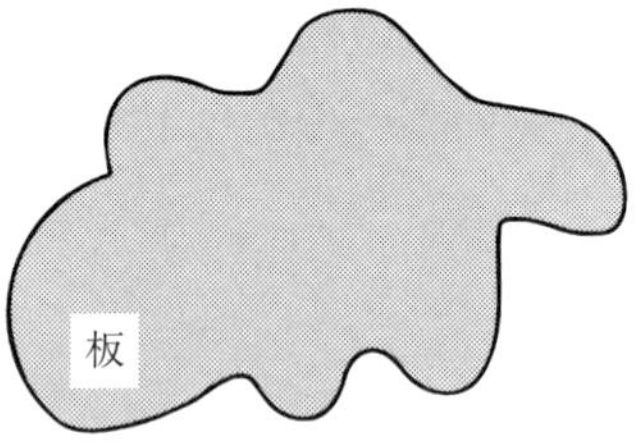

図

Ⅳ．平均台を歩く人

(8)　棒や板に限らず，人にも「(5)で答えた点」は存在します。人が平均台の上を歩くとき，落ちずに安定して渡《わた》りきるためにはどのような点に気を付けて渡ればよいか簡単に説明しなさい。その際，「(5)で答えた点」について必ず触《ふ》れて答えなさい。

3　Ａ・Ｂの各文を読んで，あとの問いに答えなさい。

Ａ　2022年の夏は，厳しい暑さになりました。厳しい暑さの中では，熱中症《ねっちゅうしょう》や脱水症状《だっすいしょうじょう》に注意が必要です。警視庁では，尿《にょう》の色で脱水症状をチェックする方法を紹介《しょうかい》しています。尿の色が濃《こ》いときは，脱水症状の疑いがあるので，注意が必要です。

(1)　尿を作っている臓器として適切なものを，次の(ア)～(ク)から１つ選び，記号で答えなさい。

(ア)　食道　　(イ)　肺　　(ウ)　小腸　　(エ)　すい臓

(オ)　じん臓　　(カ)　胃　　(キ)　かん臓・たんのう　　(ク)　大腸

(2)　(1)の臓器では，血しょうのほとんどの成分をもとに，「原尿《げんにょう》」という液体が作られています。原尿から，様々な成分が再び体内に取りこまれます。この過程を「再吸収」といいます。原尿が再吸収を受けた残りが「尿」となり，体外に排出《はいしゅつ》されます。

　体内には，「バソプレシン」というホルモンがあります。このホルモンが体内に放出され

ると，水分の再吸収が促進《そくしん》されます。体内の水分が少なくなると，バソプレシンが体内に放出される量は（　X　）し，水分が再吸収される量が（　Y　）し，尿の量は（　Z　）します。

（X）～（Z）に入る語の組み合わせとして適切なものを推測して，次の(ア)～(ク)から１つ選び，記号で答えなさい。

	(ア)	(イ)	(ウ)	(エ)	(オ)	(カ)	(キ)	(ク)
X	増加	増加	増加	増加	減少	減少	減少	減少
Y	増加	増加	減少	減少	増加	増加	減少	減少
Z	増加	減少	増加	減少	増加	減少	増加	減少

(3)　尿はぼうこうにためられます。１分間に120mL の原尿が作られていて，その99％が再吸収されているものとします。ぼうこうに，300mL の尿がたまると，トイレに行って尿を出すものとします。ぼうこうに全く尿がたまっていない状態から，トイレに行って尿を出すまでの時間（分）を求めなさい。

B　暑かったり，いそがしかったり，ストレスをかかえていたりすると，食欲がなくなってしまうことがあります。しかし，健康を保つうえで，食べることはとても大切です。消化と吸収に関して，以下の問いに答えなさい。

(4)　次のX・Yで説明されている臓器として適切なものを，下の(ア)～(ク)からそれぞれ１つずつ選び，記号で答えなさい。

X：出されている消化液は酸性で，ペプシンという酵素《こうそ》がふくまれています。ペプシンは，タンパク質を分解します。

Y：出されている消化液には，デンプンを分解する酵素，タンパク質を分解する酵素，脂肪《しぼう》を分解する酵素のすべてがふくまれています。

(ア)　食道　　(イ)　肺　　(ウ)　小腸　　(エ)　すい臓

(オ)　じん臓　　(カ)　胃　　(キ)　かん臓・たんのう　　(ク)　大腸

(5)　右の図１は，血液の循環《じゅんかん》を表した図です。

食事をした後に，血液中にふくまれる糖分が最も多くなる血管を，１～12から１つ選び，数字で答えなさい。また，その血管の名前を答えなさい。

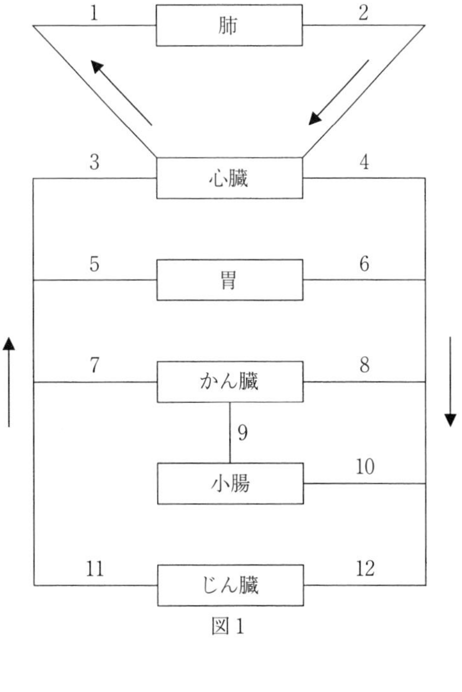

図１

(6)　血液中にふくまれる糖分が，多すぎず少なすぎず，一定の範囲《はんい》に保たれていることは，健康に生活するうえで非常に重要です。体内には様々なホルモンが存在し，血液中の糖分の量を調節しています。

グルカゴンというホルモンは，血液中の糖分を増やす働きを持っています。一方，インスリンというホルモンは，血液中の糖分を減らす働きを持っています。

空腹の人が食事をすることを考えます。この食事の前後で，体内に放出されるグルカゴンとインスリンの量は，どのように変化するでしょうか。問題文から推測して，次の(ア)～(ウ)から適切なものをそれぞれ１つずつ選び，記号で答えなさい。

(ア)　食事の前後で，量は変化しない。

(イ)　食事後に，量は増加する。

(ウ)　食事後に，量は減少する。

(7)　健康に食事をするためには，よくかむことが大切です。よくかむことが消化にいい理由を２つ答えなさい。

(8)　口に入った食物が，肛門《こうもん》から排出されるまでに通過する場所を，下の(ア)～(ク)から適切なものを選び，並べかえることで答えなさい。全ての記号を使う必要はありません。次の例に従って答えなさい。

例：(ア)→(イ)→(ウ)→(エ)→(オ)

(ア)　食道　　(イ)　肺　　(ウ)　大腸

(エ)　すい臓　　(オ)　じん臓　　(カ)　胃

(キ)　かん臓・たんのう　　(ク)　小腸

(9)　ペプシンは，酸性でよく働く酵素です。一方，小腸で働く多くの酵素は，中性付近でよく働きます。

(i)　食物は，「ペプシンをふくむ消化液が出される臓器」を出ると，小腸の一部である十二《じゅうに》指腸《しちょう》にたどり着きます。十二指腸に液体を放出する臓器を，次の(ア)～(キ)から２つ選び，記号で答えなさい。

(ア)　食道　　(イ)　肺　　(ウ)　大腸

(エ)　すい臓　　(オ)　じん臓　　(カ)　胃

(キ)　かん臓・たんのう

(ii)　(i)で選んだ２つの臓器が放出する液体の特徴《とくちょう》を，酵素が働く環境《かんきょう》を考えたうえで，推測して答えなさい。

4　大地の変化について，以下の問いに答えなさい。

(1)　次のＡ・Ｂの生物の化石に関する説明として，最も適切なものを，下の１～６からそれぞれ２つずつ選び，数字で答えなさい。

Ａ：特定の環境《かんきょう》にのみ生息できる生物です。幅広《はばひろ》い年代で生息していて，現在もその子孫が地球上に生息しています。

Ｂ：特定の年代に個体数を増やし，地球上の幅広い環境で繁栄《はんえい》しましたが，短期間のうちに絶《ぜつ》滅《めつ》してしまった生物です。

１．示相化石でもなく，示準化石でもない。

２．示相化石である。

３．示準化石である。

４．化石が地層にふくまれていても，年代・環境に関する有用な情報は得られない。

５．その化石がふくまれていた地層が堆積《たいせき》した年代に関しての情報が得られる。

６．その化石がふくまれていた地層が堆積した環境に関しての情報が得られる。

(2) ある川の河口で，地質調査を行いました。右の図１は，その模式図です。

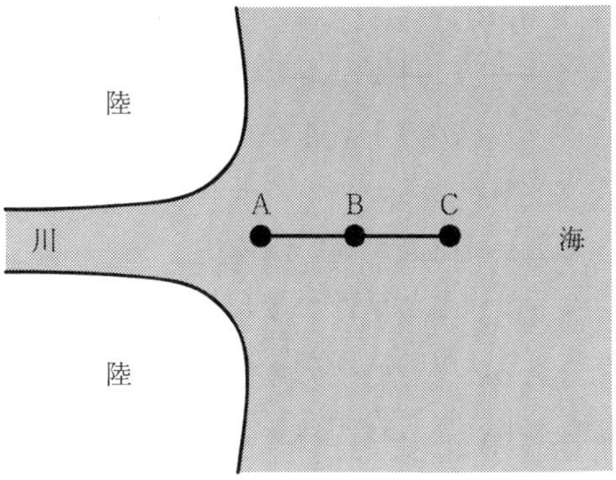

図１

(i) Ａ点・Ｂ点・Ｃ点の水底に堆積している土砂を採取しました。ふくまれていた土砂の組み合わせとして適切なものを，次の１～６から１つ選び，数字で答えなさい。

	1	2	3	4	5	6
A	砂	砂	泥《どろ》	泥	レキ	レキ
B	泥	レキ	砂	レキ	砂	泥
C	レキ	泥	レキ	砂	泥	砂

(ii) Ａ点でボーリング調査を行ったところ，いくつかの層をきれいに見ることができました。それぞれの層にふくまれる土砂の大きさを調べたところ，一貫《いっかん》して，浅い場所の地層ほど粒《つぶ》が大きく，深い場所の地層ほど粒が小さくなっていました。なお，調査した地層に関しては，深い位置にある地層ほど古い時代にできたものであることがわかっています。このボーリング調査から推測されることとして最も適切なものを，次の１～６から１つ選び，数字で答えなさい。

１．調査した地層が堆積した年代では，大気中の酸素濃度《のうど》が上昇《じょうしょう》していた。

２．調査した地層が堆積した年代では，大気中の酸素濃度が低下していた。

３．調査した地層が堆積した年代では，この地域において火山活動が活発化していた。

４．調査した地層が堆積した年代では，この地域において火山活動が沈静化《ちんせいか》していた。

５．調査した地層が堆積した年代では，この地域においては海水面が相対的に上昇し，水深が深くなっていった。

６．調査した地層が堆積した年代では，この地域においては海水面が相対的に下降し，水深が浅くなっていった。

(3) 地層に，左右から押《お》す力が加わると，逆断層やしゅう曲が起こります。堆積岩の地層に左右から押す力が加わった場合に関して適切な記述を，次の１～８から３つ選び，数字で答えなさい。

１．硬《かた》い地層ほどしゅう曲を起こしやすく，柔《やわ》らかい地層ほど逆断層を起こしやすい。

２．柔らかい地層ほどしゅう曲を起こしやすく，硬い地層ほど逆断層を起こしやすい。

３．化石が多く入っている地層ほどしゅう曲を起こしやすく，化石が少ない地層ほど逆断層を起こしやすい。

４．化石が少ない地層ほどしゅう曲を起こしやすく，化石が多く入っている地層ほど逆断層を起こしやすい。

５．新しい地層ほどしゅう曲を起こしやすく，古い地層ほど逆断層を起こしやすい。

６．古い地層ほどしゅう曲を起こしやすく，新しい地層ほど逆断層を起こしやすい。

７．地表に近い地層ほどしゅう曲を起こしやすく，深い位置の地層ほど逆断層を起こしやすい。

８．深い位置の地層ほどしゅう曲を起こしやすく，地表に近い地層ほど逆断層を起こしやすい。

(4) 川の近くに，右の図2のような三日月湖を見つけました。

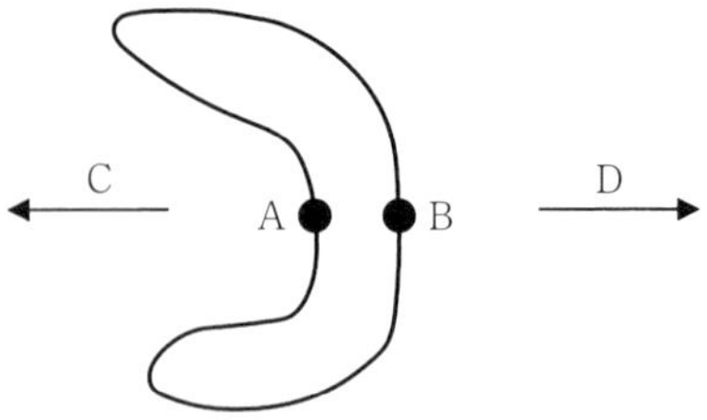

図2

(i) 三日月湖は，どのような場所で多く見られる地形ですか。次の1～4から最も適切なものを1つ選び，数字で答えなさい。

1．標高が高い山の中。

2．山と平野が接している地域。

3．川の流れが緩《ゆる》やかな平野。

4．氷河の発達している地域。

(ii) 一般《いっぱん》に，(ア)側は(イ)側に比べて湖の底の傾斜《けいしゃ》が急になっています。また，(ウ)の方向に，この三日月湖を作った川があります。

(ア)～(ウ)に入る語の組み合わせとして適切なものを，次の1～4から1つ選び，数字で答えなさい。

	1	2	3	4
ア	A	A	B	B
イ	B	B	A	A
ウ	C	D	C	D

(5) 現生人類は，ホモ・サピエンスという生物種です。ホモ・サピエンスは，30万年前ごろに地球上に現れたと考えられています。地球が誕生したのは，約45億年前と考えられています。

45億年を1年に置き換《か》えると，ホモ・サピエンスが地球上に存在している30万年は，何分になりますか。小数第1位を四捨五入して**整数で**答えなさい。なお，1年は365日あるものとします。

オ　X　定期的　Y　科学的　Z　合理的
カ　X　定期的　Y　不可解　Z　動物的

問８　――線部②「共通のパターン」の利点は何か、「～点」に続くように、本文中から十五字で抜き出し、初めの五字を答えなさい。

問９　[E]に入れることばとして、最適なものを次の中から選び、記号で答えなさい。

ア　若者は多くの仕事を覚えなければならない
イ　若者は健康だから重労働をしてもらおう
ウ　年寄りは力もないから楽な仕事をしてもらおう
エ　年寄りは余命が短いから死んでも損が少ない

問10　――線部④「ヒトが老人を敬い大切にするのも意味のあることだと考えられています」とあるが、そのように考えられるのはなぜか、次のようにまとめた。[　]に適することばを本文中から指定の字数で抜き出しなさい。

ヒトはアリにはない[ア（七字）]を持ち、老人を生かすことにより、[イ（九字）]が高まると考えられるから。

問11　[F]・[G]に入れることばの組み合わせとして、最適なものを次の中から選び、記号で答えなさい。ただし、「倫理《りんり》」とは「道徳観や善悪の基準」という意味である。

ア　F　倫理　G　論理
イ　F　論理　G　倫理

め、次の世代に伝わる遺伝子の総量をできるだけ多くしたものが将来増えることができる、という進化の大原則のもとで集団をつくって生きる社会性生物たちは、集団全体の効率を高めるように進化してきており、人間からは[Y]に見えるような行動原則もそれが[Z]なら採用しているのです。序章で述べたように、社会をつくって生きるものにとっては、個体が示す性質が直接、集団の効率に影響《えいきょう》を与《あた》えるからこそ合理的な行動が進化していくわけですから、ハチやアリに見られる齢間分業の共通パターンも、合理的な進化の結果だといえるのです。

もっとも、④ヒトが老人を敬い大切にするのも意味のあることだと考えられています。原始のヒトも部族という社会をつくって暮らす社会性生物でしたから、社会が様々な問題に直面したときに、老人の豊富な経験に基づく助言は部族全体の生存確率をあげただろうと考えられます。いわゆる村の長老の「さて、みなの衆！」というやつですね。[ウ]、すでに繁殖《はんしょく》能力もなく、狩《か》りや村の仕事もあまりできない老人を大切にするのはヒトにとって有利な選択《せんたく》だったのではないかと考えられるのです。これはムシと違《ちが》い、高度な学習能力をもつヒトならではの齢間分業です。最近では、チンパンジーでも年老いた個体が大切にされる場合があることが発見されました。それぞれの生物学的特徴《とくちょう》に基づき、人の[F]とムシの[G]はまったく別な形に進化してきたのではないでしょうか。

（長谷川英祐「働かないアリに意義がある」による）

※１　裁量…その人の考えによって判断し、処理すること。
※２　決裁…権限を持っている人が、部下の提出した案の可否を決めること。
※３　中間管理職…一般《いっぱん》の会社の課長・係長クラスを指す。
※４　ワーカー…働きアリ。
※５　８の字ダンス…巣の仲間に蜜《みつ》や花粉、水源などの場所を知らせるための、「８の字」を描《えが》くようなダンス。
※６　コロニー…アリ、ハチなどの巣を中心とする生物の集団。

問１　[A]・[B]に入れることばとして、最適なものを【１】～【４】段落の中から抜《ぬ》き出しなさい。（順不同）

問２　[ア]～[ウ]に入れることばとして、最適なものを次の中から選び、番号で答えなさい。ただし、同じ番号を複数回使用しないこと。

１　ところで　２　しかも　３　したがって
４　つまり　５　また　６　しかし
７　なぜなら　８　あるいは

問３　――線部③「それ」とは何を指すか答えなさい。

問４　[C]・[D]には、反対の意味を表すことばが入る。それぞれ漢字二字で答えなさい。

問５　――線部①「ムシたちはどうしているのでしょう」とあるが、ムシたちが仕事をどのように処理しているのか、次のように説明した。[　]に適することばを本文中から三十字程度で抜き出し、初めの五字を答えなさい。

仕事が生じたときに、ムシたちは[　　　　]処理する。

問６　【１】～【４】は段落の順番が入れかわっている。正しい順番に直しなさい。

問７　[X]～[Z]に入れることばの組み合わせとして、最適なものを次の中から選び、記号で答えなさい。

ア　X　偶発《ぐうはつ》的　Y　無慈悲《じひ》　Z　実質的
イ　X　偶発的　Y　科学的　Z　実質的
ウ　X　突発《とっぱつ》的　Y　不可解　Z　動物的
エ　X　突発的　Y　無慈悲　Z　合理的

つなぎになっていく方法もありますが、接触刺激《せっしょくしげき》による動員ではこれが限界です。

【4】 落ちてきたセミで考えてみましょう。セミは大きすぎるので発見した働きアリが1匹で巣に持ち帰ることは不可能です。運べる分だけかじり取って何往復もする手はありますが、時間がかかると他の動物や※6コロニーに横取りされてしまうかもしれません。

こうして、［ X ］に生じた「仕事」は無事に処理されます。人間の子どもが埋《う》めた巣口は、やはり必要量のワーカーが動員され、流れ込《こ》んだ土を運び出して修復されます。卵の数が多くなると追加のワーカーが集まってきて、新しい卵をちゃんと舐《な》めてやります。もちろん、生まれた子どもたちも増えた乳母によってきちんとエサをもらえます。

このような観察からわかるのは、ムシたちは新たな「仕事」が生じると、その処理に必要な数の個体が集まってきて処理してしまう、という事実です。この際、動員のため［ A ］や［ B ］による最小限の情報伝達は使われますが、人間の社会に広く見られるような上位の者から下位の者へと(あるいは逆)情報が段階的に伝わるという、階層的情報伝達システムは一切ないままコロニーに必要な仕事の処理が行われるのです。

もちろんコロニー全員での情報の共有も行われないことが普通《ふつう》です。［ ア ］、セミが発見され、巣に運ばれたことを当のアリたち以外はまったく知らないし、その情報がその後コロニーのなかで共有されることもありません。一言でいえばムシの社会は、仕事が生じたときに全体の情報伝達や共有なしにコロニーの部分部分が局所的に反応して処理してしまう、というスタイルなのです。人間にたとえると「体が勝手に動いて何かをやってしまう」状態に近く、夢遊病のようなものです。脳を中枢《ちゅうすう》とする人体をはじめとした階層的情報伝達システムに慣れ切ったヒトから見ると、なんでそれでうまくいくのか、と不思議ですが、「コロニーにとって必要な仕事が適切に処理されているか否か」の観点から見ればなんの問題もありません。

全体的な動き方の仕組みは次章に譲《ゆず》るとして、まずは個体の働き方を見てみましょう。

〈中略〉

◆若けりゃ子育て、年をとったら外へ行け!

個体が一生のあいだにどう仕事の内容を変えていくかにも、ある程度の②共通のパターンが判明しています。ハチもアリも、非常に若いうちは幼虫や子どもの世話をし、その次に巣の維持《いじ》にかかわる仕事をし、最後は巣の外へエサを取りにいく仕事をする、という共通したパターンを示すのです。こういった年齢《ねんれい》に伴《ともな》う労働内容の変化は「齢間分業」と呼ばれており、早くから注目されてきました。なぜなら、どのような齢間分業のパターンがコロニー全体の効率をあげるのか、という課題は古くからの研究テーマだったからです。

ハチでもアリでも巣の中は安全な場所です。また、すでに長く生きた個体の余命が、生まれたばかりの個体の③それより短いのは言うまでもありません。この2条件を考え合わせると、あるワーカーが生まれた場合、はじめのうちはできるだけ［ C ］な仕事をしてもらい、余命が少なくなったら［ D ］な仕事に「異動」してもらうことが、労働力を無駄《むだ》なく使う目的に叶《かな》うことになります。つまり、［ E ］、というわけです。実際に観察される齢間分業のパターン(育児―巣の維持―採餌《さいじ》)は、この予想と一致《いっち》しています。

人間の常識から考えると、年とって余命が短いんだから危険な仕事をしてね、というのはひどい話です。［ イ ］、種の生存の確率を高

問13　――線部⑭「妙に落ち着かない気分になっていた」について、その理由として最適なものを次の中から選び、記号で答えなさい。

ア　自分の存在が、和也を、中学の時の自分と同じ気持ちにさせていたことに気がついたから。

イ　自分の存在が、和也と藤巻先生の親子関係を壊《こわ》してしまうかもしれないと思ったから。

ウ　藤巻先生が、自分のことを息子以上の存在として思っていたことに気がついたから。

エ　藤巻先生が、どうして和也に冷たく振る舞うのか、何となく分かってしまったから。

問14　――線部⑮「僕は小さく息を吸って、口を開いた」について、「僕」は和也に何を伝えようとしているのか。その説明として最適なものを次の中から選び、記号で答えなさい。

ア　藤巻先生は、和也にだけでなく、「僕」にとっても理解しがたい人物だということを教えて、「僕」が藤巻先生の愛情を奪《うば》うことなどない、と伝えようとしている。

イ　藤巻先生は、「僕」の母親と似ており、他人に家族を取られたように感じているのは和也だけではない、ということを伝えようとしている。

ウ　藤巻先生は、和也を自分とは独立した別人格として尊重していて、自分の価値観で他者との優劣《ゆうれつ》をはかったりはしない、ということを伝えようとしている。

エ　藤巻先生は、誰《だれ》にとっても理解できない手の届かない存在であり、和也が藤巻先生の気を引こうとするのは、無意味なことであると伝えようとしている。

四

次の文章を読んで、後の問いに答えなさい。【1】～【4】は形式段落番号である。

◆なぜ上司がいなくてうまく回るのか

働こうが働くまいが、このようにムシの社会にはいろいろなことが起こります。予期できることもできないことも含《ふく》め、処理しなければならないたくさんの仕事が湧《わ》いてきます。人間の会社なら、ある程度のことは個人の※1裁量で処理し、権限を越《こ》える案件は上司の※2決裁を仰《あお》いで処理をする、ということになりますが、上司や※3中間管理職のいない①ムシたちはどうしているのでしょう。

【1】　ここでアリが選んだ方法は仲間を動員して運ぶ、というものでした。セミを見つけた※4ワーカーはまず巣に帰り、仲間を現場に連れていきます。これを可能にするためには、ミツバチの※5 8の字ダンスと同じように個体間の情報伝達が必要になります。

【2】　もっと効率のいい方法として、最初の個体がエサから巣に帰るときフェロモンと呼ばれる化学物質を地面につけておいて、それをたどって数十～数百の個体が一度に現場に到達《とうたつ》する方法もあります。こうした方法を駆使《くし》して、セミを運ぶのに必要な個体数をセミの死体のところまで連れていき、一気に運ぶという作業を行うのです。みなさんも、何匹《びき》ものアリがミミズやムシの死骸《しがい》を懸命《けんめい》に運んでいるのを見たことがあると思います。

【3】　このとき仲間を動員する方法にはいくつかの手段が知られています。いちばん原始的なのは場所を知る1匹に、もう1匹が触覚《しょっかく》で触《さわ》りながら後をついていく、という方法です。この方法では一度に1個体が別の1個体しか連れていけませんので、動員効率はとても低くなります。この方法のバリエーションとして、一度に2～3匹が数珠《じゅず》

ア　本望　　イ　心外　　ウ　意外　　エ　平凡《へいぼん》

問７　――線部②「彼のすすめ」とはどうすることか、「……こと。」に続く形で、五字以内で、考えて答えなさい。

問８　――線部③「帰省しなかった」について、それはどうしてか、その理由として最適なものを次の中から選び、記号で答えなさい。

ア　自分を除く家族がよそ者の自分を持てあましていることに、気づいたから。

イ　自分が支えてきたはずの家族が、他の男を中心になり立っていることに目を背けたかったから。

ウ　長年自分が家族を支えてきて、家族に関わることに疲《つか》れ切ってしまったから。

エ　本当の父親と自分を追い出した家族のことを、許せない気持ちがあったから。

問９　――線部④「藤巻先生」は、どのような人物か、その説明として最適なものを次の中から選び、記号で答えなさい。

ア　好きなことに夢中になりすぎて、家族から見放されている人物。

イ　自分がやりたいことよりも、人の役に立つことを、何よりも優先させる人物。

ウ　自分が興味を持ったことを、周囲の目を気にせず、どこまでも探究し続ける人物。

エ　自分の専門分野についての知識を、多くの人に授けたいという熱意を持った人物。

問10　――線部⑤「僕は見かねて口を挟んだ」について、その理由として最適なものを次の中から選び、記号で答えなさい。

ア　和也が藤巻先生の研究の意義を疑う発言を続けることで、藤巻先生と和也が衝突《しょうとつ》してしまうのではないかと思ったから。

イ　和也が藤巻先生の研究の意義を疑う発言をすることによって、同じ研究をしている自分も侮蔑《ぶべつ》されたと感じたから。

ウ　和也に藤巻先生の研究の意義を教えることによって、和也より自分の方が気象学者に向いていると藤巻先生に思ってもらいたかったから。

エ　和也に藤巻先生の研究の意義を分からせることで、和也に、学習意欲を持たせるきっかけにしたいと思ったから。

問11　――線部⑨「先生がはっとしたように口をつぐんだ」について、この時の藤巻先生の説明として最適なものを次の中から選び、記号で答えなさい。

ア　研究の話に夢中になって、家族の存在を忘れていたことに驚《おどろ》いている。

イ　研究の話に夢中になって、家族の存在を忘れていたことを隠そうとしている。

ウ　研究の話に夢中になって、話を中断しようとする家族に対して怒《いか》りを覚えている。

エ　研究の話に夢中になって、和也の昔の絵を見ることを忘れている。

問12　――線部⑩「和也が踵を返し、無言で部屋を出ていった」について、この時の和也の心情として最適なものを次の中から選び、記号で答えなさい。

ア　親子の交流を邪魔《じゃま》してくる「僕」に対して腹を立てる気持ち。

イ　自分よりも、研究に関心がある父親に対して腹を立てる気持ち。

ウ　父親の研究の話を理解できなくて、母親に対して申し訳ない気持ち。

エ　父親の期待に応えられなくて、自分が情けない気持ち。

「よく覚えてるよ、[⑯]だったから」

次のページも、そのまた次も、空の絵だった。一枚ごとに、空の色も雲のかたちも違う。確かに力作ぞろいだ。

「藤巻先生はとても熱心な研究者だ。もしも僕だったら、息子も自分と同じように、学問の道に進ませようとするだろうね。本人が望もうが、望むまいが」

僕は手をとめた。開いたページには、今の季節におなじみのもくもくと不穏《ふおん》にふくらんだ積雲が、繊細《せんさい》な※3陰翳《いんえい》までつけて描かれている。

「わからないひとだよ、きみのお父さんは」

わからないことだらけだよ、この世界は――まさに先生自身が口にした言葉を、僕は思い返していた。

だからこそ、おもしろい。

（瀧羽麻子『博士の長靴』）

※1　踵を返す…もと来た方向へもどる。引き返す。
※2　目をすがめた…片方の目を細めた。
※3　陰翳…光の当たらない、暗い部分。かげ。「陰影」とも書く。

問1　――線部①「恋人」について、このときの「僕」にとって、彼はどういう存在だったか、それをあらわすことばを、本文中から十字程度で抜《ぬ》き出し、答えなさい。

問2　――線部⑥「冗談めかしてまぜ返しつつ、和也はまんざらでもなさそうに立ちあがった」とあるが、このときの和也の心情として最適なものを次の中から選び、記号で答えなさい。

ア　父親の言葉はお世辞だと分かっていながらも、来客中なので、調子を合わせようとしている。
イ　自分のせいで気まずい空気になってしまったので、父親の言葉をきっかけに明るく振《ふ》る舞《ま》おうとしている。
ウ　普段自分をほめることのない父親の言葉に対して喜びつつも、本心なのかどうかを疑ってかかっている。
エ　父親にほめられたことに対して、さりげなく振る舞おうとするものの、喜びを隠《かく》しきれないでいる。

問3　――線部⑦「水を向けた」・⑧「おざなりな生返事」の本文中の解釈として最適なものを後の中から選び、記号で答えなさい。

⑦「水を向けた」
ア　和也の関心を絵に向けた
イ　奥さんの関心を和也の方に向けた
ウ　藤巻先生の関心を気象の話に向けた
エ　自分の関心を気象の研究に向けた

⑧「おざなりな生返事」
ア　いい加減な気のない返事
イ　適当な口約束
ウ　あっさりとした相づち
エ　月並みな決まり文句

問4　[⑪]・[⑬]に入ることばとして最適なものを下の中から選び、記号で答えなさい。

⑪　ア　そわそわ　イ　おろおろ
　　ウ　ふらふら　エ　こそこそ
⑬　ア　にやにや　イ　ぎろり
　　ウ　じっくり　エ　ぼんやり

問5　――線部⑫「ふだんの和也」の様子が分かる部分を、「……態度」に続く形で、本文中から二十五字以内で抜き出し、はじめの五字を答えなさい。

問6　[⑯]に入ることばとして最適なものを次の中から選び、記号で答えなさい。

と、⑨先生がはっとしたように口をつぐんだ。僕は胸をなでおろした。たぶん奥さんも、それに和也も。

「ああ、スミ。悪いが、紙と鉛筆《えんぴつ》を持ってきてくれるかい」

先生は言った。⑩和也が※1踵《きびす》を返し、無言で部屋を出ていった。

⑪ している奥さんにかわって、自室にひっこんでしまった和也を呼びにいく役目を僕が引き受けたのは、少なからず責任を感じたからだ。

父親に絵をほめられたときに和也が浮かべた表情を、僕は見逃《みのが》していなかった。雲間から一条の光が差すような、笑顔だった。いつだって陽気で快活で、いっそ軽薄《けいはく》な感じさえする子だけれど、あんな笑みははじめて見た。

「花火をしよう」

ドアを開けた和也に、僕は言った。

「おれはいい。先生がつきあってあげれば？　そのほうが親父も喜ぶんじゃない？」

和也はけだるげに首を振った。険しい目つきも、ふてくされたような皮肉っぽい口ぶりも、⑫ふだんの和也らしくない。僕は部屋に入り、後ろ手にドアを閉めた。

「まあ、そうかっかするなよ」

藤巻先生に悪気はない。話に夢中になって、他のことをつかのま忘れてしまっていただけで、息子を傷つけるつもりはさらさらなかったに違いない。「様子を見てきます」と僕が席を立ったときも、なにが起きたのか腑《ふ》に落ちない様子できょとんとしていた。

「別にしてない」

和也は投げやりに言い捨てる。

「昔から知ってるもの。あのひとは、おれのことなんか興味がない」

腕組《うでぐ》みして壁にもたれ、暗い目つきで僕を見据《みす》えた。

「でも、おれも先生みたいに頭がよかったら、違《ちが》ったのかな」

「え？」

「親父があんなに楽しそうにしてるの、はじめて見たよ。いつも家ではたいくつなんだろうね。おれたちじゃ話し相手になれないもんね」

うつむいた和也を、僕は ⑬ と見た。⑭妙《みょう》に落ち着かない気分になっていた。胸の内側をひっかかれたような。むずがゆいような、ちりちりと痛むような。

唐突《とうとつ》に、思い出す。

状況《じょうきょう》はまったく違うが、僕もかつて打ちのめされたのだった。自分の親が、これまで見せたこともない顔をしているのを目のあたりにして。母に恋人を紹介《しょうかい》されたとき、僕は和也と同じ十五歳《さい》だった。こんなに幸せそうな母をはじめて見た、と思った。

「どうせ、おれはばかだから。親父にはついていけないよ。さっきの話じゃないけど、なにを考えてるんだか、おれにはちっともわかんない」

⑮僕は小さく息を吸って、口を開いた。

「僕にもわからないよ。きみのお父さんが、なにを考えているのか」

和也が探るように※2目をすがめた。僕は机に放り出されたスケッチブックを手にとった。

「僕が家庭教師を頼《たの》まれたとき、なんて言われたと思う？」

和也は答えない。身じろぎもしない。

「学校の成績をそう気にすることもないんじゃないか、ってお父さんはおっしゃった。得意なことを好きにやらせるほうが、本人のためになるだろうってね」

色あせた表紙をめくってみる。ページ全体が青いクレヨンで丹念《たんねん》に塗《ぬ》りつぶされている。白いさざ波のような模様は、巻積雲《けんせきうん》だろう。

「やっぱり、おれにはよくわかんないや」
「わからないことだらけだよ、この世界は」
先生がひとりごとのように言った。
「だからこそ、おもしろい」

一時はどうなることかとはらはらしたけれど、それ以降は和也が父親につっかかることもなく、食事は和やかに進んだ。鰻《うなぎ》をたいらげた後、デザートには西瓜《すいか》が出た。
話していたのは主に、奥さんと和也だった。僕の学生生活についていくつか質問を受け、和也が幼かった時分の思い出話も聞いた。
中でも印象的だったのは、絵の話である。
朝起きたらまず空を観察するというのが、藤巻先生の長年の日課だという。晴れていれば庭に出て、雨の日は窓越《まどご》しに、とっくりと眺《なが》める。そんな父親の姿に、幼い和也はおおいに好奇心《こうきしん》をくすぐられたらしい。よちよち歩きで追いかけていっては、並んで空を見上げていたそうだ。熱視線の先に、なにかとてつもなくおもしろいものが浮《う》かんでいるはずだと思ったのだろう。
「お父さんのまねをして、こう腰《こし》に手をあてて、あごをそらしてね。今にも後ろにひっくり返りそうで、見ているわたしはひやひやしちゃって」
奥さんは身ぶりをまじえて説明した。本人は覚えていないようで、首をかしげている。
「それで、後で空の絵を描《か》くんですよ。お父さんに見せるんだ、って言って。親ばかかもしれないですけど、けっこうな力作で……そうだ、先生にも見ていただいたら？」
「親ばかだって。子どもの落書きだもん」
照れくさげに首を振《ふ》った和也の横から、藤巻先生も口添《くちぞ》えした。

「いや、わたしもひさしぶりに見たいね。あれはなかなかたいしたものだよ」
「へえ、お父さんがほめてくれるなんて、珍《めずら》しいこともあるもんだね」
⑥冗談《じょうだん》めかしてまぜ返しつつ、和也はまんざらでもなさそうに立ちあがった。
「あれ、どこにしまったっけ？」
「あなたの部屋じゃない？　納戸《なんど》か、書斎《しょさい》の押し入れかもね」
奥さんも後ろからついていき、僕は先生とふたりで和室に残された。
「先週貸していただいた本、もうじき読み終わりそうです。週明けにでもお返しします」
なにげなく切り出したところ、先生は目を輝《かがや》かせた。
「あの超《ちょう》音波風速温度計は、実に画期的な発明だね」
超音波風速温度計のもたらした貢献《こうけん》について、活用事例について、今後検討すべき改良点について、堰《せき》を切ったように語り出す。
お絵描き帳が見あたらなかったのか、和也たちはなかなか帰ってこなかった。その間に、先生の話は加速度をつけて盛りあがった。ようやく戻《もど》ってきたふたりが和室の入口で顔を見あわせているのを、僕は視界の端《はし》にとらえた。自分から⑦水を向けた手前、話の腰を折るのもためらわれ、どうしたものかと弱っていると、スケッチブックを小脇《こわき》に抱えた和也がこちらへずんずん近づいてきた。
「お父さん」
うん、と先生は⑧おざなりな生返事をしたきり、見向きもしない。
「例の、南西諸島の海上観測でも役に立ったらしい。船体の揺れによる影響《えいきょう》をどこまで補正できるかが課題だな」
「ねえ、あなた」
奥さんも困惑《こんわく》顔で呼びかけた。

てして、善人よりも善人らしい顔で近づいてくるものだ。ところが彼も譲《ゆず》らなかった。丁寧《ていねい》に、論理的に、進学すべき理由を並べてみせた。今の世の中、学歴があるほうが就職には有利だ。賃金にも差がつく。しかも、きみはとても頭脳明晰《めいせき》だと聞いている。せっかくの才能を伸《の》ばし、活かすことが、一番の親孝行になる。

「昇くんはまだ若い。将来、高校に行っておいてよかったと思う日が必ず来る」

確かに、彼に比べて僕は圧倒《あっとう》的に若かった。あまりにも若すぎた。熱弁をふるう彼の隣で慎《つつ》ましく目をふせている母を、僕は盗み見た。恋人に全幅《ぜんぷく》の信頼を置いているのが見てとれた。寄り添《そ》うでもなく、見つめあうでもなく、それでもふたりの間に流れる親密な空気が僕にもはっきりと感じとれた。

不意に、ばからしくなった。僕は母の片腕《かたうで》になったつもりだった。母に頼《たよ》られているとばかり思いこんでいたのに、そうではなかったのかもしれない。自分と家族を守ってくれるおとなの男を、母はすでに見つけたのだ。僕は背伸《せの》びして調子に乗っているだけの、世間知らずで無力な子どもにすぎなかった。

結局、僕は②彼のすすめに従った。

それは正しかったと今ならわかる。高校に、さらに大学にも、通えてよかったと心から思う。僕に高等教育を受ける機会を、母と弟たちには安らかな生活を与《あた》えてくれた彼に、感謝している。僕の学費を援《えん》助《じょ》するという申し出だけは、固辞《こじ》した。自分のことくらいは自分で面《めん》倒《どう》を見られる。弟ふたりの今後もある。

僕が上京した春に、母は弟たちを連れて彼の家に引っ越《こ》した。父との離婚《りこん》が正式に成立したのだ。僕ら子どもには黙《だま》っていたが、母は父の行方を知っていて、ひそかに話しあいを続けてきたらしい。たぶん、恋人とも力を合わせて。

夏休みに帰省した僕も、その住まいに泊《と》まった。四人は門の前に並んで出迎《でむか》えてくれた。同居してたったの三カ月だというのに、長年ともに暮らしてきた本物の家族にしか見えなかった。【中略】

次の冬休み、僕は忙《いそが》しいと言い訳して③帰省しなかった。その次の春休みも、それから夏休みも。

かれこれ二年の間、僕は家族と顔を合わせていない。

【中略】

「ねえ、お父さんたちは天気の研究をしてるんでしょ」

和也が箸《はし》を置き、父親と僕を見比べた。

「被害《ひがい》が出ないように防げないわけ？」

「それは難しい」

④藤巻先生は即座《そくざ》に答えた。

「気象は人間の力ではコントロールできない。雨や風を弱めることはできないし、雷《かみなり》も竜巻《たつまき》もとめられない」

「じゃあ、なんのために研究してるの？」

和也がいぶかしげに眉根《まゆね》を寄せた。

「知りたいからだよ。気象のしくみを」

「知っても、どうにもできないのに？」

「どうにもできなくても、知りたい」

「もちろん、まったく役に立たないわけじゃないですしね」

⑤僕は見かねて口を挟《はさ》んだ。

「天気を正確に予測できれば、前もって手を打てるから。家の窓や屋根を補強するように呼びかけたり、住民を避難《ひなん》させたり」

「だけど、家は流されちゃうんだよね？」

「まあでも、命が助かるのが一番じゃないの」

奥さんもとりなしてくれたが、和也はまだ釈然《しゃくぜん》としない様子で首をすくめている。

2023年度

江戸川女子中学校

【国　語】〈第二回試験〉（五〇分）〈満点：一〇〇点〉

（注意）字数指定のある設問はすべて、句読点等を字数に含む。

一　次の①～⑤の――線部のカタカナを漢字に直しなさい。

① 石油をネンリョウとする。
② 友人をカンタイする。
③ ヨーロッパ諸国をレキホウする。
④ ダンゼンこちらの方がよい。
⑤ 女王ヘイカにささげた贈り物。

二　次の四字熟語中の□には、それぞれ同じ漢字が入る。空欄部に入る漢字を答えなさい。

① □画□賛
② □期□会
③ □発□中
④ □信□疑
⑤ □人□色

三　次の文章を読み、あとの問いに答えなさい。

現在大学二年生の「僕《ぼく》」は、藤巻《ふじまき》先生のもとで気象学を学んでいる。先生の奥《おく》さんが、息子の和也《かずや》の家庭教師を探していたことから、和也の家庭教師になり、藤巻家の季節の行事に参加することになった。以下の部分は、「僕」がずっと実家に帰省していない理由が述べられている部分から始まる。「僕」は中学一年生の時に、父親が家を出て以来、母と弟二人を支えてきた。

卒業まであと半年をきり、「やっぱり高校に行きなさい」と母が突《とつ》然《ぜん》言い出したときには、仰天《ぎょうてん》した。僕の知らないところで、担任教師の説得を受けていたそうだ。優秀《ゆうしゅう》なお子さんですから、と再三繰《く》り返され、親として心が揺《ゆ》らいだ。

母にとって、長男以外に意見を聞ける相手は、ひとりしかいなかった。

「高校に行かせてあげるべきだ」

と彼《かれ》は即答《そくとう》した。そのひとことが母の背中を押《お》した。

母に①恋人《こいびと》ができたことに、鈍《にぶ》い僕はまるで気づいていなかった。彼にひきあわされた、その日まで。

「きみのお母さんと、結婚《けっこん》を前提におつきあいさせてもらっています」

彼は僕に深々と頭を下げた。母の勤める工場で技師として働いているという。くっきりした目鼻立ちの、見上げるような大男で、みごとに日焼けしていた。一見強面《こわもて》だけれど、笑うと目尻《めじり》が下がってひとなつこい印象になる。線が細くて神経質な感じの父とは、体格や顔だちも雰囲気《ふんいき》も、なにからなにまで似ていなかった。

そして、父なら絶対に言わないことを彼は言った。

「家のことは心配しないで、昇《のぼる》くん自身の将来を考えて下さい。お母さんと弟さんたちは、おれに任せてほしい。絶対に悪いようにはしない。約束します」

もちろん、僕は納得がいかなかった。いきなり現れたよその男に、家族の問題に口出しされるのは心外だったし、彼が本当に信頼《しんらい》できるのかもわからない。誠実そうに見えてもゆだんはできない。悪人はえ

2023年度

江戸川女子中学校　▶解説と解答

算　数　＜第２回試験＞（50分）＜満点：100点＞

解　答

1 (1)　1　(2)　9　(3)　○○○×　(4)　67　(5)　27　(6)　180　(7)　12000　(8) ア…②，イ…∪　(9)　45　(10)　25.12　(11)　141　2 (1)　16　(2)　78　(3)　5行目７列目　3 (1)　①　57　②　19　(2)　44枚　(3)　29　4 (1)　4 cm　(2) 80　(3)　5.2秒後と18秒後

解　説

1　四則計算，逆算，*N*進法，倍数，場合の数，通過算，売買損益，展開図，角度，図形の移動，長さ，体積

(1)　$3\times\left\{4-\frac{5}{18}\div\left(\frac{5}{6}-\frac{3}{4}\right)\right\}\div2=3\times\left\{4-\frac{5}{18}\div\left(\frac{10}{12}-\frac{9}{12}\right)\right\}\div2=3\times\left(4-\frac{5}{18}\div\frac{1}{12}\right)\div2=3\times\left(4-\frac{5}{18}\times\frac{12}{1}\right)\div2=3\times\left(4-\frac{10}{3}\right)\div2=3\times\left(\frac{12}{3}-\frac{10}{3}\right)\div2=3\times\frac{2}{3}\times\frac{1}{2}=1$

(2)　$\frac{54}{\square}\div\left(3.5-1\frac{1}{2}\right)=2.25+\frac{3}{4}$ より，$\frac{54}{\square}=\left(2.25+\frac{3}{4}\right)\times\left(3.5-1\frac{1}{2}\right)=(2.25+0.75)\times(3.5-1.5)=3\times2=6$　よって，$\square=54\div6=9$

(3)　記号の一番右の部分は４種類の記号○，×，△，□のくり返しになっている。また，５以上の数で，右から２番目の記号は○４個，×４個，△４個，□４個のくり返しになり，２個の記号で表せる数は，４×４＝16(個)ある。すると，２個以下の記号で表せる数は，４＋16＝20までだから，21からは３個の記号で表すことになる。３個の記号で表せる数は，右から３番目が○，×，△，□である数がそれぞれ16個ずつあるから，16×４＝64(個)ある。よって，３個以下の記号で表せる数は，20＋64＝84までだから，85からは４個の記号で表すことになり，85は「○○○○」なので，86は「○○○×」となる。

(4)　１以上100以下の整数で，４の倍数は，100÷４＝25(個)あり，６の倍数は，100÷６＝16あまり４より，16個ある。また，４と６の最小公倍数は12なので，４の倍数でも６の倍数でもある数は12の倍数であり，100÷12＝８あまり４より，８個ある。よって，４または６の倍数は，25＋16－８＝33(個)あるから，４の倍数でも６の倍数でもない数は，100－33＝67(個)ある。

(5)　赤のボールを入れる箱は１番，２番，３番の３通りあり，同様に，青，白のボールを入れる箱もそれぞれ３通りあるから，ボールの入れ方は全部で，３×３×３＝27(通り)ある。

(6)　電車の長さを□mとすると，(260＋□)m進むのに22秒かかり，(900＋□)m進むのに54秒かかる。したがって，(900＋□)－(260＋□)＝900－260＝640(m)進むのに，54－22＝32(秒)かかるので，電車の速さは秒速，640÷32＝20(m)とわかる。よって，260＋□＝20×22＝440(m)だから，□＝440－260＝180(m)と求められる。

(7)　仕入れた商品の原価の合計を$\boxed{1}$円とすると，仕入れた商品の$\frac{2}{5}$の原価の合計は，$\boxed{1}\times\frac{2}{5}=\boxed{\frac{2}{5}}$

(円)で，残ったすべての原価の合計は，$\boxed{1}-\boxed{\frac{2}{5}}=\boxed{\frac{3}{5}}$(円)になる。したがって，仕入れた商品の$\frac{2}{5}$を４割の利益で売ると，$\boxed{\frac{2}{5}}\times0.4=\boxed{\frac{4}{25}}$(円)の利益が出て，残ったすべてを１割５分の利益で売ると，$\boxed{\frac{3}{5}}\times0.15=\boxed{\frac{9}{100}}$(円)の利益が出るから，全体の利益は，$\boxed{\frac{4}{25}}+\boxed{\frac{9}{100}}=\boxed{\frac{1}{4}}$(円)になる。これが3000円にあたるから，$\boxed{1}$にあたる金額，つまり，仕入れた商品の原価の合計は，$3000\div\frac{1}{4}=12000$(円)と求められる。

(8)　問題文中の図１の展開図を，「⊂」の面が正面になるように組み立てると，右の図Ｉのようになる。よって，問題文中の図２のように展開すると，図ＩのＡの面が図２の①の面になり，図ＩのＢの面が図２の②の面になるから，「⊂」は②の面にあり，その向きは「∪」となる。

図Ｉ

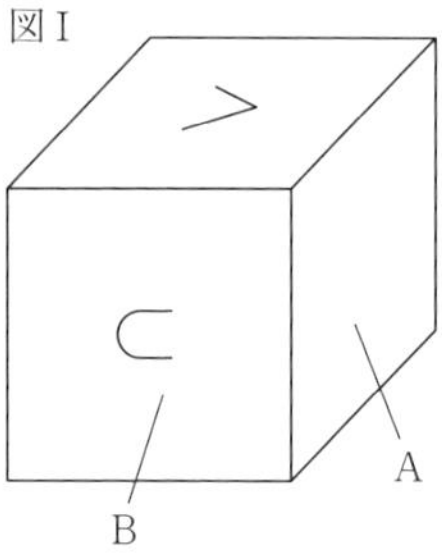

図Ⅱ

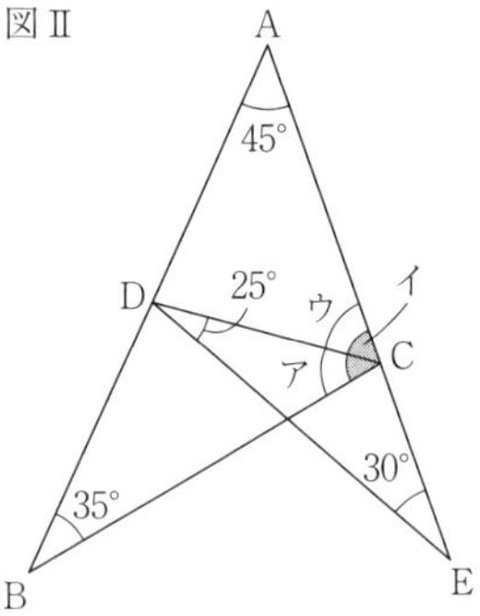

(9)　右の図Ⅱで，三角形ABCに注目すると，角イの大きさは，180－(45＋35)＝100(度)である。また，三角形CDEの内角と外角の関係より，角ウの大きさは，25＋30＝55(度)となる。よって，角アの大きさは，100－55＝45(度)とわかる。

(10)　点Ａが動いたあとは右の図Ⅲの太線部分となる。これは，半径が３cmで，中心角が，360－60×２＝240(度)のおうぎ形の弧《こ》２つ分なので，点Ａが動いた長さは，$3\times2\times3.14\times\frac{240}{360}\times2=8\times3.14=25.12$(cm)と求められる。

図Ⅲ

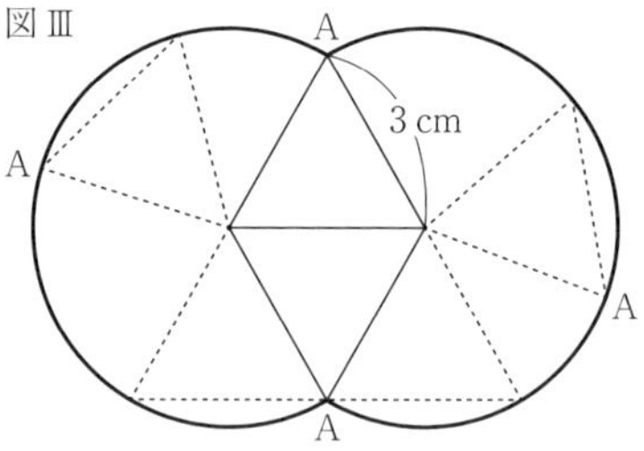

(11)　右下の図Ⅳで，CAとEFをのばした直線の交わる点をＰとし，CBとEGをのばした直線の交わる点をＱとすると，Ｐ，Ｑを結んだ直線がDF，DGと交わる点がＨ，Ｉだから，点Ｐ，Ｈ，Ｉ，Ｑは一直線上にある。したがって，立方体を切ったとき，点Ｄをふくまない方の立体は，三角すいＣ－EPQから三角すいA－FPHと三角すいB－GIQを切り取った立体とみることができる。ここで，AFの長さは，６÷３＝２(cm)で，三角形AFPと三角形CEPの相似より，FP：EP＝AF：CE＝１：３だから，EF：FP＝(３－１)：１＝２：１となり，FPの長さは，$6\times\frac{1}{2}=3$(cm)，EPの長さは，６＋３＝９(cm)とわかる。同様に，GQの長さは３cm，EQの長さは９cmだから，三角すいＣ－EPQの体積は，(９×９÷２)×６÷３＝81(cm^3)となる。また，三角形FHPと三角形EQPの相似より，FH：EQ＝FP：EP＝１：３だから，FHの長さは，$9\times\frac{1}{3}=3$(cm)となり，三角すいA－FPHの体積は，(３×３÷２)×２÷３＝３(cm^3)と求められる。同様に，三角すいB－GIQの体積も３cm^{3}なので，点Ｄをふくまない方の立体の体積は，81－３×２＝75(cm^3)である。よって，点Ｄをふくむ立体の体積は，６×６×６－75＝216－75＝141(cm^3)とわかる。

図Ⅳ

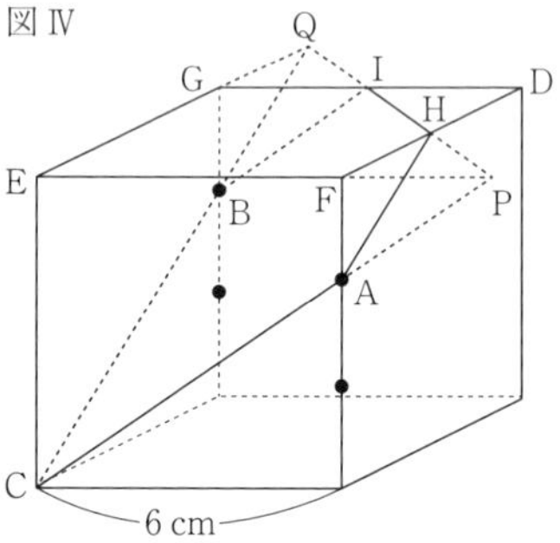

2　数列

⑴　右の図で，１行目の１列目には１個，１行目の２列目からは左下へ２個，１行目の３列目からは左下へ３個，１行目の４列目からは左下へ４個，…のように，数が小さい順に並んでいく。したがって，１行目の５列目からは左下へ５個並ぶから，５行目の１列目の数は，１＋２＋３＋４＋５＝15となる。よって，１行目の６列目の数は，15＋１＝16である。

	１列目	２列目	３列目	４列目	５列目	…
１行目	1	2	4	7	11	
２行目	3 ↙	5 ↙	8 ↙			
３行目	6 ↙	9 ↙				
４行目	10 ↙					
⋮						

⑵　６行目の１列目は，15＋６＝21なので，１行目の７列目は，21＋１＝22である。また，７行目の１列目は，21＋７＝28なので，１行目の８列目は，28＋１＝29である。よって，１行目の５列目から８列目までの数をすべて足すと，11＋16＋22＋29＝78になる。

⑶　８行目の１列目は，28＋８＝36，９行目の１列目は，36＋９＝45，10行目の１列目は，45＋10＝55だから，１行目の11列目は，55＋１＝56となる。よって，60は１行目の11列目から左下へ，60－56＝４(つ)進んだところにあるので，１＋４＝５(行目)の，11－４＝７(列目)にある。

3　平面図形の構成，約数

⑴　右の図１で，正方形Ａ，Ｂの１辺の長さは，もとの長方形の縦の長さと同じ76cmだから，①の長さは，209－76×２＝57(cm)となる。すると，正方形Ｃの１辺の長さは57cmなので，②の長さは，76－57＝19(cm)とわかる。

図１

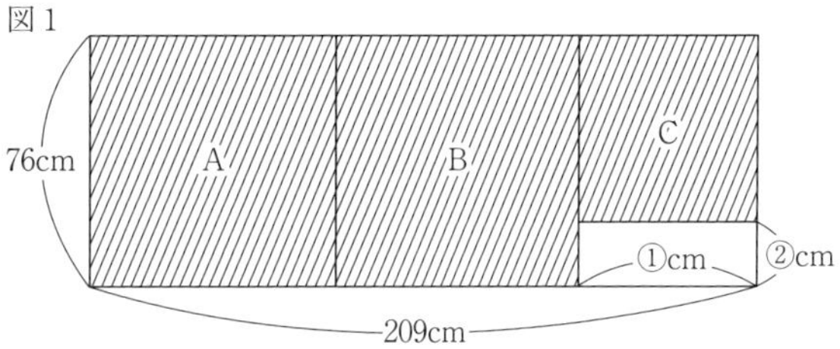

⑵　タイルの枚数を最も少なくするので，正方形のタイルの１辺の長さは，76cm，209cmの最大公約数となる。⑴より，縦76cm，横209cmの長方形は，１辺19cmのタイルを，縦に，76÷19＝４(枚)，横に，209÷19＝11(枚)並べると，しきつめることができる。つまり，19は76と209の公約数であり，４と11の公約数は１しかないので，19は76と209の最大公約数とわかる。よって，タイルを最も少なくするときのタイルの枚数は，４×11＝44(枚)と求められる。

⑶　右の図２のような縦551cm，横1189cmの長方形を考えると，1189÷551＝２あまり87，551÷87＝６あまり29，87÷29＝３より，図２のように分割できる。したがって，１辺29cmの正方形を，もとの長方形の縦の辺に，551÷29＝19(枚)並べ，もとの長方形の横の辺に，1189÷29＝41(枚)並べると，ちょうどしきつめることができるので，29は551と1189の公約数である。また，19と41の公約数は１しかないから，551と1189の最大公約数は29とわかる。

図２

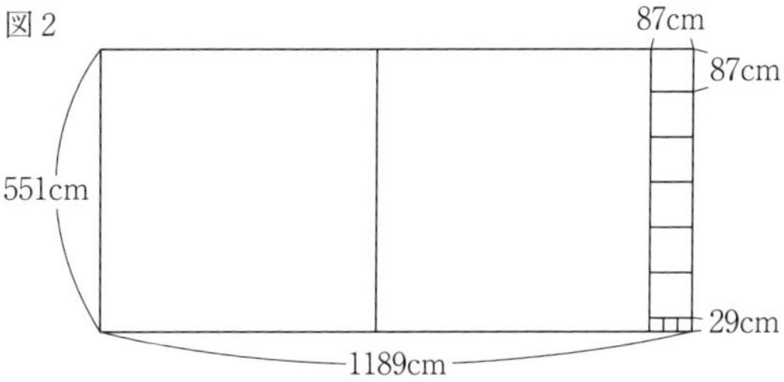

4　グラフ―図形の移動，長さ，面積

⑴　下の図①のように，各頂点の記号を決める(図①は重なり始めた状態を表している)。問題文中のグラフより，重なり始めてから４秒後に，重なった部分の面積の増え方が変わっている(グラフが折れ曲がっている)から，下の図②のように，点Ａが正方形(イ)の辺PQ上にきたことがわかる。よって，ABの長さは４秒間で図形(ア)が動いた長さに等しいので，１×４＝４(cm)となる。

(2)　４秒後の重なった部分の面積は28cm^{2}なので，BCの長さは，28÷４＝７(cm)である。また，22秒後に重なった部分の面積が０になるので，22秒後に点Ｄが点Ｒと重なる。したがって，DCとQRの長さの和は，１×22＝22(cm)だから，DCの長さは，22－10＝12(cm)となり，EFの長さは，12－４＝８(cm)とわかる。すると，下の図③のように，点Ｃが点Ｒと重なるのは，10÷１＝10(秒後)，下の図④のように，点Ｄが点Ｑと重なるのは，12÷１＝12(秒後)，下の図⑤のように，点Ａが辺RS上にくるのは，(４＋10)÷１＝14(秒後)となる。グラフの(あ)は図⑤のときの重なった部分の面積を表すから，その面積は，10×８＝80(cm^2)である。

(3)　図③のときの重なった部分の面積は，10×10－(10－７)×４＝100－12＝88(cm^2)なので，重なった部分の面積が１回目に40cm^{2}になるのは，図②から図③までの間である。この間に，重なった部分の面積は，10－４＝６(秒間)で，88－28＝60(cm^2)増えるので，１秒間で，60÷６＝10(cm^2)増える。したがって，重なった部分の面積が１回目に40cm^{2}になるのは，図②のときから，(40－28)÷10＝1.2(秒後)なので，重なり始めてから，４＋1.2＝5.2(秒後)とわかる。次に，図⑤の後，点Ｄが点Ｒと重なるまでの，22－14＝８(秒間)で，重なった部分の面積は80cm^{2}減るので，１秒間で，80÷８＝10(cm^2)減る。よって，重なった部分の面積が２回目に40cm^{2}になるのは，図⑤のときから，(80－40)÷10＝４(秒後)なので，14＋４＝18(秒後)とわかる。

図①

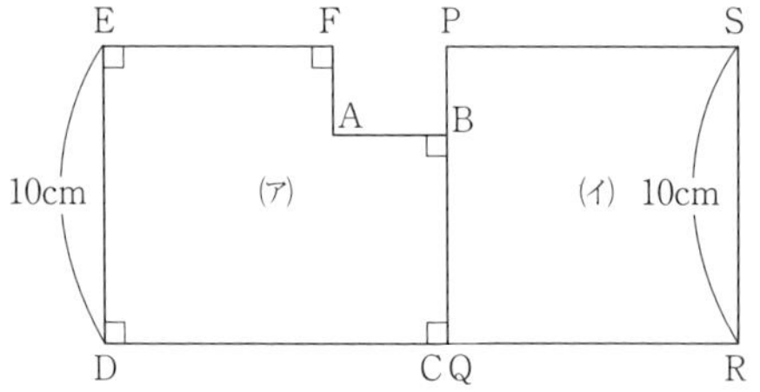

図②

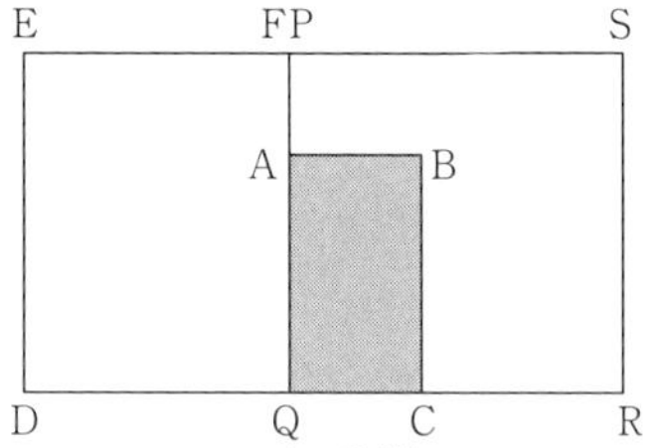

(４秒後)

図③

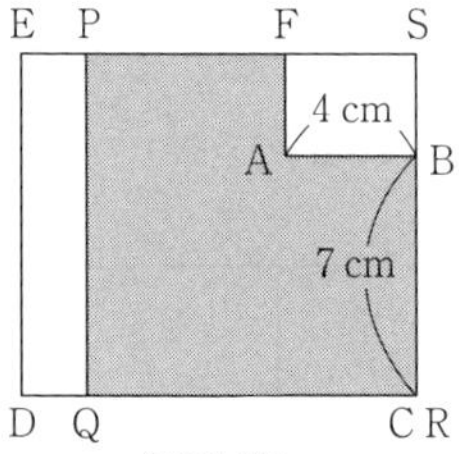

(10秒後)

図④

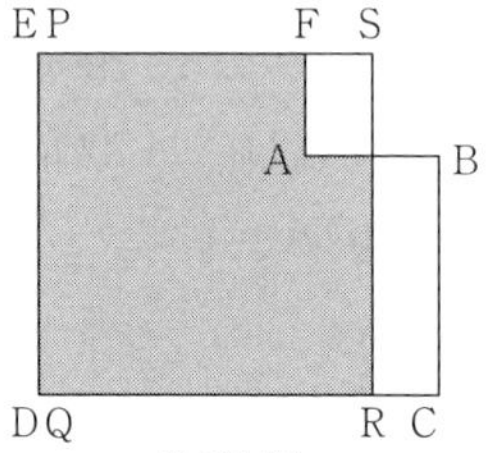

(12秒後)

図⑤

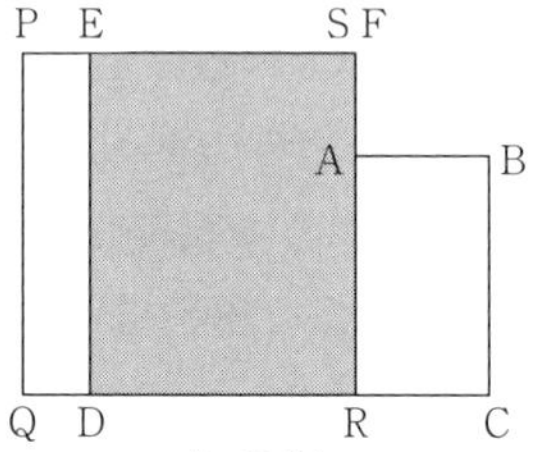

(14秒後)

社　会　＜第２回試験＞（35分）＜満点：75点＞

解　答

1　**問１**　オ　**問２**　エ　**問３**　エ　**問４**　エ　**問５**　ア　**問６**　足利義政　**問７**　隋　**問８**　(例)　戸籍にもとづいて，６歳以上の男子に２段，女子にその３分の２の口分田とよばれる田地を与え，死後，国に返させた制度。　**問９**　**３番目**…Ｈ　**６番目**…Ｃ

2　**問１**　**i**　平　**ii**　ア　**問２**　**i**　ア　**ii**　武田　**iii**　ポルトガル　**問３**　**i**　イ　**ii**　(例)　明治政府軍は徴兵された人たちで組織され，西郷隆盛軍は士族で組織された。

3 問1　i　クリミア　ii　イ　問2　NATO　問3　エ　問4　小麦　問5　円安　問6　a　エ　b　ウ　問7　c　エ　d　イ　問8　i　A　カ　B　ア　C　エ　ii　A　ケ　B　イ　C　エ　**4**　Ⅰ　問1　SDGs　問2　ア　問3　エ　Ⅱ　問1　1　審査　2　心身　3　弾劾　4　10　問2　A　比例代表　B　4　C　18　D　25　Ⅲ　問1　1　38　2　国交　問2　エ　問3　エ　問4　イ

解　説

1　各時代の歴史的なことがらについての問題

問1　アは江戸時代の稲作，イは鎌倉時代の稲作についての文である。ウの土偶《どぐう》は食物の豊かさを祈るために縄文時代につくられたもので，稲作が広まったのは弥生時代である。エについて，湿気《しっけ》を防いで風通しをよくするために床が高くなっている高床倉庫に稲を保管した。

問2　1929年10月，ニューヨークのウォール街の株価大暴落をきっかけとして，世界恐慌《きょうこう》とよばれる不景気が世界中に広がった。日本の都市では輸出が減少したことで，企業の生産縮小や倒産があいつぎ，失業者が増加した。また，農村では米など農産物の価格が大きく下がり，小作争議が激しくなった。なお，米騒動が起こったのは1918年のことである。

問3　18世紀後半，関東地方から東北地方にかけて，天候不良や冷害により農作物の収穫が激減する天明のききんが起こった。この結果，百姓一揆や打ちこわしが増加し，老中の田沼意次は辞職に追いこまれ，そのあとに老中となった松平定信が寛政の改革を始めた。

問4　北条義時は，執権の地位を確立した鎌倉幕府の第２代執権で，1221年に後鳥羽上皇が鎌倉幕府から朝廷に政権を取り戻すために承久の乱を起こすと，御家人を率いて戦い，朝廷側の軍勢に勝利した。

問5　ポーツマス条約は，1905年に結ばれた日露戦争の講和条約で，韓国における日本の指導的立場をロシアが認めることや，長春以南の鉄道と周辺の鉱山，旅順・大連の租借権，樺太の南半分を日本にゆずることなどが決められた。

問6　室町幕府の第８代将軍足利義政は，京都の東山に山荘をつくり始め，銀閣を建てた。その１階は現代の和風住宅建築様式の原型となる書院造，２階は禅宗様(唐様)の仏堂になっている。

問7　小野妹子は，隋(中国)の進んだ制度や文化を取り入れようとした聖徳太子(厩戸皇子《うまやどのおうじ》)の命令により，607年と608年に遣隋使として派遣され，中国との対等な関係を望む聖徳太子の手紙を中国の皇帝にわたした。

問8　班田収授法により，戸籍と計帳にもとづき，６歳以上のすべての人々に性別や身分に応じて，国から口分田とよばれる田地が支給された。口分田は男子に２段，女子にはその３分の２が与《あた》えられ，死ぬと国に返すことになっていた。

問9　時代順に並べると，A(弥生時代)→G(飛鳥時代初期)→H(飛鳥時代末期)→D(鎌倉時代)→F(室町時代)→C(江戸時代)→E(明治時代)→B(昭和時代)となる。

2　歴史的な史料を題材とした問題

問1　i　1185年，屋島の戦い(香川県)に負けた平氏は西に逃げ，これを追う源氏を壇ノ浦《だんのうら》(山口県下関市)でむかえうったが，源義経率いる源氏に敗れ，平氏は滅亡した。　ii　1159年の平治の乱で敵対していた源義朝(源頼朝の父)を破った平清盛は，1167年に武士として最初の太政大臣となり，娘を天皇にとつがせ，平氏一族で朝廷の重要な役職を独占《どくせん》し，大きな権力を握った。

問２　ⅰ　狩野《かのう》永徳は，安土桃山時代に織田信長と豊臣秀吉に仕え，安土城や大阪城などの障子やふすまに，大和絵と水墨画とを融合《ゆうごう》させた豪華な絵を描いた。代表作は，秀吉が毛利軍との講和を記念しておくったともいわれるアの『唐獅子《じし》図屏風《びょうぶ》』である。なお，イは雪舟《せっしゅう》，ウは葛飾北斎，エは俵《たわら》屋《や》宗達の作品。　ⅱ　1575年，織田信長・徳川家康連合軍は，長篠(愛知県)で鉄砲約3000丁を用いて武田氏の騎馬隊を撃破し，勝利した。史料Ｂの『長篠合戦図屛風』にはこの戦いのようすが描かれており，左手に織田・徳川連合軍が，右手に武田軍が見られる。　ⅲ　1543年，種子《たねが》島(鹿児島県)に流れ着いた中国船に乗っていたポルトガル人が，鉄砲を伝えた。鉄砲は戦国大名に必要とされ，数十年後には大量に生産することが可能になり，急速に全国に普《ふ》及《きゅう》した。

問３　ⅰ　四民平等の世の中をめざした明治政府は，それまでの士農工商の身分制度を廃止《はいし》し，新たに公家・大名を華族，武士を士族，農民・町人や彼らより低い身分とされていた人々を平民とした。なお，アは太平洋戦争後に行われたことである。ウは「綿糸」ではなく「生糸」が正しい。エの地租改正により，土地の所有者が，豊作・不作にかかわらず地租として地価の３％を現金で納めることになった。　ⅱ　史料Ｃは，征韓論に敗れて故郷の鹿児島県に帰っていた西郷隆盛を中心に，明治政府に対して1877年に起こした西南戦争のようすである。明治政府に不満を持つ士族で組織された西郷軍は，徴兵制により組織された近代的な装備の明治政府軍によって，半年でしずめられた。

3　世界との貿易，日本の世界自然遺産についての問題

問１　ⅰ　ロシアは，2014年にウクライナで親ロシア派のヤヌコビッチ大統領が解任されると，クリミア半島に軍事介入してロシアへの編入を宣言し，2022年２月にはウクライナ東部に住むロシア系住民を守るという口実でウクライナに攻め込み，戦闘を続けている(2023年４月現在)。　ⅱ　クリミア半島は，黒海につき出た三角形の半島である。

問２　NATO(北大西洋条約機構)は，冷戦を背景にアメリカ・カナダ・イギリス・フランスなどの間で1949年に結成された軍事同盟で，冷戦後にはポーランドやルーマニアなどの東ヨーロッパの国々も加盟するようになり，ウクライナも加盟の意向を示していた。

問３　ロシアの極東に位置するサハリン島を取り巻く９つの地域で，石油・天然ガスを開発する計画を「サハリンプロジェクト」という。日本がこれに参加し，地理的に近いサハリンから石油・天然ガスを輸入することは，エネルギー安全保障に役立っているといわれる。

問４　小麦は寒さや乾燥に強く，北アメリカとアジアからヨーロッパにかけての比較的冷涼な地域や乾燥地帯でおもに生産される。ロシアでは黒海とカスピ海の間のコーカサス山脈の北側，ウクライナでは東部の黒土地帯が，小麦の有名な産地となっている。

問５　１ドルと交換する際，115円が必要な場合と136円が必要な場合を比べると，136円で交換するほうが支払う円が多く，円の価値が安いといえるので，１ドル＝115円だった為替相場が１ドル＝136円になることは，円安になったと判断できる。

問６　ａ　第１位のオーストラリアと第２位のアメリカで輸入量全体の90％近くを占《し》めていることから，牛肉である。　ｂ　大半が飼料となるもので，第１位のアメリカと第２位のブラジルで輸入量全体の95％以上を占めていることから，とうもろこしである。

問7　**c**　語群の中でオーストラリアが最大の輸入相手国となっているのは，鉄鉱石と石炭であるが，鉄鉱石の上位3か国は，オーストラリア，ブラジル，カナダである。統計資料は『世界国勢図会』2022／23年版による。　**d**　原油は第1位のサウジアラビア，第2位のアラブ首長国連邦をはじめ，上位を中東の国が占めている。

問8　**ⅰ，ⅱ**　**A**　屋久《やく》島は，九州の南に位置する円形の島で，亜《あ》熱帯から亜高山帯までの植物相が分布していることや，樹齢《じゅれい》数千年の縄文杉をはじめとする杉の原生林が広がっている。なお，コは種子島。　**B**　知床《しれとこ》は，北海道の東部に位置する半島で，流氷のはぐくむ海の生態系と手つかずに近い陸の生態系の連鎖《れんさ》がみられ，ヒグマ・シマフクロウ・オオワシなど希少な動物の生息地となっている。なお，ウは根室半島。　**C**　白神山地は，青森県と秋田県にまたがる山地で，世界最大級のブナの原生林で知られ，多種多様な動植物が豊かな生態系をはぐくむ貴重な地域となっている。

4　持続可能な開発目標，最高裁判所裁判官と衆議院議員選挙，朝鮮半島に関する問題

Ⅰ　**問1，問3**　2015年9月の国連総会で採択《さいたく》されたSDGs(持続可能な開発目標)は，世界中の人が平和で豊かに暮らせることをめざす世界共通の目標で，2030年までに達成すべき17の目標からなる。これらの目標はそれぞれを関連させ，発展途上国だけでなく先進国も一丸となって取り組むことが求められている。

問2　SDGsの17の目標では，1が「貧困《ひんこん》をなくそう」，2が「飢餓《きが》をゼロに」，8が「働きがいも経済成長も」，11が「住み続けられるまちづくりを」となっている。

Ⅱ　**問1**　**1，4**　国民審査は，最高裁判所の裁判官が適任かどうかを国民が審査するしくみで，任命後に初めて行われる衆議院議員総選挙のときと，その後10年を経過して初めて行われる総選挙のたびに審査される。　**2，3**　日本国憲法第78条では，「裁判官は，裁判により，心身の故障のために職務を執《と》ることができないと決定された場合を除いては，公《おおやけ》の弾劾《だんがい》によらなければ罷免《ひめん》されない」と定められている。

問2　**A**　衆議院議員選挙の選挙区は，1つの選挙区から1人が選ばれる小選挙区と，全国を11ブロックに分けて政党名を書いて投票し，その得票数に応じて議席を配分する比例代表に分かれる。この衆議院の選挙制度を小選挙区比例代表並立制という。　**B**　衆議院議員の任期は4年であるが，任期途中に解散が行われることもある。　**C，D**　選挙権は18歳以上の日本国民に与えられるが，選挙に立候補する権利である被選挙権は選挙によって異なり，衆議院議員選挙の場合は25歳以上の日本国民に与えられている。

Ⅲ　**問1**　**1**　1950年に朝鮮民主主義人民共和国(北朝鮮)と大韓民国(韓国)との間で朝鮮戦争が始まり，1953年に板門店で休戦協定が結ばれた。しかし，両国は北緯38度線を境界にいまだに分断されている。　**2**　1965年に日韓基本条約が結ばれたことにより，日本は韓国との国交を正常化したが，現在，日本と北朝鮮との間には国交がない。

問2　2022年3月に韓国大統領選挙が行われ，5月にユン・ソギョル(尹錫悦)が新大統領に就任した。ユン大統領は日本に友好的な姿勢を示しているため，日韓関係の改善が期待されている。アとイは韓国元大統領，ウは韓国前大統領。

問3　韓国と日本との間で領有問題となっているのは，隠岐《おき》諸島の北西に位置する竹島(島根県隠岐の島町)である。1950年代に韓国が竹島は自国の支配下にあると一方的に宣言し，現在も武力支

配をしている。

問４　安全保障理事会は，世界の平和と安全の維持に対して最も重要な役割をはたす国際連合の機関で，朝鮮戦争が起こると，北朝鮮を侵略国とみなし，国連軍（ただし正規の国連軍ではない）を派遣することを決定した。

理　科　＜第２回試験＞（35分）＜満点：75点＞

解　答

1　(1)　**ア**　③　　**イ**　②　　(2)　気化　　(3)　(あ)　炭酸水　　(い)　ドライアイス　　(う)　(例)　石灰水に通して白くにごれば，二酸化炭素とわかる。　　(え)　(例)　二酸化炭素が地球温暖化を引き起こすと考えられているから。　　(4)　(か)　(例)　アンモニア　　(き)　(例)　赤色リトマス紙につけて，青色になればアルカリ性とわかる。　　(5)　(例)　生地を焼く過程でアルコールが蒸発してぬけるから。　　(6)　1700倍　　**2**　(1)　②　　(2)　④　　(3)　200ｇ　　(4)　②　　(5)　重心　　(6)　250ｇ　　(7)　(例)　糸を用いて，異なる２か所で板をつるす実験をそれぞれ行う。つるした糸の延長線をそれぞれ考え，その交点を求める。　　(8)　(例)　自身の重心が平均台の真上にあることを意識しながら渡る。　　**3**　(1)　(オ)　　(2)　イ　　(3)　250分　　(4)　**X**　(カ)　　**Y**　(エ)　　(5)　９，かん門脈　　(6)　**グルカゴン**…(ウ)　　**インスリン**…(イ)　　(7)　(例)　だ液の分泌を促進するため。／食物とだ液がよく混ざるため。　　(8)　(ア)→(カ)→(ク)→(ウ)　　(9)　(i)　(エ)，(キ)　　(ii)　(例)　アルカリ性である。　　**4**　(1)　**A**　２，６　　**B**　３，５　　(2)　(i)　５　　(ii)　６　　(3)　２，５，７　　(4)　(i)　３　　(ii)　３　　(5)　35分

解　説

1　**重曹《じゅうそう》や二酸化炭素の性質，物質の状態変化，水よう液の性質についての問題**

(1)　炭酸水素ナトリウム（重曹ともいう）は，加熱すると二酸化炭素と水が発生し，あとに炭酸ナトリウムが残る。炭酸ナトリウムは水にとけるとアルカリ性を示すので，入れすぎると苦味が出る。

(2)　おもちには多くの水分がふくまれているので，おもちを焼くと，おもちにふくまれるデンプンがやわらかくなるとともに，中の水分が気体の水蒸気に変化して，体積がとても大きくなるため，おもちがふくらむ。このように，液体が気体に変化することを気化（蒸発）という。

(3)　(あ)　二酸化炭素がとけた水のことを炭酸水といい，炭酸水は酸性を示す。　(い)　二酸化炭素を約－79℃まで冷やすと，液体にならずに直接固体のドライアイスに変化する。　(う)　二酸化炭素を石灰水に通すと水にとけない物質（炭酸カルシウム）ができるため，石灰水は白くにごる。このことから，発生した気体を石灰水に通して白くにごれば二酸化炭素と確認できる。　(え)　二酸化炭素は熱を吸収しやすく，地表から放射された熱を吸収し，その一部を再び地表に戻《もど》す働きをもつので，大気中の二酸化炭素の増加が地球温暖化を引き起こすと考えられている。

(4)　(か)，(き)　水にとけるとアルカリ性を示す物質には，アンモニアや水酸化ナトリウム，石けんなどがある。アルカリ性の水よう液には，赤色リトマス紙を青色に変化させる，BTB液を青色に変化させる，フェノールフタレイン液を赤色に変化させるなどの性質がある。

(5)　イーストによる発酵でできるアルコールの沸点《ふってん》は約78℃なので，パンの生地を高温で焼くと

きに，生地にふくまれているアルコールは蒸発してぬけてしまう。

(6)　１Ｌは$1000cm^3$なので，1.7Ｌは$1700cm^3$となる。よって，$1cm^3$の水が水蒸気になったとき，その体積は，1700÷１＝1700(倍)になる。

2　てこのつり合いについての問題

(1)　均質で太さが一様な棒は，中点を支点にするとつり合う。

(2)　①と②は支点の左側にしかおもりがないので，棒は左回りに回転する。③で，棒を左回りに回転させるはたらきは，40×50＝2000，棒を右回りに回転させるはたらきは，100×20＝2000となるので，棒は水平につり合う。④で，棒を左回りに回転させるはたらきは，60×50＝3000，棒を右回りに回転させるはたらきは，100×40＝4000となるので，棒は右回りに回転する。

(3)　つり下げるおもりの重さを□ｇとすると，棒が水平につり合うとき，3000＋□×５＝4000となる。よって，□＝200(ｇ)と求められる。

(4)　図の棒は左側が太くて重いので、棒の中央より左側を支点にするとつり合うと考えられる。

(5)　物体の重さが一点に集中していると考えられる点を重心という。(1)や(4)のように，支点をふくむたての直線上に重心があると，物体はつり合う。

(6)　棒の重さ(100ｇ)は棒の中点から左側25cmにある重心に集中しているから，支点から，50－25＝25(cm)のところに100ｇのおもりがつり下げられていると考える。よって，支点から右に10cmのところにつり下げるおもりの重さを□ｇとすると，100×25＝□×10より，□＝250(ｇ)と求められる。

(7)　物体を１か所で支えているとき，重心は支点をふくむたての直線上にあるので，まず右の図①のように，ある点を糸でつるしてつり合わせ，つるした糸を物体の方へ延長した直線を記録する。次に右の図②のように，図①と異なる点を糸でつるし，同様にして直線を記録する。記録した２本の線の交点が重心の位置となる。

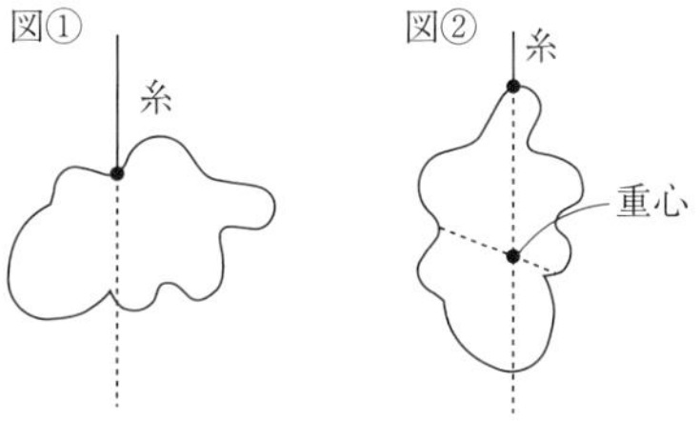

(8)　体の重心が平均台の上にあれば落ちることはないので，自身の重心が平均台の真上にあることを意識しながら渡《わた》ればよい。

3　消化と吸収，排出《はいしゅつ》についての問題

(1)　タンパク質を分解すると，人体にとって有毒なアンモニアが生じる。アンモニアはかん臓で尿素《にょうそ》に変えられ，じん臓で余分な塩分や水分とともにこしとられて尿となり，体外に排出される。

(2)　バソプレシンが放出されると，水分の再吸収が促進《そくしん》されることから，体内の水分が少なくなるとバソプレシンが体内に放出される量が増加し，水分が再吸収される量が増加する。このため，体外に放出される尿の量は減少する。

(3)　原尿の99％が再吸収されるから，１分間にぼうこうにたまる尿の量は原尿の，100－99＝１(％)なので，120×0.01＝1.2(mL)とわかる。したがって，ぼうこうに300mLの尿がたまるまでの時間は，300÷1.2＝250(分)となる。

(4)　**X**　胃ではペプシンという酵素《こうそ》をふくむ酸性の消化液が出されており，ペプシンはタンパク質をペプトンに分解する。　**Y**　すい臓で出されるすい液には，デンプン，タンパク質，脂肪《しぼう》を分解する酵素がふくまれている。消化液のはたらきによって，デンプンはブドウ糖，タンパク質はア

ミノ酸，脂肪は脂肪酸とモノグリセリドにまで分解される。

(5)　小腸で吸収されたブドウ糖などの養分はかん臓に運ばれ，その一部はかん臓にたくわえられる。よって，食事をした後に血液中の糖分が最も多くなる血管は，小腸からかん臓へと向かうかん門脈である。

(6)　血液中にふくまれる糖分は一定の範囲《はんい》に保たれていることから，血液中の糖分が少ない食前はグルカゴンが増加して，インスリンは減少すると考えられ，血液中の糖分が多い食後はグルカゴンが減少し，インスリンは増加すると考えられる。

(7)　食物をよくかむことで，だ液の分泌《ぶんぴつ》が促進されるとともに，食物が細かくくだかれてだ液と混ざりやすくなる。

(8)　口に入った食物は，食道→胃→小腸→大腸と運ばれ，不要なものは肛門《こうもん》から排出される。このような，食物が通過するひとつながりの管を消化管という。

(9)　十二指腸に出される消化液は，すい臓でつくられたすい液と，かん臓でつくられ，たんのうにたくわえられているたん汁《じゅう》である。小腸で働く多くの酵素は中性付近でよく働き，胃を通過した食物は酸性になっていることから，酸性から中性になるように，すい液とたん汁はアルカリ性であると推測することができる。

4　地層のでき方とその変化，化石についての問題

(1)　**A**　ある地層から，特定の環境《かんきょう》でのみ生息できる生物の化石が見つかったとき，その化石は地層が堆積《たいせき》したころの自然環境を推定するのに役立つ。このような化石を示相化石という。　**B**　地球上の幅広い環境で短期間だけ生存した生物の化石が見つかったとき，その化石は地層が堆積した年代を推定するのに役立つ。このような化石を示準化石という。

(2)　(i)　レキのような大きい粒《つぶ》ほど堆積しやすいため，河口付近の浅い海に堆積し，泥《どろ》のような小さい粒ほど堆積しにくいため，河口より遠い深い海に堆積する。　(ii)　浅い場所の地層ほど粒が大きく，深い場所の地層ほど粒が小さくなっていたことから，かつて小さい粒が堆積するような深い海であったが，しだいに大きい粒が堆積するような浅い海になったことがわかる。したがって，この地域では海水面が相対的に下降し，水深が浅くなっていったと推測できる。

(3)　柔《やわ》らかい地層ほどしゅう曲を起こしやすく，硬《かた》い地層ほどある面を境目としてずれて断層になりやすい。また，新しい地層や地表に近い地層は柔らかく，古い地層や深い位置の地層は上の層の重さで押《お》し固められていて硬い。なお，化石の有無はしゅう曲や断層と関係がない。

(4)　川の流れが緩《ゆる》やかな平野で，だ行した川が大雨などによって流れを変え，その一部が残ったものが三日月湖である。したがって，Ａ側は曲がった川の内側にあたり，Ｂ側は曲がった川の外側にあたるため，Ｂ側はＡ側に比べて湖の底の傾斜《けいしゃ》が急になっている。また，もとの川は，だ行していた部分がまっすぐつながるように流れを変えたと考えられるのでＣを選ぶ。

(5)　45億年を１年とすると，30万年は，$300000 \div 4500000000 = \frac{1}{15000}$(年)となるので，これを分になおすと，$\frac{1}{15000} \times 365 \times 24 \times 60 = 35.04$(分)より，ホモサピエンスが地球上に存在している30万年分は35分となる。

国　語　＜第２回試験＞（50分）＜満点：100点＞

解　答

一　下記を参照のこと。　二　①　自　②　一　③　百　④　半　⑤　十
三　**問１**　いきなり現れたよその男　**問２**　エ　**問３**　⑦　ウ　⑧　ア　**問４**　⑪　イ　⑬　ウ　**問５**　いつだって　**問６**　ウ　**問７**　高校へ行く（進学する）（こと。）　**問８**　イ　**問９**　ウ　**問10**　ア　**問11**　エ　**問12**　イ　**問13**　ア　**問14**　ウ　四　**問１**　**A**　フェロモン　**B**　接触刺激（順不同）　**問２**　**ア**　4　**イ**　6　**ウ**　3　**問３**　余命　**問４**　**C**　安全　**D**　危険　**問５**　全体の情報　**問６**　4→1→3→2　**問７**　エ　**問８**　労働力を無　**問９**　エ　**問10**　**ア**　高度な学習能力　**イ**　部族全体の生存確率　**問11**　ア

●漢字の書き取り

一　①　燃料　②　歓待　③　歴訪　④　断然　⑤　陛下

解　説

一　漢字の書き取り

①　熱や動力などを得るために燃やすもの。　②　客を喜んでもてなすこと。　③　いくつかの国や地方をつぎつぎ訪《おとず》れること。　④　ずばぬけて。　⑤　天皇や皇后《こうごう》，国王や王妃《おうひ》などをうやまってよぶ言葉。

二　四字熟語の完成

①　「自画自賛」は，自分で自分をほめること。　②　「一期一会《いちごいちえ》」は，一生に一度だけ出会うこと。　③　「百発百中」は，予想などがすべて当たること。　④　「半信半疑」は，半分信じ，半分疑うこと。　⑤　「十人十色」は，考えや好みなどが人によってそれぞれ異なること。

三　出典は瀧羽麻子《たきわあさこ》の『博士の長靴《ながぐつ》』による。息子の和也《かずや》より研究に関心があるようにみえる藤巻《ふじまき》先生のようすに和也は傷つくが，「僕《ぼく》」（昇《のぼる》）はその姿に過去の自分を重ね合わせる。

問１　少し後に母の恋人《こいびと》である「彼《かれ》」は「僕」に対して自分の将来を考えるようにと言ったが，「僕」は「いきなり現れたよその男」に家族の問題に口出しされて心外だと感じたとある。

問２　空らん⑪の次の段落に，父親にほめられた和也は笑顔《えがお》を見せたとある。ほめられて照れくさいのをかくすように冗談《じょうだん》めいた言い回しをしているが，うれしくてたまらないことがわかる。

問３　⑦　「水を向ける」は，“相手の関心が向くようにさそう”という意味。「僕」は，自分が切り出した気象の本に関する話に夢中になっている先生の話の腰《こし》を折ることをためらっているので，ウがよい。　⑧　「おざなり」は，その場しのぎでいいかげんであるようす。「生返事」は，気のない返事。

問４　⑪　父親がほめ，また見たいと言ってくれた絵を持ってきたにもかかわらず，すでにその絵への関心を失ったかのような父親の姿に，和也は深く失望した。引きこもった和也の気持ちを思い，母親である奥《おく》さんは「おろおろ」したと考えられる。「おろおろ」は，どうしてよいかわからず，落ち着きを失っているようす。　⑬　傷ついた和也を気にして「僕」は和也の部屋を訪れたのだから，和也の気持ちを知ろうとして「じっくり」見たと思われる。「じっくり」は，落ち着い

て時間をかけてものごとをするようす。

問５　空らん⑪をふくむ段落の次の段落に，和也は「いつだって陽気で快活で，いっそ軽薄《けいはく》な感じさえする」子だと書かれている。

問６　和也の家庭教師を頼《たの》まれたとき，熱心な研究者である藤巻先生が，学校の成績はあまり気にする必要がないと言ったことを，「僕」は回想している。自分に息子がいたら，本人の意向にかかわらず学問をさせようと思うだろうと語る「僕」に，先生の言葉は「意外」にひびいたと考えられる。

問７　母の恋人だった「彼」は，「高校に行っておいてよかったと思う日が必ず来る」と言い，高校へ行く（進学する）ことをすすめた。また，「彼のすすめ」にしたがった「僕」も，今なら高校にも大学にも通えてよかったと心から思い，彼のすすめが正しかったとわかるとある。

問８　「僕」は中学一年生の時から，母と弟二人を支えてきたと前書きにある。だが，「僕」が上京した春に母は弟たちを連れて恋人の家に引っ越《こ》し，夏休みに帰省した「僕」には，四人は本物の家族にしか見えなかった。自分が家族を支えてきたと自負していた「僕」にはその事実が受け入れがたかったものと思われるので，イがよい。

問９　絵を見せてほしいと言ったことも忘れて研究の話に夢中になり，和也を傷つけたことにも無自覚なほど，藤巻先生は研究に熱中しがちな人物である。奥さんはそんな先生を理解し，和也は父親にほめられて喜んでいるので，家族から見放されているわけではない。よって，ウが合う。

問10　被害《ひがい》を防げないなら天気の研究をする意味はないのではないかと言いたげな和也の発言が続いていたため，研究に打ちこんでいる藤巻先生が気を悪くするのではないかと心配して，「僕」は口を出したと思われる。よって，アがあてはまる。

問11　自分が「見たい」と言った絵を持ってもどってきた和也が声をかけても見向きもせず，研究の話に夢中だった藤巻先生は，奥さんにも呼びかけられてようやく我にかえり，和也の昔の絵を見るのだったと思い出して口をつぐんでいる。したがって，エがふさわしい。

問12　奥さんに声をかけられ，和也に絵を見せてほしいと頼んだことを思い出したはずの藤巻先生だったが，口にした言葉は研究に関するメモに使うらしい「紙と鉛筆《えんぴつ》を持ってきてくれ」というものだった。父親が自分より研究に関心があると知った和也は腹を立て，その場を去っている。

問13　藤巻先生が「僕」に楽しげに話すようすを見た和也は，あれほど楽しそうな父親を初めて見たと言って落ちこんでいた。それを聞いた「僕」も，恋人を紹介《しょうかい》するときの自分の母親が，「僕」が見たことのないほど幸せそうだったことに打ちのめされたことを思い出したのだから，アがよい。

問14　自分は「僕」ほど頭がよくないので父親に興味を持ってもらえないのだろうと言う和也に，藤巻先生は学校の成績のよしあしで人を評価はしないと「僕」は伝えている。自分とはちがう和也の個性を尊重し，得意なものをのばせばいいと考えているようだと話しているので，ウが合う。

四　出典は長谷川英祐《はせがわえいすけ》の『働かないアリに意義がある』による。集団生活をするムシの仕事のしかたや，齢間《れいかん》分業のパターンを人間と比べながら説明している。

問１　Ａ，Ｂ　仕事に仲間を動員するため，最小限の情報伝達の方法として使われるものが入るので，【２】【３】の「フェロモン」「接触刺激《せっしょくしげき》」が合う。

問２　ア　仕事が生じても，「コロニー全員での情報の共有」は行われないと前にある。後には，発見したセミが巣に運ばれてもかかわらなかったアリは全く知らず，その情報自体も共有されないと前の内容が言いかえられて続くので，前の内容を言いかえるときに使う「つまり」がよい。

イ　前には，人間の常識から考えると，余命が短いからという理由で危険な仕事に回すのは「ひどい話」に思えるとある。後には，集団全体の効率を高めるように進化してきた「社会性生物」は，合理的な方法を採用すると続く。よって，前後で逆の内容が置かれるときに使う「しかし」が入る。　　**ウ**　原始のヒトも「社会性生物」で，「老人の豊富な経験に基《もと》づく助言は部族全体の生存確率をあげた」と思われると前にある。後には，繁殖《はんしょく》能力や仕事の能力が低い「老人を大切にするのはヒトにとって有利な選択《せんたく》だった」と続くので，前の内容が後の内容の理由になっているときに使う「したがって」が合う。

問3　すでに長く生きた個体の「余命」と，生まれたばかりの個体の「それ」とを比べて，前者のほうが短いと述べた文である。よって，「それ」は「余命」を指す。

問4　ハチやアリの「齢間分業」のパターンは，余命の長さを考え，「労働力を無駄《むだ》なく使う目的に叶《かな》う」ように設定されたものになっている。次の段落の最初の文から，余命が短い個体は危険な仕事に回されることがわかるので，Dに「危険」，Cには危険でないことをいう「安全」が入る。

問5　空らんアをふくむ段落に，ムシの社会は，「仕事が生じたときに全体の情報伝達や共有なしにコロニーの部分部分が局所的に反応して処理」するスタイルだと書かれている。

問6　【1】～【4】の直前には，仕事が生じたときにムシたちはどうするのかという問いかけがある。落ちてきたセミを運ぶ仕事でこれを考えようと例をあげることを示す【4】が最初に来る。アリは仲間を動員する方法を選んだとある【1】が次に来るが，その方法にも手段が複数あるとして，最も原始的な方法をあげた【3】がこれに続く。より効率のよい方法を説明した【2】が最後になる。

問7　X　「こうして」と直前にあるので，前に説明されたセミをアリが巣まで運ぶ仕事をどう説明すればよいかを考える。セミが落ちてくるのは，突然《とつぜん》起こるようすをいう「突発的」，あるいはたまたま起こるようすをいう「偶発《ぐうはつ》的」なことにあたる。　　Y　ハチやアリの，余命が短い個体に危険な仕事をさせる「齢間分業」は，人間にとっては「ひどい話」に思えると前にある。よって，思いやりの気持ちがないようすをいう「無慈悲《じひ》」が合う。　　Z　ハチやアリの「齢間分業」は，労働力を無駄なく使うという意味で「合理的」なので採用されている。「合理的」は，道理にかなっているようす。

問8　ハチもアリも，余命が短い個体に危険な仕事をさせる齢間分業のパターンを採用している。これは，「労働力を無駄なく使う目的に叶う」点が利点といえる。

問9　余命が短い個体に危険な仕事をさせることが，「労働力を無駄なく使う目的に叶う」ことになるのは，「年寄りは余命が短いから死んでも損が少ない」からである。

問10　**ア**　最後から三番目の文に，ヒトはアリなどのムシとちがって「高度な学習能力」を持つため，ムシとは異なる「齢間分業」パターンが見られることが書かれている。　　**イ**　ぼう線部④の次の文に，老人は豊富な経験にもとづく助言で，「部族全体の生存確率」をあげたと述べられている。

問11　老人の知恵《ちえ》が部族全体の生存確率をあげることに役立つため，ヒトは老人を大切にするが，ムシの場合は種の生存の確率を高めるため，余命の短い個体に危険な仕事を割りふることが合理的といえる。年取った個体のあつかいが，人は「倫理」に，ムシは「論理」にもとづくことになる。

2023 年度　江戸川女子中学校

【算　数】〈第３回試験〉（50分）〈満点：100点〉

1　次の □ にあてはまる数，または記号を答えなさい。

(1)　$\dfrac{13}{24}-\left\{\dfrac{2}{3}-\dfrac{3}{22}\times\left(1\dfrac{1}{12}+0.75\right)\right\}=\square$

(2)　$1\dfrac{1}{3}-\dfrac{1}{12}\div\left(0.2-\square\right)=\dfrac{5}{6}$

(3)　1から20までの数を足して，ある数を引いたら187になりました。引いた数は □ です。

(4)　赤玉３個，白玉３個，黄玉２個の合計８個の玉があります。同じ色の玉の区別はつきません。これら８個の玉から３個を選ぶ方法は □ 通りあります。

(5)　AさんとBさんの所持金の比は３：５でしたが，AさんはCさんから120円もらい，Bさんは300円使ったので，所持金の比は８：５になりました。Aさんの最初の所持金は □ 円です。

(6)　ある湖のまわりに木を植えていきます。7mの間隔《かんかく》で植えると，17mの間隔で植えたときよりも170本多く木が必要になります。この湖のまわりの長さは □ mです。

(7)　整数Aに次の【ルール】をくり返し適用していきます。

【ルール】Aが偶数《ぐうすう》のときはA÷2，Aが奇数《きすう》のときは３×A＋１

例えば，この【ルール】を12に２回適用すると，12→6→3，11に２回適用すると，11→34→17となります。このとき，８にこの【ルール】を100回適用すると □ になります。

⑻ A，B，Cの3人が競走した後，3人に順位を聞いてみると次のように答えました。

A：「ぼくは1位だった」

B：「わたしは2位だった」

C：「ぼくは1位ではなかった」

この3人のうち，1人はうそを言い，2人は正しく言っています。

このとき，うそを言っているのは □ です。

⑼ 次の立方体の展開図を組み立てたとき，頂点Aから最もはなれている頂点は □ です。

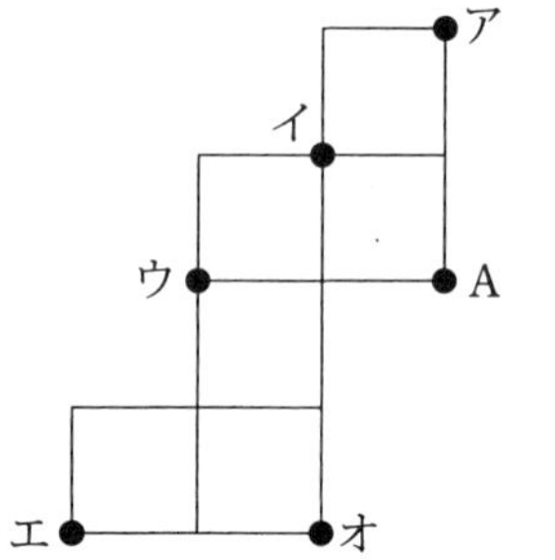

⑽ 図は，面積が12 cm^2 である三角形ABCを，BCと平行なDEを折り目として折り曲げたものです。

AD：DB＝2：1であるとき，斜線《しゃせん》部分の面積は □ cm^2 です。

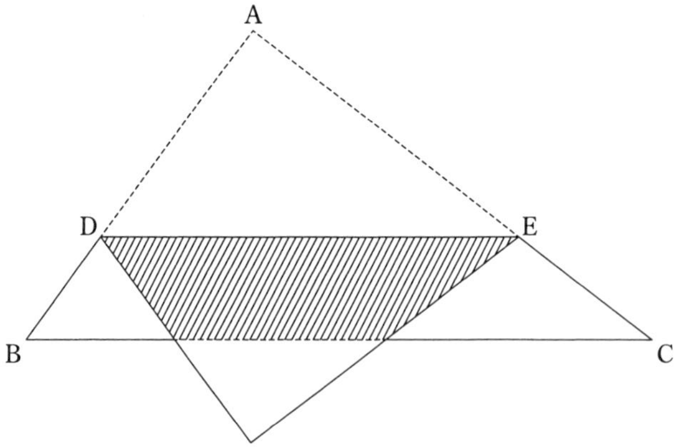

⑾　次の図の斜線《しゃせん》部分を，直線 ℓ を軸として１回転させてできる立体の体積は □ cm^3 です。ただし，円周率は 3.14 とします。

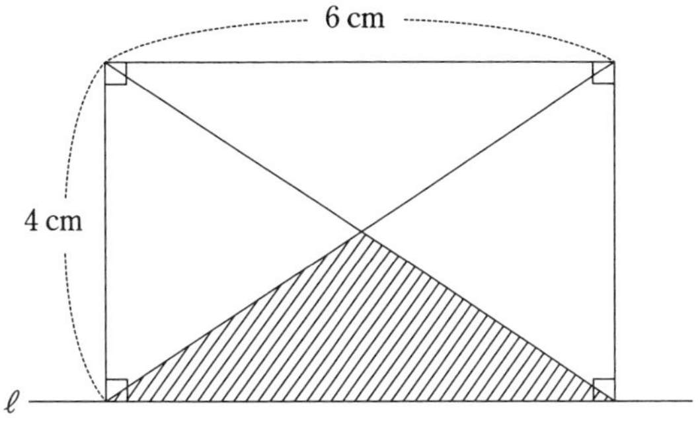

2　次のように，数字がある規則にしたがって並んでいます。

0 1 2 3 4 5 6 7 8 9 1 0 1 1 1 2 1 3 1 4 …

このとき，11 番目の数字は 1，12 番目の数字は 0 となります。次の問に答えなさい。

⑴　30 番目の数字は何ですか。

⑵　5 個目の数字の 9 は何番目の数字ですか。

⑶　1 番目から 100 番目までの 100 個の数字をすべて足すといくつになりますか。

3　図１は直方体を３つ組み合わせた容器です。この容器に毎秒 30 cm³ の割合で水を入れます。図２のグラフは，その時間（秒）と容器内の水の深さ（cm）の関係を表したものです。このとき，後の問に答えなさい。

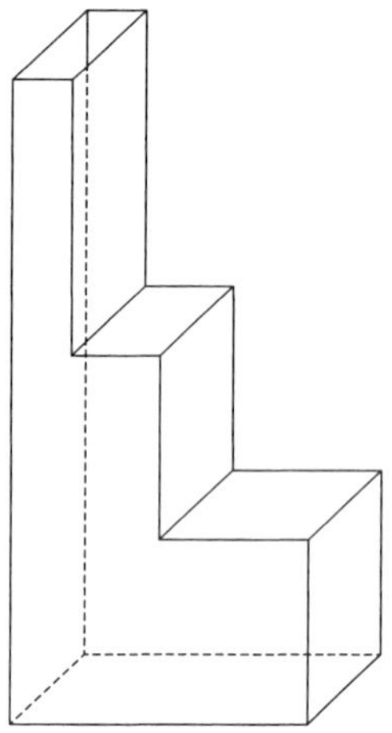

図１

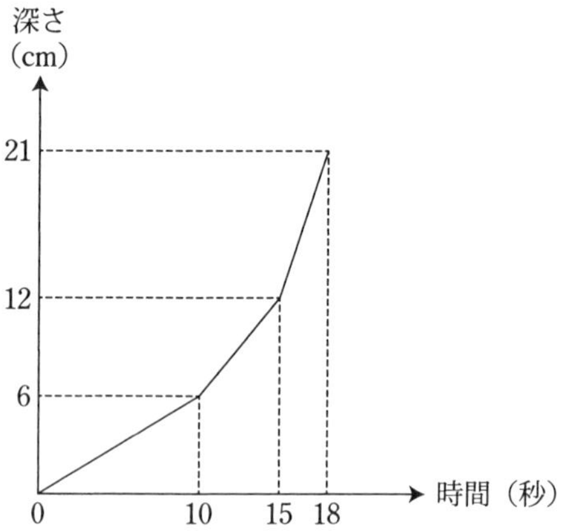

図２

⑴　８秒後の水の深さは何 cm ですか。

⑵　水の深さが８cm のとき，水面の面積は何 cm² ですか。

⑶　この容器を空にして，今度は毎秒 40 cm³ の割合で水を入れるとき，入れ始めてから 12 秒後の水の深さは何 cm ですか。

4 机の上に直径２cmの円Ｐと直径３cmの円Ｑがあります。図のように円Ｐは円Ｑの北にあり，その中には先が円Ｑにつくように矢印（↓）がかいてあります。この状態から円Ｑは動かさず，時計回りに円Ｐを円Ｑのまわりにすべらないように転がします。このとき，後の問に答えなさい。ただし，円周率は3.14とします。

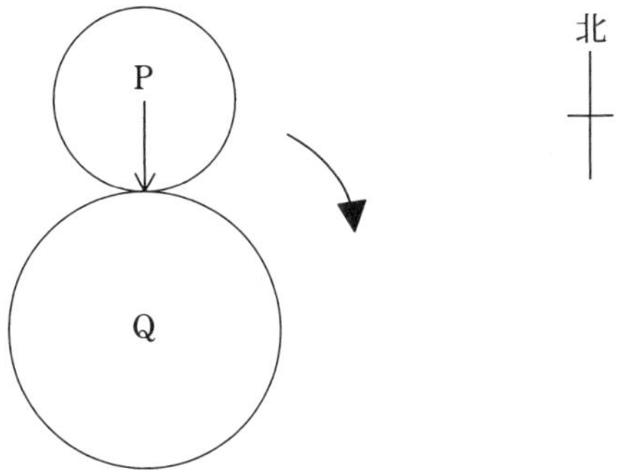

(1) 矢印の先が再び円Ｑについたとき，円Ｐは円Ｑの円周上を何cm転がりましたか。

(2) 円Ｐが再び円Ｑの北にきたとき（最初の位置），矢印はどの方向を向いていますか。最も適当なものを次の中から選びなさい。

【　北　　北東　　東　　南東　　南　　南西　　西　　北西　】

(3) 矢印が２回目に北（↑）を向いたとき，円Ｐは円Ｑの円周上を何cm転がりましたか。

【社　会】〈第３回試験〉（35分）〈満点：75点〉

1　次のＡ～Ｈの文は、日本の各時代について説明したものである。これらを参照して各問に答えよ。

Ａ　①武田信玄《しんげん》と上杉謙信《けんしん》が、長野県の川中島で５度にわたって戦った。

Ｂ　経済が大きく発展し、②高度経済成長とよばれた。

Ｃ　③蘇我《そが》氏が物部《もののべ》氏を滅ぼした。

Ｄ　④日英同盟が結ばれた。

Ｅ　⑤平安京に都を移した。

Ｆ　（　⑥　）が征夷大将軍に任命され、京都に幕府を開いた。

Ｇ　山上憶良《やまのうえのおくら》が、⑦貧窮問答歌《ひんきゅうもんどうか》をよんだ。

Ｈ　東海道の箱根の関所では、⑧「入鉄砲《いりでっぽう》」と「出女《でおんな》」を厳しく取り締まった。

問１　下線①について、武田信玄は、『甲州法度之次第《こうしゅうはっとのしだい》』という分国法を制定したことで知られる。この『甲州法度之次第』の条文をわかりやすく書いたものとして**正しい**文を下のア～エから１つ選べ。

ア　農民が、刀・弓・やり・鉄砲、そのほかの武器を持つことを、かたく禁止する。

イ　和をとうとび、争うことのないようにすること。

ウ　喧嘩《けんか》はどのような理由であっても処罰する。ただし、喧嘩をしかけられても我慢した者は処罰しない。

エ　守護の仕事は、御家人を京都の警備に動員することと犯罪人を取り締まることである。

問２　下線②について、**正しい**文を下のア～エから１つ選べ。ただし、すべて誤っている場合はオで答えよ。

ア　エネルギーが石炭から石油に変化した。

イ　八幡製鉄所が設立されるなど重工業が発展した。

ウ　神通川《じんづうがわ》のカドミウム汚染問題や足尾銅山の鉱毒問題など公害が深刻化した。

エ　ラジオ放送が東京で始まった。

問３　下線③について、**正しい**文を下のア～エから１つ選べ。ただし、すべて誤っている場合はオで答えよ。

ア　蘇我氏と物部氏は、仏教の受け入れをめぐって対立していた。

イ　大海人皇子は、蘇我氏とともに物部氏と戦った。

ウ　蘇我氏が物部氏を滅ぼしたときの大王は、女性だった。

エ　このあと蘇我氏によっておこなわれた政治改革を大化改新という。

問４　下線④について、日英同盟が結ばれてから廃止されるまでの間におこったできごととして**正しい**ものを下のア～エから１つ選べ。ただし、すべて誤っている場合はオで答えよ。

ア　第一次世界大戦がおこった。

イ　第二次世界大戦がおこった。

ウ　日清戦争がおこった。

エ　満州事変がおこった。

問５　下線⑤について、**正しい**文を下のア～エから１つ選べ。ただし、すべて誤っている場合はオで答えよ。

ア　飛鳥から平安京に都を移した。

イ　天武天皇が、平安京に都を移した。

ウ　平安京は、西側が海に面しており、海上交通の便が良かった。

エ　朝廷は仏教を保護し、平安京には、国分寺・国分尼寺などの数多くの寺院がつくられた。

問６　空欄⑥に入る人物を漢字で答えよ。

問７　下線⑦について、貧窮問答歌は、日本で最も古い和歌集に収録されている。この和歌集を漢字で答えよ。

問８　下線⑧について、これはどういうことか、厳しく取り締まった目的にも触れたうえで、４０字以上６０字以内で答えよ。

問９　Ａ～Ｈの文を時代順に正しく並べた場合、その３番目と６番目にくる文を、それぞれＡ～Ｈで答えよ。

2　次のＡ～Ｄの図・写真を参照して各問に答えよ。

Ａ

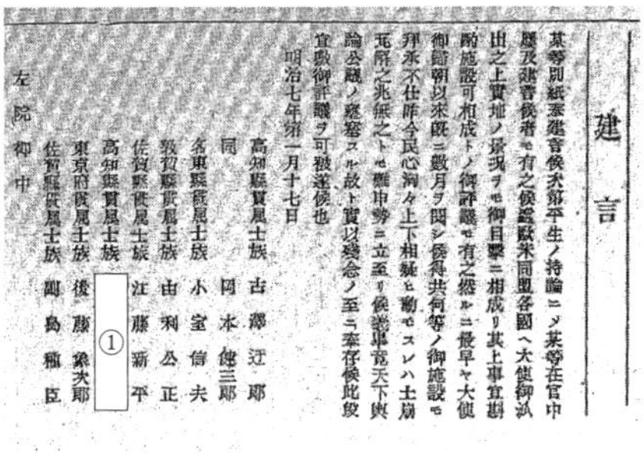

建言

某等別紙奉建言候次第平生ノ持論ニシテ某等在官中屢及建言候者モ有之候處欧米同盟各國ヘ大使御派出之上實地ノ景況ヲモ御目撃ニ相成リ其上事宜斟酌施設可相成トノ御評議モ有之趣ニ候處最早ヤ大使御歸朝以來既ニ數月ヲ閲シ候得共何等ノ御施設モ拜承不仕昨今民心洶々上下相疑ヒ動モスレハ土崩瓦解之兆無之トモ難申勢ニ立至リ候義畢竟天下輿論公議ノ壅塞スル故ト實以痛念ノ至ニ奉存候此段宜敷御評議ヲ可被遂候也

明治七年第一月十七日

高知縣貫屬士族　古澤迂郎

同　岡本健三郎

名東縣貫屬士族　小室信夫

敦賀縣貫屬士族　由利公正

佐賀縣貫屬士族　江藤新平

高知縣貫屬士族　①

東京府貫屬士族　後藤象次郎

佐賀縣貫屬士族　副島種臣

左院御中

Ｂ

Ｃ

Ｄ

問１　Ａの写真は、新聞に掲載された「民撰《みんせん》議院《ぎいん》設立《せつりつ》建白書《けんぱくしょ》」である。これについて、次の〔ｉ〕・〔ii〕の問に答えよ。

〔ｉ〕「民撰議院設立建白書」とは、政府に対して「民撰議院」の設立を要求した意見書、という意味であるが、ここでいう「民撰議院」とはどのようなものか。用いられた言葉の意味をふまえて説明せよ。なお、「撰」は「選」と同じ意味だと考えてよい。

〔ii〕Ａの写真の空欄①には、この意見書に関わった人物が入るが、誰か。下のア～エから１人選べ。

ア　板垣退助

イ　大久保利通

ウ　西郷隆盛

エ　徳川慶喜《よしのぶ》

問２　Ｂの図は、１８９０年に実施された帝国議会の議員を選ぶ最初の総選挙を描いたものである。これについて、次の〔ｉ〕・〔ii〕の問に答えよ。

〔ｉ〕このときの総選挙について**正しい**文を下のア～エから１つ選べ。

ア　このとき、衆議院議員と貴族院議員の総選挙がおこなわれた。

イ　自由民権運動に参加していた者は、選挙に立候補することが禁止された。

ウ　このとき、選挙権を与えられたのは、全人口の約１０％に過ぎなかった。

エ　選挙は、警察官たちが監視するなかでおこなわれた。

〔ii〕このときの総選挙がおこなわれた前年に憲法が発布され、日本は近代国家としての形がととのった。この憲法を何というか、漢字で答えよ。

問３　Ｃの写真は、１９２０年に撮影されたもので、普通選挙の実施を要求する演説会の様子を写したものである。この時期は大正デモクラシーとよばれる雰囲気のなかで、さまざまな社会運動がさかんになった。この時期の社会運動について**正しい**文を、下のア～エから１つ選べ。

ア　アイヌの首長シャクシャインによる、アイヌの権利を要求する運動がおこった。

イ　徴兵令の制定に反対する運動がおこった。

ウ　被差別部落の人びとによる、差別の撤廃を要求する運動がおこった。

エ　ノルマントン号事件を批判する運動がおこった。

問４　Ｄの写真は、太平洋戦争後、最初の総選挙の様子を写したものである。これについて、次の〔ｉ〕・〔ii〕の問に答えよ。

〔ｉ〕この選挙に先だって選挙法が改正され、満（　②　）歳以上のすべての男女に選挙権が与えられた。空欄②に入る数字を答えよ。

〔ii〕このころの日本は、連合国軍に占領されていた。この占領について**誤っている**文を、下のア～エから１つ選べ。

ア　連合国軍は、東京に連合国軍最高司令官総司令部を設置して、占領をおこなった。

イ　連合国軍は、最高司令官であるマッカーサーが中心となって、日本政府にさまざまな改革を指示した。

ウ　アメリカとソ連との対立が激しくなるなかで、連合国軍による占領が終結することになった。

エ　アメリカのニューヨークで平和条約が結ばれ、連合国軍による占領が終結することになった。

3　次のⅠ～Ⅴの文は、日本の山脈・山地について説明したものである。これらを参照して各問に答えよ。

Ⅰ・ここではゆるやかな起伏の山地をいかした農業がおこなわれ、和牛の産地としても知られる。その代表的なのが但馬《たじま》牛である。その一方で若者が山村から都会に出ていき人口が減少する（　①　）化が進み限界集落が増加している。なお、この山地が山陽と山陰の境となっている。

Ⅱ・狩勝《かりかち》峠から襟裳《えりも》岬まで南北に連なる山脈で、その東側には（　②　）平野が広がり、ここは日本有数の畑作地帯である。

Ⅲ・この山脈は通称“北アルプス”ともよばれ、３０００m級の山々が連なっている。その山々に囲まれたなかにある（　③　）には、多くの観光客が登山や避暑に訪れている。

Ⅳ・この山脈を境に日本海側気候と太平洋側気候に分かれ、その東側に（　④　）川がある。この川は仙台平野を通って石巻湾に注いでいる。

Ⅴ・この山地の北側には中央構造線とよばれる断層があり、そのそばを（　⑤　）川が紀伊水道に流れだしている。

問１　Ⅰ～Ⅴに該当する山脈・山地を下のア～クから１つずつ選べ。

ア　木曽　　イ　飛騨《ひだ》　　ウ　四国　　エ　九州　　オ　日高　　カ　中国　　キ　紀伊　　ク　奥羽

問２　空欄①～⑤に入る語句を下のア～サから１つずつ選べ。

ア　石狩　　イ　十勝　　ウ　筑後《ちくご》　　エ　四万十《しまんと》　　オ　吉野　　カ　最上

キ　北上　　ク　上高地　　ケ　軽井沢　　コ　過疎　　サ　少子

問３　Ⅰ～Ⅴに該当する山脈・山地がある都道府県に関係する文を下のア～キから１つずつ選べ。

ア　大鳴門《おおなると》橋があり、伝統行事の阿波踊りが有名である。

イ　瀬戸大橋があり、讃岐平野には干害に備えてため池が多くある。

ウ　カルデラ地形を利用して肉牛の飼育がみられる。

エ　じゃがいも・とうもろこしの栽培がさかんで、この地域の中心都市が帯広である。

オ　“伯耆《ほうき》富士”とよばれる大山《だいせん》があり、境港は日本有数の水揚げ量を誇っている。

カ　猪苗代《いなわしろ》湖があり、その北側には火山の磐梯《ばんだい》山がある。

キ　黒部川上流に黒部ダムがあり、下流域には北陸新幹線が走っている。

問４　Ⅰ～Ⅴの場所を下の地図のア～コから１つずつ選べ。

4 次のⅠ～Ⅲの文を参照して各問に答えよ。

Ⅰ・①２０２２年２月２４日、ロシアがウクライナに侵攻を開始し、ロシア対ウクライナの②全面戦争に発展した。侵攻当初はウクライナ北部から侵攻したロシア軍がウクライナの首都に迫る勢いであったが、ウクライナ軍の頑強な抵抗に遭遇したため４月上旬までに北部からは撤退し、それ以降は南部と東部で激しい戦闘が繰り広げられている。この状況下でロシアは、③核兵器の使用を示唆したが、その後、核兵器は戦争抑止のためにあり、ウクライナでの戦いで先制使用することはないとしている。一方で、今年８月には核拡散防止条約（ＮＰＴ）の再検討会議がおこなわれた。

問１　下線①について、この時点での、ロシア、ウクライナ双方の大統領は誰か答えよ。

問２　下線②について、その背景となったことの一つとして、ロシアが２０１４年に黒海に面する半島を併合したことがあげられる。この半島は何か答えよ。

問３　下線③について、正しい文を下のア～エから１つ選べ。
ア　核拡散防止条約（ＮＰＴ）は、すべての国が核兵器を所持しないとしている。
イ　核兵器は現在においても、世界中で増え続けている。
ウ　アメリカの大統領が在任中に日本の被爆地に訪問したことはいまだにない。
エ　核兵器禁止条約を、日本は受け入れていない。

Ⅱ・日本国民は、正当に選挙された国会における（　１　）を通じて行動し、われらとわれらの子孫のために、諸国民との協和による成果と、わが国全土にわたつて自由のもたらす恵沢を確保し、政府の行為によつて再び戦争の惨禍が起ることのないやうにすることを決意し、ここに（　２　）が国民に存することを宣言し、この憲法を確定する。そもそも国政は、国民の厳粛な信託によるものであつて、その権威は国民に由来し、その権力は国民の代表者がこれを行使し、その福利は国民がこれを享受する。これは人類普遍の原理であり、この憲法は、かかる原理に基くものである。われらは、これに反する一切の憲法、法令及び詔勅を排除する。

日本国民は、恒久の（　３　）を念願し、人間相互の関係を支配する崇高な理想を深く自覚するのであつて、（３）を愛する諸国民の公正と信義に信頼して、われらの（　４　）と（　５　）を保持しようと決意した。・・・

問１　Ⅱの文は日本国憲法前文の一部である。空欄１～５に入る語句を下のア～クから１つずつ選べ。

ア　主権者	イ　主権	ウ　安心	エ　安全
オ　生存	カ　代表者	キ　生命	ク　平和

問２　下線について、日本国憲法第９条では、以下のように記されている。空欄Ａに入る語句を下のア～エから１つ選べ。

「第１項　国権の発動たる戦争と、武力による威嚇又は武力の行使は、国際紛争を解決する手段としては、永久にこれを放棄する。・・・第２項　前項の目的を達するため、陸海空軍その他の【　Ａ　】は、これを保持しない。国の交戦権は、これを認めない。」

ア　攻撃力　　イ　戦闘力　　ウ　戦力　　エ　交戦力

問３　日本国憲法では、「基本的人権の尊重」がうたわれているが、１９４８年、第３回国際連合総会で世界中で基本的人権が保障される宣言が出された。これを何というか答えよ。

Ⅲ・かねてから、二酸化炭素などの（　１　）ガスによって、地球温暖化が進んでいる。１９９７年、地球温暖化防止【　Ａ　】会議が開かれ、（１）ガスの削減目標が決められた。そして２０１５年、気候変動に関する会議である第２１回気候変動枠組条約締約国会議（ＣＯＰ２１）が【　Ｂ　】にて開かれ、【Ｂ】協定が採択された。環境問題で取り上げられるものとして、工場から出る煙や自動車の排気ガスに含まれる物質が大気中の水分と結びつき、雨や霧となって降り注ぐ現象である（　２　）や太陽が放つ紫外線から動植物を守っている（　３　）層がフロンガスによって破壊されていることなどの例がある。

問１　空欄１～３に入る語句を答えよ。

問２　空欄Ａ・Ｂに入る都市名を答えよ。

問３　下線について、地球温暖化の影響として、**誤っている**文を下のア～エから１つ選べ。

ア　海水面が下降する

イ　絶滅する動植物の種が増える

ウ　異常気象がおこりやすくなる

エ　穀物などの食糧生産が減る

【理　科】〈第３回試験〉（35分）〈満点：75点〉

1　次の気体を発生させる（ア）～（エ）の方法について、以下の問いに答えなさい。

（ア）　濃《こ》い塩酸を加熱する。
（イ）　亜鉛《あえん》にうすい塩酸を加える。
（ウ）　塩化アンモニウムと水酸化カルシウムをまぜたものを加熱する。
（エ）　二酸化マンガンに過酸化水素水を加える。

(1)（ア）～（エ）で発生する気体は何ですか。ただし、気体は水蒸気以外のものとします。

(2)（イ）と（エ）で発生する気体の性質として最もふさわしいものを、それぞれ次の（い）～（に）から選びなさい。

（い）よく燃える。
（ろ）空気の約 20％をしめる。
（は）水にとかすと酸性を示す。
（に）石灰水を白くにごらせる。

(3)（ア）と（イ）で使う塩酸の性質として、次の①～④が正しければ○、間違《ちが》っていれば×と答えなさい。

①　電流を通す。
②　鼻をさすようなにおいがする。
③　青色リトマス紙につけると赤くなる。
④　銅と反応して気体が発生する。

(4)（ウ）は固体を加熱することで気体を発生させる方法です。どんなことに注意して加熱するべきかを示すように、図をかきなさい。固体が入った試験管（ゴムせんつき）とガスバーナーの炎《ほのお》が示されていればよいものとします。

(5)（ウ）で発生する気体を集めるには、上方置換《ちかん》法で集める必要があります。その理由を説明しなさい。

(6)　同じ濃さ・同じ量の過酸化水素水を使って（エ）の方法で気体を発生させる場合、よりはげしく気体が発生するのは、次の(A)と(B)のどちらですか。また、その理由を説明しなさい。ただし、(A)と(B)の二酸化マンガンの重さは同じとします。

(A)　大きな粒《つぶ》の二酸化マンガンを使う
(B)　細かい粉末の二酸化マンガンを使う

2　Ｅ子さんとＫ先生の次の会話文を読んで、あとの問いに答えなさい。

Ｅ子　：先生、お母さんが電気代やガス代が高くなって大変だって言っています。何で電気代やガス代が高くなってるんですか？

Ｋ先生：色々な原因があると思うけど、やっぱりロシアと（　Ｘ　）が戦争を始めたことが大きな理由じゃないかな。ロシアは天然ガスの産出国で、日本もロシアから(A)天然ガスを輸入しているんだよ。そして、西側の国々が経済制裁としてロシアから天然ガスを買わなくなったり、逆にロシアが非友好国とみなす国に、天然ガスを売らなかったりして、世界中で天然ガスが足りなくなっているんだ。それで、ガスの値段が高くなっているって仕組みだよ。

Ｅ子　：ガスについてはわかりました。電気代は何で高くなってるんですか？電気もロシアから輸入してるってことですか？

Ｋ先生：電気そのものを外国から輸入しているわけじゃないんだけど、ガスの話と基本的に同じ話になるかな。そのことを理解するには、まず電気をどうやって作るのかを考える必要があるよ。日本ではどんな発電方法が多いか知っているかい？

Ｅ子　：［　ア　］発電ですか？

Ｋ先生：もちろんそれもあるけど、東日本大震災《しんさい》で事故が起こってから、［　ア　］発電はずいぶん減ったんだ。いま、日本では［　イ　］発電が最も多い発電方法なんだよ。そして［　イ　］発電では、天然ガスや石炭、石油を燃やしたときの(B)熱エネルギーを使って発電しているんだ。ロシアは天然ガスだけでなく、石炭や石油の産出国でもあるから、石炭や石油の値段も高くなっているんだよ。

Ｅ子　：発電に必要な燃料の値段が高くなっているから、電気代が高くなってるってことですね。(C)電気の使い方には気をつけます。

(1) 空欄《くうらん》（　X　）に当てはまる国名を答えなさい。

(2) 空欄［ア］と［イ］に当てはまる語句を、次の①～⑤から選びなさい。

①　水力　　②　火力　　③　風力　　④　原子力　　⑤　太陽光

(3) 下線部(A)について、外国から天然ガスを輸入するとき、－162℃にまで冷やして液体にしたものをタンカーで運んできます。次の（あ）・（い）に答えなさい。

（あ）この天然ガスを液体にしたものは「［　　］天然ガス（LNG）」とよばれます。［　　］には、気体が液体になる変化を表す語句が入ります。［　　］に当てはまる語句を答えなさい。

（い）天然ガスを液体にして運ぶ主な理由は、「気体が液体になるとき［　　　　］から」です。［　　　　］に当てはまる文を10字以内で答えなさい。

(4) 下線部(B)について、熱エネルギーを数量として表したものを熱量といい、カロリーという単位で表します。１カロリーの熱量で、１gの水の温度を１℃上げることができます。また、天然ガスの主な成分であるメタンは、１L燃やすことで9000カロリーの熱量が発生するとします。次の（う）～（お）に答えなさい。ただし（え）・（お）では、メタンを燃やすことで発生する熱量はすべて水の温度を上げるのに使われるものとします。

（う）100gの水を50℃上げるのに必要な熱量は何カロリーですか。

（え）3kgの水の温度を60℃上げるには、メタンを何L燃やせばよいですか。

（お）20℃の水600gと50℃の水300gをまぜた後、メタン３Lを燃やすことで発生する熱量で温めました。水の温度は何℃になりますか。

(5) 下線部(C)について、同じ電池と同じ電球を使った次の回路①～⑤の中で、最も電池が長持ちする回路を２つ選びなさい。

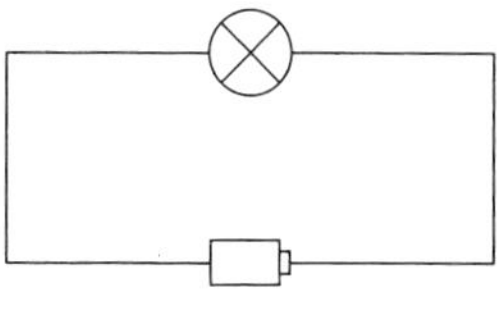

【回路①】

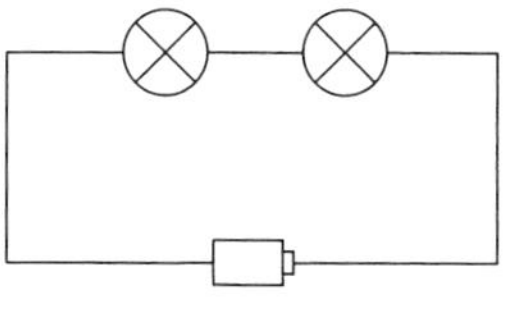

【回路②】

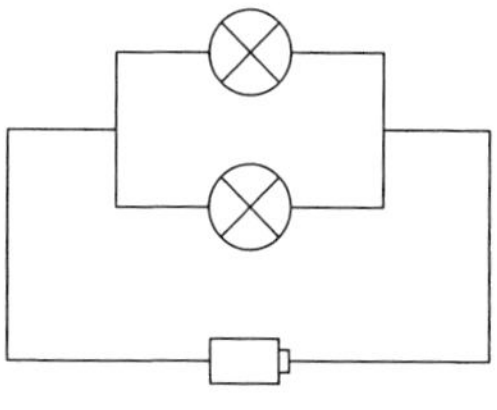

【回路③】

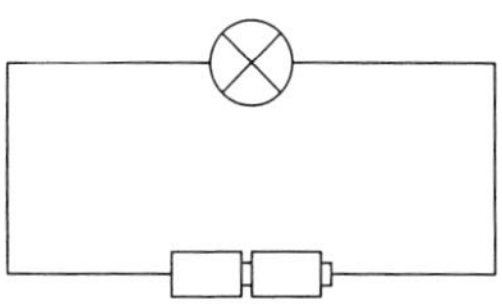

【回路④】

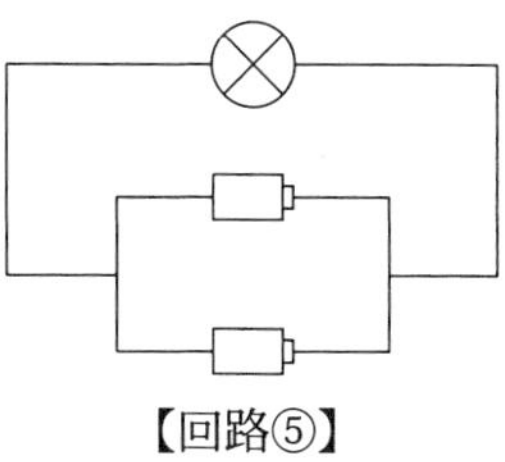

【回路⑤】

3 植物の成長について、以下の問いに答えなさい。

(1) 種子Ａ・Ｂ・Ｃ・Ｄを用いて、以下の条件で実験を行いました。なお、実験期間中の気温はずっと 25℃だったものとします。

条件１：シャーレにぬれた脱脂綿《だっしめん》を入れ、その上に種子を置き、暗い箱の中に入れた。
条件２：シャーレに乾《かわ》いた脱脂綿を入れ、その上に種子を置き、暗い箱の中に入れた。
条件３：シャーレにぬれた脱脂綿を入れ、その上に種子を置き、暗い冷蔵庫の中に入れた。冷蔵庫の温度は４℃に保った。
条件４：ビーカーに水を入れ、その中に種子を沈《しず》めて、暗い箱の中に入れた。
条件５：シャーレにぬれた脱脂綿を入れ、その上に種子を置き、日光の当たる場所に置いた。

以下の表１に、それぞれの条件における発芽の有無を示します。表中の○は種子が発芽したことを、×は発芽しなかったことを示します。

表１：それぞれの条件と、発芽の有無

種子の種類	条件１	条件２	条件３	条件４	条件５
A	○	×	×	×	○
B	○	×	×	○	○
C	×	×	×	×	○
D	○	×	×	×	×

(i) 実験結果から、種子Ａの発芽には水、酸素、適当な温度が必要であることがわかります。その根拠《こんきょ》となる実験の組を、次の（ア）～（カ）からそれぞれ１つずつ選び、記号で答えなさい。

（ア） 条件１と条件２　（イ） 条件１と条件３　（ウ） 条件１と条件４
（エ） 条件２と条件３　（オ） 条件２と条件４　（カ） 条件３と条件４

(ii) 種子Ｂは、どのような環境《かんきょう》に生息している植物の種子ですか。実験結果から推測《すいそく》して、次の（ア）～（オ）から１つ選び、記号で答えなさい。

（ア） 砂漠《さばく》のように非常に乾燥《かんそう》した環境。
（イ） 薄暗《うすぐら》い森林の内部。
（ウ） 直射日光が当たる開けた場所。
（エ） 雨の量が多い湿地帯《しっちたい》。
（オ） 年間の平均気温が低く、雪が多い地域。

(iii) 種子Ｃ・Ｄは、どのような環境に置かれたときに発芽しますか。実験結果から推測して、次の（ア）～（オ）からそれぞれ１つずつ選び、記号で答えなさい。

（ア） 洪水《こうずい》でできた沼《ぬま》の中。
（イ） 周囲に草丈《くさたけ》の高い植物がいない、開けた場所の地表面。
（ウ） 大雪が降った後の雪の上。
（エ） 光が届く浅い海の底。
（オ） 十分に深い土の中。

(2) 以下の図１は、植物の茎《くき》の断面を表しています。

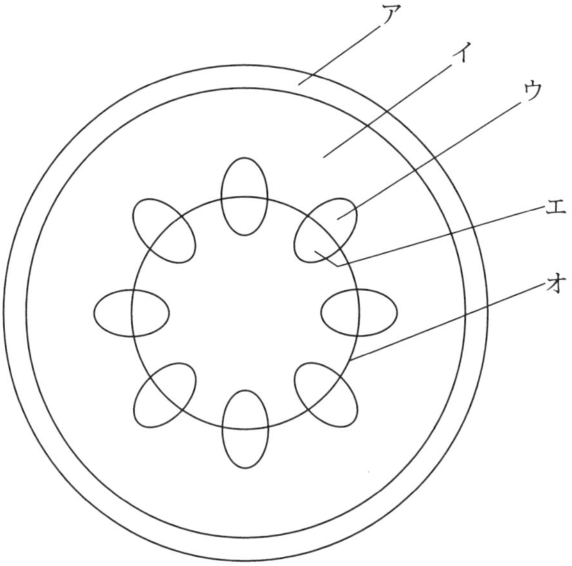

図１

(i) 植物の茎の中には、水を運ぶ管が通っています。その名前を答えなさい。

(ii) 図中のア～オから、(i)の管が存在する場所を１つ選び、記号で答えなさい。

⑶　ソラマメの芽生えを用意して、根の先端《せんたん》から１mm ごとに印をつけました（図２）。１日後に観察したところ、図３のようになっていました。

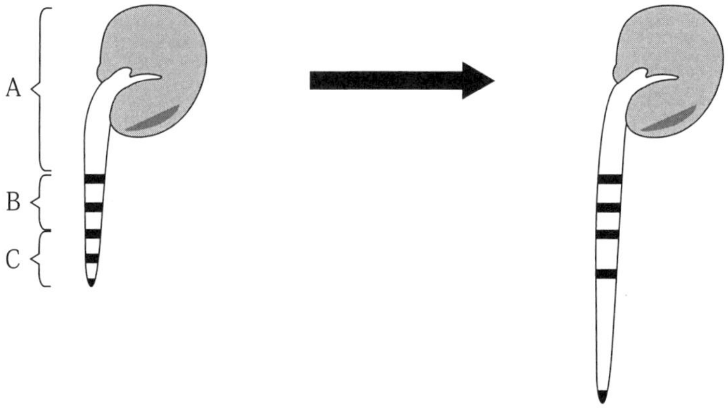

図２　　　　　　図３

(i)　根において、細胞《さいぼう》の分裂《ぶんれつ》と成長はどの部位で起こっていますか。次の（ア）～（キ）から適切なものを１つ選び、記号で答えなさい。

（ア）　全ての部位で均等に起こっている。
（イ）　Aの部位で主に起こっている。
（ウ）　Bの部位で主に起こっている。
（エ）　Cの部位で主に起こっている。
（オ）　AとBの部位で主に起こっている。
（カ）　AとCの部位で主に起こっている。
（キ）　BとCの部位で主に起こっている。

(ii)　一般的《いっぱんてき》な植物と比べて、タケは非常に成長が速いことが知られており、１日に１m以上伸《の》びたという記録もあります。以下の図４は、タケノコの断面図です。タケノコにおいて、細胞の分裂と成長が起こっている部位を、解答欄《かいとうらん》の図を黒く塗《ぬ》って示しなさい。タケノコの構造と成長したタケの構造を関連付けて、推測して答えなさい。

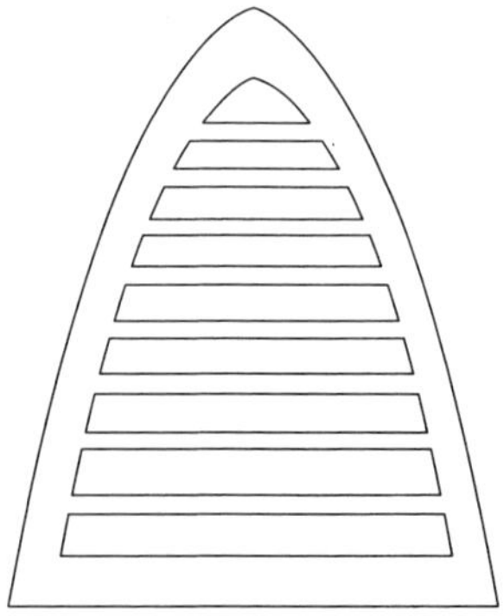

図４

(4) ある植物の苗《なえ》を、以下の条件１～３で育てました。なお、条件１～３では光の強さだけが異なり、他の条件はすべて同じだったものとします。

条件１：真っ暗な容器の中で育てたところ、容器の中の空気に含《ふく》まれる二酸化炭素の量は、１時間で 0.2g 増加した。
条件２：薄暗い容器の中で育てたところ、容器の中の空気に含まれる二酸化炭素の量は変化しなかった。
条件３：明るい容器の中で育てたところ、容器の中の空気に含まれる二酸化炭素の量は、１時間で 0.6g 減少した。

(i) 光合成と呼吸について、適切なものを次の（ア）～（エ）からそれぞれ１つずつ選び、記号で答えなさい。

（ア） 酸素と二酸化炭素を、共に吸収する。
（イ） 酸素と二酸化炭素を、共に放出する。
（ウ） 酸素を放出し、二酸化炭素を吸収する。
（エ） 酸素を吸収し、二酸化炭素を放出する。

(ii) 条件２に関する説明として適切なものを、以下の（ア）～（エ）から１つ選び、記号で答えなさい。

（ア） 呼吸も光合成も行っていない。
（イ） 呼吸も光合成も行っている。
（ウ） 呼吸は行っているが、光合成は行っていない。
（エ） 呼吸は行っていないが、光合成は行っている。

(iii) 条件１～３で用いた苗と同じ苗が、野外に生えています。次の文を読み、以下の問いに答えなさい。

- 昼の長さは 12 時間、夜の長さは 12 時間である。
- 夜は、条件１と同じ真っ暗であるものとする。
- 昼は、直射日光が当たる時間と、影《かげ》になる時間がある。直射日光に当たる時間は、条件３と同じ明るさ、影になる時間は、条件２と同じ明るさであるものとする。
- 光の強さ以外の条件に関しては、条件１～３と同じであるものとする。

野外に生えているこの植物の苗が、１日あたりでみると二酸化炭素を放出も吸収もしていないとき、直射日光が当たる時間の長さ（単位は時間とする）を答えなさい。

4　2022年11月8日は日本のほぼ全土で皆既月食《かいきげっしょく》が観測できる貴重な日でした。江子さんは皆既《かいき》日食《にっしょく》が観測されるときには太陽全体が黒く見えるのに、なぜ皆既月食では月全体が赤黒く見えるのか疑問に持ち、色以外にも日本での日食と月食にどのような違《ちが》いがあるのか調べてみました。その結果、表のような違いがあることがわかりました。この表の特徴《とくちょう》についてあとの問いに答えなさい。

	部分食	皆既食《かいきしょく》	金環食《きんかんしょく》	食部の色の変化	欠け始める側
日食	ある	ある	ある	食の部分は黒くなる	右
月食	ある	ある	ない	食の部分は基本的に赤黒くなる	左

(1)　月の食が観測できるときの、太陽と月と地球の並びについて最も適切な図を次の①～④から1つ選びなさい。

①

②
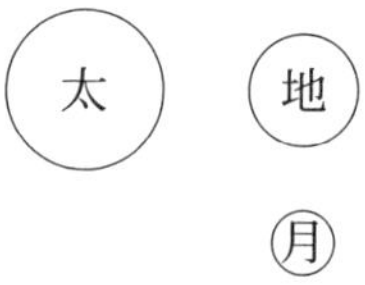

③
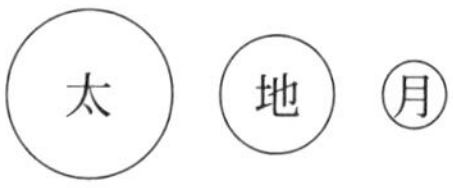

④
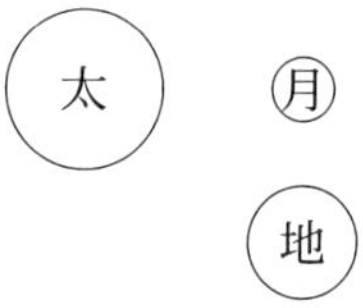

(2)　月の部分食が見られるときはどのようなときか。影《かげ》に注目して簡単に説明しなさい。

(3)　月食には金環食がありません。その理由として当てはまるものを次の①～④から**2つ**選びなさい。

①　月の大きさが小さいから。
②　月の大きさが大きいから。
③　地球と月の間の距離《きょり》が遠いから。
④　地球と月の間の距離が近いから。

(4)　日食の食の部分が黒くなるのに対して、月食の場合は黒くならず、赤黒く変色していきます。理由について、日食と月食を比較《ひかく》しながら「大気」「赤以外の光」「くっ折」「散乱」という言葉を用いて簡単に説明しなさい。

⑸　日食と月食では欠け始める側が異なります。それぞれの欠け始める理由として正しいものを次の①～④から１つ選びなさい。

①　日食では、地球が西から東に自転しているから太陽の右側から欠け始める。
②　月食では、地球が東から西に自転しているから月の左側から欠け始める。
③　日食では、月が西から東に公転して進入してくるから太陽の右側から欠け始める。
④　月食では、月が東から西に公転して進入してくるから月の左側から欠け始める。

⑹　南半球で観測される日食と月食の見え方について、正しいものを次の①～④から１つ選びなさい。

①　太陽や月は日本と同様に南へのぼり、食が起き始める側（右・左）も同様となる。
②　太陽や月は日本と逆に北へのぼるが、食が起き始める側（右・左）は同様となる。
③　太陽や月は日本と同様に南へのぼるが、食が起き始める側（右・左）は逆となる。
④　太陽や月は日本と逆に北へのぼり、食が起き始める側（右・左）も逆となる。

問９　[⑨]に入ることばとして、最適なものを次の中から選び、記号で答えなさい。

ア　日本人の働き過ぎは国際的に知られていること
イ　「karoshi」という英語が存在すること
ウ　日本人は、働くことが好きな国民だということ
エ　二〇年経《た》っても問題が解決されていないこと

問10　[⑫]に入る文章として、適する順番になるように次のア～エを並べ替え、その順番を記号で答えなさい。

ア　休み時間や放課後という時間に限って、勉強や進学のためだけに使うと決めれば、授業で何かわからないことがあったときに休憩中にすぐに検索して調べたり、単語帳アプリで勉強したり、進学情報を調べたりと、時間を有効に使うことができると思う。
イ　もちろん、勉強や進学に関係ないことに使って遊ぶのもよくないだろう。
ウ　しかし、私はスマホも学校で役に立つと思う。
エ　たしかに、授業中に使うのはよくない。

問11　――線部⑭「自分の言葉」とあるが、ここでは何を指すか。本文中から抜き出して答えなさい。

問12　次のⅠは、「E女子中学高等学校」の学校新聞の「K祭（文化祭）」の来場者アンケートに関する記事を抜粋《ばっすい》したものである。また、Ⅱは、問題文とⅠを読んだ生徒の会話である。Ⅱの空欄部に入ることばを本文中から字数に合わせて抜き出し、はじめと終わりの三字を答えなさい。

Ⅰ【学校新聞の記事の抜粋】
今年のK祭アンケートを紹介します。

印象に残った部分
・生徒会食堂の活気があってよかった。
・生徒たちが礼儀正しかった。
・短い準備期間にもかかわらず、どの展示や発表も、力作ぞろいだった。
改善してほしい部分
・トイレがわかりにくかった。
・通路が狭いので、左右の通行を統一した方がよい。
・子どものオムツを替える場所がほしい。

Ⅱ【会話】
Aさん：「この記事は、地の文と引用文の例での筆者のアドバイスのとおり、[A　十一字]ことによって、すっきりとした印象を与えています。」
Bさん：「それだけでなく、[B　三十字以内]ことによって、とても読みやすくなっていますね」

して、お化け屋敷とミスコンが挙げられました。一方で、一般のお客さんが昨年より少なかったことに対して、残念だとする感想があり、その原因としては、告知ポスターの掲示《けいじ》が遅かったためではないかという意見も聞かれました。また、何より、ケガや事故がなく無事に終了《しゅうりょう》したことを喜ぶ声もありました。会はそのあと会計処理を行って、終了となりました。

こうすることで、すべてを地の文にすることができ、ごちゃごちゃした印象を与えずに読んでもらうことができます。

（川井龍介「伝えるための教科書」）

問1　[②]・[③]・[⑬]に入ることばとして、最適なものを次の中から選び、記号で答えなさい。

ア　ところが　イ　例えば　ウ　そして　エ　あるいは　オ　つまり

問2　――線部④「『私』」とはこの記事の場合、誰のことか。本文中から抜き出して答えなさい。

問3　本文中の⑤《　》の内容を二つの段落に分ける場合、後の段落のはじめの三字を答えなさい。

問4　[⑥]・[⑦]に入ることばを、それぞれ本文中から五字以内で抜き出し、答えなさい。

問5　[⑧]に入ることばを、本文中から五字以内で抜き出し、答えなさい。

問6　次のア・イは本文中の[例1]・[例2]のいずれかに入るものである。[例1]に入るものとして適切なのはどちらか。記号で答えなさい。

ア　過労死という日本語が「Karoshi」と英語にもなったように、日本人の働き過ぎは国際的に知られているそうだ。過労死が日本で社会問題になったのはいまから二〇年以上前のことだという。最近では「過労自殺」という問題も注目されるようになったらしい。
　私は過労死はもっと真剣に取り組むべき問題だと思う。二〇年前といえば、私たちが生まれる前のことで、そのころからの状況が今でも変わっていないなんて、本当に驚くべきことだ。なぜ日本は二〇年も同じ問題を抱え続けているのだろうか。

イ　過労死という日本語が「Karoshi」と英語にもなったように、日本人の働き過ぎは国際的に知られているそうだ。私はこの問題にもっと真剣に取り組むべきだと思う。過労死が日本で社会問題になったのはいまから二〇年以上前のことだという。二〇年前といえば、私たちが生まれる前のことで、そのころからの状況が今でも変わっていないなんて、本当に驚くべきことだ。最近では「過労自殺」という問題も注目されるようになったらしい。なぜ日本は二〇年も同じ問題を抱え続けているのだろうか。

問7　[⑩]・[⑪]に入ることばを、それぞれ本文中から五字以内で抜き出し、答えなさい。

問8　――線部①「内容は十分わかるのですが、どこか読みにくい感じがしませんか」について、M君の報告記事を読みやすくするためには文章の組み立てをどうすればいいか。その方法を具体的に説明した部分を、本文中から二十一字で抜き出し、はじめの五字を答えなさい。

さて、次の「ごちゃ混ぜ」の例に移りましょう。次の文を読んで見て下さい。ある高校生が、「過労死」についての短い紹介《しょうかい》ビデオを見て書いた感想文です。二つ例を挙げます。

例1

例2

ほぼ文章の順序を入れ替《か》えただけですが、例２のほうがずっと読みやすく感じるのではないでしょうか。例１の文は、ビデオで知った事実と、書き手の気持ちが交互《こうご》に述べられています。ある事柄《ことがら》について、事実と、それに対する意見や感想、分析《ぶんせき》などとを、混ぜて書くと読みづらくなります。

例２の文では、ビデオを見て学んだ情報はまとめて列記して、その後で書き手の意見をまとめて述べています。並べ替えてみると、この高校生はとくに「 ⑨ 」に関心をもっていることがはっきりします。

似たような例として、ある事柄について、肯定的《こうていてき》な内容と否定的な内容が入り組んでいる文章も読みづらくなります。例えば次のような文章です。

学校にスマホを持ってくることについては、反対する声が多い。しかし、私はスマホも学校で役に立つと思う。授業で何かわからないことがあったとき、スマホがあればそのあとの休憩中《きゅうけいちゅう》にすぐに検索《けんさく》して調べることができる。でも、もちろん授業中に使うのはよくないと思う。でも休み時間や放課後だけ使うと決めればいい。それから、勉強や通学に関係ないことに使って遊ぶのもよくないと思う。しかし、単語帳アプリで勉強したり、進学情報を調べたりすれば、時間を有効に使うことができるはずだ。

「しかし」や「でも」が続くために、読み手にジグザグな印象を与《あた》える文章です。

これも、肯定的な内容と否定的な内容を分けて、それぞれまとめて書くことで、文章がすっきりします。この場合、書き手の伝えたいのは ⑩ な意見なので、それが強調されるように書くのがいいでしょう。 ⑪ な内容は、予想される反論としてまとめ、次のようにすれば、全体をすっきり読むことができます。

学校にスマホを持ってくることについては、反対する声が多い。

⑫

文章のなかで、会話文や引用文以外の箇所《かしょ》、 ⑬ 説明や描写《びょうしゃ》などをしている文のことを「地《じ》の文」といいます。この地の文の間に、頻繁《ひんぱん》に誰かの発言や、引用が混じると読みづらくなります。

例えば、文化祭が終わって、そのまとめの会議について、報告するとしましょう。

「文化祭まとめの会」では、さまざまな意見や感想がでた。鈴木《すずき》さんは「ケガや事故もなく終わってよかった」と言った。田中君は「お化け屋敷《やしき》が好評だった」と発言した。谷さんは「ミスコンもにぎわった」と言った。佐藤《さとう》さんは「今年は昨年より一般《いっぱん》のお客さんの入りが少なかったのは残念だった」と発言した。山田君は「ポスターを貼《は》ったのが遅《おそ》かったからかもしれない」と答えた。そのあと、文化祭の会計処理をして、会は終わった。

このような形は読みづらいですね。もし議事録としてまとめるのであれば、個々の発言を箇条《かじょう》書きにして整理することができます。あるいは、発言をその言葉通りに紹介《しょうかい》する必要がない場合（内容の要旨《ようし》がわかればよい場合）は、⑭自分の言葉に直して表現します。

「文化祭まとめの会」ではさまざまな発言がありました。好評だった企画と

私もその準備にずっと関わってきましたが、みんないつも熱心でした。また、W高校生徒会顧問《こもん》のK先生は、私たちのために毎回のように会議にオブザーバーとして出席し、アドバイスをしてくださいました。先生のご指導なしでは実現にこぎつけなかったと思うと、感謝の気持ちでいっぱいです。

　シンポジウムは、午前一〇時に開会。会場であるW高校のH校長先生のご挨拶《あいさつ》からはじまりました。会場には、高校生だけでなく、保護者の皆《みな》さんも含《ふく》め約五〇〇人が詰《つ》めかけました。（…）

　①内容は十分わかるのですが、どこか読みにくい感じがしませんか。ふつうの新聞の記事でも、会議やイベントの開催《かいさい》が記事になることはよくあります。その場合、いつ、どこで、どんなイベントが行われ、その内容はどうだったか、といったことが、客観的な視点から書かれるのが基本です。客観的な視点というのは、誰《だれ》が見てもそう見えるだろうという書き方です。[②]、「開会にあたって来賓《らいひん》の山田文部科学大臣が式辞《しきじ》を述べた」とか、「客席は連日満員だった」という記述は、客観的な視点によるものです。その会場にいた誰が見ても、同じように見えたと思われるからです。

　このM君の報告記事も、書き出しは、まるで新聞記事のように客観的な視点で書かれています。[③]、三段落目から、急に④「私」が登場します。突然《とつぜん》、「私」の視点での文章になったということです。そして、第四段落ではまた客観的な語りに戻《もど》っています。これが違和感《いわかん》をもたらす原因です。

　文章には、大きく分けて、「私」の視点で書くものと、客観的な視点で書くものがあります。（ただし、小説などの文学作品については複雑なので、ここでは考えないことにします）。旅の記録を綴《つづ》る紀行文やエッセイなどは、前者にあたります。「私」が見た光景、体験したことなどを語るのです。

【中略】

　なお、ルポや紀行文では、「私」の視点と客観的な視点が入り混じった形で書かれることがあります。例えば、

⑤《私がその半島の突端《とったん》の駅についたとき、時刻はすでに午後一〇時を回っていた。街は静まりかえり、空腹を満たしてくれそうな店は一軒も見あたらなかった。この町にも、かつては深夜まで賑《にぎ》わう駅前の盛り場《さかば》が存在した。それが姿を消したのは二〇年前のことだ。長年この町の経済を支えてきた▲▲工業が、不景気のあおりを受けて倒産《とうさん》した。それにつれ、何百人もの労働者がこの町から去ったのだ。》

などという文章では、無理なく[⑥]視点から、[⑦]視点に移行しているように見えます。しかし、こうした文章を書くには、それなりの技術が必要です。

　一般《いっぱん》的な報告書のスタイルでは、客観的な記述を貫《つらぬ》くのが無難《ぶなん》です。もし、途中《とちゅう》で、感想や意見を加えたいと思ったとき、つまり、視点を客観的なものから「私」に変える必要があるときは、[⑧]を示す言葉を入れるとわかりやすくなります。

　M君の報告でいえば、第三段落の内容は、文章の最後にまとめて書くとうまくいきます。

　このシンポジウムに企画当初から参加した私としては、これほどの好評を博《はく》したことを、本当にうれしく思いました。打合せ会議の段階からみんな熱心に取り組んでいたので、その思いが結実《けつじつ》してよかったです。また、W高校の生徒会顧問のK先生は、会議にほぼ毎回オブザーバーとして出席し、アドバイスをくださいました。先生のご指導なしでは実現にこぎつけなかったと思うと、感謝の気持ちでいっぱいです。

「このシンポジウムに企画当初から参加した私としては、」という言葉によって、視点が変わったことがわかり、読者はそのあとを安心して読んでいけます。こうした切り替《か》えの言葉をうまく使うことがコツです。

問11　本文中の「結実」「良枝」「アサ」の人物像を説明したものとして最適なものを次の中からそれぞれ選び、記号で答えなさい。

「結実」

ア　産婆の道を自分で選んだことに、誇《ほこ》りを抱いている人物。
イ　人に意見を言われると、すぐに考えを変えてしまう人物。
ウ　産婆として忙《いそが》しく働く中で、自分を見失っている人物。
エ　良枝に優しくしたかと思うと急につっかかったりと、感情の起伏《きふく》が大きい人物。

「良枝」

ア　伯母であるアサと仲が悪く、いつも反発している人物。
イ　自立して自ら幸せをつかみ取ろうとする、意志の強い人物。
ウ　安定した暮らしを手に入れ、きちんと母の供養をしようとする親孝行な人物。
エ　経済的に頼れる人と結婚して幸せになることが、女の生き方だと信じている人物。

「アサ」

ア　口では冷たいことを言うが本心では良枝のことを大切にする、思いやりのある人物。
イ　身内である良枝と身内ではない結実とでは態度を使い分ける、裏表のある人物。
ウ　相手の気持ちを考えずにずけずけと意見を述べる、気の強い人物。
エ　言い方は厳しいがいつも正しいことを言い、周囲から頼られている人物。

問12　――線部⑪「結実ちゃんのみじめな姿」とあるが、「良枝」が「結実」を「みじめ」だと考えるのはなぜか。「結実は産婆をしているため～と考えているから。」という形に合うように、二十～三十字で書きなさい。なお、解答用紙には指定した書き出しと終わりの言葉は書かず、「～」にあたる内容だけを書くこと。

四

次の文章を読んで、後の問いに答えなさい。

読みづらい文章の原因はいろいろ考えられます。【中略】「整理されていない」あるいは「ごちゃごちゃしている」という印象から、「読みづらい」と感じられることがあります。みなさんもそう感じる文章に出合ったことがあるでしょう。しかし、いざ、いったい何が「整理されていない」のか、「ごちゃごちゃしている」のかと問われると、よくわからないという人も多いのではないでしょうか。

ここでは、何が「ごちゃ混ぜ」になっているかを確認し、それをどのように「仕分け」したら、すっきりと整理された文章にすることができるのか、考えてみます。

まず、ごちゃ混ぜの例の一つ目です。いったい何が「混ざって」いるのか考えながら、まず、次の文章を読んでみてください。高校生が企画《きかく》したあるシンポジウムに参加した生徒会長のM君が、生徒会の会報に書いた報告記事の冒頭です。

五月二〇日、市民文化センターで、「高校生と社会を結ぶシンポジウム」が開かれました。市内の各高校の生徒会が協同《きょうどう》し、高校生が、もっとさまざまな企業《きぎょう》の活動や仕事の内容を知ることを目的として企画したシンポジウムです。

この企画は、県立W高校の生徒会が、半年前に市内の五つの高校に呼びかけたことで、実現しました。約半年間、六つの生徒会は月に一度集まり、話し合ってきました。

問５　――線部⑦「帰らぬ人になったという」とあるが、「良枝」が母の死を思い出し、悲しんでいることがわかる十字以内の表現をここより後から探し、はじめの四字を抜き出しなさい。

問６　［　⑧　］に入れるのに最適なものを次の中から選び、記号で答えなさい。

ア　女は誰に対しても、わけへだてなく愛情を注ぐ
イ　この広い世界で、どこにも安住できるところがない
ウ　生涯を通して、一生懸《けん》命に働くことが生きがいになる
エ　世の中の男には到底《とうてい》、女の気持ちはわからない

問７　――線部⑨「ここ」とは何のことか。簡潔に書きなさい。

問８　――線部④「こんなこと」とはどのようなことか。次の中から最適なものを選び、記号で答えなさい。

ア　世間知らずな良枝と、医者としての評判が悪かった良枝の父が苦労をかけたために、母が死んでしまったということ。
イ　良枝の父は藪医者だったため、患者が多い時と少ない時が繰《く》り返され、不安定な暮らしをしていたこと。
ウ　結実は家が大変だから、結婚をしてもいい年ごろなのにがまんをして産婆をしている、ということ。
エ　地震をきっかけに不運が続き、良枝の父は酒に溺《おぼ》れて死んでしまうという、情けない最期を迎《むか》えたこと。

問９　――線部⑤「うちは地震の半年後に～このおばさんのお世話になったの……」の中には「……」が三か所書かれている。この「……」には「良枝」のどのような心情が現れているか。次の中から最適なものを選び、記号で答えなさい。

ア　父と母を亡くし、伯母を頼ることもできない今となっては、この赤ん坊を立派に育てるしかないと、決心している。
イ　自分から頼みこんだとはいえ、母をこきつかって死に追いやったアサを恨《うら》めしく思う気持ちを、思い返している。
ウ　結実に父や母が亡くなった時のことを話したいが、アサに何か言われるのではないかと、慎重《しんちょう》になっている。
エ　母が亡くなった後も、赤ん坊が産まれるまでお世話をしてくれたアサへの、感謝の気持ちをかみしめている。

問10　――線部⑩「結実の気持ち」とは、どのような気持ちか。次の中から最適なものを選び、記号で答えなさい。

ア　幼いころから苦労が絶えなかった良枝がやっと幸せを手にしたことを、一緒に喜びたい気持ち。
イ　母に大変な苦労をさせておきながら、自分はお稽古三昧でいられたことが理解できない気持ち。
ウ　母の期待通りにお稽古事を上達させてお金持ちになり、赤ん坊まで産んだ良枝をうらやましく思う気持ち。
エ　良枝の将来のために苦労をし続けた良枝の母も、これでやっと報われると思う気持ち。

結実ちゃんは。ほんとの貧乏《ぼう》がどんなもんかなんて。……お金がないってだけで、誰からもばかにされるのよ。血を分けた兄弟からだって。……この子をおっかさんに見せたかった。抱《だ》かせてあげたかった……」

良枝は⑩結実の気持ちを見透《す》かしたように言い、しゅんと洟《はな》をすする。

「きっとおっかさん、よかったって、喜んでくれるね」

慰《なぐさ》めるようにいった結実を良枝はまっすぐに見返した。

「結実ちゃんもいい人見つけて、早く自分の子を抱きなさいよ。子どものころ、あんまり一緒《しょ》に遊ばなかったけど、私、結実ちゃんのことがずっと気になってたのよ」

「ほんと？」

「笑顔がいいし、頭がまわって目端《めはし》がきいてたもの。年頃になったら私と結実ちゃんは、早くいいところにお嫁にいくって思っていた」

苦笑した結実を、良枝は真顔で見据《す》える。

「いくらおばあさんが産婆だからって。結実ちゃん、このままでいいの？」

「私は産婆になりたくてなったの。だから……」

産婆をやらされているわけではない。

自分が産婆になると選んだのだ。

だが、結実の声は良枝に遮《さえぎ》られた。

「正直言うと私、そんな⑪結実ちゃんのみじめな姿を見たのがこたえていて……」

「みじめ？　私のどこが？」

右から左に聞き捨てにできる言葉ではなかった。

結実は挑《いど》むように良枝を見返した。

良枝はその視線を跳《は》ね返す。底光りするような目をしていた。

「忙《いそが》しさに髪を振《ふ》り乱し、身なりも気にせず、紅もささず、人の子どもを次々に取り上げるだけで……産婆なんかやっていたって、ぜいたくなんて何ひとつできないじゃない」

当たっていることは当たっている。だが、そんなこと、辛《つら》くもなんともない。

それなのに、結実は返す言葉がすぐには見つけられない。

「甲斐性のある男と夫婦になって、自分の子どもを育て、楽しく暮らしていくことが女の幸せってもんじゃない」

黙《だま》り込《こ》んだ結実に、良枝はだめ押《お》しのように言った。

（五十嵐佳子「星巡る　結実の産婆みならい帖」より）

※１　あんた……ここでは「良枝」を指している。
※２　あんた……ここでは「結実」を指している。
※３　歯の白さ……当時、結婚をした女性はお歯黒をする風習があった。
※４　女中……旅館や料理屋で、住み込みで働いていた女性。
※５　祝言……結婚式。婚礼。

問１　――線部①「係累」とは何のことか。前後の文脈から推測し、漢字二字で書きなさい。

問２　［②］には動物を表す漢字一字が入る。それは何か。漢字で答えなさい。

問３　――線部③「あんたのおっかさんも～長生きしたかも」とあるが、「良枝」の母が早く亡くなってしまったのはなぜだと「良枝」は考えているか。それを説明した次の文中の空欄に当てはまる言葉を、指定の字数で本文から抜き出して答えなさい。

娘にたくさんの［a（三字）］をさせて［b（十字）］ために、父親の代わりに働きづめに働いていたから。

問４　［⑥］には「言う」の尊敬語が入る。それは何か、書きなさい。

「地震《しん》で家がつぶれ、腕《うで》を折ったのが運の尽《つ》き。患者は離《はな》れ、借金だるまになって、しまいには酒に溺《おぼ》れて、あんたたちを残してあっけなくおっちんじまって……。※2あんたも、独り身で人の子どもを取り上げているのは、家が大変だからでしょ。いきおくれないようになさいよ」

※3歯の白さで結実が未婚《みこん》だとわかったのか、思わせぶりにいったアサの横顔に底意地の悪さがのぞく。

良枝は唇《くちびる》をかんで、目を落としていた。恥《は》ずかしさなのか憤《いきどお》りなのか、耳の縁《ふち》が赤く染まっている。

たとえアサがいった通りだとしても、昨日赤ん坊を産んだばかりの良枝に向かってわざわざ言うことだろうか。ましてや④こんなこと、良枝は結実に聞かせたくはなかったはずだ。

（その後、アサとの間に衝立《ついたて》を置き、結実は良枝と赤ん坊のお世話をする。お乳をのんだ赤ん坊はやがて眠《ねむ》り始めた。）

「結実ちゃんとこは、おっかさんが地震で亡くなったんだってね」

眠り始めた赤ん坊を布団にそっと横たわらせながら、良枝はつぶやくようにいう。

「⑤うちは地震の半年後におとっつぁんが亡くなって……それで深川のおっかさんの実家に戻《もど》って……おじさんと、このおばさんのお世話になったの……」

衝立の向こうで、アサがふんと鼻をならしたのが聞こえた。

「着の身着のままで、うちに転《こ》げ込んできたときにはたまげたのなんのって。あんたにいっぱい習い事させてたくせに、内情はすっからかんだったなんて」

「……おっかさんは私をいいところに嫁《よめ》に出すために、お茶やお花、裁縫《ほう》まで習わせてくれたの。そのお金がいるからって、実家の料理屋で※4女中《じょちゅう》に混じって働いて……」

ゆっくり、良枝が床《とこ》に身を横たえた。結実は衝立をはずすと、アサが眉根《まゆ》を寄せ、口をとがらせていた。

「女中に混じってて……人聞きの悪い。働かせてほしいと頭を下げたのはそっちのほうだよ。実の兄が出戻りの妹を働かせるなんてって、うちの人も近所の人に、さんざん悪口いわれて。でも当の本人があんたにぜいたくをさせたいからっていうんだから、仕方ないじゃない」

「ええ、⑥通りです。……でも働きづめで、あんなに早く逝《い》ってしまうなんて……」

良枝の※5祝言が決まってしばらくして、母親は風邪《かぜ》をひいて寝込《ねこ》み、みるみる悪くなり、⑦帰らぬ人になったという。

「あっけなかったねぇ」

アサは人ごとのように言い、良枝の肩《かた》をぽんとたたいた。

「もういいじゃないか。死んだ人のことなんて。良枝は、甲斐《かい》性のある亭主《ていしゅ》持ちになったんだから。跡取りも産んで、もう安心だ。居候だったあんたがいちばん出世するなんてね。世の中、わかりゃしない。ご亭主に、うちの料理屋も使うようによくよくいっておくれ。頼《たの》んだよ」

そういうと、アサはよっこいしょと立ち上がった。

アサが帰ると、良枝がふーっと息を吐《は》いた。

「おばさん、遠慮《りょ》なしで驚《おどろ》いたでしょ？」

「良枝さん、苦労したのね」

「女は三界に家無しって。うちのおっかさんみたいな人のための諺《ことわざ》ね」

子どものころは親に従い、嫁《よめ》に行っては夫に従い、老いては子に従わなければならない。ひいては、⑧という諺だ。

だが、自分のために母が働きづめに働く姿を見ながら、お稽古三昧《けいこざんまい》を続けた良枝の気持ちが結実にはどうにもわからない。

母に苦労をかけて、自分はお稽古三昧で暮らすことなど、結実には考えられなかった。別に金持ちに嫁《とつ》がなくても、母と娘、無理せずに暮らしていけばいいではないか。

「私も働くって言ったのよ。そしたらぶたれたの。⑨ここからはいあがるのは、私の縁《えん》談しかないって。その気持ちがわからないのかって。……知らないでしょ、

2023年度 江戸川女子中学校

【国語】〈第三回試験〉（五〇分）〈満点：一〇〇点〉

（注意）字数指定のある設問はすべて、句読点等を字数に含む。

一

次の――線部のカタカナを漢字に直しなさい。

① 遠くはなれたコキョウをなつかしむ。
② 電車でツウキンする。
③ 自動ショッキの発明で、布の生産量が一気に増えた。
④ 洪《こう》水対策のためのゴガン工事が終わった。
⑤ シェークスピアのエンゲキを見る。

二

次の□に漢字を一字ずつ入れて、四字熟語を完成させなさい。なお、（　）内はそれぞれの四字熟語の意味である。

① 絶□絶□
（追いつめられ、せっぱつまっているさま。）
② 大□晩□
（大人物は遅《おく》れてその実力をあらわすこと。）
③ □日□秋
（非常に待ち遠しいこと。）
④ 順□□帆《ぱん》
（ものごとがすべて順調に進むこと。）
⑤ □耳□風
（他人の意見に注意を払《はら》わず、聞き流すこと。）

三

次の文章を読み、後の問いに答えなさい。

江戸時代後期、二十一歳《さい》の「結実《ゆうみ》」は産婆《さんば》として働いていた。「良枝」は、子どもの頃《ころ》に「結実」と同じ手習い所（読み、書き、そろばん等を学ぶ場所）で学んだ仲で、昨晩、「結実」は「良枝」の子どもを取り上げた。

この日、往診《おうしん》に行くと、良枝の元に来客があった。

良枝の伯母《おば》が深川から赤ん坊《ぼう》の顔を見に来ていた。

「これでおっかさんも成仏できる。良枝がこちらの跡《あと》取りを産むまでは生きていたいといっていたからねぇ。……あの人の苦労も報われたよ、やっと」

赤ん坊を抱《だ》きながらしゃらっと言った。おたふくの人形を思わせる顔も身体もでっぷりとした五十手前の女だ。

良枝の母が亡くなっていたというのは、結実にとって初耳だった。

だから昨晩、お産の場に良枝の①係累《るい》が誰《だれ》ひとり駆《か》けつけてこなかったのだと思い当たり、胸がちくっと痛んだ。苦労知らずだとばかり思っていた良枝が、自分と同じで実母を失っていたとわかり、［　②　］が合わないなどと決めつけていた自分を結実はちょっと反省した。

結実が挨拶《あいさつ》をすると、良枝の伯母は深川の料理屋小松の女将・アサと名のった。

「この人が、前の手習い所で机を並べてたってお産婆さん？　医者の娘《むすめ》？」

「ええ」

アサは無遠慮《りょ》にじろじろと結実を見つめる。

「まあ、それはそれは。医者なんて藪《やぶ》だと評判がたてば、潮がひくみたいに患《かん》者はいなくなるし、患者があればあるで夜昼なくばたばたして。……③※1あんたのおっかさんも亭《てい》主があんなじゃなきゃ、もっと長生きしたかも……」

「おばさんっ」

良枝が顔色を変え、制するように言ったが、アサの口は止まらない。

「あたしが嘘《うそ》を言ってるかい？　みんなほんとのことじゃないか」

「でも……」

2023年度

江戸川女子中学校　▶解　答

※　編集上の都合により，第３回試験の解説は省略させていただきました。

算　数　＜第３回試験＞（50分）＜満点：100点＞

解　答

1 (1)　$\frac{1}{8}$　(2)　$\frac{1}{30}$　(3)　23　(4)　9　(5)　360　(6)　2023　(7)　4　(8)　B　(9)　エ　(10)　4　(11)　25.12　**2** (1)　9　(2)　90　(3)　360　**3** (1)　4.8cm　(2)　25cm^2　(3)　15cm　**4** (1)　6.28cm　(2)　北　(3)　5.652cm

社　会　＜第３回試験＞（35分）＜満点：75点＞

解　答

1 **問１**　ウ　**問２**　ア　**問３**　ア　**問４**　ア　**問５**　オ　**問６**　足利尊氏　**問７**　万葉集　**問８**　（例）　江戸の治安を維持するため，江戸に入る鉄砲と，人質である大名の妻子が逃げないように，江戸から出る女性を厳しく取り締まった。　**問９**　**３番目**…Ｅ　**６番目**…Ｈ　**2** **問１**　〔ｉ〕（例）　民衆の選挙で議員を選んだ議会。　〔ii〕　ア　**問２**　〔ｉ〕　エ　〔ii〕　大日本帝国憲法　**問３**　ウ　**問４**　〔ｉ〕　20　〔ii〕　エ　**3** **問１**　Ⅰ　カ　Ⅱ　オ　Ⅲ　イ　Ⅳ　ク　Ⅴ　ウ　**問２**　①　コ　②　イ　③　ク　④　キ　⑤　オ　**問３**　Ⅰ　オ　Ⅱ　エ　Ⅲ　キ　Ⅳ　カ　Ⅴ　ア　**問４**　Ⅰ　ク　Ⅱ　イ　Ⅲ　カ　Ⅳ　ウ　Ⅴ　ケ　**4** Ⅰ　**問１**　**ロシア**…プーチン　**ウクライナ**…ゼレンスキー　**問２**　クリミア半島　**問３**　エ　Ⅱ　**問１**　**１**　カ　**２**　イ　**３**　ク　**４**　エ　**５**　オ　**問２**　ウ　**問３**　世界人権宣言　Ⅲ　**問１**　**１**　温室効果　**２**　酸性雨　**３**　オゾン　**問２**　**Ａ**　京都　**Ｂ**　パリ　**問３**　ア

理　科　＜第３回試験＞（35分）＜満点：75点＞

解　答

1 (1)　(ア)　塩化水素　(イ)　水素　(ウ)　アンモニア　(エ)　酸素　(2)　(イ)　(い)　(エ)　(ろ)　(3)　①　○　②　○　③　○　④　×　(4)　（例）　右の図１　(5)　（例）　アンモニアは水にとけやすく，空気より軽い気体だから。　(6)　(B)／**理由**…（例）　細かい粉末の方が表面積が広く，過酸化水素がふれるところが多くなるから。　**2** (1)

図１

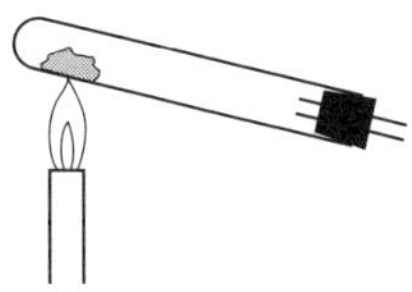

ウクライナ　(2)　**ア**　④　**イ**　②　(3)　(あ)　液化　(い)　(例)　体積が小さくなる　(4)　(う)　5000カロリー　(え)　20L　(お)　60℃　(5)　②，⑤　**3**　(1)　(i)　**水**…(ア)　**酸素**…(ウ)　**適当な温度**…(イ)　(ii)　(エ)　(iii)　**C**　(イ)　**D**　(オ)　(2)　(i)　道管　(ii)　エ　(3)　(i)　(エ)　(ii)　(例)　右の図２　(4)　(i)　**光合成**…(ウ)　**呼吸**…(エ)　(ii)　(イ)　(iii)　４時間　**4**　(1)　③　(2)　(例)　月が地球の影に部分的に入るとき。　(3)　①，④　(4)　(例)　日食では月が光をさえぎるため食の部分が黒くなるが，月食では地球の大気によって赤以外の光は散乱してしまい，赤い光だけがくっ折して月に届くから。　(5)　③　(6)　④

図２

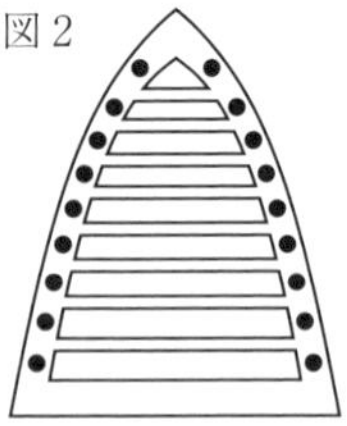

国語　＜第３回試験＞（50分）＜満点：100点＞

解答

一　下記を参照のこと。　二　①　(絶)体(絶)命　②　(大)器(晩)成　③　一(日)千(秋)　④　(順)風満(帆)　⑤　馬(耳)東(風)　三　**問１**　(例)　家族　**問２**　馬　**問３**　**a**　習い事(お稽古)　**b**　いいところに嫁に出す　**問４**　おっしゃる　**問５**　しゅんと　**問６**　イ　**問７**　(例)　貧乏な暮らし　**問８**　エ　**問９**　ウ　**問10**　イ　**問11**　**結実**…ア　**良枝**…エ　**アサ**…ウ　**問12**　(例)　ぜいたくもできず，女の幸せも手に入れられない　四　**問１**　②　イ　③　ア　⑬　オ　**問２**　(生徒会長の)M君　**問３**　この町　**問４**　⑥　「私」の　⑦　客観的な　**問５**　切り替え　**問６**　イ　**問７**　⑩　肯定的　⑪　否定的　**問８**　第三段落の　**問９**　エ　**問10**　エ→イ→ウ→ア　**問11**　地の文　**問12**　**A**　箇条書～理する　**B**　肯定的～て書く

●漢字の書き取り

一　①　故郷　②　通勤　③　織機　④　護岸　⑤　演劇

2022年度　江戸川女子中学校

〔電　話〕 (03) 3659－１２４１
〔所在地〕 〒133-8552　東京都江戸川区東小岩５－22－１
〔交　通〕 JR総武線－「小岩駅」より徒歩10分
京成線－「江戸川駅」より徒歩15分

【算　数】〈第１回試験〉（50分）〈満点：100点〉

1　次の□にあてはまる数を求めなさい。

(1)　$2\frac{2}{3}\times0.875-\left(2-\frac{3}{5}\right)\div\frac{14}{15}=\square$

(2)　$\frac{2}{3}\div\left\{\left(\square-\frac{1}{3}\right)\times5+2.5\right\}=\frac{1}{5}$

(3)　13で割ると２余り，17で割ると７余る整数のうち，2022に最も近い整数は□です。

(4)　[0]，[1]，[2]，[3]，[4]，[5]の６枚のカードから３枚選んで３桁の整数を作るとき，５の倍数は□個あります。

(5)　３％の食塩水 150ｇに８％の食塩水を加えると，5.6％の食塩水が□ｇできました。

(6)　ある電車は，4400ｍの橋をわたり始めてからわたり終わるまで58秒かかり，18.4kmのトンネルに入り始めてから出終わるまで３分53秒かかります。この電車の長さは□ｍです。

(7)　一定の割合で水のわき出る井戸があります。毎分 10l くみ上げられるポンプを使うと30分で水がなくなり，毎分 15l くみ上げられるポンプを使うと18分で水がなくなります。このとき，この井戸は毎分□l の割合で水がわき出ています。

(8)　図１のように，黒と白のご石を交互《こうご》に使って正方形を作っていきます。一番外側に並んでいるご石の数が88個になった正方形では，黒と白のご石の数の差は□個です。

図１

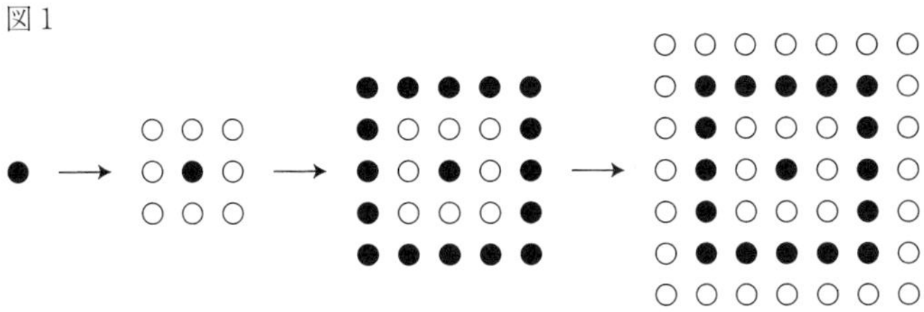

(9)　下の図２のように，正三角形 ABC を頂点Ａが辺 BC 上の点Ｐに重なるように折りました。このとき，角アの大きさは□度です。

図２

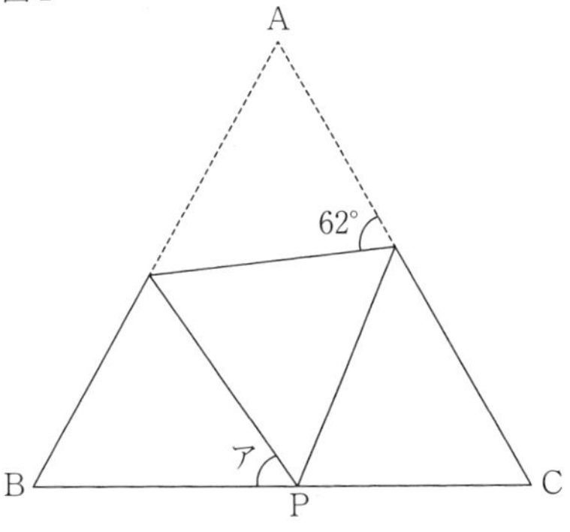

図３

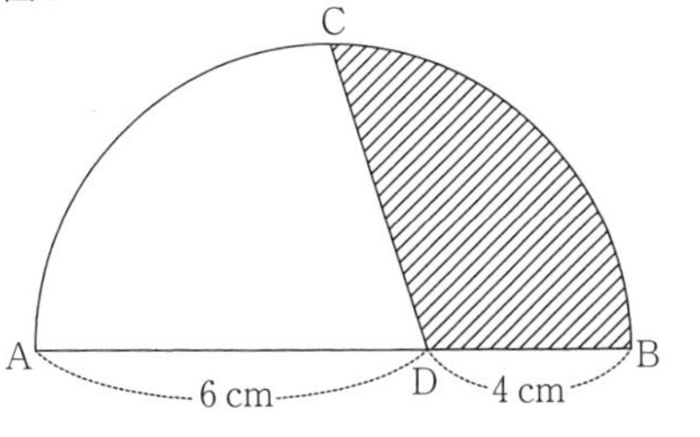

(10)　前のページの図３は半円で，点Cは円周の部分の長さを２等分する点です。このとき，斜線《しゃせん》部分の面積は□cm² です。ただし，円周率は3.14とします。

(11)　図４の一辺が６cm の立方体について，長方形Ａから向かい合う面までを垂直にくりぬき，さらに長方形Ｂから向かい合う面までを垂直にくりぬきます。このとき，残った図形の体積は□cm³ になります。

図４

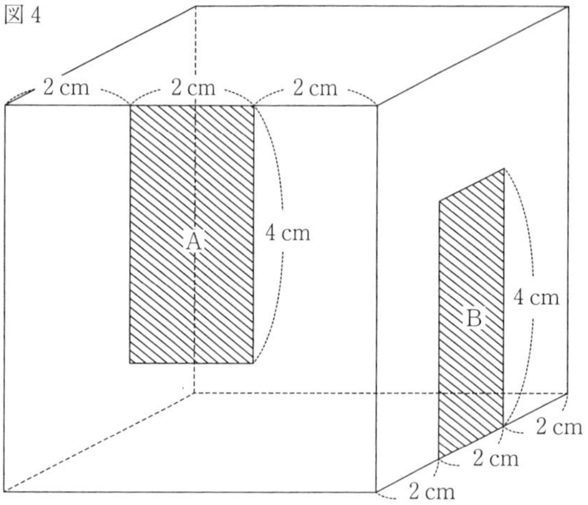

2　【A】で「Aが３で割り切れる回数」を表すものとします。例えば

５は３で１回も割り切れないので　【5】＝０

６は６÷3＝２となり，３で１回割り切れるので　【6】＝１

18は 18÷3÷3＝２となり，３で２回割り切れるので　【18】＝２

となります。このとき，次の問に答えなさい。

(1)　【A】＝０となる１以上2022以下の整数Aは全部で何個ありますか。

(2)　【A】＝６となる１以上2022以下の整数Aは全部で何個ありますか。

(3)　【1】＋【2】＋【3】＋…＋【2021】＋【2022】を計算しなさい。

3　図のように，二等辺三角形と台形があります。今，二等辺三角形を直線 AB にそって毎秒２cm の速さで矢印の方向に動かしていきます。このとき，後の問に答えなさい。

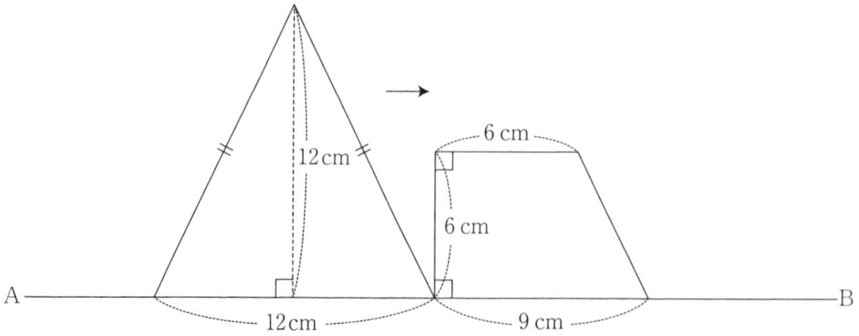

(1)　動かし始めてから３秒後に，２つの図形が重なっている部分の面積を求めなさい。

(2)　動かし始めてから７秒後に，２つの図形が重なっている部分の面積を求めなさい。

(3)　２つの図形が重なっている部分の面積が 18cm² になることが２度あります。何秒後と何秒後か求めなさい。

4　Ａさんが店長を務める「らーめん小岩」では横一列に席が並んでいます。次の会話文はＡさんと従業員のＢさんの会話の内容です。この会話文を読み，後の問に答えなさい。

Ａ：お客さんとお客さんの間を必ず１席以上空けることにしましょう。

Ｂ：お客さん同士が近づきすぎないようにするためですね。そうすると，席の使い方は何通りになるのでしょうか？

Ａ：少し考えてみましょうか。お客さんが座っている席を○，空いている席を×とします。席が１席しかないとすると，○か×の２通りです。席が２席だとするとどうなりますか？

Ｂ：○○はとなり合ってしまうのでダメですよね。そうすると，○×，×○，××の３通りですね。

Ａ：そうですね。３席だとするとどうなりますか？

Ｂ：席の数が増えていくと数えていくのが大変ですね。

Ａ：２席の場合から右に１席追加すると考えましょう。×は２席がどのような座り方でも必ず右に追加することができて，○は×の右にのみ追加できます。

Ｂ：そうすると，［　(1)　］の［　※　］通りですね。

Ａ：そうですね。うちの店は９席あるので，同じように考えていけばどうなりますか？

Ｂ：えっと，計算していくと…，［　(2)　］通りです！

(1)　［(1)］には○と×を合わせて３個並べたものがいくつか入ります。当てはまるものをすべて書きなさい。

(2)　［(2)］に入る正しい数を求めなさい。

(3)　お客さんとお客さんの間を２席以上空けることにすると，「らーめん小岩」の席の使い方は何通りになりますか。

【社　会】〈**第１回試験**〉(35分)〈満点：75点〉

1　次のＡ～Ｈの各文は，日本の各時代について説明したものである。これらを参照して各問に答えよ。

Ａ　①ひらがな・カタカナのかな文字が成立した。

Ｂ　葛飾北斎が(　②　)を描いた。

Ｃ　③日本とロシアの交渉により，樺太《からふと》がロシア領，千島列島全島が日本領となった。

Ｄ　④鉄の使用が始まった。

Ｅ　⑤山城の国一揆がおこった。

Ｆ　⑥天武天皇が即位した。

Ｇ　⑦アメリカ軍が引き続き日本に駐留《ちゅうりゅう》することを取り決めた条約が結ばれた。

Ｈ　⑧幕府が，六波羅探題を設置した。

問１　下線①について，かな文字が用いられたものとして**正しい**ものを下のア～エから１つ選べ。ただし，すべて誤っている場合はオで答えよ。

ア　十七条の憲法　　イ　日本書紀　　ウ　枕草子　　エ　万葉集

問２　空欄②に入る作品として**正しい**図を下のア～エから１つ選べ。ただし，すべて誤っている場合はオで答えよ。

ア

イ

ウ

エ

問３　下線③について，**正しい**文を下のア～エから１つ選べ。ただし，すべて誤っている場合はオで答えよ。

ア　この交渉は，日露戦争後におこなわれた。

イ　外務大臣小村寿太郎が，日本側の代表としてこの交渉に参加した。

ウ　もともと樺太の南半分は日本領であったが，この交渉により，樺太全島がロシア領となった。

エ　日本政府は，現在，千島列島全島を北方領土と呼び，日本固有の領土だと主張している。

問４　下線④について，**正しい**文を下のア～エから１つ選べ。ただし，すべて誤っている場合はオで答えよ。

ア　仏教が伝わったのと同じ時期に，鉄の使用が始まった。

イ　勘合貿易では，生糸や，主に鉄でできた明銭が中国から輸入された。

ウ　鉄砲が伝わって戦いに用いられるようになると，それまで平地につくられていた城が山地につくられるようになった。

エ　八幡製鉄所は，日清戦争の賠償金を用いて設立された。

問５　下線⑤について，**正しい**文を下のア～エから１つ選べ。ただし，すべて誤っている場合はオで答えよ。

ア　農民たちが，借金の帳消しを要求した。

イ　村役人が中心となって，年貢の減免を要求した。

ウ　武士や農民たちが，守護を追い出そうとした。

エ　この一揆ののち，山城では約100年間，自治がおこなわれた。

問６　下線⑥について，天武天皇は，天皇の後継者をめぐる戦いに勝利して即位した。この戦いを何というか。

問７　下線⑦について，この条約を何というか，漢字で答えよ。

問８　下線⑧について，幕府が六波羅探題を設置することになった背景も明らかにして，六波羅探題について40字以上60字以内で説明せよ。

問９　Ａ～Ｈの文を時代順に正しく並べた場合，その３番目と６番目にくる文を，それぞれＡ～Ｈで答えよ。

2　次のＡ～Ｃの各文を参照して各問に答えよ。

Ａ　北山十八間戸《きたやまじゅうはっけんど》は，鎌倉時代に，奈良の①西大寺《さいだいじ》の僧である②忍性《にんしょう》によって奈良につくられた病人を保護・救済するための施設である。戦国時代に戦乱にまきこまれて一度焼けてしまうが，江戸時代に再建され，現在は国の史跡に指定されている。

Ｂ　小石川養生所《こいしかわようじょうしょ》は，江戸幕府の③将軍徳川吉宗の時代に，④江戸の町医者である小川笙船《しょうせん》の提案にもとづいて，江戸につくられた貧しい病人を救済するための施設である。明治時代初めに廃止されるまでの間，江戸の民衆の⑤医療に大きな役割を果たした。

Ｃ　伝染病研究所は，1892年に，⑥ドイツ留学から帰国した細菌学者である北里柴三郎《きたさとしばさぶろう》によって（ ⑦ ）の支援を受けて東京に設立された研究所である。伝染病などの医学研究やワクチンの製造などに大きな役割を果たした。後に国の管理下に移され，現在は東京大学医科学研究所となっている。

問１　下線①について，西大寺は，全国に国分寺・国分尼寺を造営することを命じ，奈良の東大寺に大仏をつくることを命じたことで知られる（　　）天皇の娘が造営した寺院である。空欄に入る語句を漢字で答えよ。

問２　下線②について，忍性が生きた時代の仏教について**正しい**文を下のア～エから１つ選べ。

ア　栄西が臨済宗を開き，武士の間に受け入れられていった。

イ　鑑真が中国から来日し，奈良に唐招提寺を造営した。

ウ　最澄が天台宗を開き，比叡山に延暦寺を造営した。

エ　日蓮は，法華経を重視し，「南無阿弥陀仏」と唱えれば救われると説いた。

問３　下線③について，将軍徳川吉宗について**誤っている**文を下のア～エから１つ選べ。

ア　もともと紀伊(和歌山)藩主であったが，前の将軍が幼くして亡くなったため，将軍となった。

イ　参勤交代における大名の江戸での滞在期間を短縮したことがある。

ウ　ききんに備えて大名に石高１万石につき100石の米を蓄える上げ米を命じた。

エ　年貢の税率を，豊作・不作に関係なく過去数年の米の収穫量にもとづいて決める定免《じょうめん》法《ほう》を導入した。

問４　下線④について，江戸の町医者である小川笙船は，どのような手段で幕府に対して提案することができたと考えられるか，１行で説明せよ。

問５　下線⑤に関連して，前野良沢・杉田玄白らがオランダ語の医学書『ターヘル＝アナトミア』を日本語に翻訳して出版した書物を何というか，漢字で答えよ。

問６　下線⑥について，ドイツと日本との関わりについて**誤っている**文を下のア～エから１つ選べ。

ア　伊藤博文は，憲法を調査するためにヨーロッパ諸国を訪れた結果，ドイツの憲法を参考に大日本帝国憲法の草案を作成した。

イ　ドイツから来日した医師のベルツは，大日本帝国憲法が発布された日の東京の様子を日記に書き記している。

ウ　日清戦争後，ドイツは，ロシアにさそわれて，フランスとともに，日本に対して遼東半島を清に返還することを要求した。

エ　ヨーロッパでドイツ・オーストリアなどの同盟国と，イギリス・フランスなどの連合国が戦った際，日本は，日独伊三国同盟を理由に，同盟国側に立って戦った。

問７　空欄⑦には，「天は人の上に人を造らず，人の下に人を造らず」の書き出しで知られる書物を著したことで知られる人物が入る。それは誰か，漢字で答えよ。

3　下の表は日本の工業製造品出荷額(億円：2017年)の全国上位５位までの都市を表したものである。なお，表のＡ～Ｃは各工業分野を示している。各問に答えよ。

	都市	製造品出荷額	A	B	C	石油製品製造業
1位	①豊田	145,903	79	429	137,149	—
2位	②川崎	40,929	9,870	4,163	5,913	11,590
3位	③横浜	39,975	1,125	527	4,303	10,773
4位	④市原	39,801	15,219	162	504	20,625
5位	⑤倉敷	36,839	6,833	8,723	3,780	11,902

問１　表のＡ～Ｃに入る語句を下のア～カからそれぞれ１つずつ選べ。

ア　食品製造業　　イ　輸送用機械器具製造業　　ウ　化学工業

エ　パルプ・紙加工品製造業　　オ　鉄鋼業　　カ　繊維工業

問２　表の波線①は何県にあるか，その県名を漢字で答えよ。

問３　表の波線②～⑤の都市の石油製品の出荷額は全国上位である。その事情について，これらの都市の立地の共通点から１行で説明せよ。

問４　表の波線②～⑤の都市の場所を下の地図のア～クからそれぞれ１つずつ選べ。

問５　表の波線①・②・④・⑤がある県について，説明している文を下のア～スからそれぞれ**２つ**ずつ選べ。

ア　満濃池のようなため池が，干ばつに備えて多くつくられた。

イ　桃やマスカットの生産が盛んである。

ウ　観光地である箱根がある。

エ　2021年７月に熱海で大規模な土石流が発生した。

オ　米作の収穫量が全国一位である。

カ　渥美半島では電照菊の栽培が盛んである。

キ　伝統工芸品として備前焼が有名である。

ク　国際空港として成田空港がある。

ケ　やませが吹くと冷害がおこりやすくなる。

コ　養殖カキの生産量は全国一位である。

サ　銚子は全国有数の漁獲量をほこっている。

シ　三浦半島ではキャベツなどを栽培して近郊農業が盛んである。

ス　瀬戸では陶磁器の生産が盛んである。

4　次のⅠ～Ⅲの各文を参照して各問に答えよ。

Ⅰ　①東日本大震災が発生して2021年で10年を迎えた。しかし，②さまざまな問題が多く残っている。今後も日本では，③大きな地震が予測され，予断を許さない。また，日本では地震だけでなく，台風や豪雨による被害も毎年のようにニュースとなる。国民一人ひとりの④防災意識を高めることが重要であろう。

問１　下線①について，東日本大震災の影響など，**誤っている**ものを下のア～エから１つ選べ。

ア　国が復興期間とした10年間で住宅再建や交通網の復旧などは終了した。

イ　一人暮らしのお年寄りなどが復興住宅などで誰にもみとられず亡くなる孤独死が報告されている。

ウ　放射性物質を含む汚染水を処理した後の汚染処理水の増加が問題になっている。

エ　原発事故で周辺に出された避難指示は2021年時点で，帰還困難区域を含め，すべて解除された。

問２　下線②について，東日本大震災の惨禍を語り継ぎ，震災によって壊れた建物など大規模な地震による被害の大きさ，悲惨さ，被災の記憶や教訓などを後世に伝えるために保存されることになった構造物を何というか，下のア～エから１つ選べ。

ア　震災建築　　イ　震災文化財　　ウ　震災遺構　　エ　震災遺跡

問３　下線③について，日本では近い将来，東海から九州にかけての太平洋沖で南海【　　】地震が起きるとみられる。【　】とは，海底に延びる溝状の地形を意味するが，【　】に入る語句を下のア～エから１つ選べ。

ア　マントル　　イ　活断層　　ウ　トラフ　　エ　大陸棚

問４　下線④について，2019年，国土地理院が防災意識を高めるために定めた記号があるが，これは何を表現している記号か，下のア～エから１つ選べ。

ア　避難場所に指定された学校・公園などの公共施設がある地域

イ　過去の災害を後世に伝える自然災害伝承碑がある地域

ウ　集中豪雨などが予想される場所や地域

エ　過去の大地震で被害を受けたことがない場所や地域

Ⅱ　わが国では，司法権は裁判所が持っている。裁判所は①最高裁判所のほか，②高等裁判所，地方裁判所，家庭裁判所，簡易裁判所がある。裁判官は裁判に際して，憲法と法律に拘束されるほかはだれのさしずも受けず，（　１　）に従い，独立して仕事を行うことが憲法で定められている。そのため裁判官は，身分や地位が保障されていて，（　２　）で罷免される特別な場合を除いては，やめさせられることはない。

裁判においては，裁判の当事者が，③第一審の判決に不服な場合，上級の裁判所に第二審を求めることができる。また，④第二審の判決にも不服な場合には，さらに上級の第三審を求めることができる。このように⑤一つの事件について３回の裁判を求めることができる制度は，⑥裁判を慎重に行うことによって裁判の公正をはかり，国民の人権を守る役割を果たしている。

問１　下線①について，この裁判所は，一切の法律，命令，規則や処分が憲法に違反していないかの最終決定権を持っているが，これを指して何と言われているか答えよ。

問２　下線①について，この裁判所の長官である最高裁判所長官について，以下の文の空欄〈A〉〈B〉に入る語句を答えよ。

最高裁判所長官は，〈　A　〉が指名し，〈　B　〉が任命する。

問３　下線②について，これらの裁判所は何とよばれるか，下のア～エから１つ選べ。

ア　基礎裁判所　　イ　基本裁判所　　ウ　下級裁判所　　エ　下部裁判所

問４　下線③・④について，それぞれなんというか，下のア～エからそれぞれ１つずつ選べ。

ア　上告　　イ　告訴　　ウ　起訴　　エ　控訴

問５　下線⑤について，これを何というか，漢字で答えよ。

問６　下線⑥について，このように慎重な裁判が行われても，判決が確定した後で，証拠が新たに発見され判決に疑いが生じた場合には，裁判のやり直しができるが，これを何というか，漢字で答えよ。

問７　空欄１に入る語句を下のア～エから１つ選べ。

ア　世論　　イ　倫理　　ウ　道徳　　エ　良心

問８　空欄２に入る語句を下のア～エから１つ選べ。

ア　参議院　　イ　内閣　　ウ　最高裁判所　　エ　弾劾裁判所

Ⅲ　第１次世界大戦後に最初の国際平和機構として設けられながら，世界大戦の再発を防止できなかった(　１　)への反省に立って，1945年に①国際連合が設立された。しかし，ほどなくして冷戦がはじまり，各地で地域紛争が相次いだ。しかし，そのような状況の中でも各国が努力して核軍縮に成果を上げていった。また，かつては国民の多くが貧困に苦しんでいたが，②めざましい経済発展をとげて豊かになった国・地域も現れた。

1980年代後半から東側陣営に変化が起こり，東ヨーロッパ諸国の民主化，東西(　２　)の統一，(　３　)の解体を経て，冷戦は名実ともに終わった。しかし，その後テロリズムが横行するようになり，冷戦の勝者になったアメリカもその攻撃を受けた。③新しい国際社会の在り方が模索されている現在，日本が果たす役割にも期待が寄せられている。

問１　空欄１に入る語句を漢字で答えよ。

問２　空欄２・３に入る国名を下のア～オからそれぞれ１つずつ選べ。

ア　フランス　　イ　ドイツ　　ウ　ベトナム　　エ　ソ連　　オ　ロシア

問３　下線①について，国際連合の機関のうち，以下の文Ａ・Ｂ・Ｃに該当する組織は何か，下のア～カからそれぞれ１つずつ選べ。

A　５つの常任理事国と10の非常任理事国からなり，世界の平和と安全に責任を持つ。

B　おもに開発途上国の子どもたちのために医療や食料の援助をする。

C　教育・科学・文化を通じて国際協力を進め，世界の平和と安全を築くことを目指す。

ア　UNESCO　　イ　UNICEF　　ウ　UNCTAD

エ　平和維持活動　　オ　経済社会理事会　　カ　安全保障理事会

問４　下線②について，先進国の政府から開発途上国への経済協力を「政府開発援助」というが，これをあらわしたアルファベットの表記を下のア～エから１つ選べ。

ア　NPO　　イ　NGO　　ウ　ODA　　エ　EPA

問５　下線③について，下線部について，2008年の金融危機をきっかけに毎年開かれるようになり，2019年には大阪で開催された国際会議を下のア～エから１つ選べ。

ア　G7　　イ　G20　　ウ　サミット　　エ　地球サミット

【理　科】〈第１回試験〉（35分）〈満点：75点〉

1　Ｅ子さんとＫ先生の次の会話文を読んで，あとの問いに答えなさい。

Ｅ　子：先生，「水素社会を実現しよう」という話を聞いたのですが，水素社会って何ですか？

Ｋ先生：「水素を使ったエネルギーをたくさん利用している社会」といった感じかな。

Ｅ　子：どういうことですか？

Ｋ先生：例えば，自動車を走らせるにはエネルギーが必要なんだけど，そのエネルギーは何から取り出しているかわかるかい？　言いかえると，自動車を走らせるためのエネルギーのもととして，自動車は何が必要か知っているかい？

Ｅ　子：ガソリンですか？

Ｋ先生：そうだね。ガソリンがなくなるとガソリンスタンドで補給しなくちゃいけないよね。いま日本で走っている自動車の多くは，ガソリンを燃やしたときに出てくるエネルギーを使って走っているんだよ。水素社会とは「ガソリンの代わりに水素を使う社会」と言えなくもないかな。

Ｅ　子：水素がガソリンの代わりになるんですか？　水素は気体で，ガソリンは(　ア　)体なのに。

Ｋ先生：でも，どちらも燃えるよね。ものが燃えると熱が出てくるでしょ。その熱がエネルギーだと考えてもいいよ。だから水素も燃料として使えるんだ。もう引退してしまったけど，宇宙船のスペースシャトルは(　ア　)体にした水素を燃料にしていたんだよ。

Ｅ　子：そうなんですね。でも何でガソリンの代わりに水素を使わないといけないんですか？

Ｋ先生：そこが水素社会について考えるときに最も大切なポイントだと思うよ。水素を使いたい理由は，ガソリンを燃やすと(　イ　)が発生するけど，水素を燃やしても(　イ　)が発生しないからだよ。(A)(　イ　)の排《はい》出量を減らすことは，いままさに世界全体で協力して取り組まないといけない課題だよね。

Ｅ　子：そういうことなんですね。ところで，水素は燃やすと何が発生するんですか？

Ｋ先生：水素は燃やしても(　ウ　)しか出てこないんだ。いかにも環《かん》境にやさしい感じがするよね。つけ加えると，水素を燃料として自動車を走らせるときは，水素をただ燃やすのではなく，燃料電池とよばれるしくみで電気をつくって，その(B)電気で自動車を動かしているんだよ。だから，水素を燃料とする自動車は，燃料電池自動車とよばれているよ。

Ｅ　子：燃料電池は聞いたことあります。うちはエネファームを使っています。

Ｋ先生：エネファームは，燃料電池で電気をつくるのと同時に，発生する熱でお湯も沸《わ》かすというシステムだね。ところで，エネファームで必要な水素は，どうやってつくっているか知っているかな？

Ｅ　子：「(　Ｘ　)に(　Ｙ　)を加える」とか？

Ｋ先生：理科室で水素をつくるならそのやり方であっているよ。でも，エネファームで必要な水素は，家庭用のガス，つまり都市ガスやプロパンガスからつくっているんだ。注意してほしいのは，都市ガスやプロパンガスから水素をつくるとき，(　イ　)が発生するということ。水素を燃料として使うときには(　イ　)が発生しないけど，その水素をつくるときに(　イ　)が発生したのでは意味がないよね。だから水素社会を実現するには，(C)どうやって(　イ　)を発生させずに大量の水素をつくるのかが大きな問題なんだよ。その話はまた今度にしようかね。

Ｅ　子：ありがとうございました。

(1)　空欄《らん》(ア)〜(ウ)に適する語句を答えなさい。

(2)　空欄(Ｘ)と(Ｙ)に当てはまる２つを，次の①〜⑧の中から選びなさい。

①　亜鉛《あえん》　②　石灰石　③　二酸化マンガン　④　水酸化カルシウム

⑤　塩酸　⑥　過酸化水素水　⑦　アンモニア水　⑧　塩化アンモニウム

(3)　(イ)の気体も，(2)の選択肢《たくし》①〜⑧のうちの２つをまぜ合わせることでつくることができます。その２つを選びなさい。

(4)　次の(あ)〜(え)の性質は，水素と(イ)の気体のどちらに当てはまりますか。下の①〜④の中からそれぞれ選びなさい。

(あ)　鼻をさすようなにおいがある。

(い)　空気より軽い。

(う)　石灰水に通すと白くにごる。

(え)　水にとけて弱い酸性を示す。

①　水素だけに当てはまる。　②　(イ)だけに当てはまる。

③　水素と(イ)の両方に当てはまる。　④　水素と(イ)のどちらにも当てはまらない。

(5)　下線部(A)について，(イ)の排出量を減らさなかった場合，今後どのようなことが起こると考えられているか，説明しなさい。

(6)　下線部(B)について，燃料電池自動車を動かしている，電気を使ってものを動かす装置のことを何といいますか。

(7)　下線部(C)について，再生可能エネルギーで発電した電気を使って，水を電気分解して水素をつくることが考えられます。次の①〜⑤の中で，「再生可能エネルギーによる発電」に当てはまるものはどれですか。すべて選びなさい。

①　風力発電　②　地熱発電　③　太陽光発電

④　石炭を使った火力発電　⑤　天然ガスを使った火力発電

2　豆電球と乾《かん》電池をいくつか使って，次の①〜⑥のように回路をつくりました。なお，いずれの豆電球・乾電池も同じものを使ったとします。

①

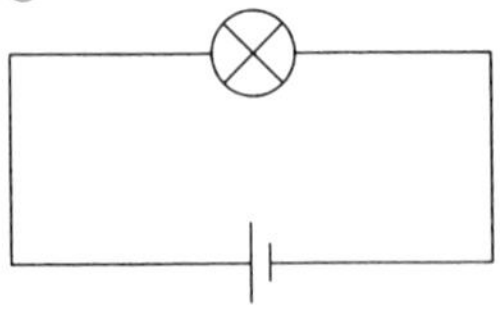

②

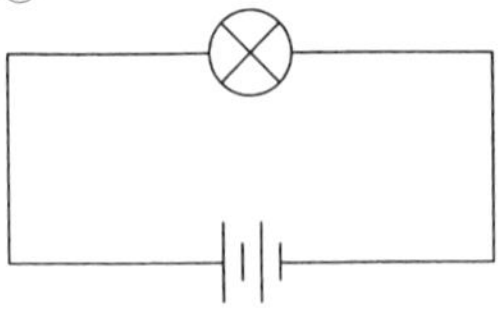

③

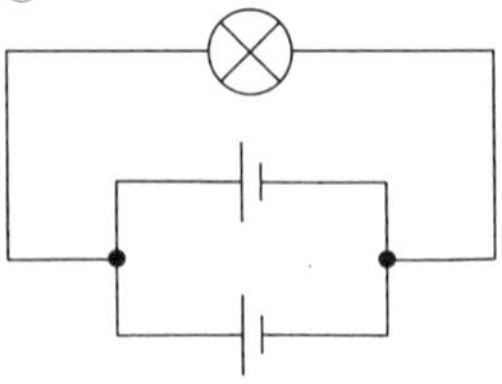

④

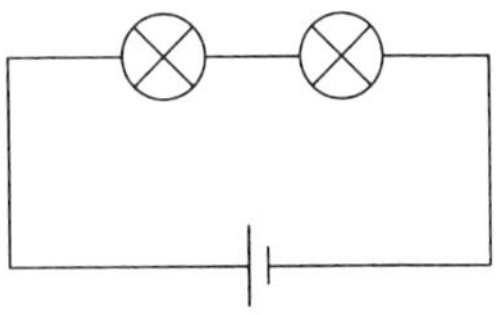

⑤

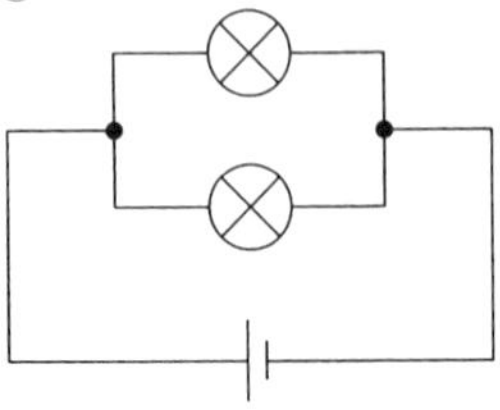

⑥

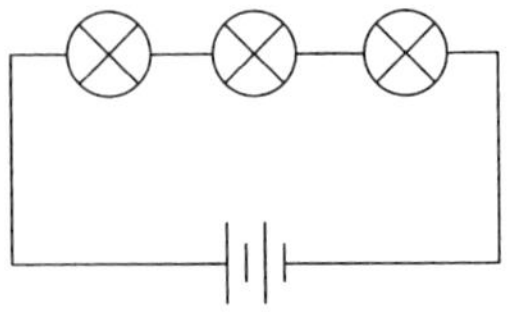

(1)　最も明るく光る豆電球のある回路を１つ選び，番号で答えなさい。

(2)　①の豆電球と同じ明るさで光る豆電球のある回路をすべて選び，番号で答えなさい。

(3)　豆電球２個と，乾電池２個が手元にあります。これらをすべて用いて②の回路の豆電球と同じ明るさで光る回路をつくり，その回路図を解答欄にかきなさい。

(4)　右の図１の回路のＡ，Ｂの豆電球の回路に流れる電流の大きさはそれぞれいくらになりますか。ただし，①の回路で豆電球に流れる電流の大きさを１とします。

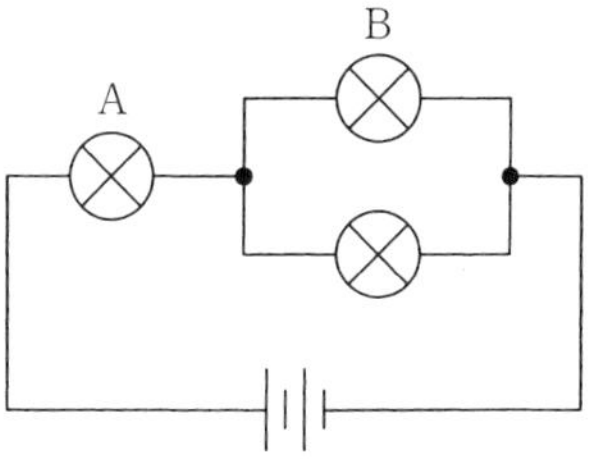

図１

近年，豆電球よりも小型で明るく輝《かがや》く発光ダイオードが普及《ふきゅう》しています。これについてあとの問いに答えなさい。

(5)　発光ダイオードはアルファベット３文字でよく省略されて呼ばれます。その３文字を答えなさい。

(6)　発光ダイオードは街のどのようなところで見かけますか。例を１つ挙げなさい。

(7)　発光ダイオードの消費する電気のエネルギーと寿《じゅ》命は，豆電球に比べてどうですか。その組み合わせとして正しいものを，次の(ア)～(エ)から１つ選び，記号で答えなさい。

(ア)　電気のエネルギー：大きい　寿命：長い

(イ)　電気のエネルギー：大きい　寿命：短い

(ウ)　電気のエネルギー：小さい　寿命：長い

(エ)　電気のエネルギー：小さい　寿命：短い

(8)　発光ダイオードは豆電球と違《ちが》ってどのような特徴《ちょう》があるかを調べてみました。すると，電気を通す端《たん》子の部分は長さが違うことに気付きました。そこで乾電池を間に挟《はさ》んで図２のようにつなげたところ，明るく点灯しました。しかし，図３のように発光ダイオードを裏返してつなげたところ，光りませんでした。また，Ｐの部分に豆電球を接続しても豆電球も光りませんでした。このことから，発光ダイオードにはどんなはたらきがありますか。次の(ア)～(ウ)に当てはまる言葉を答えなさい。

発光ダイオードは端子の(　ア　)方から(　イ　)方にだけ電流が流れ，逆の場合はスイッチが(　ウ　)状態と同じ状態になっている。

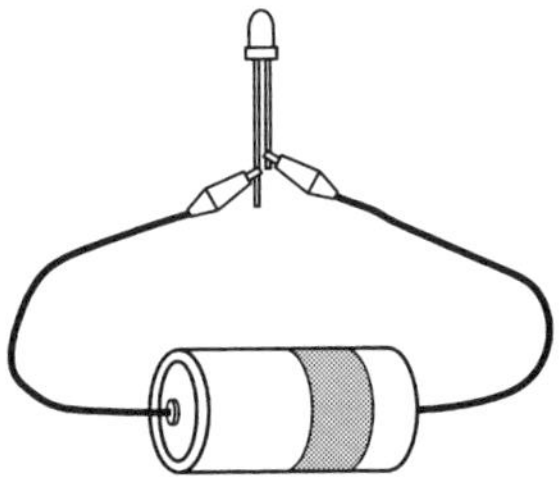
図２

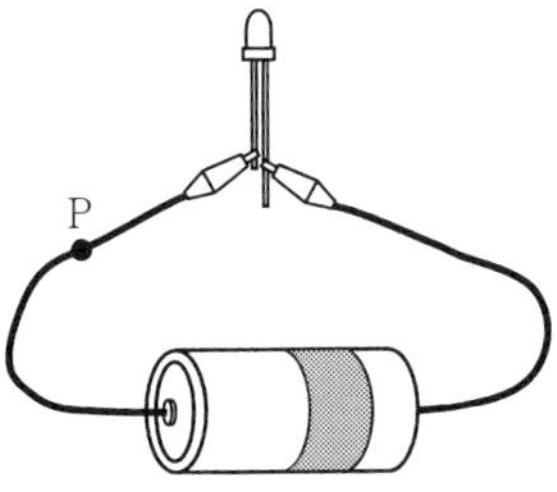

図３

(9)　発光ダイオードを記号で図４のように表します。ここで，Ａの側が端子の長い方に対応します。これと豆電球を使って図５のような回路をつくりました。光った豆電球をア～エからすべて選び，記号で答えなさい。なお，もし光る豆電球がない場合は，オと答えなさい。

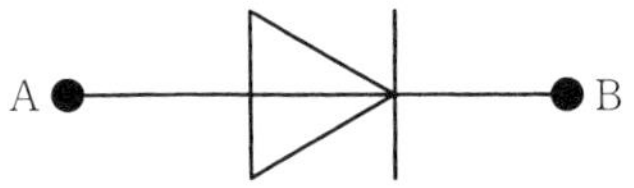

図４

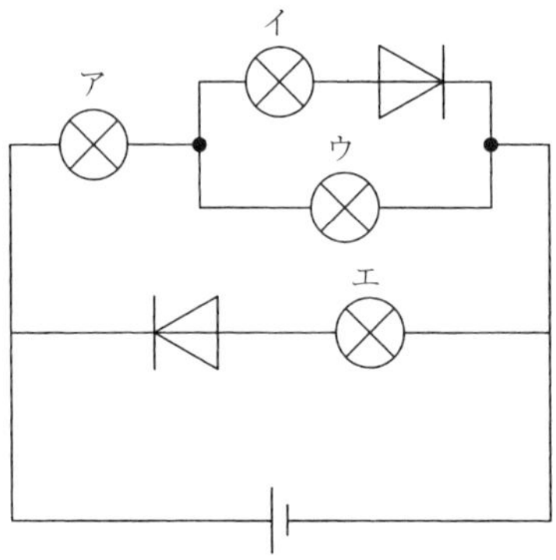

図５

3　ユネスコの世界遺産委員会は，2021年７月26日に，「奄美大島《あまみおおしま》，徳之島《とくのしま》，沖縄島北部および西表島《いりおもてじま》」を世界自然遺産に登録することを決めました。この地域には，「世界でそこにしか住んでいない種(固有種)」がとても多く，世界自然遺産に登録される１つの要因になりました。日本の世界自然遺産は，これで５つ目になります。

(1)　2020年以前に登録されている日本の世界自然遺産として，白神山地，屋久島，知床《しれとこ》半島，小《お》笠原《がさわら》諸島の４つがあります。

①　下の図１のＡ～Ｄから，屋久島の位置として適切なものを１つ選び，記号で答えなさい。

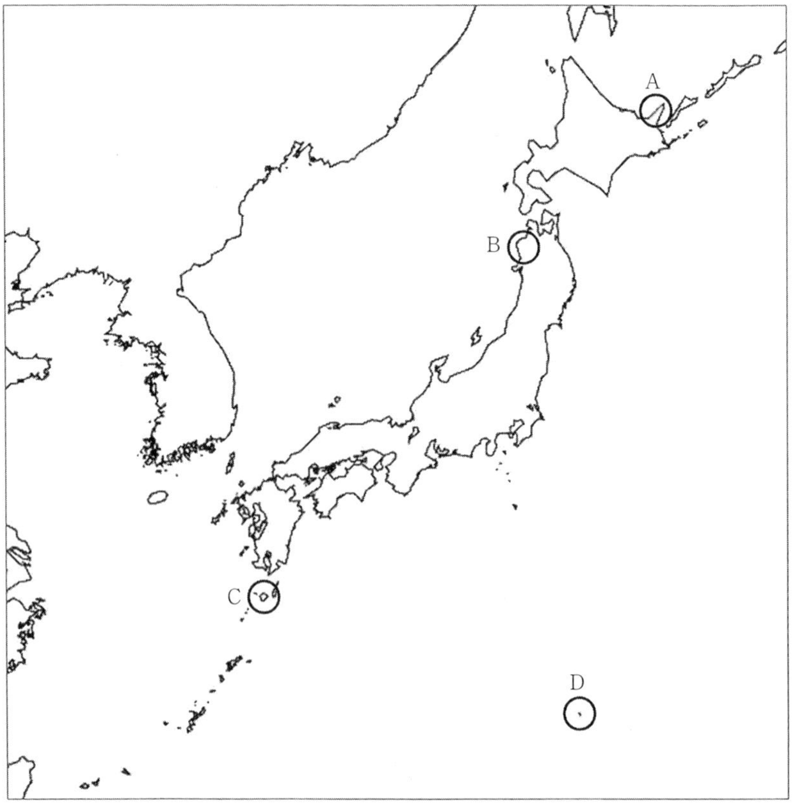

図１

②　知床半島の説明として適切なものを，次の(ア)～(エ)から１つ選び，記号で答えなさい。

(ア)　数千年前から生き続けているスギが森林を構成している。また，海岸付近から山頂にかけて，標高の変化とともに生息する生物も変化していくので，多様な生物が生息している。

(イ)　流氷を起点として，海の生物から陸の生物までが食物連鎖《しょくもつれんさ》でつながっている。

(ウ)　ヒトの手がほとんど入っていないブナの原生林が，東アジア最大級の規模で残っている。

(エ)　大陸と陸続きになったことのない島の集まりで，固有種が多く分布している。

(2)　奄美・沖縄の森には，「照葉樹」と呼ばれる樹木が多く分布しています。照葉樹の葉は厚く，よく光を吸収して，盛んにでんぷんなどを合成します。

①　光を利用してでんぷんなどを合成する反応を何と言いますか。漢字３文字で答えなさい。

②　①の反応で，吸収される気体と，放出される気体をそれぞれ答えなさい。「水蒸気」以外で答えなさい。

③　葉には，さく状組織と海綿状組織があります。さく状組織では，葉緑体をたくさんふくむ細胞《さいぼう》がすき間なく並んでいます。一方，海綿状組織では，細胞の間にすき間があり，気体の出入りがしやすくなっています。さく状組織があるのは，葉の表側ですか，裏側ですか。「表」あるいは「裏」と答えなさい。

④　葉には，気体が出入りするための「気こう」というあながあります。気こうが多いのは，葉の表側ですか，裏側ですか。「表」あるいは「裏」と答えなさい。

⑤　植物のからだには，次のＡ・Ｂの管が通っています。それぞれの名前を答えなさい。

Ａ．死んだ細胞からできていて，水を運ぶ管。

Ｂ．生きた細胞からできていて，葉で作られた養分を運ぶ管。

(3)　照葉樹の落ち葉は，厚くてかたいため，分解されにくいという性質を持っています。しかし，沖縄に生息するヤンバルオオフトミミズはこの照葉樹の落ち葉を食べ，それを分解してふんとして排出することで，落ち葉の分解をうながしています。次の(ア)～(エ)のうち，ヤンバルオオフトミミズと同じように，分解者としての役割を担っているものを１つ選び，記号で答えなさい。

(ア)　植物　　(イ)　草食動物　　(ウ)　肉食動物　　(エ)　菌類《きんるい》・細菌類

(4)　もともとその土地に生息している生物のことを，在来生物といいます。一方，他の土地からヒトの手によって持ちこまれた生物のことを，外来生物といいます。沖縄には，ヤンバルクイナという鳥がいます。この鳥は飛ぶことができず，世界で沖縄だけに生息している固有種です。しかし，このヤンバルクイナが，ある外来生物に食べられてしまい，数を減らしていることが問題となっています。この問題を引き起こしている外来生物を，次の(ア)～(エ)から１つ選び，記号で答えなさい。

(ア)　ハブ　　(イ)　マングース　　(ウ)　ベンガルトラ　　(エ)　キタキツネ

(5)　花子さんは，学校の授業で，ヤンバルクイナの数が減少していることを学びました。しかし，野生動物の数をどうやって調べているのか，花子さんは疑問に思いました。すべての個体を捕《つか》まえて数を数えるのは，不可能に思われます。

しばらく考えてもわからなかったので，花子さんはその日に出された算数の宿題に取り組むことにしました。

「問題　箱の中にたくさんのビー玉が入っています。箱の中に手を入れ，30個のビー玉を取り出し，取り出したビー玉のすべてに印をつけて箱にもどしました。箱の中のビー玉をよくかき混ぜたあと，再び30個のビー玉を取り出したところ，この30個のビー玉の中に，先ほど印をつけたビー玉が５個入っていました。最初に箱に入っていたビー玉の数は何個だと考えられますか。

答．180個」

花子さんは，この算数の問題を応用すれば，すべての個体を捕まえなくても，その総数を推測できることに気が付きました。そこで１週間後，近くのキャベツ畑でモンシロチョウを25匹《ひき》捕まえ，すべてのチョウに印をつけてすぐに同じ場所に放しました。その翌日，再びキャベツ畑でモンシロチョウを32匹捕まえたところ，前日に印をつけた個体が４匹混ざっていました。

① このキャベツ畑に生息しているモンシロチョウの総数を答えなさい。ただし，捕獲《ほかく》を行った期間内にモンシロチョウの数の増減は無かったものとします。また，印をつけた後は，印をつけた個体の割合は一定に保たれたものとし，印をつけてもチョウの行動は変化しなかったものとします。

② 花子さんは，自分が行った方法では数を推測できない生物もいることに気が付きました。花子さんの方法で数を推測できない生物として適切なものを，次の(ア)～(エ)から１つ選び，記号で答えなさい。

(ア) ダンゴムシ　(イ) メダカ　(ウ) イソギンチャク　(エ) ネズミ

4 図１はある年の太陽の表面の様子を毎日同じ時間に観察し，スケッチをしたものです。これを見て，あとの問いに答えなさい。

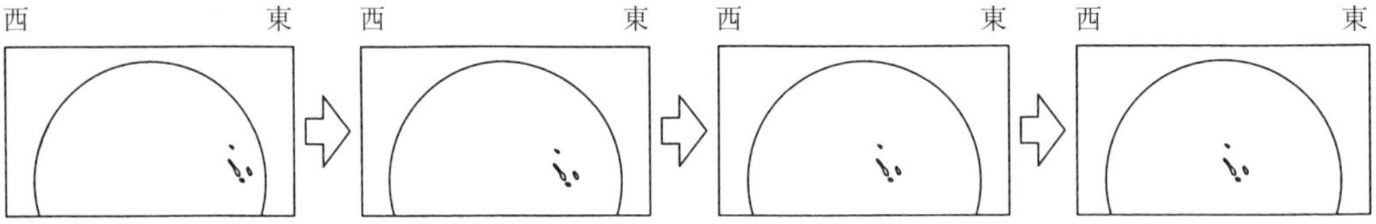

図１

(1) 太陽を天体望遠鏡で観察するときに，絶対にやってはいけないことは何ですか。

(2) 太陽の表面には黒いしみのようなものが見えます。この名称《しょう》を何といいますか。また，なぜそのように見えるのかを次の(ア)～(オ)から１つ選び，記号で答えなさい。

(ア) 周囲より温度が高いため。

(イ) 周囲より温度が低いため。

(ウ) ここから光が出ていないため。

(エ) この部分の気体がうすいため。

(オ) この部分の気体がこいため。

(3) 図１のスケッチを順に見ると，黒いしみのようなものが東から西へ移動していく様子が観察できました。これは太陽に何が起こっているからと考えられますか。

太陽の動きを知る手がかりとして，影《かげ》があります。太陽の動きに合わせて影も移動していくことから，これを時計に利用することができます。あなたは日本にいるものとして，次の問いに答えなさい。

(4) 日時計の時刻の目盛りを，次の時間帯について，それぞれどの方角側に設定すればいいですか。東・西・南・北の言葉を用いて答えなさい。

(ア) 朝方　(イ) 正午ごろ　(ウ) 夕方

(5)　日時計の影の長さは時間帯によって異なりましたが，季節によっても変わることに気付きました。日時計の棒を上からながめたとき，解答欄にある図が春分の日のときの影を表しているとすると，夏至のころの同じ時刻ではどのような影が観察できますか。影の長さに注意して，はっきりと図で示しなさい。

(6)　季節によって，同じ時刻でも棒の影の長さは変わります。それはなぜですか。次の(ア)～(ウ)から1つ選び，記号で答えなさい。

(ア)　地球の自転の向きと公転の向きが同じだから。

(イ)　地球が地軸《じく》を傾《かたむ》けながら公転しているから。

(ウ)　地球が地軸を傾けながら自転しているから。

イ　そういった「付随する仕事」や「気をつけるべき点」が減っていくのも想像に難くないでしょう。

ウ　そういった「付随する仕事」や「気をつけるべき点」が増えるのも想像に難くないでしょう。

エ　そういった「付随する仕事」や「気をつけるべき点」が減っていくのはなかなか想像できないでしょう。

問６　本文の内容を最もよく表すと考えられる四字熟語を一つ、書きなさい。

問７　次の一文は本文中から抜き出されたものである。どこに戻《もど》すのが適当か。元の場所に戻した時、その直後の五字を抜き出して答えなさい。

　ここでは一応、そのあたりの曖昧さは解消されており、「特定の一個のコップに、水道水を、コップに入る量の３分の２ほどいれる」という指示者の意図が分かっていると仮定します。

お仏壇《だん》にお供えをするためなのかなどによって、「付随する仕事」や「気をつけるべき点」も変わってきます。

もし、人間や動物が飲むための水であれば、コップの汚れは気にしなければなりません。しかし、鉢植えへの水やりや掃除のためであれば、そこまで気にしなくても良いかもしれません。[c]、指示をしてくる人が非常に急いでいる場合は、コップを念入りに洗っている時間はないかもしれません。そのときも、コップを洗わないか、急いで洗うか、（指示した人の意図を一部無視して）別のきれいなコップを使うか、（指示した人が急いでいるのを無視して）自分の気のすむまでじっくり洗うかといった、さまざまな選択肢《せんたくし》が出てきます。

いずれにしても、私たちが他人の指示に従って何かを行う際には、実はこういった膨《ぼう》大な判断が関わっています。そういった判断は、指示をしてきた人や自分が何を優先すべきと考えているか、何に気をつけるべきだと考えているかに基づいてなされる必要がありますが、私たち人間はそういった判断をたいてい瞬《しゅん》時に行っているようです。

（川添　愛「ヒトの言葉　機械の言葉
『人工知能と話す』以前の言語学」より）

問１　本文中の[a]～[c]に入る接続詞として最適なものをそれぞれ選び、記号で答えなさい。

ア　また　　イ　しかし　　ウ　たとえば
エ　なぜなら　　オ　つまり

問２　――線部①「これは人間相手であっても難しいことです」とあるが、なぜ難しいのかを説明したのが次の文である。文中の空欄に当てはまる言葉を、それぞれ指定の字数で抜き出して答えなさい。

他人から指示があった時、指示された私たちは[a （二字）]や[b （二字）]、[c （十字）]だけでなく、その指示の[d （二字）]等を考慮して判断をしており、しかもそれらを[e （二字）]に行わなければならないから。

問３　――線部②「曖昧《あいまい》性や不明確性」とあるが、この文章での「曖昧性」と「不明確性」について説明したものとして適当なものを二つ選び、記号で答えなさい。

ア　曖昧性とは、似たようなものが並んでいる中で、その中からいくつのものを選ぶのかがわからないことである。
イ　曖昧性とは、いくつかの候補があるが、その中のどれを選べばいいのかがわからないことである。
ウ　曖昧性とは、伝えられた指示が複雑なために、自分がなにをしたらいいのかがわからないことである。
エ　不明確性とは、どの程度実行すればいいのかという、基準がわからないことである。
オ　不明確性とは、どのように実行すればいいのかという、やり方がわからないことである。
カ　不明確性とは、どうしてそれを実行しなければならないのかという、理由がわからないことである。

問４　――線部③「コップを洗ったり、コップから虫を追い出したりする」とあるが、この行動はどのような行動だと言えるか。次の文中の空欄に当てはまる言葉を、どちらも五～十字で抜き出しなさい。

[a]をまねかないようにするための、[b]。

問５　本文中の[※]に当てはまるものとして最適なものを次の中から選び、記号で答えなさい。

ア　そういった「付随する仕事」や「気をつけるべき点」が増えるのはなかなか想像できないでしょう。

四

次の文章を読み、後の問いに答えなさい。なお、出題の関係で本文を改変した箇所には＊を付している。

私たちがＡＩに対して期待することが、「私たちの言うことを聞いてくれること」や「私たちの指示どおりに動いてくれること」であることは言うまでもありません。しかし、①これは人間相手であっても難しいことです。読者の皆《みな》さんにも、親や先生や上司から「これをしなさい」と言われたことを、うまくできなかった経験がおありだと思います。しかし、機械にとって「言われたとおりに行動する」ことは、私たちの想像以上に難しいことです。以下では、いったい何がハードルになるかを見ていきましょう。

　言われたとおりに行動することの難しさの一つは、「言葉に表れていること以外にもさまざまなことを考慮《りょ》しなければ、言われたことを適切に実行できない」という点にあります。

　たとえば、「コップに水を入れて」というのは、私たちにはとても具体的で簡単な指示であるように思えます。［　a　］、いざこれを実行しようとすると、意外な複雑性が絡《から》んできます。

　その複雑性の説明に移る前に、これまでの復習も兼《か》ねて、この指示自体にも②曖昧《あいまい》性や不明確性があることを押《お》さえておきましょう。「コップ」には、一つのコップなのか、複数のコップなのか、コップであればどれでもいいのか、特定のコップのことなのかなどといった曖昧さがありますし、「水」もペットボトル入りのミネラルウォーターなのか水道水なのか、やかんに入った水なのか曖昧です。「入れる」にしても、どれくらいの量を入れればいいのかという不明確性があります。先に見たとおり、このあたりの＊ことを解消するには、常識や文脈、話し手についての知識などを考慮しなければなりません。

指示者の意図がここまで詳細《しょうさい》に分かれば、「コップに水を入れて」という指示に従うのは簡単であるように思えるかもしれません。しかし、もしコップが汚《よご》れていたり、コップの内側に虫が止まっていたりしたらどうでしょうか。きっとたいていの人は、そのまま水を入れることはせず、③コップを洗ったり、コップから虫を追い出したりするでしょう。つまりここで、「コップに水を入れる」という行動とは別の行動が必要になります。

　また、コップをつかむときには、コップを落とすほど弱くつかんではいけませんし、逆にコップが割れそうなほど強くつかんでもいけません。水道水をコップに入れるときにも、もし近くに水に濡《ぬ》れてはならないものがある場合は、水が飛び散らないように気をつける必要があります。［　b　］、コップに水を入れるという行為《こうい》に伴《ともな》って、さまざまな「望ましくない結果」が起こらないようにすることも考慮しなければなりません。

　このように、「コップに水を入れて」というきわめてシンプルな指示を実行する上でも、ただ言われたことだけをすればいいというわけではなく、それに「付随《ずい》する仕事」が発生したり、「気をつけるべき点」が出てきたりします。「卵焼きを作れ」とか「洗剤《ざい》を買ってこい」のようなより複雑な指示の場合には、［　※　］。

　人間やＡＩが言われたことをうまく実行できるかどうかは、このような「付随する仕事」や「気をつけるべき点」を適切に発見できるかによります。こういったことを発見するには、先に上げた常識や文脈についての考慮はもちろん、指示をしてくる人がそもそも何を念頭に置き、何を目的にして指示をしてくるのかを知ることが重要です。「コップに水を入れて」にしても、人間やペットが飲むためなのか、鉢《はち》植えの花に水をやるためなのか、何らかの掃除《そうじ》に使うためなのか、

イ　仲が良くない自分が透子を勧誘しても断られるだけだと思っていたので、入部に否定的な透子の反応を見て、思っていたとおりだとがっかりしている。

ウ　透子に指導されたら、吹奏楽部が上達するかもしれないと半ば真剣《しんけん》に透子を勧誘したのに、馬鹿にしたような透子の反応を見て、意気込《ご》みをくじかれた気分になっている。

エ　透子に親切にしてきた自分が勧誘すれば透子も入部をするかもしれないと思っていたのに、それを拒絶《きょぜつ》した透子の冷たい反応を見て、透子に裏切られたような気分になっている。

オ　部員たちから透子の勧誘への成功を期待されているのに、話を聞こうともしない透子の反応を見て、部員たちから責められるのではないかと恐れている。

問8　――線部⑥「先にこちらを傷つけたのは透子のほうなのだ」とあるが、「透子」は「果南」をどのように傷つけたのか。説明した次の文の空欄に当てはまる言葉を指定の字数で本文中から探し、そのまま抜き出しなさい。

【果南の所属する吹奏楽部の演奏は［Ⅰ（六字）］であり、単なる［Ⅱ（七字）］でしかないという、果南や吹奏楽部を［Ⅲ（四字）］発言をして傷つけた。】

問9　――線部⑪『……』とあるが、このときの「果南」の心情として、最適なものを次から一つ選び、記号で答えなさい。

ア　他人に対して暴力的な言動をしてしまった自分に驚き、ぼうぜんとしている。

イ　暴力をふるったことについて、先生に怒られるのではないかとおびえている。

ウ　透子に許してもらうためには、どのように謝るのが良いのかについて考えている。

エ　透子をたたいたことを追及《ついきゅう》しない先生の事なかれ主義にあきれかえっている。

オ　たたいてしまった透子に申し訳ないことをしてしまったと自分を責めている。

問10　――線部⑫「思いきり、ひっぱたいてしまった」とあるが、「果南」はなぜ「透子」を「思いきり、ひっぱたいてしまった」のか。その理由として最適なものを次から一つ選び、記号で答えなさい。

ア　果南の罵倒《ばとう》に対して平気そうでいる透子を威嚇《いかく》しようと思って手をふりあげるも透子には効果がなく、クラスメイトが見ている手前、引っ込みがつかなくなったから。

イ　果南や他のクラスメイトに対するぶっきらぼうな態度を改めるように透子に助言をするも、透子は聞き入れるそぶりをみせないため、いらいらしたから。

ウ　透子に傷つけられた仕返しに果南が暴言を吐《は》いても、透子は動じることなく果南を挑発《ちょうはつ》するような表情をしたので、透子を泣かしてやろうと思ったから。

エ　感情をむき出しにして怒《おこ》る果南をめずらしがったクラスメイトにはやし立てられ、透子に対して仕返しをしなければ、クラスメイトに馬鹿にされると思ったから。

オ　吹奏楽部や果南に対する侮辱《ぶじょく》の言葉を口にすることをやめるように言っても、果南の意見には従わずにさらにひどい悪口を重ねる透子を黙《だま》らせようとしたから。

問11　――線部⑬「透子への嫉妬」とあるが、「果南」のセリフのなかで「透子への嫉妬」が表れている一文を本文中から探し、最初の五字を抜き出しなさい。

こんな時に妖精？　新藤先生は、なんて場違《ばちが》いなことを言いだすのだろう。このごろ、いつもそう。もしかして、先生はめんどうなことに関わりたくなくて、わざと鈍感《どんかん》なふりをして、何も知らないみたいに空とぼけているだけなんじゃないだろうか？

果南は自分の唇がわなわなと震えはじめるのがわかる。みんながあたしを見ている。⑬透子への嫉妬《しっと》と憎悪をあらわにしてしまったみっともないあたしを、みんな笑っているのだ。

「ねえ、秋山さん、どうしたの？　気分悪いの？」

「……………」

ふいに一時停止ボタンが解除されたみたいに、足が動くようになった。すぐに、この場から逃《に》げ出さなくちゃ。果南はそう思った。このまま、ここにいては、息ができなくなってしまう。

果南はぱっと身をひるがえし、自分のかばんをつかむと、外界のすべてから耳を閉ざし、心を閉ざして、⑭ム我ム中で教室を飛びだした。

（松本祐子『８分音符のプレリュード』による）

※１　シーナ…果南のクラスメイトの男子。果南が透子に関わることは「おせっかい」であり、果南が「いやな思いをする」からやめるように助言をした。

※２　薫…吹奏楽部の部員。

※３　もう一度考えて…果南が勧誘する前に木暮先輩が透子を勧誘したが、失敗している。

※４　妖精の展示…果南のクラスの文化祭の展示。果南が中心に準備を進めている。

問１　②、④、⑧に当てはまる漢字として、最適なものを次からそれぞれ一つずつ選び、記号で答えなさい。

ア　肩《かた》　イ　鼻　ウ　口　エ　目

オ　息　カ　膝《ひざ》　キ　血

問２　――線部⑤「ただの人」と同じ意味を持つ漢字二字を本文中から探し、そのまま抜《ぬ》き出しなさい。

問３　――線部⑦「当然の報い」と同じ意味の四字熟語を次から一つ選び、記号で答えなさい。

ア　温故知新　イ　自業自得　ウ　他力本願

エ　諸行無常　オ　疑心暗鬼《ぎしんあんき》

問４　⑨、⑩に当てはまることばとして、最適なものを後からそれぞれ一つずつ選び、記号で答えなさい。

⑨

ア　感動　イ　同情　ウ　憎悪《ぞうお》　エ　後悔《こうかい》　オ　幸福

⑩

ア　平然と　イ　呆然《ぼうぜん》と　ウ　唖然《あぜん》と

エ　忽然《こつぜん》と　オ　俄然《がぜん》と

問５　――線部⑭「ム我ム中」の二つの「ム」の漢字を解答欄《らん》に合わせて答えなさい。

問６　――線部①「透子に吹奏楽部に入ってもらいたくなんかなかった」とあるが、「果南」がこのように考えているのはなぜか。説明した次の文の空欄《くうらん》に当てはまる言葉を指定の字数で本文中から探し、最初と最後の三字を抜き出しなさい。

【透子が吹奏楽部に入部したら、透子は［二十五字以内］と果南は考えているから。】

問７　――線部③「頭から冷水を浴びせかけられたような気分」とあるが、どのような気持ちになったのか。その説明として最適なものを次から一つ選び、記号で答えなさい。

ア　透子が吹奏楽部に入部したら嫌だと思っていたのに、意外にも興味を示した透子の反応を見て、なんとか透子の入部を阻止《そし》しようと意気込んでいる。

透子をめちゃくちゃに傷つけてやりたい。果南は強くそう願った。⑥先にこちらを傷つけたのは透子のほうなのだから、今度はそっちの番だ。それが⑦当然の報いなのだ。

「そこまで言っちゃうか……」

シーナがぼそりとつぶやくのが聞こえた。果南は今や、自分がクラスの注目の的になっているのに気づいた。でも、どうしても口が止まらない。

「ピアノが弾けなくなって、ただの人になったら、すっかり人生投げちゃって、もう生きてる意味がないみたいな顔してるけど、だったら、最初から、これといった才能もないあたしたちは、ゴミみたいなもんで、生きてちゃいけないって言うわけ？　だいたい、本物の天才ならね、指を怪我したくらいで、凡人《ぼんじん》になったりしない。そんな人は、結局最初から凡人でしかなかったんだ！」

興奮のあまり、自分でも何を言っているのか、よくわからなくなる。果南は今、残酷《ざんこく》な気持ちでいっぱいだった。みんなの前で波多野透子をみじめに泣かしてやりたい。そうしないと、果南のほうが泣きだしてしまいそうだ。

「バカみたい、なに熱くなってるの？」

透子が冷たく言い捨て、あきれたように⑧をすくめた。果南ごときに罵倒《ばとう》されても、痛くもかゆくもないといったその態度が、果南の怒りをさらにかき立てた。

「あんたなんか……あんたなんか、大っ嫌《きら》い！」

果南は思わず、右手を降りあげた。

妹の春香が生意気なことを言ったとき、果南はときどき、威嚇《いかく》のために手を振りあげる。春香は反射的に両手で頭をかばうようにして首をちぢこめる。じっさいにぶつまでもなく、それで果南は姉としての自分の権威《けんい》が保たれたと確認できるのだ。

でも、目の前の透子は、まばたきひとつすることもなく、彫像《ちょうぞう》のように動かなかった。どうせぶてるわけないと思ってるんだ。果南なんかに、そんな度胸があるわけないって。まわりで見てる知栄や詩織も。

果南はぎゅっと唇《くちびる》を嚙《か》みしめた。クラスじゅうの視線が集まっているこの状態で、今さらあとには引けなかった。目的を果たさずに、降りあげたこの腕《うで》をおろすことはできない。ぜったいに。絶対に！

次の瞬間、果南の手は透子の左頰《ほほ》で音高く鳴っていた。だれかが悲鳴のような声を上げる。

やってしまった！　たちまち、苦い⑨におそわれながら、果南は降りおろした右手をじっと見つめる。しびれて感覚がなく、まるで自分の手じゃないみたいだった。こんなふうに力いっぱい人をひっぱたいたのは、生まれてはじめてだ。

「どうしたの？　何かあったの？」

そのとき、教室に入ってきた新藤先生が、異様に張りつめた空気におどろいたように目をみはった。

だれも何も言わなかった。透子の白い頰には果南の指のあとが赤くくっきり残っていたけれど、透子はほとんど表情も変えず、⑩席に着いたままだ。

「どうしたの、秋山さん。つったってないで、席に着いたら？」

⑪「…………」

果南はその場から動くことができなかった。上履《うわば》きの底が床《ゆか》に張りついたまま、天井が大きく揺《ゆ》れているような感じ。頭がくらくらする。今、透子を激しくののしり、⑫思いきり、ひっぱたいてしまったのは、本当に自分なのだろうか？

「そうだ、秋山さん、※4妖精《ようせい》の展示の参考になりそうな本、また見つけたの。英語準備室に置いてあるから、あとで取りにきて」

に話しかけるきっかけをつかめたのは、掃除《そうじ》のあと、間もなく終礼がはじまろうとしているときだった。

「ねぇ、波多野さん」

　果南は透子の席に近づき、声をかけた。透子が無言のまま視線を上げる。透子のななめうしろの席のシーナがわざとらしく大きなため息をついた。

「あのね、吹奏楽部への入部のこと、※3もう一度考えてみてもらえない？」

「吹奏楽部？」

　透子がめんどうくさそうにきき返す。

「昨日、木暮先輩に勧誘されたでしょ？　先輩ね、なんだか波多野さんに誤解されちゃったんじゃないかって、ずいぶん気にしてるの。今、木暮先輩が指揮をやってるんだけど、三年生はもう引退だし、そのあとを波多野さんに引き継いでもらえないかって。うちの部、あんまりうまいとは言えないけど、波多野さんみたいな人に指導してもらえたら、ちょっとは上達するんじゃないかって、みんな期待してるんだよ」

　果南は愛想笑いを浮《う》かべながら、いっしょうけんめい説明した。もちろん、本音では、吹奏楽部の和気あいあいとした雰囲気《ふんいき》をぶちこわすに決まっている透子に入部してもらいたくなんかないのだけれど、話しているうちに、透子に指導してもらえたら、本当にもっとうまくなれるんじゃないかという気がしてきた。吹奏楽部も、もうそろそろ、ただの仲よしクラブから脱却《だっきゃく》してもいい時期なのかもしれない。

　そのとき、透子がふっと［②］で笑うのがわかった。

「……なんか、おかしい？」

　半分、本気で説得しかかっていた果南は、③頭から冷水を浴びせかけられたような気分になって、思わず顔をしかめた。

「音楽室の窓から、よく音が聞こえてる」

　透子が感情のこもらない声でつぶやく。

「ああ、文化祭もうすぐだから」

「まるっきり、子どものお遊びね」

「え？」

　果南は反射的にきき返してしまう。

「一度言ったら、わかるでしょ。あんな耳ざわりな音しかだせない吹奏楽部と関わるつもりはないってこと」

「………」

　透子の冷ややかな口調が果南の胸にぐさりと突《つ》き刺《さ》さった。もちろん、自分たちがお世辞にもうまいとは言えないことぐらい、よくわかっている。でも、だからって、〈耳ざわりな音〉なんて言い方、しなくたっていいじゃない。

　こんなふうに人を侮辱《ぶじょく》する権利が波多野透子にあるのだろうか？　人が親切にいろいろ面倒《めんどう》見てあげてるのに、ありがとうの一言もなく、それどころか、こんな人を見下した、失礼きわまりないことをよくもまあ……。

　果南は頭にかっと［④］が上るのを感じた。経験したこともないほど激しい怒《いか》りと憎悪《ぞうお》が胸の奥《おく》から突《つ》き上げてくる。

「元・天才少女かなんか知らないけど、いったい、何様のつもりなの！」

　荒《あ》れ狂《くる》う感情を抑《おさ》えきれず、果南の口から火のような言葉が飛びだした。

「もうピアノも弾《ひ》けないくせに、いつまで天才少女をきどってんのよ！　指なんか怪我しなくたって、年とったら、⑤ただの人、なんて話、よくあるよね。いっそ、怪我のせいにできて、ラッキーだったんじゃない？」

二〇二二年度
江戸川女子中学校

【国　語】〈**第一回試験**〉（五〇分）〈満点：一〇〇点〉

（注意）　字数指定のある設問はすべて、句読点等を字数に含む。

一　次の――線部のカタカナを漢字に直しなさい。

①　人工エイセイの打ち上げに成功した。
②　この発明品は私がコウアンした。
③　実力を十分にハッキできた。
④　近年、気温の変化がイチジルしい。
⑤　四十年ツトめた会社を退職する。

二　次の①～⑤の反対語を後の語群から選び、漢字に直しなさい。

①　遺失
②　左遷《させん》
③　需要《じゅよう》
④　攻撃《こうげき》
⑤　勝利

《語群》
レイタン・ハイボク・シュウトク・エイテン
ヒナン・キョウキュウ・シュビ・トクベツ

三　次の文章を読み、後の問いに答えなさい。

吹奏楽部《すいそうがくぶ》に所属する「秋山果南《かなみ》」のクラスに、「波多野透子《はたのとうこ》」という女子生徒が転校してきた。透子は「天才少女」とうたわれた有名なピアニストであったが、事故による怪我《けが》で引退し、音楽大学付属中学から転校をしてきた。果南は、担任の「新藤《しんどう》先生」から透子のお世話を頼《たの》まれたが、クラスになじもうとせず、果南の親切にお礼も言わない透子を腹立たしく思う。果南は、吹奏楽部の先輩《せんぱい》である「木暮《こぐれ》先輩」に透子を吹奏楽部に勧誘《かんゆう》するように頼まれた。

翌日、果南は朝からずっと透子と話すチャンスをうかがっていた。ちらちらと透子を見ている果南に気づいたらしく、※1シーナが何度も眉間《みけん》にしわを寄せるようにして、やめとけという合図を送ってくる。
（なんなのよ、いちいち……）
果南は心の中で舌打ちした。人のことをおせっかい呼ばわりするくせに、シーナのほうがよっぽどおせっかいだ。

もちろん、①透子に吹奏楽部に入ってもらいたくなんかなかった。どうせ頼んだところで、ぜったいに断られるに決まっているとわかっているので、その点は安心できる。けれど、とにかく形だけでも吹奏楽部に勧誘して、先輩との約束をきちんと果たしたという証拠《しょうこ》を残さなければならない。

最初、※2薫《かおる》につきあってもらおうかとも思ったが、クラスのちがう薫の目の前で、透子に邪険《じゃけん》にあしらわれるのも、なんだかカッコ悪い気がした。わざわざ薫に付き添《そ》いを頼まなくても、教室内で透子に声をかければ、必ず誰かが目撃《もくげき》して、いやでもぱっと噂《うわさ》が広まるはずだ。そうなれば、木暮先輩だって、果南ができるかぎりの努力をしたとわかってくれるだろう。

とにかく、いやなことはさっさと済ませてしまうにかぎる。けれど、そうは言っても、今だと思った瞬間《しゅんかん》に透子がトイレに立ってしまったり、昼休みは、午後の授業がはじまる直前まで教室にもどってこなかったりして、なかなかタイミングが合わない。果南がようやく透子

2022年度 江戸川女子中学校 ▶解説と解答

算　数 ＜第１回試験＞（50分）＜満点：100点＞

解　答

[1] (1) $\frac{5}{6}$　(2) $\frac{1}{2}$　(3) 2030　(4) 36　(5) 312.5　(6) 240　(7) 2.5　(8) 47　(9) 56　(10) 17.125　(11) 128　[2] (1) 1348個　(2) 2個　(3) 1006　[3] (1) 27cm^2　(2) 24cm^2　(3) 2.25秒後と7.5秒後　[4] (1) ○××，×○×，×××，○×○，××○　(2) 89　(3) 41通り

解　説

[1] 四則計算，逆算，整数の性質，約数と倍数，場合の数，濃度《のうど》，通過算，ニュートン算，図形と規則，角度，面積，体積

(1) $2\frac{2}{3}\times0.875-\left(2-\frac{3}{5}\right)\div\frac{14}{15}=\frac{8}{3}\times\frac{7}{8}-\left(\frac{10}{5}-\frac{3}{5}\right)\times\frac{15}{14}=\frac{7}{3}-\frac{7}{5}\times\frac{15}{14}=\frac{7}{3}-\frac{3}{2}=\frac{14}{6}-\frac{9}{6}=\frac{5}{6}$

(2) $\frac{2}{3}\div\left\{\left(\square-\frac{1}{3}\right)\times5+2.5\right\}=\frac{1}{5}$より，$\left(\square-\frac{1}{3}\right)\times5+2.5=\frac{2}{3}\div\frac{1}{5}=\frac{2}{3}\times\frac{5}{1}=\frac{10}{3}$，$\left(\square-\frac{1}{3}\right)\times5=\frac{10}{3}-2.5=\frac{10}{3}-\frac{5}{2}=\frac{20}{6}-\frac{15}{6}=\frac{5}{6}$，$\square-\frac{1}{3}=\frac{5}{6}\div5=\frac{5}{6}\times\frac{1}{5}=\frac{1}{6}$　よって，$\square=\frac{1}{6}+\frac{1}{3}=\frac{1}{6}+\frac{2}{6}=\frac{3}{6}=\frac{1}{2}$

(3) 13で割ると２余る整数は，右の図１の㋐のように，２に13を足していった数となり，17で割ると７余る整数は，図１の㋑のように，７に17を足していった数となる。したがって，両方に共通する最も小さい整数は41である。この後，㋐の数は13ずつ，㋑の数は17ずつ大きくなり，13と17の最小公倍数は，13×17＝221だから，両方に共通する整数は，41に221を足していった数となる。よって，(2022－41)÷221＝1981÷221＝８余り213より，両方に共通する2022に最も近い整数は，41＋221×８＝1809か，1809＋221＝2030のどちらかとなり，2030の方がより2022に近いので，2030とわかる。

図１

㋐　2，15，28，41，…
㋑　7，24，41，…

(4) ５の倍数は，一の位が０か５になる。一の位が０のとき，百の位は１，２，３，４，５の５通りあり，それぞれの場合で十の位は１，２，３，４，５のうち百の位で使った数字以外の４通りあるから，３桁《けた》の整数は，５×４＝20(個)できる。また，一の位が５のとき，百の位は１，２，３，４の４通りあり，それぞれの場合で十の位は，１，２，３，４のうち百の位で使った数字以外と０の４通りあるから，３桁の整数は，４×４＝16(個)できる。よって，５の倍数は全部で，20＋16＝36(個)ある。

(5) ８％の食塩水を○ｇ加えたとすると，右の図２のように表せる。図２で，かげをつけた部分の面積は，２つの食塩水にふくまれる食塩の重さの和を表し，太線で囲んだ部分の面積は，できた5.6％の食塩水にふくまれる食塩の重さを表すので，これらの面積は等しい。すると，アとイの長方形の面積も等しくなり，アとイ

図２

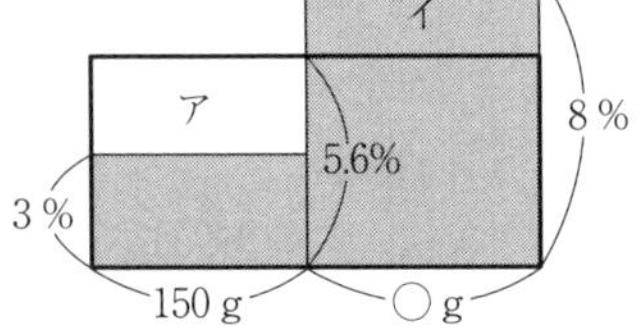

の縦の長さの比は，(5.6－３)：(８－5.6)＝2.6：2.4＝13：12だから，横の長さの比は，$\frac{1}{13}:\frac{1}{12}=$ 12：13とわかる。よって，○＝150÷12×13＝162.5(ｇ)となるので，できた食塩水の重さは，150＋162.5＝312.5(ｇ)と求められる。

(6)　電車の長さを□ｍとすると，電車が4400ｍの橋をわたり始めてからわたり終えるまでに進む距《きょ》離《り》は(4400＋□)ｍで，18.4km(＝18400ｍ)のトンネルに入り始めてから出終わるまでに進む距離は(18400＋□)ｍだから，２つの場合で進む距離の差は，(18400＋□)－(4400＋□)＝18400－4400＝14000(ｍ)となる。また，３分53秒は，60×３＋53＝233(秒)より，２つの場合でかかった時間の差は，233－58＝175(秒)である。したがって，この電車は175秒で14000ｍ進むから，速さは秒速，14000÷175＝80(ｍ)とわかる。よって，4400ｍの橋をわたり始めてからわたり終えるまでに進む距離は，80×58＝4640(ｍ)だから，電車の長さは，4640－4400＝240(ｍ)と求められる。

(7)　毎分わき出る水の量を①とする。毎分10Ｌくみ上げると30分で水がなくなるから，このときくみ上げた水の量は，10×30＝300(Ｌ)で，これは，初めに井戸にたまっていた水と30分間で新たにわき出た水の合計だから，初めの井戸の水の量と，①×30＝㉚の合計が300Ｌとなる。同様に，毎分15Ｌくみ上げると18分で水がなくなるから，初めの井戸の水の量と，①×18＝⑱の合計が，15×18＝270(Ｌ)となる。よって，㉚－⑱＝⑫が，300－270＝30(Ｌ)にあたるので，①＝30÷12＝2.5(Ｌ)と求められる。

(8)　右の図３のように，一番外側のご石を区切って考えると，内側から２周目のご石の個数は，(３－１)×４＝８(個)，３周目のご石の個数は，(５－１)×４＝16(個)，４周目のご石の個数は，(７－１)×４＝24(個)，…のようになるので，２周目からは１周ごとに８個ずつ増えていく。したがって，一番外側のご石が88個の正方形は，２周目の外側にご石をさらに，(88－８)÷８＝10(周)並べた図形なので，内側からご石を，２＋10＝12(周)並べた図形とわかる。ここで，１周目と２周目では黒が１個，白が８個だから，白が，８－１＝７(個)多い。また，３周目と４周目では黒が16個，白が24個だから，白が，24－16＝８(個)多い。この後，５周目と６周目，７周目と８周目，９周目と10周目，11周目と12周目では，それぞれ３周目と４周目と同様に，白が黒より８個多くなる。よって，この正方形では，黒と白のご石の数の差は，７＋８×５＝47(個)になる。

図３

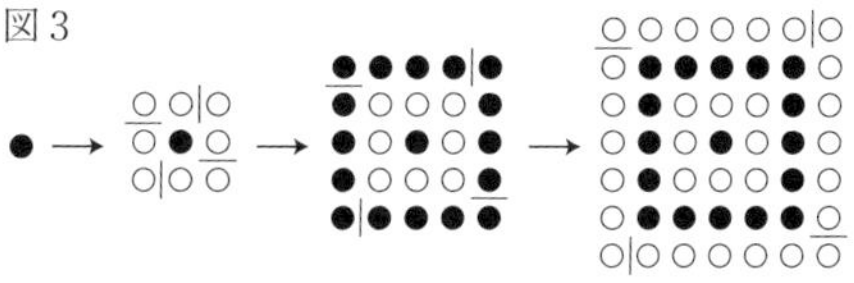

(9)　正三角形の１つの内角は60度なので，右の図４のようになる。図４で，角AQRの大きさは，180－(60＋62)＝58(度)である。また，折り返しているので，角PQRの大きさは角AQRと等しく，58度となる。よって，角AQPの大きさは，58×２＝116(度)だから，三角形BPQの内角と外角の関係より，角アの大きさは，116－60＝56(度)とわかる。

図４

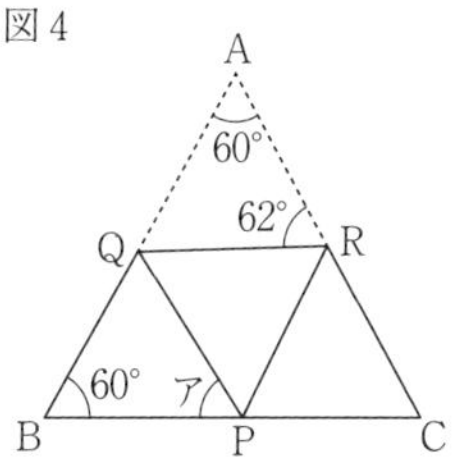

(10)　右下の図５のように，半円の中心をＯとし，ＯとＣを結ぶと，点Ｃは円周の部分を２等分する点だから，角AOCと角BOCの大きさは等しく，その大きさは，180÷２＝90(度)となる。また，半円の半径は，(６＋４)÷２＝５(cm)だから，OCの長さは５cm，ODの長さは，５－４＝１(cm)である。よって，三角形OCDの面積は，１×５÷２＝2.5(cm^2)で，おうぎ形OBCの面積は，５×５×3.14×$\frac{1}{4}$＝19.625(cm^2)だから，

図５

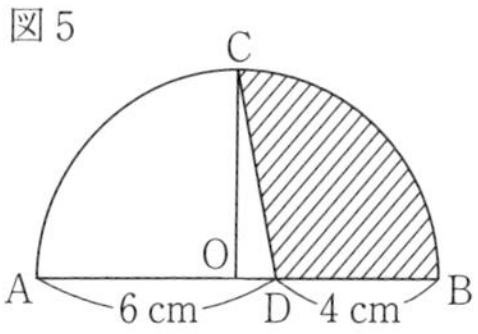

斜線《しゃせん》部分の面積は，19.625－2.5＝17.125(cm^2)と求められる。

⑾　右の図6で，立方体の体積は，6×6×6＝216(cm^3)で，Aからくりぬかれた部分の体積は，6×2×4＝48(cm^3)，Bからくりぬかれた部分の体積は，2×6×4＝48(cm^3)となる。また，2つのくりぬかれた部分に共通する部分は，縦が2cm，横が2cmで，高さが，4＋4－6＝2(cm)の立方体となるから，その体積は，2×2×2＝8(cm^3)である。よって，残った図形の体積は，もとの立方体の体積よりも，48×2－8＝88(cm^3)だけ小さくなるので，216－88＝128(cm^3)と求められる。

図6

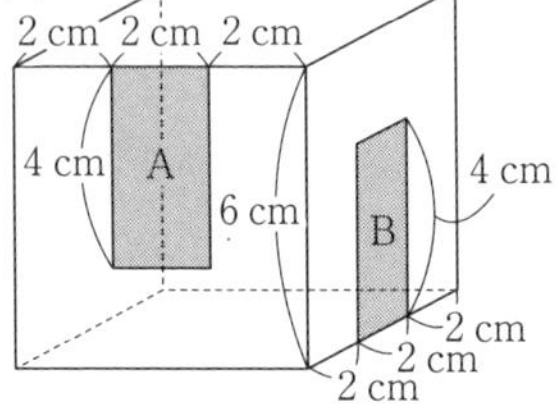

2　整数の性質，約束記号

⑴　1以上2022以下の整数のうち，3で割り切れないものの個数を求めればよい。1以上2022以下の整数のうち，3で割り切れるものは，2022÷3＝674(個)あるから，3で割り切れないものは，2022－674＝1348(個)ある。

⑵　3を6個かけた数は，3×3×3×3×3×3＝729で，3を7個かけた数は，729×3＝2187だから，【A】＝6となる整数Aは729で割り切れて，2187で割り切れない数となる。1以上2022以下の整数のうち，729で割り切れるものは，2022÷729＝2余り564より，2個あり，2187で割り切れるものはないから，【A】＝6となる1以上2022以下の整数Aは2個ある。

⑶　⑴より，【1】，【2】，【3】，…，【2021】，【2022】のうち，0であるものは1348個ある。また，1以上であるものは674個あり，このうち，2以上であるものは，2022÷(3×3)＝2022÷9＝224余り6より，224個あるから，1であるものは，674－224＝450(個)ある。さらに，2以上である224個のうち，3以上であるものは，2022÷(3×3×3)＝2022÷27＝74余り24より，74個あるから，2であるものは，224－74＝150(個)ある。同様に考えていくと，3であるものは，2022÷(3×3×3×3)＝2022÷81＝24余り78より，74－24＝50(個)，4であるものは，2022÷(3×3×3×3×3)＝2022÷243＝8余り78より，24－8＝16(個)，5であるものは，2022÷729＝2余り564より，8－2＝6(個)，6であるものは⑵より，2個あり，7以上であるものはない。よって，【1】＋【2】＋【3】＋…＋【2021】＋【2022】＝0×1348＋1×450＋2×150＋3×50＋4×16＋5×6＋6×2＝450＋300＋150＋64＋30＋12＝1006と求められる。

3　平面図形―図形の移動，面積

⑴　右の図1で，HRの長さは，12÷2＝6(cm)，IUの長さは，9－6＝3(cm)だから，三角形PHRと三角形VIUで，PH：VI＝12：6＝2：1，HR：IU＝6：3＝2：1より，PH：VI＝HR：IUとなる。したがって，三角形PHRと三角形VIUは相似であり，角PRHと角VUIの大きさは等しいから，PRとVUは常に平行であることがわかる。次に，3秒後までに三角形PQRは，2×3＝6(cm)動くので，3秒後は下の図2のように，点Hと点Tが重なる。図2で，RUの長さは，9－6＝3(cm)なので，平行四辺形CRUVの面積は，3×6＝18(cm^2)であり，台形STUVの面積は，(6＋9)×6÷2＝45(cm^2)だから，重なっている部分の面積は，45－18＝27(cm^2)とわかる。

図1

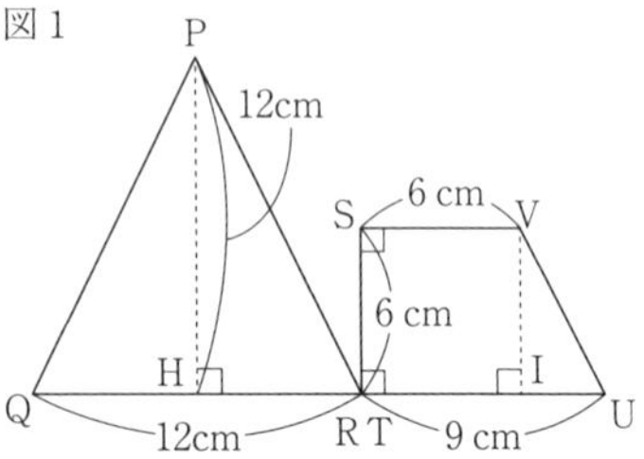

(2)　7秒後までに，三角形PQRは，2×7＝14(cm)動くので，7秒後，点Qは点Tの，14－12＝2(cm)右にあり，点Uの，9－2＝7(cm)左にある。すると，7秒後のようすは下の図3のようになる。図3で，三角形DQEと三角形PQHは相似だから，QE：QH＝DE：PH＝6：12＝1：2より，QEの長さは，$6\times\frac{1}{2}=3$(cm)となる。したがって，TEの長さは，2＋3＝5(cm)だから，DVの長さは，6－5＝1(cm)とわかる。よって，重なっている部分の面積は，(1＋7)×6÷2＝24(cm^2)と求められる。

(3)　重なっている部分の面積が1度目に18cm^{2}になるのは，図2のときより前であり，そのときのようすは下の図4のように表せる。図4で，平行四辺形FRUVの面積は，45－18＝27(cm^2)なので，RUの長さは，27÷6＝4.5(cm)となり，TRの長さは，9－4.5＝4.5(cm)とわかる。よって，1度目は，三角形PQRが4.5cm動いたときだから，4.5÷2＝2.25(秒後)である。次に，図3で，DVの長さは1cmだから，図3のときから三角形PQRがあと1cm動くと，辺PQが点Vを通る。そのとき，QUの長さは図3のときよりも1cm減って，7－1＝6(cm)になるので，重なっている部分の面積は，6×6÷2＝18(cm^2)となる。よって，2度目に18cm^{2}になるのは，図3のときから，三角形PQRが1cm動いたときなので，図3のときから，1÷2＝0.5(秒後)となり，動かし始めてから，7＋0.5＝7.5(秒後)とわかる。

図2
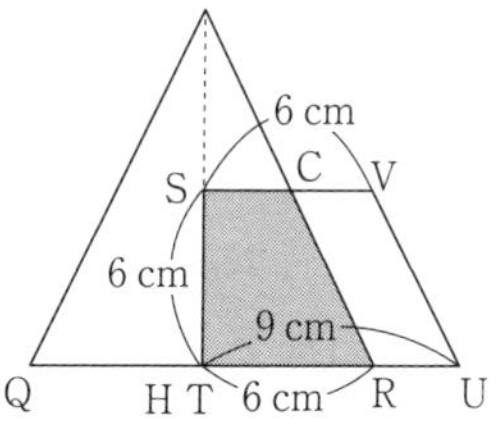

図3
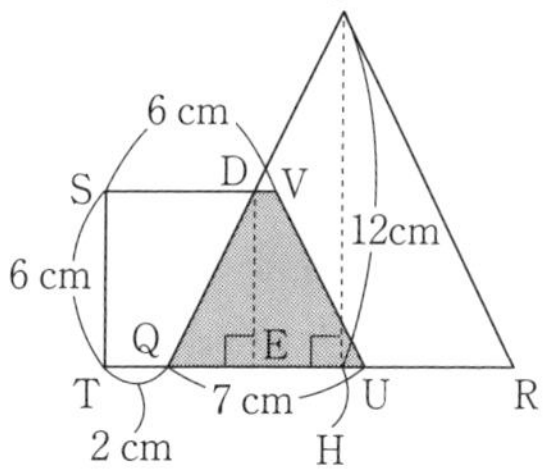

図4
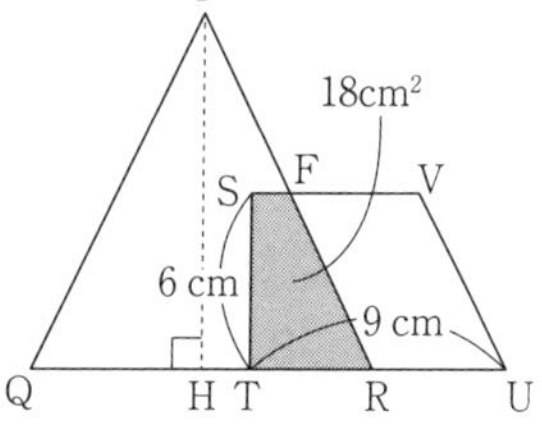

4　場合の数，数列

(1)　2席の使い方は，○×，×○，××の3通りある。3席の使い方のうち，右端《みぎはし》が×のものは，2席の使い方すべての右に×を追加した，○××，×○×，×××の3通りあり，右端が○のものは，2席の使い方の右端が×であるものの右に○を追加した，○×○，××○の2通りある。よって，3席の使い方は，○××，×○×，×××，○×○，××○の5通りある。

(2)　4席の使い方のうち，右端が×のものは，3席の使い方の右に×を追加したものだから，5通りあり，右端が○のものは，3席の使い方の右端が×である3通りの右に○を追加したものだから，3通りある。したがって，4席の使い方は，5＋3＝8(通り)ある。同様に，5席の使い方のうち，右端が×のものは，4席の使い方の数と等しく，8通りあり，右端が○のものは，4席の使い方の右端が×であるものの数と等しく，5通りあるから，5席の使い方は，8＋5＝13(通り)ある。以下同様に考えていくと，下の表1のようになるので，9席の使い方は89通りある。

(3)　2席以上空けるとき，×はどの座り方の右にも追加できるが，○は，×が2つ続いたところの右にのみ追加できる。まず，2席の使い方は，右端が×のものが，○×，××の2通り，右端が○のものが，×○の1通りで，合計3通りある。3席の使い方は，右端が×のものが，○××，×××，×○×の3通り，右端が○のものが，××○の1通りで，合計4通りある。このうち，右端から×が2つ続いている○××と×××は，2席の使い方のうち右端が×である○×，××の右に×

を追加したものである。４席のときは，この○××と×××の右にのみ○を追加できるから，４席の使い方で右端が○であるものの数は，２席の使い方で右端が×であるものの数と等しいことがわかる。このように，右端が○である席の使い方の数は，２つ少ない座席数のときの右端が×である席の使い方の数と等しい。また，右端が×である席の使い方の数は，(1)や(2)と同様に，１つ少ない座席数のときのすべての席の使い方の数と等しい。よって，５席のとき，６席のとき，…と順に調べていくと，下の表２のようになるから，９席の使い方の数は41通りとわかる。

表１

	２席	３席	４席	５席	６席	７席	８席	９席
右端が×	2	3	5	8	13	21	34	55
右端が○	1	2	3	5	8	13	21	34
合計	3	5	8	13	21	34	55	89

表２

	２席	３席	４席	５席	６席	７席	８席	９席
右端が×	2	3	4	6	9	13	19	28
右端が○	1	1	2	3	4	6	9	13
合計	3	4	6	9	13	19	28	41

社　会 ＜第１回試験＞（35分）＜満点：75点＞

解　答

1 **問１** ウ　**問２** イ　**問３** オ　**問４** エ　**問５** ウ　**問６** 壬申の乱　**問７** 日米安全保障条約　**問８** （例） 後鳥羽上皇が幕府を倒そうとして承久の乱を起こしたため，幕府は京都に六波羅探題を設置して，朝廷を監視した。　**問９** **３番目**…Ａ　**６番目**…Ｂ
2 **問１** 聖武　**問２** ア　**問３** ウ　**問４** （例） 小川笙船は，目安箱を利用して，将軍徳川吉宗に直接提案した。　**問５** 解体新書　**問６** エ　**問７** 福沢諭吉
3 **問１** **Ａ** ウ　**Ｂ** オ　**Ｃ** イ　**問２** 愛知(県)　**問３** （例） 石油をタンカーで輸入するため，埋め立てた臨海地域にある。　**問４** ② ウ　③ エ　④ ア　⑤ キ　**問５** ① カ，ス　② ウ，シ　④ ク，サ　⑤ イ，キ
4 Ⅰ **問１** エ　**問２** ウ　**問３** ウ　**問４** イ　Ⅱ **問１** 憲法の番人　**問２** **Ａ** 内閣　**Ｂ** 天皇　**問３** ウ　**問４** ③ エ　④ ア　**問５** 三審制　**問６** 再審(請求)　**問７** エ　**問８** エ　Ⅲ **問１** 国際連盟　**問２** **２** イ　**３** エ　**問３** **Ａ** カ　**Ｂ** イ　**Ｃ** ア　**問４** ウ　**問５** イ

解　説

1 **各時代の歴史的なことがらについての問題**

問１ 平安時代には，漢字をくずした形からひらがなが，漢字のへんやつくりからカタカナがつくられた。かな文字は特に宮廷女官の間に広がり，清少納言はこれを用いて随筆『枕草子《まくらのそうし》』を著した。なお，飛鳥時代の604年に出された十七条の憲法と，奈良時代の720年に完成した『日本書紀』は漢文で，奈良時代に編さんがすすめられた『万葉集』は万葉仮名《がな》(漢字の音を用いて日本語を表したもの)で書かれた。

問２ 葛飾北斎《かつしかほくさい》は江戸時代後半に栄えた化政文化を代表する浮世絵師で，さまざまな場所から見える富士山を描いた46枚の連作「富嶽《ふがく》三十六景」は多色刷り浮世絵版画(錦絵《にしきえ》)の傑作《けっさく》として知られる。イはそのうちの１枚「神奈川沖浪裏《なみうら》」である。なお，アは歌川広重の「東海道五十三次　庄《しょう》野《の》　白雨」，ウは喜多川歌麿《きたがわうたまろ》の「ポッピンを吹《ふ》く女」，エは菱川師宣《ひしかわもろのぶ》の「見返り美人図」。

問３　ア　下線③の取り決めは樺太《からふと》・千島交換《こうかん》条約とよばれ，1875年に結ばれた。日露戦争は1904～05年のできごとである。　イ　樺太・千島交換条約は，榎本武揚《えのもとたけあき》がロシアとの間で結んだ。小村寿太郎《じゅたろう》は外務大臣として，日露戦争の講和条約であるポーツマス条約を結んだ。　ウ　1855年に結ばれた日露和親条約により，樺太は両国雑居地とされていた。樺太・千島交換条約では，樺太がロシア領，千島列島の占守《しむしゅ》島までが日本領とされた。　エ　千島列島南部の択捉《えとろふ》島・国後《くなしり》島・色丹《しこたん》島・歯舞《はぼまい》群島は，北方領土とよばれる日本固有の領土だが，太平洋戦争末期にソ連に占領され，現在もそれを引き継《つ》いだロシアによる実効支配が続いている。

問４　ア　鉄は弥生時代に日本にもたらされ，おもに武器などの実用品に用いられたと考えられている。　イ　室町時代に明(中国)との間で行われた勘合《かんごう》貿易では，明銭とよばれる銅銭が大量に輸入された。　ウ　1543年にポルトガル人が日本に伝えた鉄砲は，築城法にも大きな影響《えいきょう》を与え，それまで山地につくられていた城が平地につくられるようになった。　エ　1895年に日清戦争の講和条約として結ばれた下関条約で，日本は清から多額の賠償《ばいしょう》金を獲得《かくとく》した。その一部に政府資金を加えて福岡県に八幡製鉄所が建設され，1901年に操業を開始した。

問５　ア　借金の帳消しを求めて起こされた一揆《いっき》は，土一揆や徳政一揆などとよばれる。　イ　江戸時代の百姓《ひゃくしょう》一揆では，村役人が村を代表して年貢の減免を求めることもあった。　ウ　1485年，山城(京都府南部)の武士や農民たちは，争いを続けていた守護の畠山《はたけやま》氏を国外に追放し，８年にわたって自治を行った。これを山城の国一揆という。　エ　1488年に加賀(石川県南部)で起こった一向一揆では，1580年まで約100年にわたって農民たちによる自治が行われた。

問６　671年に天智天皇が亡くなると，翌672年，天智天皇の弟の大海人《おおあまの》皇子と天智天皇の子である大友皇子の間で，後継ぎをめぐる争いが起こった。これが壬申《じんしん》の乱で，勝利した大海人皇子が即位《そくい》して天武天皇となった。

問７　1951年，日本はアメリカ合衆国との間で日米安全保障条約を結んだ。太平洋戦争に敗れた1945年８月以降，日本にはアメリカ軍が駐留《ちゅうりゅう》していたが，日米安全保障条約ではアメリカ軍が引き続き日本国内に駐留し，軍事基地を使用することが認められた。

問８　1221年，後鳥羽《ごとば》上皇は政権を朝廷の手に取りもどそうとして承久《じょうきゅう》の乱を起こしたが，第２代執権《しっけん》北条義時《よしとき》の率いる鎌倉幕府の軍によってしずめられた。これを受け，鎌倉幕府は朝廷の監視《かんし》や西国の武士の統率を目的として京都に六波羅《ろくはら》探題を設置し，初代長官にはのちの第３代執権北条泰時《やすとき》を任じた。

問９　Ａは平安時代，Ｂは江戸時代，Ｃは明治時代，Ｄは弥生時代，Ｅは室町時代，Ｆは飛鳥時代，Ｇは昭和時代，Ｈは鎌倉時代のできごとなので，時代順にＤ→Ｆ→Ａ→Ｈ→Ｅ→Ｂ→Ｃ→Ｇとなる。

２　医療施設を題材とした歴史の問題

問１　仏教をあつく信仰した聖武天皇は，伝染病やききん，貴族間の争いなどが続いて混乱した世の中を仏教の力でしずめ，国を安らかに治めようと願って，741年に地方の国ごとに国分寺・国分尼《に》寺をつくるよう命じた。なお，西大寺は聖武天皇の娘の称徳天皇によって建てられた。

問２　鎌倉時代には，わかりやすく実践《じっせん》しやすい仏教の宗派が伝えられ，広がっていった。栄西の開いた臨済宗もその１つで，鎌倉幕府の保護を受けて特に武士の間に受け入れられていった。なお，イは奈良時代，ウは平安時代の仏教について説明した文。エは「南無阿弥陀仏《なむあみだぶつ》」ではなく

「南無妙法蓮華経《なむみょうほうれんげきょう》」が正しい。

問３　江戸幕府の第８代将軍徳川吉宗は，享保《きょうほう》の改革とよばれる幕政改革に取り組んだ。その中で，幕府の財政を立て直すため，大名から石高《こくだか》１万石につき100石の米を差し出させる代わりに，参勤交代における江戸の滞在《たいざい》期間を１年から半年に縮めるという上米《あげまい》の制を定めた。なお，ききんに備えて米を蓄《たくわ》えさせる囲米《かこいまい》は，老中の松平定信が寛政の改革の中で行った。

問４　徳川吉宗は享保の改革の１つとして，庶民《しょみん》の幕府への要望や不満を聞いて政策に反映させるため，1721年に目安箱を設置した。目安箱への投書にもとづき，小石川養生所《ようじょうしょ》が設置されたり町火消の制度が整備されたりした。

問５　蘭学《らんがく》者・医者の杉田玄白《げんぱく》や前野良沢《りょうたく》らは，実際の解剖《かいぼう》に立ち会ったさい，オランダ語の医学解剖書『ターヘル・アナトミア』の正確さにおどろき，これを翻訳《ほんやく》しようと決意した。苦労の末に翻訳された本は，1774年に『解体新書』として出版された。

問６　1914年に第一次世界大戦が始まると，日本は1902年にイギリスとの間で結んだ日英同盟を理由として連合国側で参戦し，中国を拠点《きょてん》としていたドイツ軍と戦った。なお，日独伊三国同盟は，太平洋戦争開戦前の1940年に結ばれた。

問７　福沢諭吉は江戸時代末～明治時代に活躍《かつやく》した思想家・教育家で，欧米へ渡航したさいの見聞を生かして『学問のすすめ』を著した。「天は人の上に人を造らず」という書き出しで始まる『学問のすすめ』では，人間の平等や学問の重要性が説かれ，当時の人々に大きな影響を与えた。

3　日本の工業と都市についての問題

問１，問２　愛知県豊田市と神奈川県川崎市，横浜市には，日本を代表する自動車メーカーの本社や組み立て工場，関連工場があり，製造品出荷額等に占《し》める輸送用機械器具製造業の割合が高いので，Ｃに輸送用機械器具製造業があてはまる。神奈川県川崎市・千葉県市原市・岡山県倉敷《くらしき》市にはいずれも石油化学コンビナートがあり，石油化学工業がさかんなので，Ａに化学工業があてはまる。残ったＢは鉄鋼業で，倉敷市と川崎市には製鉄所が立地している。

問３　日本は，石油製品の原料となる原油のほぼすべてを外国からの輸入に頼っており，特にサウジアラビアをはじめとする西アジア諸国からの輸入が多い。原油はタンカーとよばれる船で運ばれるため，日本の大規模な石油化学工業の工場は，臨海部の埋立《うめたて》地に立地している。

問４　アは千葉県市原市，イは千葉県館山《たてやま》市，ウは神奈川県川崎市，エは神奈川県横浜市，オは愛知県豊田市，カは兵庫県神戸市，キは岡山県倉敷市，クは広島県広島市の位置である。

問５　アは香川県，イとキは岡山県，ウとシは神奈川県，エは静岡県，オは新潟県，カとスは愛知県，クとサは千葉県，ケは東北地方の北東部，コは広島県について説明している。

4　震災，裁判，国際社会についての問題

Ⅰ　問１　東日本大震災は2011年３月11日に発生し，翌12年には震災からの復興を担当する国の行政機関として，10年という期限つきで復興庁が置かれた。しかし，2020年になっても復興が十分に成しとげられていないとの判断から，復興庁の設置期限がさらに10年延長された。

問２　震災によって壊《こわ》れた建物など，災害の状況《じょうきょう》や教訓などを後世に伝えるために保存されることになった構造物を震災遺構という。震災遺構の保存については，災害を思い出してつらいから取り壊してほしいといった反対意見や，施設の維持にかかる費用の負担などの問題もある。

問３　海溝《かいこう》よりも浅い，海底の溝状の地形をトラフという。静岡県から九州付近にかけての太平洋沖合には，南海トラフとよばれるトラフがのびており，過去にたびたび大地震が発生している。なお，マントルは地球をつくっている層の１つ，活断層は過去に何度も活動し，将来も活動すると考えられる断層，大陸棚《だな》は大陸から続く，比較《ひかく》的なだらかな海底地形。

問４　2019年，国土地理院は，記念碑《ひ》の地図記号()に碑文を示す縦線を加えて，新たに自然災害伝承碑の地図記号()を定めた。自然災害伝承碑は，過去に発生した自然災害の情報を伝える石碑やモニュメントなどのことで，将来の防災・減災に役立てられることが期待されている。

Ⅱ　問１　すべての裁判所には，法律や行政処分などが憲法に違反していないかどうかを審査する違憲審査権が与えられている。最高裁判所はその最終的な判断を下す権限を持っていることから，憲法の番人とよばれる。

問２　最高裁判所長官は，内閣が指名したのち，国事行為として天皇が任命する。

問３　日本の裁判所は最高裁判所と下級裁判所とで構成されており，下級裁判所には，全国に８か所設置されている高等裁判所，全国に50か所設置されている地方裁判所と家庭裁判所，全国に438か所設置されている簡易裁判所がある。

問４，問５　日本では，裁判を慎重《しんちょう》に行って国民の基本的人権を守るため，原則として１つの事件について３回まで裁判を受けることができるという三審制が採用されている。第一審の判決に不服で，上級の裁判所に第二審を求めることを控訴《こうそ》，第二審の判決に不服で，さらに上級の裁判所に第三審を求めることを上告という。なお，告訴とは，犯罪の被害者などが，犯罪があったことを申告し，犯人の処罰を求めることをいう。起訴は，検察官が犯罪の被疑者(罪をおかした疑いがある者)に対する刑罰を求めて裁判所に訴えを起こすことで，裁判が始まると被疑者は被告人とよばれるようになる。

問６　裁判で判決が確定したあと，それをくつがえす新たな証拠《しょうこ》が見つかった場合や，うその証言や証拠が判決の根拠になったことが明らかになった場合，再審《さいしん》請求をして裁判のやり直しを求めることができる。

問７　日本国憲法は第76条で司法権の独立を規定しており，裁判官がその良心に従い独立してその職権を行うことや，憲法および法律にのみ拘束《こうそく》されることを明記している。

問８　裁判官として不適切な言動のあった裁判官は，国会に設置される弾劾《だんがい》裁判所で裁かれ，不適任と判断された場合には罷免《ひめん》(辞めさせること)される。

Ⅲ　問１　第一次世界大戦後の1920年に発足した国際連盟は，アメリカ合衆国などの大国が不参加だったこと，全会一致制を採用したため重要議題の議決が難しかったこと，武力制裁ができなかったことなどが理由で，第二次世界大戦を防ぐことができなかった。

問２　２　第二次世界大戦後，ドイツは東西に分断されたが，1989年，民主化の動きがすすむ中で分断の象徴《しょうちょう》であったベルリンの壁が壊され，翌1990年に東西ドイツが統一された。　**３**　社会主義体制の行きづまりなどから改革をすすめていたソ連は1991年に解体され，ロシアと，ソ連を構成していた周辺諸国からなる独立国家共同体(CIS)へと再編された。

問３　Ａは安全保障理事会，ＢはUNICEF(国連児童基金)，ＣはUNESCO(国連教育科学文化機関)について説明している。なお，UNCTADは国連貿易開発会議の略称で，おもに南北問題の解決を目的として活動している。平和維持活動はPKOと略され，紛争地域の治安維持や戦後復興の支援などを目的として行われる。経済社会理事会は国連の主要機関の１つで，各専門機関やそのほかの国際機関と協力して活動している。

問４　先進国の政府が発展途上国に対して行う資金援助や技術協力のことを政府開発援助といい，ODAと略される。なお，NPOは非営利組織，NGOは非政府組織，EPAは経済連携協定の略称。

問５　G20は20か国・地域首脳会議のことで，首脳らが集まってその時点で国際的な課題となっていることが話し合われる。2019年には，大阪で開催された。なお，G７は日本・アメリカ合衆国・イギリス・フランス・ドイツ・カナダ・イタリアの７か国で，この７か国とヨーロッパ連合(EU)の首脳による会議がサミット(主要国首脳会議)である。地球サミットは国連環境開発会議のことで，1992年にブラジルのリオデジャネイロで開催された。

理　科　＜第１回試験＞（35分）＜満点：75点＞

解　答

1　(1)　**ア**　液　**イ**　二酸化炭素　**ウ**　水(水蒸気)　(2)　①，⑤　(3)　②，⑤　(4)　(あ)　④　(い)　①　(う)　②　(え)　②　(5)　(例)　地球温暖化が進み，海水面が上昇する。(6)　モーター　(7)　①，②，③　**2**　(1)　②　(2)　③，⑤　(3)　解説の図を参照のこと。　(4)　**A**　$\frac{4}{3}$　**B**　$\frac{2}{3}$　(5)　LED　(6)　(例)　信号機　(7)　(ウ)　(8)　**ア**　長い　**イ**　短い　**ウ**　切れた　(9)　ア，イ，ウ　**3**　(1)　①　C　②　(イ)　(2)　①　光合成　②　**吸収される気体**…二酸化炭素　**放出される気体**…酸素　③　表　④　裏　⑤　**A**　道管　**B**　師管　(3)　(エ)　(4)　(イ)　(5)　①　200匹　②　(ウ)　**4**　(1)　(例)　望遠鏡を通じて太陽を直接見ること。　(2)　**名称**…黒点　**理由**…(イ)　(3)　(例)　太陽が自転をしている。　(4)　(ア)　西　(イ)　北　(ウ)　東　(5)　解説の図を参照のこと。　(6)　(イ)

解　説

1　水素とエネルギー問題についての問題

(1)　**ア**　ガソリンは常温で液体である。ただし，蒸発して気体になりやすく(揮《き》発《はつ》性が高く)，そのため引火しやすいので，火を近づけるのは危険である。　**イ**　ガソリンは成分として炭素を含《ふく》んでいるため，燃えると炭素と酸素が結びついて二酸化炭素ができる。　**ウ**　水素を燃やすと，水素と酸素が結びついて水(水蒸気)ができる。

(2)　理科室で水素をつくる場合は，亜鉛《あえん》やアルミニウムに，強い酸性の塩酸または，強いアルカリ性の水酸化ナトリウム水溶液《すいようえき》を加える。また，鉄やマグネシウムに塩酸を加えてもよい。

(3)　理科室で二酸化炭素をつくる場合は，炭酸カルシウムを多く含む石灰石に塩酸を加える。石灰石の代わりに貝がらや卵のからなどを使ってもよい。

(4)　(あ)　水素も二酸化炭素もにおいのない気体である。　(い)　水素は最も軽い気体(空気の約0.07倍の重さ)であるが，二酸化炭素は空気より重い(空気の約1.5倍の重さ)。　(う)　石灰水に二酸化炭素を通すと，石灰水にとけている水酸化カルシウムと二酸化炭素が反応して水にほとんどとけない炭酸カルシウムができるため，液が白くにごる。石灰水に水素を通した場合は特に変化がない。

(え)　二酸化炭素は水に少しとけ，水溶液(炭酸水)は弱い酸性を示す。水素は水にほとんどとけない。

⑸　近年，地球規模で問題となっている地球温暖化(地球の平均気温が上昇《じょうしょう》し続けている現象)は，二酸化炭素などの温室効果ガスが大気中に増加しているために起こっている。よって，二酸化炭素の排出《はいしゅつ》量を減らさなかった場合，地球温暖化はますます進行して，極地方や高山の氷がとけたり海水が膨張《ぼうちょう》したりすることによって海水面が上昇することや，異常気象(高温，大雨など)が世界各地で発生しやすくなることなどが考えられる。

⑹　電気のエネルギーを運動のエネルギーに変えてものを動かす装置をモーターという。

⑺　再生可能エネルギーとは，風力，地熱，太陽光などのように，エネルギー源として半永久的に利用できるものをいう。石炭と天然ガスは石油と同じく化石燃料で，化石燃料は使える量に限りがあるので再生可能エネルギーには当てはまらない。

2　電気回路についての問題

⑴　①の回路で豆電球に流れる電流の大きさを１とすると，②の回路の豆電球には２，③の回路の豆電球には１，④の回路の２個の豆電球にはそれぞれ$\frac{1}{2}$，⑤の回路の２個の豆電球にはそれぞれ１，⑥の回路の３個の豆電球にはそれぞれ$\frac{2}{3}$の大きさの電流が流れる。よって，最も明るく光る豆電球があるのは，流れる電流が最も大きい②の回路とわかる。

⑵　⑴で，豆電球に流れる電流の大きさが同じ１となっている③の回路と⑤の回路が選べる。

⑶　②の回路には豆電球１個と乾《かん》電池２個が使われているので，この回路に豆電球１個を追加することを考える。明るさが変わらないようにするのだから，右の図のように，豆電球を並列つなぎにする。

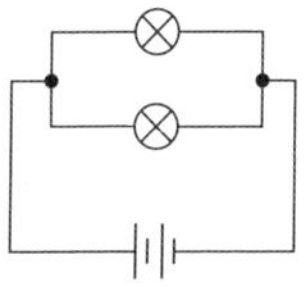

⑷　図１の回路で，豆電球２個の並列部分は電流の流れにくさ(抵抗《ていこう》)が豆電球$\frac{1}{2}$個分なので，回路全体の電流の流れにくさは，$1+\frac{1}{2}=\frac{3}{2}$(個分)となる。よって，乾電池２個の直列つなぎから流れ出る電流の大きさは，$1\times2\div\frac{3}{2}=\frac{4}{3}$とわかるので，Ａの豆電球に流れる電流の大きさは$\frac{4}{3}\left(1\frac{1}{3}\right)$である。また，並列部分にあるＢの豆電球には，$\frac{4}{3}\div2=\frac{2}{3}$の大きさの電流が流れる。

⑸　発光ダイオードは，英語名を略した言い方のLEDとよばれることが多い。

⑹　発光ダイオードを街で見かける例としては，信号機，駅などの案内板，電光掲示《けいじ》板(看板)，街灯，自動車のライトやランプなどがあげられる。

⑺　発光ダイオードは豆電球と比べて，電気エネルギーの消費がとても少なく，寿命《じゅみょう》が長いという特徴《とくちょう》がある。そのため，照明器具は，白熱電球や蛍光《けいこう》灯から発光ダイオードに置きかわりつつある。

⑻　発光ダイオードの長い方の端子《たんし》を，乾電池の＋極につなぐと光り，乾電池の－極につなぐと光らなかったことから，発光ダイオードには，長い方の端子から短い方の端子に向かっては電流が流れるが，逆向きでは電流が流れず，スイッチが切れたのと同じ状態になることがわかる。

⑼　図５で，発光ダイオードに関係なく，豆電球アと豆電球ウには電流が流れる。また，豆電球イと直列つなぎの発光ダイオードは電流が流れる向きにつながっているので，豆電球イにも電流が流れる。しかし，豆電球エと直列つなぎの発光ダイオードは電流が流れない向きにつながっているので，豆電球エには電流が流れない。したがって，豆電球ア，豆電球イ，豆電球ウの３個が光る。

3 世界自然遺産，生物どうしのつながりについての問題

⑴ ① 図１で，Ａは知床《しれとこ》半島，Ｂは白神《しらかみ》山地，Ｃは屋久《やく》島，Ｄは小笠原諸島《おがさわらしょとう》である。 ② ㈠は屋久島，㈡は知床半島，㈢は白神山地，㈣は小笠原諸島の説明である。

⑵ ① 植物が行っている，二酸化炭素と水を材料に光のエネルギーを利用して養分(でんぷんなど)をつくり出す反応を，光合成という。 ② 光合成では，材料となる二酸化炭素を吸収するとともに，光合成によってできた酸素を放出する。 ③ 光合成は細胞《さいぼう》の中にある葉緑体という粒《つぶ》で行われる。そのため，葉緑体をたくさん含む細胞は光の当たる側に多くある。このことから，さく状組織は光が当たりやすい葉の表側にあると考えられる。 ④ 光合成や呼吸，蒸散を行うための気体の出入り口である気こうは，ふつう葉の裏側に多い。 ⑤ 植物のからだには，根から吸い上げた水などを運ぶ道管と，光合成でつくられた養分を運ぶ師管がそれぞれ通っている。

⑶ 落ち葉などの枯《か》れた植物や，動物の死がいや排せつ物は，ミミズやダンゴムシなどの小さな動物に食べられ，さらに細菌《さいきん》類や菌類によって分解される。このようなはたらきをする生物は分解者とよばれる。なお，草食動物や肉食動物にも分解者としてはたらくものは含まれるが，ここでは菌類・細菌類がふさわしい。

⑷ 沖縄では，かつて毒ヘビであるハブなどを駆除《くじょ》するために，外国から持ち込《こ》んだマングースが放たれた。しかし，マングースは捕《つか》まえやすい動物を食べたため，ハブの数はそれほど減らず，ヤンバルクイナをはじめとするさまざまな希少動物の数が減少して，大きな問題となっている。

⑸ ① 算数の問題において，(箱の中のビー玉の数)：(１回目に取り出して印をつけたビー玉の数)＝(２回目に取り出したビー玉の数)：(そのうち印をつけたビー玉の数)という関係式が成り立っていて，箱の中のビー玉の数を□個とすると，□：30＝30：５となる。よって，□＝30×30÷５＝180(個)と求められる。これと同様にモンシロチョウの総数を考えると，総数を□匹《ひき》としたときの関係式は，□：25＝32：４になる。したがって，□＝25×32÷４＝200(匹)とわかる。 ② この方法を利用するには，１回目に捕まえ印をつけて放した動物が，定めた区域内にいる集団の中で十分に混じる必要がある。そのため，まったく動かない生物，また動いても行動範囲《はんい》がとても小さい生物に対しては，この方法を利用することができない。

4 太陽の観察についての問題

⑴ 太陽の光はとても強いので，肉眼や，光をレンズで集める天体望遠鏡で直接見るのは非常に危険である。

⑵ 太陽の表面温度はおよそ6000℃であるが，周囲より温度の低い(およそ4000℃)部分があり，この部分を黒点とよぶ。

⑶ 太陽の表面にある黒点が東から西へ移動していることから，太陽も地球と同じように自転していることがわかる。

⑷ 太陽が空を東→南→西と動くため，日時計の影《かげ》がのびる先は西→北→東と移動する。よって，朝方は西，正午ごろは北，夕方は東に，それぞれ時刻の目盛りをつければよい。

⑸ 夏至のころは，南中高度が春分の日より高くなるので，南中時の影の長さは春分の日より短くなる。これを図に表すと，右の図の黒くぬった部分のようになる。

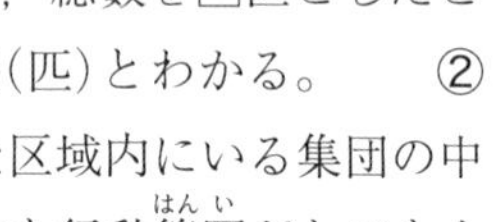

⑹ 同じ時刻でも季節によって棒の影の長さが変化するのは，太陽の高度が変化するのと同様に，

地球が地軸《ちじく》を傾《かたむ》けたまま太陽のまわりを公転しているためである。

国　語　＜第１回試験＞（50分）＜満点：100点＞

解　答

一　下記を参照のこと。　**二**　①　拾得　②　栄転　③　供給　④　守備　⑤　敗北　**三**　**問１**　②　イ　④　キ　⑧　ア　**問２**　凡人　**問３**　イ　**問４**　⑨　エ　⑩　ア　**問５**　無(我)夢(中)　**問６**　和気あ～ている　**問７**　ウ　**問８**　Ⅰ　耳ざわりな音　Ⅱ　子どものお遊び　Ⅲ　侮辱する(見下した)　**問９**　ア　**問10**　ア　**問11**　ピアノが弾(「ピアノが)　**四**　**問１**　a　イ　b　オ　c　ア　**問２**　a　常識　b　文脈　c　話し手についての知識　d　目的(意図)　e　瞬時　**問３**　イ，エ　**問４**　a　望ましくない結果　b　付随する仕事　**問５**　ウ　**問６**　臨機応変(当意即妙)　**問７**　指示者の意

●漢字の書き取り

一　①　衛星　②　考案　③　発揮　④　著　⑤　勤

解　説

一　漢字の書き取り

①　「人工衛星」は，気象観測や通信中継《ちゅうけい》などに用いるためにロケットなどで打ち上げた，惑星《わくせい》の周りを公転する人工物体。　②　工夫《くふう》して考え出すこと。　③　能力や特性などを表に出すこと。　④　音読みは「チョ」で，「著名」などの熟語がある。訓読みにはほかに「あらわ(す)」がある。　⑤　音読みは「キン」「ゴン」で，「勤務」「勤行」などの熟語がある。

二　対義語の知識

①　「遺失」は，落とすなどして失うこと。反対語は，落とし物を拾うことの「拾得」。　②　「左遷《させん》」は，今までよりも低い役職や地位に変わること。反対語は，今までよりも高い役職や地位につくという意味の「栄転」。　③　「需要《じゅよう》」は，必要として求めること。反対語は，必要に応じて与《あた》えることの「供給」。　④　「攻撃《こうげき》」は，攻《せ》めること。反対語は，守り備えることの「守備」。　⑤　「勝利」は，勝つこと。反対語は，負けることの「敗北」。

三　出典は松本祐子《まつもとゆうこ》の『８分音符《おんぷ》のプレリュード』による。

吹奏楽部《すいそうがくぶ》に所属する果南《かなみ》は，先輩《せんぱい》に頼《たの》まれ，かつては有名なピアニストであった転校生の透子《とうこ》を吹奏楽部に勧誘《かんゆう》するが，見下された態度をとられ，みんなの前で透子をひっぱたいてしまう。

問１　②　少し後に「思わず顔をしかめた」とあることに着目する。透子の笑ったようすが，果南を不快にしたと考えられるので，相手を見下した態度を表す「鼻で笑う」が合う。　④　透子に「失礼きわまりないこと」を言われて果南の感情が高ぶったので，興奮したようすを表す「頭にかっと血が上る」が合う。　⑧　透子は，果南に「罵倒《ばとう》されても，痛くもかゆくもない」という態度をとったとあるので，両肩《りょうかた》を上げてどうしようもないという気持ちを表す「肩をすくめた」とすると文脈に合う。

問２　果南は，透子のことを「指なんか怪我《けが》しなくたって，年とったら，ただの人」とののしり，

さらに本物の天才なら「指を怪我したくらいで，凡人《ぼんじん》になったりしない」とも言っている。「凡人」は，優《すぐ》れたところのない普通《ふつう》の人。

問３ 「自業《じごう》自得」は，自分の行いの報いが自分自身に返ってくることで，ぼう線部⑦と同じ意味である。「温故知新」は，昔のことを調べなおして，新たな知識を探《さぐ》り当てること。「他力本願」は，他人に頼《たよ》って物事をなしとげようとすること。「諸行無常」は，この世の全てのものは，常に変化し，永遠に変わらないものはないということ。「疑心暗鬼《あんき》」は，一度疑い始めると，何でもないことにまで疑問や不安を感じ，おそろしくなること。

問４ ⑨ 果南は，「やってしまった！」と思い，「苦い」思いにとらわれているので，透子をひっぱたいたことを後悔《こうかい》しているとわかる。 ⑩ 指のあとが残るほど果南にひっぱたかれたにもかかわらず，透子は「ほとんど表情」を変えずに「席に着いたまま」だったので，落ち着きはらったようすを表す「平然と」が入る。

問５ 「無我夢中」は，一つのことに気を取られて，我を忘れること。

問６ 空欄《くうらん》②の前の段落に注目する。果南は，先輩に頼まれた手前いっしょうけんめい勧誘したが，透子が吹奏楽部に入ったら，みんなの「和気あいあいとした雰囲気《ふんいき》をぶちこわすに決まっている」と思っていたことがわかる。

問７ 「冷水を浴びせかけられたような気分」は，意気込《ご》みをくじかれたような気分のこと。果南は，透子と話しているうちに，透子に指導してもらえたら，「本当にもっとうまくなれるんじゃないかという気がしてきた」が，透子に見下されるような態度をとられたので，張り切っていた気持ちが一気に失われていったと考えられる。

問８ Ⅰ，Ⅱ 透子は，音楽室から聞こえてくる吹奏楽部の演奏について，「まるっきり，子どものお遊びね」と言い，「あんな耳ざわりな音」しか出せない吹奏楽部に関わるつもりはないと言っている。 Ⅲ 吹奏楽部についての透子の発言を聞いた果南は，「こんなふうに人を侮辱《ぶじょく》する権利」など透子にはないと思い，人を「見下した」ような発言をした透子に怒《いか》りを感じている。

問９ 果南は，新藤《しんどう》先生に席に着くよう言われても，「頭がくらくら」して「その場から動くこと」ができなくなっており，透子をひっぱたいたのが「本当に自分なのだろうか？」と思っていた。果南は，透子をひどい言葉でののしり，生まれてはじめて「力いっぱい人をひっぱたいた」ので，自分のしたことが信じられず，言葉も発せられないくらい，ぼうぜんとしていたと考えられる。

問10 ふだんの果南は，「妹の春香が生意気なこと」を言ったら，手をふり上げて「威嚇《いかく》」し，「姉としての自分の権威《けんい》」が保たれていることを確認《かくにん》していたが，目の前にいる透子は，果南が右手をふり上げてもまばたきもせず，「彫像《ちょうぞう》」のように動かなかった。果南は実際に妹をぶったことはなかったが，「クラスじゅうの視線が集まって」いる状態で，絶対に後には引けないと思ったので，透子を「思いきり，ひっぱたいてしまった」のである。

問11 「嫉妬《しっと》」は，他人が自分より優れていることなどに対して，ねたんだり，うらやんだりすること。「ピアノが弾《ひ》けなくなって，ただの人になったら～」で始まる果南の発言の「最初から，これといった才能もないあたしたちは，ゴミみたいなもんで，生きてちゃいけないって言うわけ？」の部分が「嫉妬」にあたる。

四 **出典は川添愛《かわぞえあい》の『ヒトの言葉 機械の言葉 「人工知能と話す」以前の言語学』による。私たち**

が他者に指示されたことを実行するためには，さまざまなことを考慮《こうりょ》し判断する必要があり，人間はその膨大《ぼうだい》な判断を瞬時《しゅんじ》に行っていると述べている。

問１　a　「コップに水を入れて」という指示は，「私たちにはとても具体的で簡単」なようにも思えるが，「いざこれを実行しようとすると，意外な複雑性が絡《から》んで」くることがわかる，という文脈になる。よって，前のことがらを受けて，それに反する内容を述べるときに用いる「しかし」が入る。　b　「コップに水を入れて」という指示を実行するときには，コップのつかみ方に注意したり，水が周囲に飛び散らないように気をつけたりしなければならないということを，「コップに水を入れるという行為《こうい》」には，さまざまな「望ましくない結果」が起こらないように考慮することが伴《ともな》うと言いかえている。よって，前に述べた内容を“要するに”とまとめて言いかえるときに用いる「つまり」が入る。　c　指示に「付随《ふずい》する仕事」や「気をつけるべき点」について，「人間や動物が飲むための水」である場合や「鉢《はち》植えへの水やりや掃除《そうじ》のため」の水である場合に加えて，「指示をしてくる人が非常に急いでいる場合」を取りあげて筆者は説明している。よって，ことがらを列挙するときに用いる「また」が入る。

問２　a～d　「コップに水を入れて」という指示が簡単であるように思われても，どのようなコップにどれくらい入れるのかということや，どのような種類の水を入れるのかといったことを判断するために，「常識」や「文脈」だけではなく，「話し手についての知識」も考慮し，相手が「何を目的にして指示をしてくるのか」を知ることが重要であると述べている。　e　他人の指示を実行するにあたり，「膨大な判断」が関わっているが，それらの判断を，私たちは「瞬時」に行っていると述べている。

問３　「コップに水を入れて」という指示だけでは，「ペットボトル入りのミネラルウォーター」なのか「水道水」なのか，「やかんに入った水」なのかがわからないので，複数の候補の中のどれを選ぶべきかという「曖昧《あいまい》さ」があることになる。この内容にイが合う。また，「入れる」水が決まったとしても，「どれくらいの量を入れればいいのか」という基準が明らかでない「不明確性」もある。エがこれにあたる。

問４　a，b　「コップが汚《よご》れていたり，コップの内側に虫が止まっていたり」したままだと，水が入れられないので，洗ったり虫を追い出したりするなど，「別の行動」が必要になる。つまり，「コップに水を入れて」という指示を実行するには，「望ましくない結果」をまねかないようにするために，本来の指示に「付随する仕事」が必要となる。

問５　「コップに水を入れて」という「シンプルな指示」であっても，実行するときは，「望ましくない結果」が起こらないようにするための「付随する仕事」や「気をつけるべき点」がいくつもある。したがって，「卵焼きを作れ」や「洗剤《せんざい》を買ってこい」という複雑な指示では，「付随する仕事」や「気をつけるべき点」が増えると予想できる。

問６　本文は，最後の段落でまとめられているように，私たちが「他人の指示に従って何かを行う」には，「何を優先すべきと考えているか」や「何に気をつけるべきだと考えているか」などの「膨大な判断」を「瞬時」に行わなければならないと述べられている。よって，“その場の状況《じょうきょう》に応じて適切な手段をとったり機転をきかせたりすること”という意味の「臨機応変」や「当意即妙」などの四字熟語が，本文の内容を簡潔に表しているといえる。

問７　戻《もど》す文では，コップに入れる水の種類や水の量について，「指示者の意図が分かっていると仮定」している。これをふまえ，「指示者の意図がここまで詳細《しょうさい》に分かれば」「指示に従うのは簡単であるように思える」かもしれないと続けると，意味が通る。

2022年度　江戸川女子中学校

〔電　話〕　(03) 3659－１２４１
〔所在地〕　〒133-8552　東京都江戸川区東小岩５－22－１
〔交　通〕　JR総武線－「小岩駅」より徒歩10分
　　　　　　京成線－「江戸川駅」より徒歩15分

【算　数】〈第２回試験〉（50分）〈満点：100点〉

1　次の□にあてはまる数を求めなさい。

(1)　$(32\times3\div16+2)-(10+4\times3-2)\div3=$□

(2)　$4+\left(3.2\div\square-\frac{1}{6}\right)\times12=18$

(3)　積が140で，和が19になる３つの整数は□と□と□です。

(4)　仕入れ値が1200円の品物に３割の利益を見込んで定価をつけました。売れなかったので定価の□％引きで売ると，利益が126円でした。

(5)　ひろみさんは１冊の本を読みました。１日目は60ページ，２日目は残りの $\frac{2}{5}$ を読んだところ，全体の半分を読んだことになりました。この本は全部で□ページあります。

(6)　60円のえんぴつと100円のボールペンを合わせて30本買う予定でしたが，買う本数を逆にしてしまったため，代金が240円安くなりました。このとき，えんぴつは□本買う予定でした。

(7)　妹が毎分 80m の速さで８時に家を出発し，10分後に姉が妹のあとを追いました。妹は忘れ物に気がついて，1.2km 進んだところでひき返したところ，２人は８時18分に出会いました。このとき，姉の進む速さは毎分□m です。

(8)　図１は中心が点Oの半円で，辺 AB と辺 BC の長さは等しいです。このとき，角アの大きさは□度です。

図１

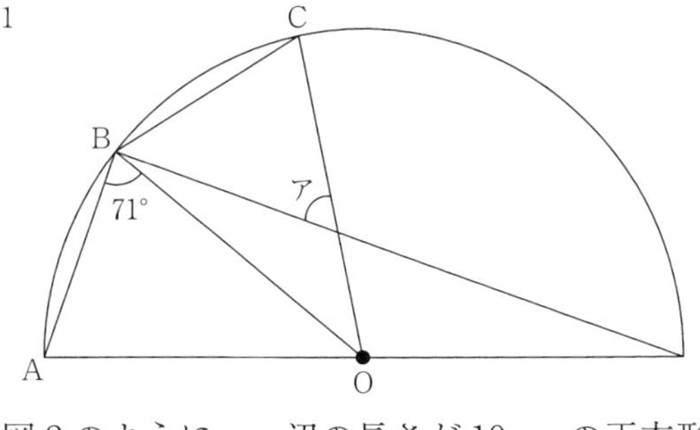

(9)　図２のように，一辺の長さが 10cm の正方形を３つ並べて長方形を作りました。斜線《しゃせん》部分の面積の合計は□cm^2 です。

図２

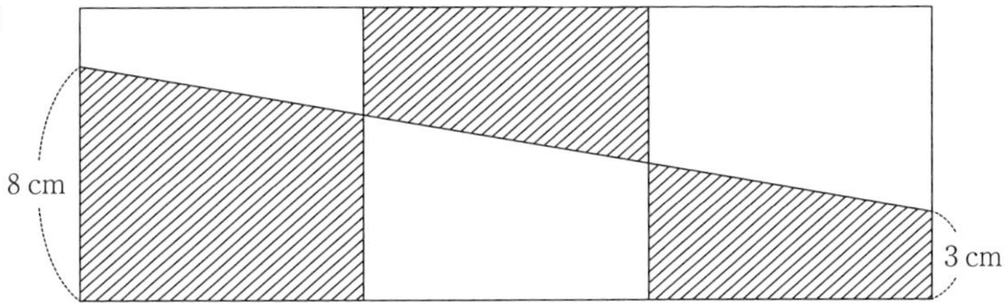

(10) 下の図３のように，長方形ABCDの辺AB，BC上に点E，Fがあり，点Fは辺BCの真ん中の点で，点EはAE：EB＝1：3となる点です。このとき，三角形AEFと三角形AFDの面積の比は［　　］：［　　］です。

図３
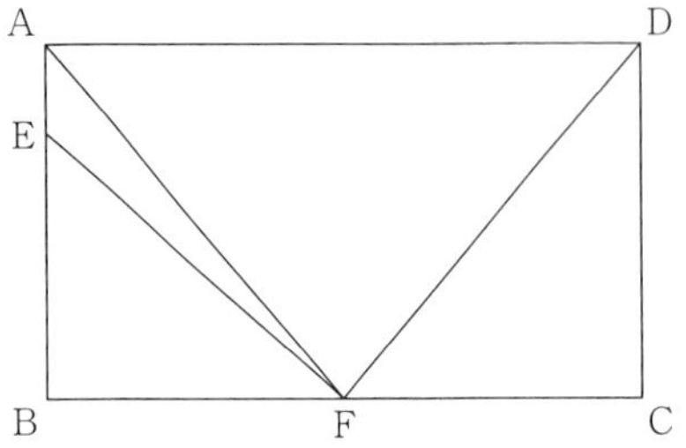

図４
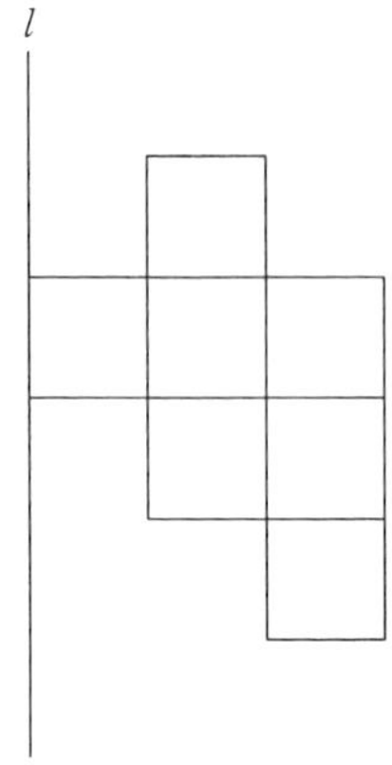

(11) 上の図４のように一辺の長さが１cmの正方形を７個並べた図形を，直線lを軸として１回転してできる立体の体積は［　　］cm^3です。ただし，円周率は3.14とします。

2 下のように整数を２個ずつのグループに分けて，前から第１グループ，第２グループ…，と呼ぶことにします。このとき，後の問に答えなさい。

第１グループ	第２グループ	第３グループ	第４グループ	……
１，２	３，４	５，６	７，８	……

(1) 2022は第何グループにありますか。

(2) 中の２個の整数をかけて３の倍数になるグループは，第200グループまでに何組ありますか。

(3) 中の２個の整数をかけて12の倍数になるグループは，第200グループまでに何組ありますか。

3 図のような長方形があります。点P，Qは頂点Aを同時に出発し，速さを変えないで，辺の上をA→B→C→D→A→B→…と動くものとします。点Pと点Qの速さの比は5：2です。このとき，次の問に答えなさい。

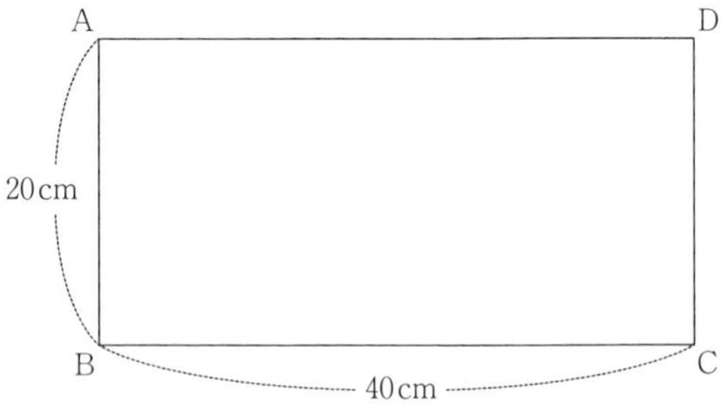

(1) 点Qが初めて頂点Cにきたとき，三角形APQの面積は何cm^2ですか。

(2) 出発後，点Pと点Qが初めて重なる位置は長方形のいずれかの頂点です。どの頂点ですか。

(3) 点Pが２周目の辺BC上を動いているとき，三角形APDと三角形AQDの面積の比が5：3になるのは，点Pが頂点Bから何cmはなれているときですか。

4　一辺の長さが１cmの正方形をしきつめて長方形を作り，対角線ABを引きます。例えばこの対角線ABは，右の図１の場合は４個の正方形を通り，図２の場合は２個の正方形を通ります。このとき，後の問に答えなさい。

図１

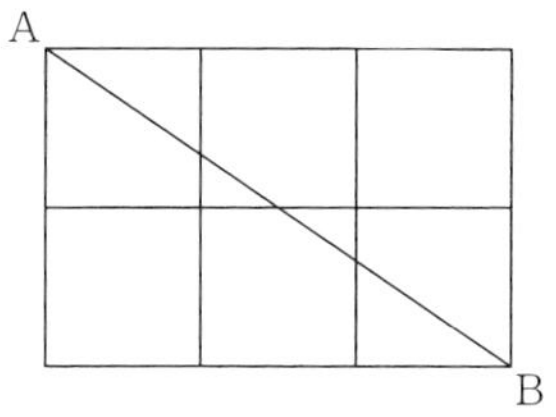

図２

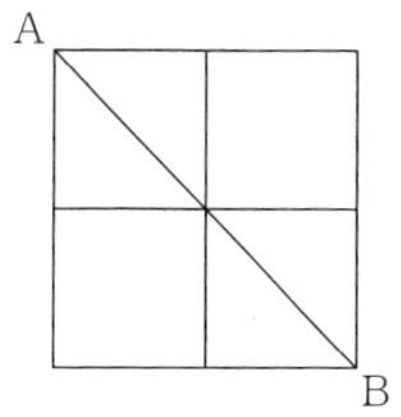

(1)　縦に３個，横に４個の正方形をしきつめたとき，対角線ABは何個の正方形を通りますか。

(2)　縦に８個，横に12個の正方形をしきつめたとき，対角線ABは何個の正方形を通りますか。

(3)　縦に８個，横に15個の正方形をしきつめ，下の図のように，対角線ABおよび直線CDを引きました。このとき，どちらの直線も通らない正方形は何個ありますか。

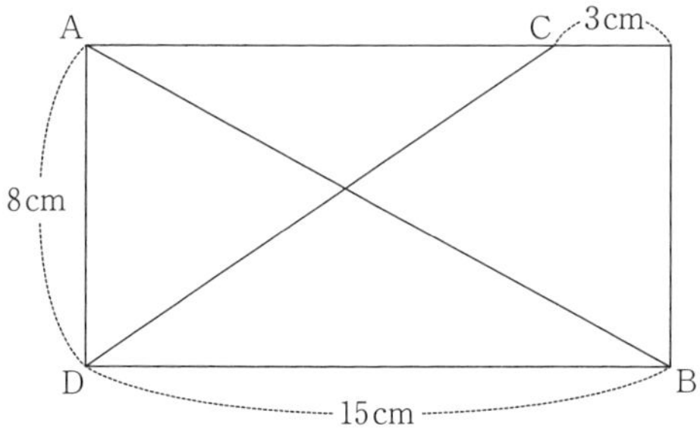

【社　会】〈**第２回試験**〉（35分）〈満点：75点〉

1　次のＡ～Ｈの各文は，日本の各時代について説明したものである。これらを参照して各問に答えよ。

Ａ　①永仁の徳政令が出された。

Ｂ　②諸藩の年貢米は，江戸や大阪の蔵屋敷に送られ，商人によって取り引きされた。

Ｃ　日本が③国際連合に加盟した。

Ｄ　④大化の改新がおこった。

Ｅ　⑤文禄《ぶんろく》の役がおこった。

Ｆ　菅原道真が，航海が危険であることなどを理由に，（　⑥　）の廃止を提案した。

Ｇ　日本は，明や(李氏)朝鮮に，（　⑦　）の取りしまりを約束し，両国との貿易が始まった。

Ｈ　⑧政府は，廃藩置県をおこなって，天皇中心の中央集権体制を整えた。

問１　下線①について，**正しい**文を下のア～エから１つ選べ。ただし，すべて誤っている場合はオで答えよ。

ア　農民の借金を帳消しにした。

イ　地主の土地をとりあげた。

ウ　御家人が失った土地を取り戻させた。

エ　旗本・御家人の借金を帳消しにした。

問２　下線②について，**誤っている**文を下のア～エから１つ選べ。ただし，すべて正しい場合はオで答えよ。

ア　このころの年貢は，収穫の４割から５割程度の米を納めるものであった。

イ　年貢米を大阪の蔵屋敷に送るために，主に東廻《まわ》り海運(東廻り航路)が利用された。

ウ　蔵屋敷では，蔵元《くらもと》・掛屋《かけや》と呼ばれる商人によって，年貢米が取り引きされた。

エ　年貢米の取り引きに際しては，主に金貨や銀貨が用いられた。

問３　下線③について，**正しい**文を下のア～エから１つ選べ。ただし，すべて誤っている場合はオで答えよ。

ア　国際連合は，アメリカ大統領ウィルソンの提唱で設立された。

イ　新《に》渡《と》戸《べ》稲造《いなぞう》は，国際連合の事務局次長に就任した。

ウ　日本は，吉田茂首相の時に，国際連合に加盟した。

エ　日本は，ソ連との国交が回復したことをきっかけに，国際連合に加盟した。

問４　下線④について，**正しい**文を下のア～エから１つ選べ。ただし，すべて誤っている場合はオで答えよ。

ア　大海人皇子が大友皇子に勝利して，政治の実権を握った。

イ　十七条の憲法が制定された。

ウ　国ごとに守護がおかれた。

エ　豪族による土地・人民の支配を尊重することが目指された。

問５　下線⑤について，**正しい**文を下のア～エから１つ選べ。ただし，すべて誤っている場合はオで答えよ。

ア　日本は，明の征服を計画したが，朝鮮が明への案内を拒否したため，朝鮮に出兵した。

イ　日本は，全国の武士を防人として動員して，元と戦った。

ウ　日本は，亀甲船《きっこうせん》と呼ばれる新兵器を用いて戦った。

エ　日本は，元の集団戦法や「てつはう」と呼ばれる新兵器に苦しめられた。

問６　空欄⑥に入る語句を漢字で答えよ。

問７　空欄⑦には，この時期に中国の沿岸や朝鮮半島で海賊行為をおこなっていた人びとを指す語句が入る。入る語句を漢字で答えよ。

問８　下線⑧について，なぜ廃藩置県をおこなうことが，天皇中心の中央集権体制を整えることになると言えるのか。その理由を説明した次の文の空欄に入る表現を考えて，30字以上50字以内で答えよ。その際，下の語句を用いること。

〔理由〕　廃藩置県では，（　　　　　）ことで，政府の命令が，地方にもゆきわたるようになったから。

〔用いる語句〕　知藩事　　府知事・県令

問９　Ａ～Ｈの文を時代順に正しく並べた場合，その３番目と６番目にくる文を，それぞれＡ～Ｈで答えよ。

2　次のＡ～Ｃの各文は，金・銀・銅のいずれかに関するものである。各文を参照して各問に答えよ。

Ａ　【 Ⅰ 】は，①弥生時代には【 Ⅰ 】と錫《すず》の合金として日本列島で使用が始まった。708年には，武蔵国（現在の埼玉県）で【 Ⅰ 】が発見され，政府に献上されたことをきっかけに，②貨幣がつくられた。③鎌倉時代から室町時代にかけて，経済が発展すると，市での売買に際して，【 Ⅰ 】でつくられた貨幣が広く用いられた。

Ｂ　【 Ⅱ 】は，古墳時代にはめっき加工などで使用が始まったとされる。奈良時代には，陸奥国（現在の宮城県）から政府に献上された【 Ⅱ 】が，④東大寺の大仏のめっき加工に用いられた。⑤戦国時代になると，各地で【 Ⅱ 】山の開発が進んだ。江戸時代には，【 Ⅱ 】でつくられた大判や小判が貨幣として用いられた。

Ｃ　【 Ⅲ 】は，かつては対馬がほぼ唯一の産出地であったが，⑥戦国時代になると各地で【 Ⅲ 】山の開発も進んだ。江戸時代の初めには，日本は，世界の【 Ⅲ 】の産出量の３分の１を占めるまでになり，戦国時代から江戸時代にかけておこなわれた南蛮貿易・⑦朱印船貿易・長崎貿易では，【 Ⅲ 】が主要な輸出品となった。

問１　空欄Ⅰ～Ⅲに入る語句の組み合わせとして**正しい**ものを下のア～カから１つ選べ。

ア　Ⅰ－金　Ⅱ－銀　Ⅲ－銅

イ　Ⅰ－金　Ⅱ－銅　Ⅲ－銀

ウ　Ⅰ－銀　Ⅱ－金　Ⅲ－銅

エ　Ⅰ－銀　Ⅱ－銅　Ⅲ－金

オ　Ⅰ－銅　Ⅱ－金　Ⅲ－銀

カ　Ⅰ－銅　Ⅱ－銀　Ⅲ－金

問２　下線①について，弥生時代に使用された【Ⅰ】と錫の合金でつくられたものとして**正しい**ものを次のページのア～エから１つ選べ。

ア

イ

ウ

エ
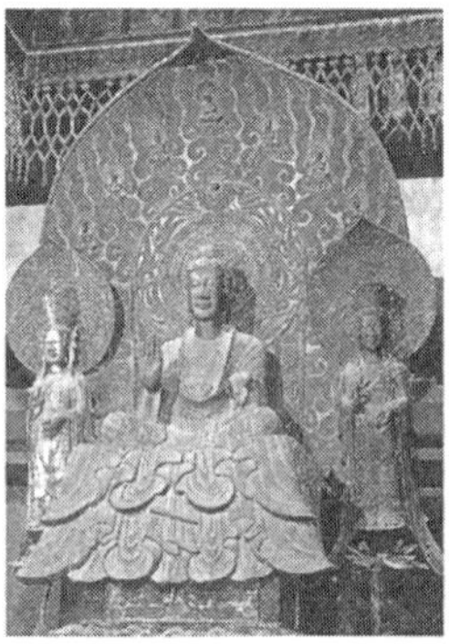

問３　下線②について，政府によって708年につくられ，主に都の市での売買に用いられた貨幣を何というか，漢字で答えよ。

問４　下線③について，鎌倉時代から室町時代にかけて用いられた貨幣について**正しい**文を下のア～エから１つ選べ。
　ア　朝廷がつくった貨幣が用いられていた。
　イ　幕府がつくった貨幣が用いられていた。
　ウ　朝廷がつくった貨幣と幕府がつくった貨幣がともに用いられていた。
　エ　国内でつくられた貨幣はほとんど用いられていなかった。

問５　下線④について，**誤っている**文を下のア～エから１つ選べ。
　ア　聖武天皇が大仏をつくることを命じた。
　イ　東大寺の大仏は阿弥陀仏で，極楽浄土に行くことを願ってつくられた。
　ウ　民間に布教活動をおこなっていた僧の行基は，大仏づくりに協力した。
　エ　現在東大寺にある大仏は，奈良時代につくられた大仏ではない。

問６　下線⑤・⑥について，戦国時代に開発された【Ⅱ】山や【Ⅲ】山などの鉱山のうち，現在の島根県に位置し，2007年に世界遺産に登録されたものを何というか，漢字で答えよ。

問７　下線⑦について，朱印船貿易とはどのような貿易か，説明せよ。

3　次のⅠ～Ⅳの各文を参照して各問に答えよ。

Ⅰ　(　１　)半島にある笠野原では灌漑《かんがい》設備を整えたことによって，火山灰の(　２　)台地での畑作農業が盛んとなり，その代表的な農作物が収穫量全国一位となっている(　３　)と(　４　)である。ちなみに(　３　)の全国二位は茨城県で，(　４　)の全国二位は静岡県である。

Ⅱ　太平洋に面した気仙沼は沖合いで暖流と寒流がぶつかる(　５　)があることから漁港として栄え，(　６　)海岸を利用して(　７　)の養殖が盛んである。①この養殖を盛んにするため，沿岸地域での植林を行っている。

Ⅲ　昭和58年に千葉県(　８　)市に東京ディズニーランドが開園した。この地域は昭和20年代までは漁業が盛んで，(　９　)の養殖やアサリの採集が行われた，昭和30年代以後(　10　)が大規模に実施され工業用地や住宅用地となった。

Ⅳ　日本有数の貿易港である(　11　)はポートアイランドや(　12　)アイランドの人工島がつくられ，(　13　)専用のふ頭がつくられた。平成７年の震災では大きな被害がでたが，現在は復旧し，国際（ 13 ）輸送の中心となっている。

問１　空欄１～13に入る語句を下のア～ヒからそれぞれ１つずつ選べ。

ア　埋め立て	イ　干拓	ウ　かき	エ　のり	オ　はまち
カ　市川	キ　浦安	ク　薩摩	ケ　大隅	コ　房総
サ　じゃがいも	シ　さつまいも	ス　小麦	セ　茶	ソ　きゃべつ
タ　リアス	チ　カルスト	ツ　シラス	テ　ローム	ト　六甲《ろっこう》
ナ　横浜	ニ　ベイブリッジ	ヌ　コンテナ	ネ　神戸	ノ　大陸棚
ハ　潮目・潮境	ヒ　親潮			

問２　下線①の理由を１行で説明せよ。

問３　Ⅰ～Ⅳの場所を下の地図のア～クからそれぞれ１つずつ選べ。

4　次のⅠ～Ⅲの各文・年表を参照して各問に答えよ。

Ⅰ　オリンピックは，しばしば「平和の祭典」と表現される。なぜ「平和」なのかは，オリンピックが生まれた時から引き継がれている理念に答えがある。オリンピックはフランスの教育家クーベルタンが呼びかけ，1896年に（ １ ）で初めて開かれた。彼は，古代（ １ ）の「オリンポスの祭典」が競技をしている期間は戦争を中断したという故事にならい，スポーツによる平和を訴え，近代オリンピックを創設した。この「スポーツを通して平和を築くことに努める」ことこそがオリンピックの目的である。オリンピック精神や大会の規則は「オリンピック（ ２ ）」にまとめられており，（ ２ ）には，大会を「４年に１度」とすることや，旗にえがかれた①五つの輪の意味が書かれている。さらに（ ２ ）には，大会が「選手の競争であり，国家の競争ではない」ことが明記されており，主催する②国際オリンピック委員会などでは，国別ランキングの公表も禁じられている。

問１　空欄１・２に入る語句を答えよ。

問２　下線①について，五つの輪の意味を示した以下の文章で，【　】に入る語句を答えよ。

「五つの輪は，世界を構成する五つの大陸を指している。それは，アジア，ヨーロッパ，アフリカ，南北アメリカ，【　　】である。」

問３　下線②について，国際オリンピック委員会の略称を下のア～エから１つ選べ。

ア　WBC　　イ　JOC　　ウ　UNIC　　エ　IOC

Ⅱ　民主政治の下では，①国民が代表者を選び，代表者が構成する議会が政治の中心となる。日本の場合は国会が政治の中心で，②日本国憲法では「国会は国権の（ １ ）」であり，「唯一の（ ２ ）機関」と定められている。国会は③予算の議決をはじめとして，④様々な仕事を行っているが，法律案の議決に関しては，⑤衆議院の優越が認められている。

問１　空欄１・２に入る語句を漢字で答えよ。

問２　下線①について，この制度を何というか，漢字７字で答えよ。

問３　下線②について，日本国憲法における選挙権・被選挙権について，**誤っている**ものを下のア～エから１つ選べ。

ア　選挙で国会議員を選ぶ権利は日本国憲法で認められ，20歳以上の男女全員がこの権利を持つ。

イ　選挙権や被選挙権，選挙の手続きなどについて定められている法律は公職選挙法である。

ウ　衆議院議員の被選挙権は25歳以上，参議院議員の被選挙権は30歳以上である。

エ　かつて日本では性別や納税額の違いで選挙権が制限されたが，現在は普通選挙である。

問４　下線③について，**誤っている**ものを下のア～エから１つ選べ。

ア　予算の審議は参議院よりも衆議院が先に行う。

イ　衆議院での予算可決後，参議院が60日以内に議決しない場合，衆議院の議決が国会の議決となる。

ウ　予算の衆議院での可決後，参議院が否決した場合，両院協議会が開かれる。

エ　両院協議会で，衆参の意見が一致しない場合，衆議院の議決が国会の議決となる。

問５　下線④について，国会の仕事**ではない**ものを下のア～エから１つ選べ。

ア　条約を承認する

イ　憲法改正の発議を行う

ウ　内閣総理大臣を指名する

エ　最高裁判所長官の指名を行う

問６　下線⑤について，衆議院の優越が認められている理由を１行で説明せよ。

Ⅲ

1945	①広島・長崎に原子爆弾が投下される
1949	ソ連が核実験に成功
1963	(Ａ)の調印が行われる
1968	(Ｂ)の調印が行われる
1987	(Ｃ)の調印が行われる
1996	(Ｄ)の調印が行われる
2001	②同時多発テロ事件が発生
2006	(③)が核実験を実施
2017	国連で(Ｅ)が採択される

問１　空欄Ａ～Ｅに入る語句を下のア～オからそれぞれ１つずつ選べ。

ア　核拡散防止条約　　イ　核兵器禁止条約　　ウ　中距離核戦力(INF)全廃条約

エ　部分的核実験停止条約　　オ　包括的核実験禁止条約

問２　下線①について，被爆国となった日本が政府の方針として「核兵器を持たず，つくらず，もちこませず」を打ち出したが，これを何というか，漢字で答えよ。

問３　下線②について，これはどこの国で発生したのか，国名を答えよ。

問４　空欄③に入る国を下のア～エから１つ選べ。

ア　中華人民共和国　　イ　北朝鮮　　ウ　インド　　エ　イラン

【理　科】〈第２回試験〉（35分）〈満点：75点〉

1　塩酸に水酸化ナトリウム水よう液を加える実験について，あとの問いに答えなさい。

あるこさの塩酸を，５cm^3ずつ６本の試験管に入れ，それぞれにA，B，C，D，E，Fのラベルをつけた。次に，あるこさの水酸化ナトリウム水よう液を，試験管Ａ～Ｆに，それぞれ１，２，３，４，５，６cm^3ずつ入れた。さらに，BTB液を２滴《てき》ずつ加えたところ，結果は表のようになった。

試験管	A	B	C	D	E	F
塩酸の体積〔cm^3〕	5	5	5	5	5	5
水酸化ナトリウム水よう液の体積〔cm^3〕	1	2	3	4	5	6
BTB液を加えた後の水よう液の色	黄	（ア）	黄	緑	青	（イ）

(1)　次の(あ)～(か)の性質は，塩酸と水酸化ナトリウム水よう液のどちらに当てはまりますか。下の①～④からそれぞれ選びなさい。

(あ)　鼻をさすようなにおいがある
(い)　電流をよく通す
(う)　青色リトマス紙につけると赤くなる
(え)　フェノールフタレイン液を加えると赤くなる
(お)　石灰石を加えると気体が発生する
(か)　アルミニウムを加えると気体が発生する

①　塩酸だけに当てはまる。
②　水酸化ナトリウム水よう液だけに当てはまる。
③　塩酸と水酸化ナトリウム水よう液の両方に当てはまる。
④　塩酸と水酸化ナトリウム水よう液のどちらにも当てはまらない。

(2)　表の中の空欄《らん》(ア)と(イ)に当てはまる色を答えなさい。

(3)　塩酸に水酸化ナトリウム水よう液を加えると，お互《たが》いの性質を打ち消し合います。この変化を何といいますか。

(4)　(3)の変化が起こると，水と食塩(塩化ナトリウム)ができます。試験管Ａ～Ｆの中で，最も多く食塩ができたものはどれですか。２つ以上ある場合には，すべて答えなさい。

(5)　(3)の変化が起こると熱が発生するため，水よう液の温度は上昇《しょう》します。試験管Ａ～Ｆの中で，最も高い温度になるものはどれですか。２つ以上ある場合には，すべて答えなさい。ただし，変化が起こる前の塩酸と水酸化ナトリウム水よう液の温度は，すべて同じだったものとします。

(6)　BTB液を加える前の，試験管Ａ～Ｆの中の水よう液をそれぞれ別の蒸発皿に取り出し，加熱しました。そのときの試験管Ａと試験管Ｅの結果を，次の①～③の中から選びなさい。

①　食塩の結晶《しょう》だけが残る
②　水酸化ナトリウムの結晶だけが残る
③　食塩と水酸化ナトリウムの結晶が残る

(7)　(6)の結果，試験管Ｃでは0.18ｇの結晶が，試験管Ｅでは0.28ｇの結晶が残りました。試験管Ａでは何ｇの結晶が残りましたか。

(8)　水酸化ナトリウム水よう液を加える前の塩酸を５cm^3蒸発皿に入れ，加熱したところ，何も残りませんでした。その理由を説明しなさい。

2　まみさんは家族でドライブに行った際，夜の帰り道で，車のヘッドライトに照らされたガードレールや自転車で，ひときわまぶしく光って目立っていた部分があることに気付きました。まみさんは，光がはね返ってきたのだから，そこには鏡の仕組みがあると考えました。このことについて，あとの問いに答えなさい。

(1)　車のヘッドライトのように，自ら光を出している物体のことを何といいますか。

(2)　ヘッドライトの光は，空気中をまっすぐ進みます。これを光の何といいますか。

(3)　光が物体に当たってはね返っていくことを，光の何といいますか。

(4)　次の各文のうち，(3)の現象で説明できるものを２つ選び，番号で答えなさい。

①　風呂にお湯を張ると底が浅く見える。

②　夜に電車の中から窓の外を見ようとすると，車内の様子が見える。

③　虫めがねを利用して太陽の光で紙を焦《こ》がすことができる。

④　夕方の頃《ころ》に西の空が橙《だいだい》色に見える。

⑤　石材の床《ゆか》をよく磨《みが》くと，部屋の中が明るく見える。

(5)　まみさんは，まず鏡に実際に光を当てて，そのはね返り方を調べました。解答欄の点Ａを通って矢印のように進んだ光は，その後どのように進むか道筋を作図しなさい。

(6)　(5)の作図の結果から，鏡に入射した光は，そのままでは元に戻《もど》ってこないので，まぶしく光って見えません。この鏡でまぶしく見えるようにするためには，光はどのように入射させればよいですか。次の(ア)〜(エ)から選び，記号で答えなさい。ただし，鏡を見る位置は，入射した光の延長線上にあるとします。

(ア)

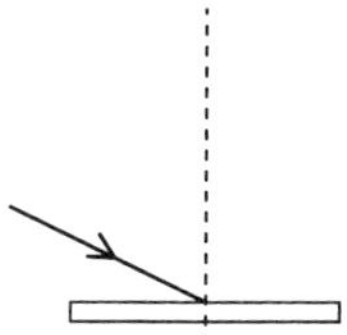

(イ)

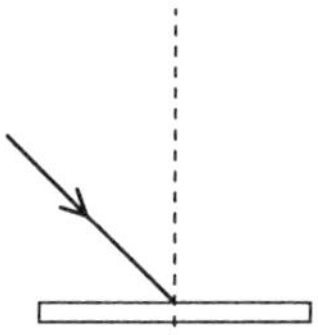

(ウ)

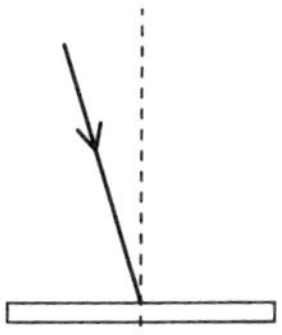

(エ)

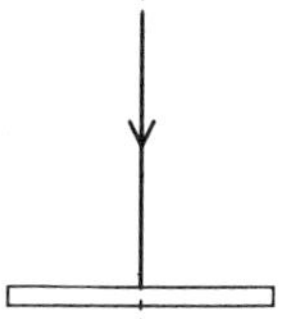

(7)　まみさんは，このままでは特定の入射のしかたしかまぶしく光らないので，ガードレールや自転車には不向きだと考えました。そこで鏡を２枚使った方法を考えました。図１のように鏡Ａに光を入射させ，鏡Ｂを試しにいろいろな角度で置いたときに，はね返った光がちょうど平行になるような鏡Ｂの置き方があることに気付きました。鏡Ｂはどのように置かれていると考えられますか。次の(ア)〜(エ)から選び，記号で答えなさい。

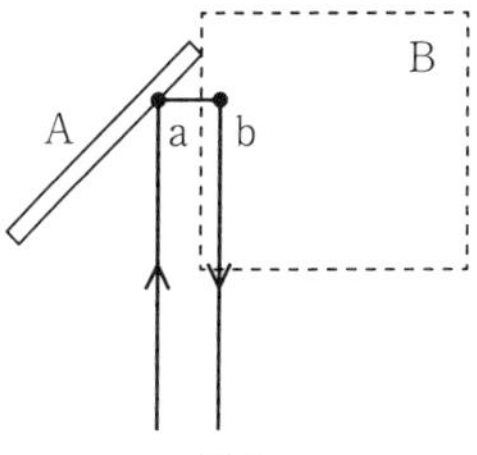

図１

(ア)

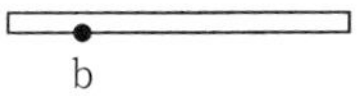

(イ)

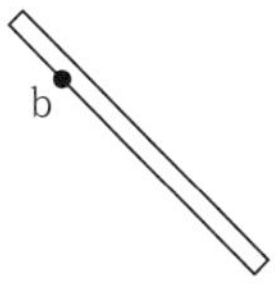

(ウ)

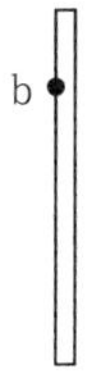

(エ)

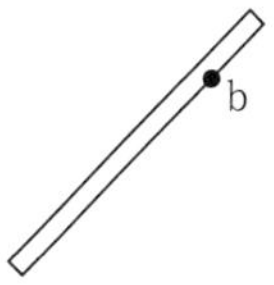

(8)　(7)の角度で鏡Ｂを固定し，図２の①〜③のように光の入射する角度を変えて実験しました。

入射した光とちょうど平行にはね返ってくる光をすべて選び，番号で答えなさい。ただし，図２は鏡Ａの部分だけを描《えが》いています。

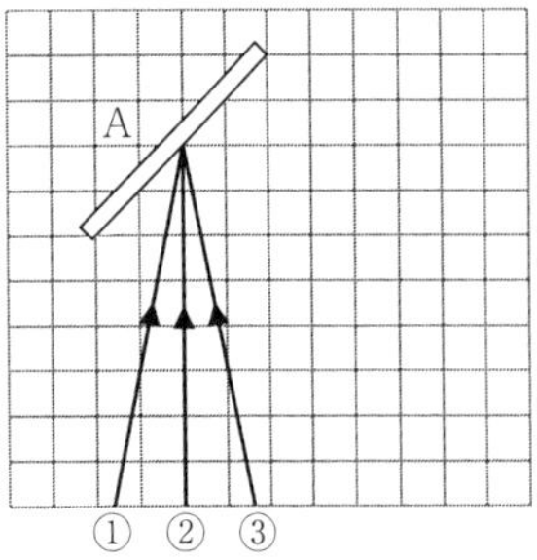

図２

(9)　まみさんは，光をまぶしくはね返す防犯用のシールをよく見たところ，この構造によく似た仕組みが無数にしきつめられていることに気付きました。これらの考察の結果から，２枚の鏡を何度の角度でおけばよいか答えなさい。

3　2020年に，東アフリカで(A)サバクトビバッタが大発生し，周辺諸国に大きな被害《ひがい》をあたえました。サバクトビバッタは(B)草食の昆虫《こんちゅう》で，群れでおしよせると，農作物が食いあらされ，大きな被害を受けてしまいます。サバクトビバッタの群れは移動能力が高く，時に海をこえて4000km 以上も飛んで移動することがあります。しかし，(C)低い温度にたえることはできないため，高い山を飛んでこえることはできません。

サバクトビバッタは，いつも群れで行動しているわけではありません。個体数が少ないときは，体色が緑色で，単独行動をしています。しかし，個体数が多くなると，(D)卵からふ化する幼虫の体色が黒色になり，群れで長距離《きょり》を移動するようになります。この体色の変化の過程で，(E)接触刺激《せっしょくしげき》(たがいにふれあう刺激)が重要な役割を果たしていることを，2011年に日本の研究者がつきとめました。このように，研究を１つずつ積み重ねて，バッタの生態を理解することが，バッタの被害を防ぐためにはかかせないと考えられています。

(1)　下線部(A)について，次の①・②に答えなさい。

①　下の図１は，動物の分類を表した図です。

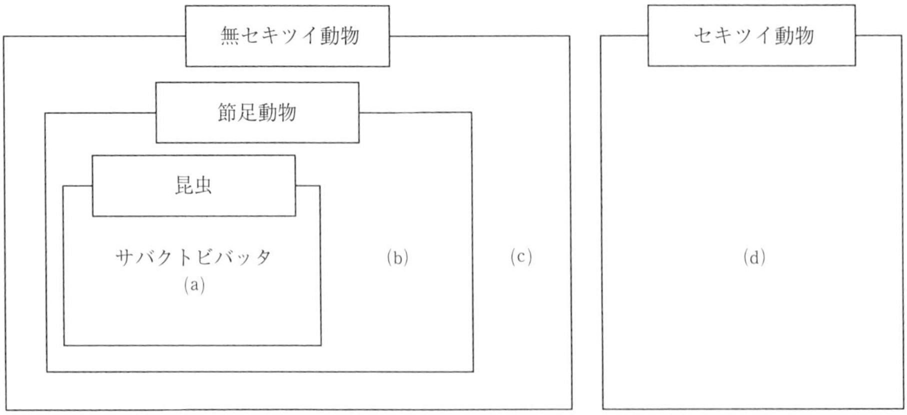

図１

図１の(a)～(d)に入る生物として適切なものを，次の(ア)～(エ)からそれぞれ１つずつ選び，記

号で答えなさい。

(ア) タコ　(イ) カニ　(ウ) サメ　(エ) トンボ

② サバクトビバッタは，不完全変態の昆虫です。サバクトビバッタと同じ不完全変態の昆虫を，次の(ア)～(エ)から1つ選び，記号で答えなさい。

(ア) ニホンミツバチ　(イ) アカイエカ

(ウ) アブラゼミ　(エ) カブトムシ

(2) 下線部(B)について，次の①・②に答えなさい。

① サバクトビバッタと同じ草食の昆虫を，次の(ア)～(エ)から1つ選び，記号で答えなさい。

(ア) モンシロチョウ　(イ) オオスズメバチ

(ウ) オオカマキリ　(エ) ナナホシテントウ

② 草食動物と肉食動物では，体の構造にちがいがみられます。草食の哺乳類《ほにゅうるい》では，一般的《いっぱんてき》に，目の付き方は下の図2の(あ)(ア．A　イ．B)のようになっています。そのため，視野が広く，肉食動物を発見しやすくなっています。また，草をすりつぶすために(い)(ア．するどい犬歯　イ．平たいきゅう歯)が発達しています。さらに，消化に時間がかかる草を消化できるように，体長に対する消化管の長さが(う)(ア．長く　イ．短く)なっています。

(あ)～(う)に入る適切な語を，(　)の中のア・イからそれぞれ1つずつ選び，記号で答えなさい。

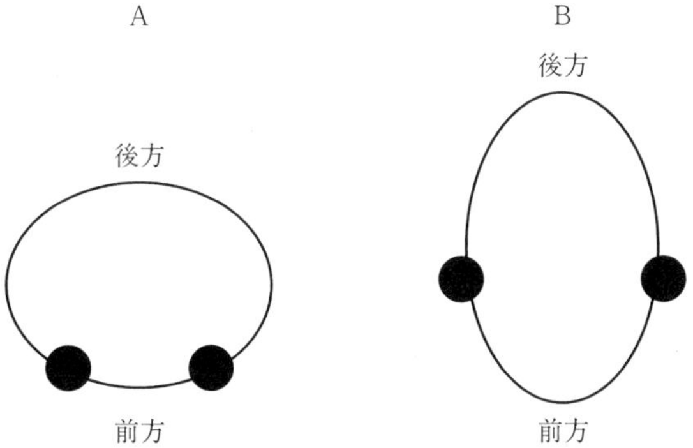

●は目を表しています。

図2

(3) 下線部(C)について，多くの生物は，体温が一定以下になると，死んでしまいます。そのため，それぞれの生物ごとに異なる方法で，冬をこします。次の①～③の生物が冬をこす方法として適切なものを，下の(ア)～(エ)からそれぞれ1つずつ選び，記号で答えなさい。

① ハクチョウ・マガモ

② カマキリ・バッタ

③ カエル・ヘビ

(ア) 土の中でじっと動かず，冬眠《とうみん》して冬をこす。

(イ) 卵の状態で冬をこす。

(ウ) 池や湖の底でじっとして冬をこす。

(エ) より温暖な気候の土地に移動して冬をこす。

(4) 下線部(D)について，次の①・②に答えなさい。

① 産卵数(産子数)や，卵・子の死亡率は，生物によって大きく異なります。例えば，同じ昆虫でも，ミツバチの卵・幼虫の死亡率は，モンシロチョウよりも低いことが知られています。この理由として最も適当なものを，次の(ア)〜(エ)から１つ選び，記号で答えなさい。

(ア) 卵や幼虫が小さく，天敵に見つかりにくいから。

(イ) 幼虫の力が強く，自分で天敵から身を守ることができるから。

(ウ) 卵に栄養が多くふくまれており，ある程度の大きさまで何も食べずに育つことができるから。

(エ) 幼虫が，巣の中で，成虫に世話をされて育つから。

② 一般に，成長する過程での死亡率が高い生物ほど，１回の産卵数(産子数)が多いことが知られています。スケトウダラ，ハンドウイルカ，ウミタナゴを，１回の産卵数(産子数)が少ない順に並べたものとして適切なものを，下の(ア)〜(カ)から１つ選び，記号で答えなさい。ただし，スケトウダラとウミタナゴは，次にそれぞれ説明されているように産卵します。

- スケトウダラ：メスから放出された卵は，ゆっくりと海面までうきあがり，海面をただよう。その後，卵は海面をただよいながら20〜30日でふ化する。
- ウミタナゴ：受精はメスの体内で行われる。受精した卵はそのままメスの体内でふ化して幼魚となり，メスの体外に出る。

(ア) (少ない) スケトウダラ→ハンドウイルカ→ウミタナゴ (多い)

(イ) (少ない) スケトウダラ→ウミタナゴ→ハンドウイルカ (多い)

(ウ) (少ない) ハンドウイルカ→スケトウダラ→ウミタナゴ (多い)

(エ) (少ない) ハンドウイルカ→ウミタナゴ→スケトウダラ (多い)

(オ) (少ない) ウミタナゴ→スケトウダラ→ハンドウイルカ (多い)

(カ) (少ない) ウミタナゴ→ハンドウイルカ→スケトウダラ (多い)

(5) 下線部(E)について。生物は，環境《かんきょう》からの様々な刺激に応答して行動を起こします。ある種のミツバチのオスとメスを，１つの容器に入れると，オスは羽ばたきしながらメスに近づき，交尾《こうび》します。このミツバチの体の色は黒色です。この行動を引き起こすきっかけとなる刺激を調べるために，次の実験を行いました。

実験：下の図３のように，１つの密閉容器に仕切りを入れ，容器をａの部分とｂの部分に分けました。そして，下の表１のような条件で実験を行いました。なお，ガラスの仕切りは空気を通さず，紙の仕切りは光を通さないものとします。音は，どちらの仕切りも通りぬけることができます。なお，「麻酔《ますい》」とは，薬の作用で体を動かないようにすることです。

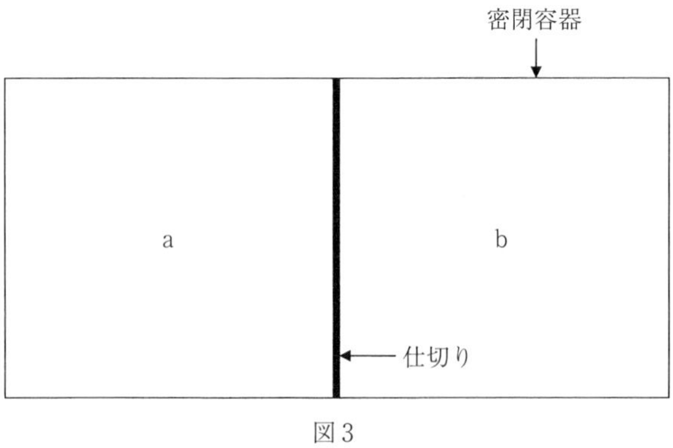

図３

表1

条件	aに入れたもの	bに入れたもの	仕切り	オスのミツバチの行動	
				羽ばたき	交尾しようとしたか
1	オス	メス	ガラス	しなかった	しなかった
2	オス	メス	紙	した	しなかった
3	オス	麻酔したメス	紙	した	しなかった
4	オス 黄色で円形の紙	麻酔したメス	紙	した	しなかった
5	オス 黄色で四角形の紙	麻酔したメス	紙	した	しなかった
6	オス 黒色で円形の紙	麻酔したメス	紙	した	した
7	オス 黒色で四角形の紙	麻酔したメス	紙	した	した

実験結果から，オスはある刺激をきっかけとして羽ばたき行動を行い，その後，別の刺激をきっかけとして交尾行動をすることがわかります。オスのミツバチの羽ばたき行動と，交尾行動のきっかけになっている刺激を，次の(ア)～(エ)からそれぞれ1つずつ選び，記号で答えなさい。

(ア) 光　(イ) 音　(ウ) 触《ふ》れ合い　(エ) におい

4 地球の表面は，十数枚のプレートにおおわれています。プレートの境目では大きなエネルギーが発生し，このエネルギーが火山活動や地震《じしん》を引き起こします。日本付近には4つのプレートがあり，世界的に見て火山や地震が特に多い地域となっています。

(1) 火山には，大きく分けて，次の(ア)～(ウ)の形のものがあります。

(ア) ハワイのマウナロア山のように平たい形のもの

(イ) 富士山や桜島のように円すい形のもの

(ウ) 昭和新山や雲仙《うんぜん》普《ふ》賢岳《げんだけ》のようにドーム状のもの

次の①～③の説明に最もよく当てはまるものを，(ア)～(ウ)からそれぞれ1つずつ選び，記号で答えなさい。

① 爆発的《ばくはつてき》なふん火をすることが多い。

② ふん火の時に流れるマグマの温度が最も高い。

③ マグマのねばりけが最も強い。

(2) 地震が起こると，地面がずれたり割れたりすることがあります。次の図1を見て，下の①～④に答えなさい。

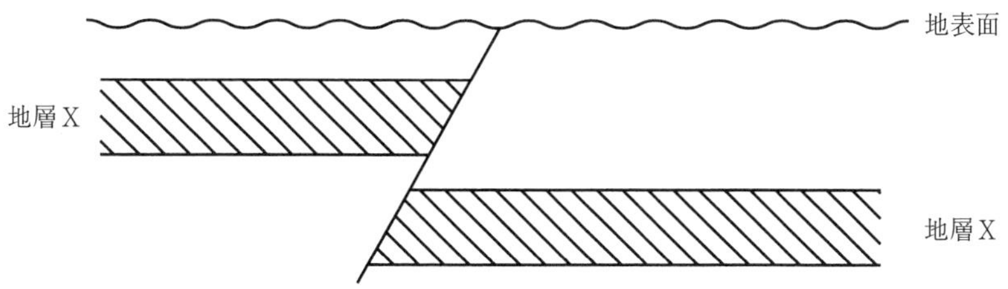

図1

左側の地層Xと，右側の地層Xは，同じ地層であることがわかっています。

①　図１のような地面のずれを何と言いますか。次の(ア)～(エ)から１つ選び，記号で答えなさい。

(ア)　しゅう曲　　(イ)　不整合　　(ウ)　断層　　(エ)　しん食

②　図１の説明として正しいものを，次の(ア)～(ウ)から１つ選び，記号で答えなさい。

(ア)　図１では，左右からおす力が働いている。

(イ)　図１では，左右から引く力が働いている。

(ウ)　図１からは，働いている力は判断できない。

③　図１の地層Xを調べたところ，火山灰が固まってできた岩石からなることがわかりました。このような岩石を何と言いますか。その名前を，次の(ア)～(エ)から１つ選び，記号で答えなさい。

(ア)　デイ岩　　(イ)　カコウ岩　　(ウ)　レキ岩　　(エ)　ギョウカイ岩

④　③の岩石の特ちょうとして最も適切なものを，次の(ア)～(エ)から１つ選び，記号で答えなさい。

(ア)　岩石の中に小石が多くふくまれている。その小石は，角が取れて丸みをおびている。

(イ)　岩石の中に見られるつぶが角ばっている。

(ウ)　火をつけると，よく燃える。

(エ)　岩石を構成するつぶが大きく，つぶの大きさはほぼそろっている。このような構造を，等《とう》粒《りゅう》状《じょう》組《そ》織《しき》という。

(3)　地震が起こると，「マグニチュード」や「震度《しんど》」について報道されることが多いです。「マグニチュード」と「震度」に関する説明として適切なものを，次の(ア)～(エ)からそれぞれ１つずつ選び，記号で答えなさい。

(ア)　地震の規模を表す数値で，１つの地震に対しては１つの値が割り当てられる。

(イ)　０，１，２，…，10という11個の数値のいずれかが割り当てられる。

(ウ)　値が１増加すると，エネルギーが1000倍になる。

(エ)　観測地点が異なる場合，１つの地震に対して，様々な値をとることがある。

(4)　地震が起こると，最初は小さくゆれ，少しおくれて大きくゆれます。ある地震を観測した結果，表１のようになりました。

表１

地点	A	B
小さいゆれが観測された時刻	10時０分０秒	10時０分９秒
大きいゆれが観測された時刻	10時０分８秒	10時０分23秒
地震が発生したところからのきょり	60km	105km

①　「小さいゆれ」，「大きいゆれ」が伝わる速さは，それぞれ１秒間に何kmですか。

②　この地震が発生した時刻(～時～分～秒)を答えなさい。

③　地点Cは，地震が発生したところから135kmはなれています。地点Cで，「小さいゆれ」が観測されてから，「大きいゆれ」が観測されるまでの時間は何秒だったと考えられますか。

問４　——線部①「はずれ者に見えるような平均値から遠く離《はな》れた個体をわざわざ生み出し続ける」とあるが、それはなぜか。その理由を次のように説明した。空欄《くうらん》に適することばを指定の字数で、本文中から抜き出しなさい。

[A（八字）]に出会ったとしても、その[B（五字）]できるようにするため。

問５　——線部②「『違い』」とあるが、このことを別なことばで何と表現しているか、そのことばを【Ⅱ】段落中から探し、五字以内で答えなさい。

問６　[1]～[4]の形式段落は、順序が入れかわっている。正しい順序に並べかえなさい。

問７　[E]・[F]に入れる文として、最適なものを次より選び、記号で答えなさい。

ア「どうしてみんなと同じような仕事ができるの？」

イ「どうしてみんなと同じような仕事しかできないんだ？」

ウ「どうしてみんなと同じようにできないの？」

エ「どうしてみんなと同じようにできるのかしら？」

問８　次の一文が本文中から抜けている。戻《もど》すのに正しい場所を本文中の[ア]～[オ]の中から選び、記号で答えなさい。

じつは生物の進化は、こうして起こってきたと考えられています。

問９　本文の内容に合っているものを二つ選び、記号で答えなさい。

ア　人間の作り出した尺度に従うことも大切だが、自然界にある違いを大切にしていくことが重要だ。

イ　人間社会の尺度に従うことも、自然界の違いを大切にすることと同じように重要なことである。

ウ　自然界には優劣の差は無いとはいうものの、現実の社会を生きていく上ではそんなあまいことは言ってはいられない。

エ　複雑な自然界を理解するのに、平均値はとても有効であり、生物の進化を解明する上でも重要な働きをする。

オ　自然界では、はずれ者が進化の過程で重要な役割を果たしており、人間界でも平均からはずれた者が劣等感《れっとうかん》を持つ必要はない。

カ　自然界で、はずれ者が進化に果たした重要な役割を考えれば、人間界でも平均からはずれた者をもっと優遇《ゆうぐう》・評価しなければならない。

い」こそが大切なのです。足の速い子と遅い子がいる、このばらつきがあるということが、生物にとっては優れたことなのです。

ところが、単純なことが大好きな脳を持ち、ばらつきのない均一な世界を作りだした人間はときに、生き物にばらつきがあることを忘れてしまいます。そして、ばらつきがあることを許せなくなってしまうのです。

【Ⅳ】【ものさしで測れるものと測れないもの】

私たちは人間社会で暮らしているのですから、人間の作りだした尺度を無視することはできません。人間が作りだした尺度に従うことも大切なことです。

すべての人が勉強をしている現代社会で、テストで良い点を取って、偏差値《へんさち》が高い優秀《ゆうしゅう》な学校へ進学できる人たちは、評価されるべきです。

多くの人たちがスポーツに取り組む中で、一流と呼ばれるアスリートとして、良い記録を出したり、良いパフォーマンスを見せてくれる人たちは、高い評価を得るべきです。

みんながお金持ちになりたいと思っている中で、仕事をして高い収入を得ている人たちも評価されるべきです。

しかし、それで人間に優劣がつくわけではありません。

人間が作りだした「ものさし」も大切ですが、本当は、その「ものさし」以外にも、たくさんの価値があるということを忘れないことが大切なのです。[D]、「違い」を大切にしていくことなのです。

「ものさし」で測ることに慣れている大人たちは、皆《みな》さんにこう言うかもしれません。

[E]

管理をするときには、揃っている方が楽です。バラバラだと管理できません。そのため、大人たちは子どもたちが揃ってほしいと思うのです。

しかし本当は、同じようにできないことが、大切な「違い」なのです。

そんな違いを大切にしてください。

おそらく、皆さんが成長して社会に出る頃《ころ》になると、大人たちは、今度はこう言うかもしれません。

[F]

（稲垣栄洋「はずれ者が進化をつくる」による）

問１　【Ⅰ】・【Ⅱ】段落につける見出しとして、最適なものを後より選び、記号で答えなさい。

【Ⅰ】
ア　「ふつう」という価値
イ　「ふつう」という理想
ウ　「ふつう」という幻想《げんそう》
エ　「ふつう」という目標

【Ⅱ】
ア　はずれ者と平均値の関係
イ　平均値という邪魔《じゃま》者
ウ　進化と退化のナゾに迫《せま》る
エ　はずれ者が進化をつくる

問２　[X]・[Y]には、反対の意味を表すことばが入る。それぞれ漢字二字で、本文中から抜《ぬ》き出しなさい。

問３　[A]～[D]に入れるのに、最適なものを次より選び、記号で答えなさい。

ア　たとえば　イ　むしろ　ウ　つまり　エ　しかし
オ　そして　カ　だから　キ　また　ク　あるいは

にはずれた者が、新たな環境へと適応していきます。こうなると古い時代の平均とはまったく違った存在となります。

［　イ　］

進化というのは、長い歴史の中で起こることなので、残念ながら、私たちは進化を観察することはできません。

［　ウ　］

A、「はずれ者」が進化をつくっていると思わせる例は見られます。

B、オオシモフリエダシャクという白いガは、白い木の幹に止まって身を隠《かく》します。が、ときどき黒色のガが現れます。白色のガの中で、黒色のガははずれ者です。ところが、街に工場が作られ、工場の煙突《えんとつ》から出るススによって、木の幹が真っ黒になると、目立たない黒いガだけが、鳥に食べられることなく生き残りました。C、黒いガのグループができていったのです。

［　エ　］

ニュージーランドに棲《す》むキウィは、飛べない鳥です。鳥が飛べないなんて、おかしいですよね。じつは、キウィの祖先は飛ぶことのできる鳥だったと考えられています。ところが、その中に飛ぶことの苦手な個体が生まれました。鳥なのに飛べないなんて、本当にはずれ者です。ただ、ニュージーランドには、キウィを襲《おそ》う猛獣《もうじゅう》がいなかったので、飛んで逃《に》げる必要がありません。飛ぶのが苦手な鳥は、飛ぶことが少ないので、エネルギーを使いません。その分、エサも少なくてすむかもしれませんし、節約したエネルギーでたくさん卵を産むことができるかもしれません。こうして飛ぶのが苦手な「はずれ者」が、飛ぶのが苦手な子孫をたくさん産み、飛べない鳥に進化していったと考えられているのです。

［　オ　］

あるいは、ブラキオサウルスは、全長二五メートルを超《こ》えるような巨大《きょだい》な恐竜《きょうりゅう》です。ところが、ブラキオサウルスの仲間のエウロパサウルスは、馬くらいの大きさしかありません。ブラキオサウルスの仲間にしては、とても小さな体なのです。

エウロパサウルスの祖先は巨大な恐竜だったと考えられています。ところが、エウロパサウルスはエサの少ない島で進化をしました。そのとき、小さな体の者が生き残り、やがて、小さな恐竜へと進化を遂《と》げたのです。

新たな進化をつくり出すのは、常に正規分布のすみっこにいるはずれ者なのです。

【Ⅲ】【違うことに意味がある】

人間が作り出したものは揃《そろ》っています。

鉛筆《えんぴつ》の一ダースの本数がバラバラでは困ります。

一メートルのものさしの目盛りが、一本一本違っては困ります。

人間は、バラバラな自然界の中で、均一な世界を奇跡《きせき》的に作り上げてきたのです。

しかし、自然界はバラバラです。

自然界では、違うことに意味があるのです。

あなたと私は違います。けっして同じではありません。

ただし、違いはありますが、そこに優劣《ゆうれつ》はありません。

例えば、足の速さは、それぞれ異なります。ですから、足の速い子も遅《おそ》い子もいます。これが運動会になれば、足の速い子は一位になるし、遅い子はビリになります。しかし、それはそれだけのことです。自然界から見たら、そこには優劣はありません。ただ、②「違い」があるだけです。

人間は優劣をつけたがります。しかし、生物にとっては、この「違

「ふつうの木」って高さが何センチなのでしょうか。

「ふつうの雑草」って、どんな雑草ですか？

踏《ふ》まれても生えている雑草と踏まれない雑草はどちらがふつうなのでしょうか。道ばたでは、たくさんの雑草が踏まれています。踏まれている雑草は、ふつうじゃないのでしょうか。

先に述べたように生物の世界は、「違《ちが》うこと」に価値を見出しています。いわば生物は、懸命《けんめい》に「違い」を出そうとしているとさえ言えます。

だからこそ、同じ顔の人が絶対に存在しないような多様な世界を作り出しているのです。一つ一つが、すべて違う存在なのだから、「ふつうなもの」も「平均的なもの」もありえません。そして、逆に言えば「ふつうでないもの」も存在しないのです。

「ふつうの顔」ってどんな顔ですか？

世界一、ふつうの人ってどんな人ですか？

ふつうの顔なんてありません。

ふつうの人なんてどこにもいません。

ふつうでない人もどこにもいません。

ふつうなんていうものは、どこを探しても本当はないのです。

【Ⅱ】

先述したように、人間が複雑な自然界を理解するときに「平均値」はとても便利です。そのため、人間は平均値を大切にします。そして、とにかく平均値と比べたがるのです。

平均値を大切にすると、平均値からはずれているものが邪魔《じゃま》になるような気になってしまいます。

みんなが平均値に近い値なのに、一つだけ平均値からポツンと離《はな》れていると、何だかおかしな感じがします。何より、ポツンと離れた値があることによって、大切な平均値がずれてしまっている可能性もあります。

1 こうしてときに「平均値」という、自然界には存在しない虚《うつ》ろな存在のために、はずれ者は取り除かれてしまうのです。

2 はずれ者を取り除けば、平均値はより理論的に正しくなります。値の低いはずれ者をなかったことにすれば、平均値は上がるかもしれません。

3 しかし、実際の自然界には「平均値」はありません。「ふつう」もありません。あるのは、さまざまなものが存在している「多様性」です。

4 そのため、実験などではあまりに平均値からはずれたものは、取り除いて良いということになっています。

生物はバラバラであろうとします。そして、①はずれ者に見えるような平均値から遠く離れた個体をわざわざ生み出し続けるのです。どうしてでしょうか。

自然界には、正解がありません。ですから、生物はたくさんの解答を作り続けます。それが、多様性を生み続けるということです。

［　ア　］

条件によっては、人間から見るとはずれ者に見えるものが、優れた能力を発揮するかもしれません。

かつて、それまで経験したことがないような大きな環境《かんきょう》の変化に直面したとき、その環境に適応したのは、平均値から大きく離れたはずれ者でした。

そして、やがては、「はずれ者」と呼ばれた個体が、標準になっていきます。そして、そのはずれ者がつくり出した集団の中から、さら

問8　――線部②「手伝いなんて、してない、といったが、あれはどういう意味なのだろう」について、「どういう意味」だと考えられるか、その説明として最適なものを次の中から選び、記号で答えなさい。

ア　自分から望んで誇《ほこ》りを持って行っていることなので、「手伝い」という中途半端《ちゅうとはんぱ》な立場でとらえてほしくないという意味。

イ　家族の一員として、本来やって当然のことなので、「手伝い」という一時的な仕事だとは思ってほしくないという意味。

ウ　母親より自分の方が得意なので、「手伝い」という言葉で表現されるのは不本意だという意味。

エ　必要に迫《せま》られてやっていることであり、親切心でやる「手伝い」のような生易《なまやさ》しいものではないという意味。

問9　――線部⑤「朱音はためらいがちに口を開いたが、すぐにきゅっと唇を結ぶ」について、この時の朱音の心情を説明したものとして、最適なものを次の中から選び、記号で答えなさい。

ア　深刻な悩みを抱《かか》えた悠人に、自分の秘密を教えて、気持ちを軽くしてあげようと思ったが、どうせ無駄《むだ》だと気持ちを抑《おさ》えている。

イ　悠人の悩みに対して、自分なりのアドバイスをしようかと思ったが、自分の方が年下なのでそれを遠慮《えんりょ》している。

ウ　年上で、自分より前から家族の悩みを抱えた悠人ならば、自分の秘密を解決してくれると期待している。

エ　悩みを打ち明けてくれた悠人に、自分も秘密を打ち明けようかと思ったが、人に話すことをためらっている。

問10　――線部⑧「朱音の秘密」とは何か。次のようにまとめた。空欄部に入ることばを十字以内で答えなさい。

家事を【　　　　】こと。

問11　――線部⑬「鳥じゃないから、という言葉をきいて、悠人も同じようなことを考えていたと思ったのだ」について、悠人は、朱音のどのような気持ちに共感したと思われるか。「…気持ち。」に続く形で、本文中から十六字で抜き出し、初めの五字を答えなさい。

四

次の文章を読んで、後の問いに答えなさい。【Ⅰ】～【Ⅳ】は意味段落番号である。

【Ⅰ】

平均に近い存在は、よく「ふつう」と呼ばれます。

それでは「ふつう」って何なのでしょうか？

先述したように、人間の脳は［X］なことが苦手です。多様なものは難しく感じます。

［X］で多様な世界を、ありのままに理解することはできないのです。

そのため、できるだけ［Y］化して、整理して理解しようとします。

バラバラなものは、できるだけまとめようとします。

こうして、整理して、まとめることで、人間の脳ははじめて理解することができるのです。

そんな人間の脳が好んで使うお気に入りの言葉に「ふつう」があります。

「ふつうの人」という言い方をしますが、それはどんな人なのでしょうか。「ふつうじゃない」という言い方もしますが、それはどういう意味なのでしょう。

自然界に平均はありません。

音が母の看病をしているということなのだろう。母親の病気がどの程度のものなのか、いつからなのかはわからないが、悠人と出会ったときには、すでに病気だったはずだ。とすれば、もう一か月以上になる。いや、もっと前からかもしれない。

⑫悠人は、自分がひどく甘《あま》えたことを口にしてしまったような気がしていた。でも、嘘《うそ》をいったわけではない。本気だったのだ。あの瞬間《しゅんかん》、わかりあえるんじゃないかと、そんなふうに感じた。⑬鳥じゃないから、という言葉をきいて、悠人も同じようなことを考えていたと思ったのだ。

（濱野京子「with you」より）

※1 反芻…繰り返し考え、味わうこと。
※2 抑揚…文の意味に応じて、声を上げたり下げたりすること。

問1 ――線部①「朱音」の「妹」の名前は何か、本文中から抜き出しなさい。

問2 ――線部③「ことさらに」・④「おもむろに」の意味として最適なものを後の中から選び、記号で答えなさい。

③「ことさらに」
ア 何度も　イ わざと
ウ しっかりと　エ 慎重《しんちょう》に

④「おもむろに」
ア 重々しく　イ 不安げに
ウ さりげなく　エ ゆっくりと

問3 ［⑥］・［⑨］に入る語として最適なものを後の中から選び、記号で答えなさい。

［⑥］
ア ぐずぐず　イ めそめそ
ウ もたもた　エ いらいら

［⑨］
ア すんなり　イ こっそり
ウ ガンガン　エ そろそろ

問4 ――線部⑦「家事」について、朱音がやっているものを、本文中から四字で三つ抜き出しなさい。

問5 ［⑩］に入ることばを本文中から八字で抜き出しなさい。

問6 ――線部⑪「むすっとした表情」になったのはどうしてか。最適なものを次の中から選び、記号で答えなさい。
ア 朱音が深刻な悩《なや》みを抱えているのに、母親がのん気にテレビを見ている姿に腹が立ったから。
イ 自分が濡れて帰ってくると知りながら、わざと風呂に入る兄に腹が立ったから。
ウ 濡れたまま帰ってきた自分より、風呂に入っている兄を優先する母親に腹が立ったから。
エ 雨が降っているのに、迎えに来なかった家族に対して腹が立ったから。

問7 ――線部⑫「悠人は、自分がひどく甘えたことを口にしてしまったような気がしていた」について、その理由を次のようにまとめた。空欄部《くうらんぶ》A～Dに入ることばを字数に合わせて本文中から抜き出しなさい。ただし、B～Dについては、初めの五字を答えなさい。

悠人は、父がいなくなり、母親も自分に［A 二字］を持ってくれないことに不満を感じ、「自分が［B 二十字］」という孤独から「［C 十字］がわからない」と感じていたが、朱音は、「自分が［D 十七字］」と思うほどの家庭における重い責任を抱える苦しみから「［C］がわからない」と感じており、悠人の悩みは小さいものだと感じたから。

「……」

「帰らなくちゃ」

「富沢《とみざわ》さ……」

「へんなこと、いっちゃった。忘れていいよ」

朱音は、そういうと、背をむけて歩きはじめる。その背中を少しのあいだ見送っていたが、悠人はあわててあとを追った。

「……お母さん、ずっと、病気なんだね」

返事はなかった。でもたぶん、あたったようだ。

「お父さんは？」

「名古屋。単身赴任《たんしんふにん》中」

それ以上、何もきけなかった。坂和ヒルズが見えてきたとき、ぽつりと冷たいものが頬にあたる。

「雨だ……」

ついそうつぶやいたのは、沈黙にたえられなかったからかもしれない。悠人は、そっと息をはく。やっぱり、きかなくては。

「手伝いなんて、してないっていったよね」

「……」

「それって……」

「家事の手伝いじゃなくて、⑦家事なんだよ」

朱音は、※2抑揚《よくよう》のない声でそういうと、建物の方へ走っていった。

にわかに、雨脚《あまあし》が強くなった。でも、走りだすことができなかった。

ようやく、⑧朱音の秘密が明かされたような気がした。

悠人は歩きながら、朱音が口にした言葉を思いうかべる。――テレビとか、見てないし。アイドルとかも、わかんなくなっちゃってる。

テレビ番組をネタにもりあがる女子トークにも、［⑨］入れないのかもしれない。でも、そのことを口にはできずに、笑ってごまかしているのだろうか。それだけならまだしも、勉強もとどこおりがちになるし、遅刻してしまうことも、つい居眠《いねむ》りしてしまうこともあったとすれば？　学校では事情を知らない周囲から、［⑩］、と思われて。しかも、母の病気の心配をしながら。

朱音はずっと、そんな日々をすごしてきたのだろうか。

いつだったか、寝不足《ねぶそく》だといっていたのは、家の手伝いがたいへんだったせいなのかもしれない。いや、手伝いではないのだ。そんなお手軽なものではない、ということなのだ。

空を見上げると、ちょうど雨粒《あまつぶ》が目に入った。悠人は、晩秋の冷たい雨にぬれながら、歩いて家に帰った。

ぬれたままダイニングに入ると、

「あら、雨なの？」

と母がいった。テレビがついていたせいか、雨音に気づかなかったようだ。画面は、にぎやかなお笑い番組だった。

「今、お風呂《ふろ》、直人が入ってるから」

すぐには入れない、ということだろう。⑪むすっとした表情で、

「テレビ、見てないなら、消せば？」

という。

「見てるわよ」

「ばかばかしい番組？」

「だからでしょ。気分転換《てんかん》がいるの」

それには応じないで、部屋にひっこむ。ぬれたジャージーをぬぎすてて、ねまき代わりのスウェットに着替《きが》える。

今ごろ、朱音は何をしてるのだろうか。

最初は、同類かと思った。だから気になった。坂和ヒルズの住人であることを知ったときは、がっかりした。でも、朱音が今かかえている状況《じょうきょう》は、悠人の想像をこえてきびしそうだった。

父親が単身赴任中だといっていた。家族はほかに妹。つまりは、朱

した。ブランコに近づいていったが姿がない。が、ゆっくりと頭をめぐらしてすべり台の上に目をとめる。朱音は縮こまって体育座りをして、空を見上げていた。
③ことさらに足音を立てて近づいていくと、朱音は、立ちあがった。④おもむろに手を上げたので、とびおりるのかと思ったが、かがんで足をのばすと、すべりおりてきた。
「とべないよね、鳥じゃないから」
朱音はかわいた声で笑った。前は、とびおりたのに。まるで、羽がもがれたとでもいうようではないか。だまっていると、また朱音が口を開いた。
「何もかも捨てて、逃げだしたくなることとか、ある？　なんのために、生きてるのかな、なんて考えたり」
重たいことをいっているのに、なぜだか朱音の口もとにはうっすらと笑みがうかんでいる。けれどそれは、ほんとうの笑顔にはほど遠い。まるで表情のない仮面が口角だけ上げたような顔だった。悠人は、朱音から視線をはずして、つぶやく。
「……あるよ」
それから、視線を朱音の目にもどす。そのとたん、最初に朱音に声をかけた日、ほうってはおけないような気がしたことがよみがえる。たぶんあのとき、自分の思いに重なるものを直感的に感じたのだ。
「べつにさ、すごくこまってるわけじゃねえけど。父親は女つくって、出てっちゃってさ。家は貧乏《びんぼう》だけど、だからって、食ってけねえってほどでもねえし。兄貴の出来がよくて、いつも教師や親戚《しんせき》にくらべられたってさ、友だちがいないわけじゃねえ。たぶん東高には受かるだろうし。東高なら、そこそこだろ」
そんな言葉をはきだしながら、自分は何をいっているのだろうと、思った。知りあってまだ半月もたたない、名前以外、ほとんど何も知らない女子を相手に？　そう思いながらも、悠人は言葉を押《お》しとどめることができなかった。
「兄貴がさ、おまえはずるいっていうんだ。おれにいわせりゃ、ずるいのは、あっちだよな。みんないいとこもってっちゃってさ。うちは、兄貴を中心にまわってるんだ。母親とかも、兄貴にしか興味もってねえし。おれが、突然《とつぜん》消えても、だれもなんも感じないだろうから。正直、自分が、存在する意味、わかんねえんだよな」
はきだすような言葉。自分でも驚《おどろ》いた。こんなことを口にするなんて……。でも、ほんの少しだけ、気持ちが高揚《こうよう》する。
しばしの沈黙《ちんもく》のあとで、
「……わたしは……」
と、⑤朱音はためらいがちに口を開いたが、すぐにきゅっと唇《くちびる》を結ぶ。
「いえば？　ほかに、だれもいねえし」
「……わたしは、いなくなんて、なれないんだ。わたしがいなかったら、うちが、こわれちゃうから」
「こわれ、ちゃう？」
「会いたくなかったよ。昼間になんか」
「この前のこと？」
「そう。だれかに見られたくない。主婦みたいに、買いものしてるのなんて。たいへんだね、なんていわれたくない。妹をかわいがって、やさしいお姉さんだね、なんて。何もわかんないくせに。和花《のどか》のことだって、どなっちゃうんだよ。だって、わたしがツインテール、結んでやるのに、気に入らないってぐずるから、［⑥］して。テレビとか、見てないし。アイドルとかも、わかんなくなっちゃってる。おしゃれとか、できないし。やさしくなんかない。宿題だってできない日がある」

二〇二二年度
江戸川女子中学校

【国　語】〈第二回試験〉（五〇分）〈満点：一〇〇点〉

（注意）字数指定のある設問はすべて、句読点等を字数に含む。

一　次の①～⑤の――線部のカタカナを漢字に直しなさい。

① 医学部をシボウする。
② テイサイを気にする。
③ ハソンした車を修理する。
④ 音楽のソヨウがある。
⑤ ガソリンをホキュウする。

二　①～⑤の□に入る語を、後の語群から選び、漢字に直して答えなさい。

① □がつく。（勝負に負けること。）
② □を売る。（むだ話で時間をつぶしてなまけること。）
③ □が立つ。（円満にいかなくなること。）
④ □をさす。（仲の良い間がらや、始めたことがらにじゃまをして不調にすること。）
⑤ □をしめる。（一度うまくいったことがあって、またそれを期待すること。）

【かど・みず・つち・あぶら・なみだ・あじ】

三　次の文章を読み、後の問いに答えなさい。

中学三年生の悠人《ゆうと》は、受験生であるにもかかわらず、塾《じゅく》のない平日の夜は、ランニングをしていた。ランニングの途中《とちゅう》、夜の公園で一人過ごす中学二年生の少女、朱音《あかね》と出会い、話すようになった。本文は、悠人とは別の中学に通う朱音の同級生から、朱音に関する話を聞いたあとの場面である。

夜道を歩きながら、今しがたきいた美里の言葉を※1反芻《はんすう》する。生活が乱れているって、どういうことだろう。それから、①朱音の言葉を思いだす。②手伝いなんて、してない、といったが、あれはどういう意味なのだろう。買いものをして、妹の世話をして、それが手伝いではない、とは。

昼間、母親が病気だと告げた。けれど、夜は、いつもどおりだといっていた。

「まてよ？」

思わず声が出た。つまり、母親は、いつも病気、ということなのだろうか。

詮索《せんさく》したところで、ほんとうのことがわかるわけはない。悠人は立ちどまって首を横にふる。目の前に続く暗い夜道を見すえる。むしょうに胸がざわついた。

土日をはさんだので、悠人が坂和《さかわ》公園にむかって走るのは、四日ぶりだった。この日は、どんよりと曇《くも》った日で、頬《ほお》をなでる風が湿気《しっけ》をふくんで重く感じられた。雲が広がっているせいか、夜空がやけに白っぽく見えた。

公園に足をふみいれるとき、悠人は自分が緊張《きんちょう》しているのを意識

2022年度

江戸川女子中学校　▶解説と解答

算　数　＜第２回試験＞（50分）＜満点：100点＞

解　答

1　(1)　$1\frac{1}{3}$　(2)　$2\frac{2}{5}$　(3)　2と7と10　(4)　15　(5)　360　(6)　12　(7)　120　(8)　57　(9)　155　(10)　1：8　(11)　78.5　2　(1)　第1011グループ　(2)　133組　(3)　67組　3　(1)　300cm^2　(2)　頂点D　(3)　30cm　4　(1)　6個　(2)　16個　(3)　84個

解　説

1　四則計算，逆算，調べ，売買損益，相当算，差集め算，和差算，速さ，角度，面積，相似，辺の比と面積の比，体積

(1)　$(32\times 3\div 16+2)-(10+4\times 3-2)\div 3=(96\div 16+2)-(10+12-2)\div 3=(6+2)-(22-2)\div 3=8-20\div 3=8-\frac{20}{3}=\frac{24}{3}-\frac{20}{3}=\frac{4}{3}=1\frac{1}{3}$

(2)　$4+\left(3.2\div\square-\frac{1}{6}\right)\times 12=18$より，$\left(3.2\div\square-\frac{1}{6}\right)\times 12=18-4=14$，$3.2\div\square-\frac{1}{6}=14\div 12=\frac{14}{12}=\frac{7}{6}$，$3.2\div\square=\frac{7}{6}+\frac{1}{6}=\frac{8}{6}=\frac{4}{3}$　よって，$\square=3.2\div\frac{4}{3}=\frac{32}{10}\times\frac{3}{4}=\frac{12}{5}=2\frac{2}{5}$

(3)　3つの整数の積が140，和が19なので，3つの整数はいずれも140の約数であり，19未満とわかる。すると，3つの整数は1，2，4，5，7，10，14のいずれかになる。これらを組み合わせて積が140になるような3つの整数は，1と10と14，2と5と14，2と7と10，4と5と7のいずれかとなり，このうち，和が19となる組み合わせは，2と7と10である。

(4)　仕入れ値が1200円の品物に3割の利益を見《み》込《こ》んで定価をつけたので，定価は，$1200\times(1+0.3)=1560$(円)である。また，実際の利益は126円だったので，売った値段は仕入れ値よりも126円高く，$1200+126=1326$(円)となる。よって，定価から安くした金額は，$1560-1326=234$(円)で，この金額の定価に対する割合は，$234\div 1560=0.15$だから，定価の15%引きで売ったとわかる。

(5)　2日間で全体の半分，つまり，$\frac{1}{2}$を読んだので，残ったページ数も全体の$\frac{1}{2}$である。すると，右の図1より，1日目に読んだ残りの，$1-\frac{2}{5}=\frac{3}{5}$が全体の$\frac{1}{2}$にあたるので，1日目に読んだ残りは全体の，$\frac{1}{2}\div\frac{3}{5}=\frac{5}{6}$にあたる。よって，1日目に読んだ60ページは，全体の，$1-\frac{5}{6}=\frac{1}{6}$にあたるから，全体のページ数は，$60\div\frac{1}{6}=360$(ページ)と求められる。

図1

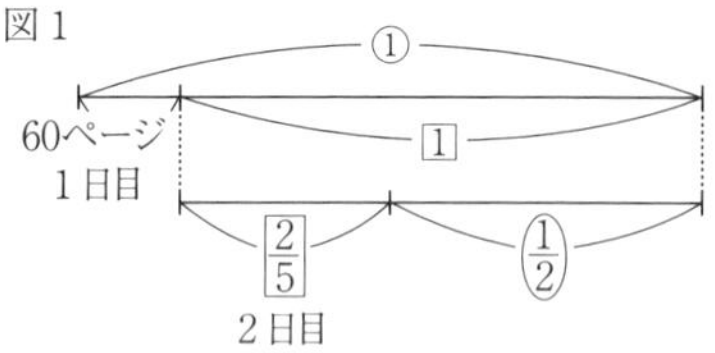

(6)　買う本数を逆にすると，代金が安くなったので，1本の値段が高いボールペンをえんぴつより多く買う予定だったとわかる。そこで，ボールペンをえんぴつより○本多く買う予定だったとすると，本数を逆にして買うことは，下の図2のように，買う予定だったボールペンのうち，○本をえ

図2

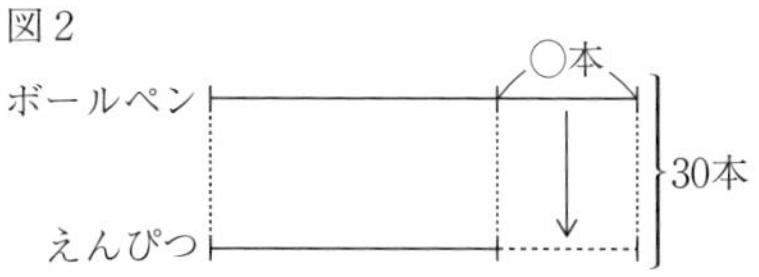

んぴつにかえて買うことと同じになる。1本のボールペンをえんぴつにかえると，代金は，100－60＝40(円)安くなり，全体で240円安くなったから，○＝240÷40＝6(本)とわかる。よって，予定のえんぴつの本数の2倍が，30－6＝24(本)となるので，予定のえんぴつの本数は，24÷2＝12(本)と求められる。

(7) 妹は8時に家を出発してから，1.2km(＝1200m)進んだところで引き返したので，引き返した時刻は8時から，1200÷80＝15(分後)の8時15分である。したがって，8時18分に姉と出会うまでに，妹は家に向かって，8時18分－8時15分＝3分進んだから，出会った地点は家から，1200－80×3＝1200－240＝960(m)の地点とわかる。また，姉は8時の10分後，つまり，8時10分に家を出発したから，姉は，8時18分－8時10分＝8分で960m進んだことになる。よって，姉の速さは毎分，960÷8＝120(m)と求められる。

図3

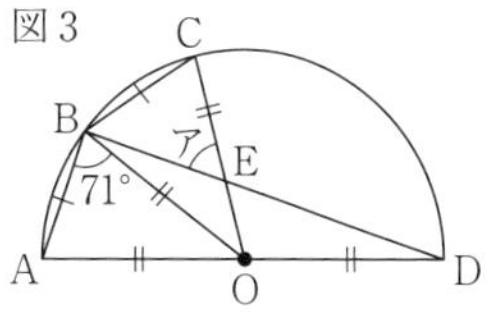

(8) 右の図3で，OA，OB，OCの長さが等しく，ABとBCの長さが等しいので，三角形OABと三角形OBCは合同な二等辺三角形である。したがって，角OBCと角OCBの大きさは，どちらも角OBAと等しく，71度とわかる。また，三角形OABで，角OABの大きさも71度だから，内角と外角の関係より，角BODの大きさは，71＋71＝142(度)となる。さらに，三角形OBDも二等辺三角形だから，角OBDの大きさは，(180－142)÷2＝19(度)とわかる。よって，角EBCの大きさは，71－19＝52(度)なので，三角形BCEに注目すると，角アの大きさは，180－(71＋52)＝57(度)と求められる。

図4

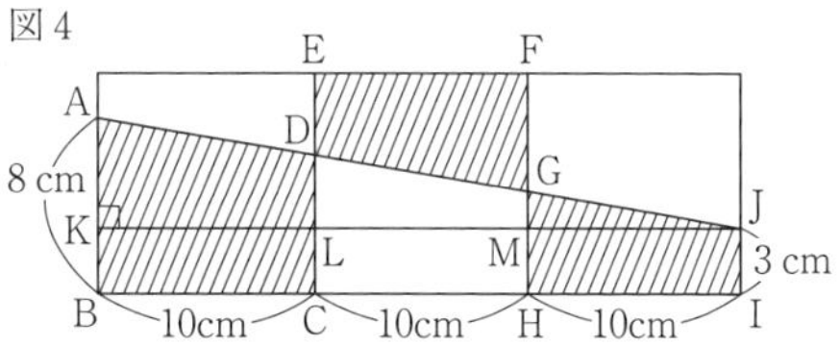

(9) 右の図4で，三角形AKJ，DLJ，GMJは相似であり，その相似比は，KJ：LJ：MJ＝3：2：1だから，AK：DL：GM＝3：2：1となる。また，AK＝8－3＝5(cm)なので，GM＝$5\times\frac{1}{3}=\frac{5}{3}$(cm)，DL＝$\frac{5}{3}\times2=\frac{10}{3}$(cm)とわかる。したがって，DC＝$3+\frac{10}{3}=\frac{19}{3}$(cm)，GH＝$3+\frac{5}{3}=\frac{14}{3}$(cm)だから，台形ABCDの面積は，$\left(8+\frac{19}{3}\right)\times10\div2=\frac{215}{3}$($\mathrm{cm}^2$)，台形GHIJの面積は，$\left(\frac{14}{3}+3\right)\times10\div2=\frac{115}{3}$($\mathrm{cm}^2$)となる。さらに，ED＝$10-\frac{19}{3}=\frac{11}{3}$(cm)，FG＝$10-\frac{14}{3}=\frac{16}{3}$(cm)だから，台形EDGFの面積は，$\left(\frac{11}{3}+\frac{16}{3}\right)\times10\div2=45$($\mathrm{cm}^2$)となる。よって，斜線《しゃせん》部分の面積は，$\frac{215}{3}+\frac{115}{3}+45=155$($\mathrm{cm}^2$)と求められる。

図5

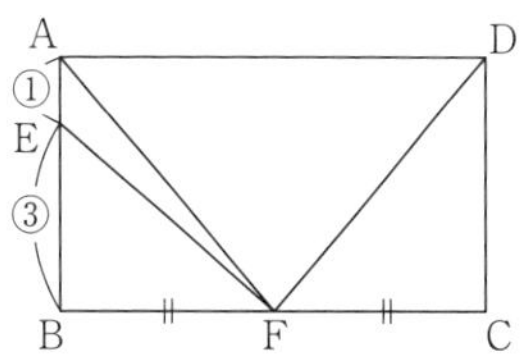

(10) 右の図5で，三角形AEFの面積を1とする。三角形AEFと三角形ABFは，底辺をそれぞれAE，ABとすると，高さが等しいので，面積の比はAE：ABに等しく，1：(1＋3)＝1：4となる。これより，三角形ABFの面積は，1×4＝4とわかる。また，三角形ABFと三角形AFDは，底辺をそれぞれBF，ADとすると，高さが等しいから，面積の比はBF：ADに等しく，1：2となる。よって，三角形AFDの面積は，4×2＝8だから，三角形AEFと三角形AFDの面積の比は1：8とわかる。

(11) 下の図6で，正方形AとBは合同で，どちらも直線lからの距離《きょり》が等しいから，正方形AをBに移動して1回転させても，できる立体の体積は同じになる。このときできる立体は，図6のような，底面の半径が３cmで，高さが３cmの円柱から，底面の半径が１cmで，高さが２cmの円柱を除いた形の立体となるので，体積は，３×３×3.14×３－１×１×3.14×２＝27×3.14－２×3.14＝(27－２)×3.14＝25×3.14＝78.5(cm^3)と求められる。

図６

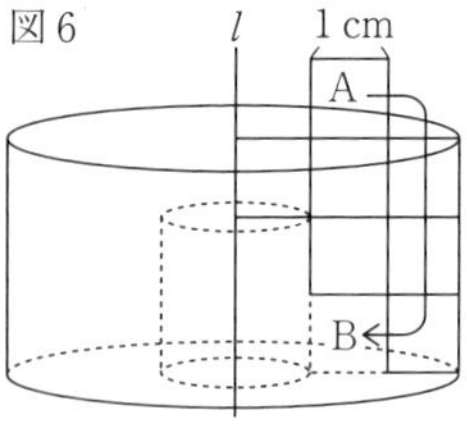

2 周期算，数列，整数の性質

(1)　2022は先頭から2022番目の整数であり，１つのグループに整数は２個ずつあるから，2022÷２＝1011より，第1011グループにある。

(2)　中の２個の整数の積が３の倍数になるグループは，２個の整数の中に３の倍数を含《ふく》むグループである。まず，第１グループに３の倍数はなく，第２グループには３が，第３グループには６があるので，第１・第２・第３グループで２個の積が３の倍数になるグループは第２・第３グループの２組ある。また，第４・第５・第６グループの整数はそれぞれ第１・第２・第３グループの整数に６を足したものになる。６は３の倍数だから，３の倍数に６を足した数は３の倍数になり，３の倍数でない数に６を足した数は３の倍数にならない。したがって，第４・第５・第６グループで２個の積が３の倍数になるグループは第５・第６グループの２組ある。この後も３組ずつのグループに区切って考えると，２個の積が３の倍数になるグループは，３組のうち２つ目の組と３つ目の組の２組ある。よって，第200グループまでには，200÷３＝66余り２より，２×66＋１＝133(組)ある。

(3)　12＝３×４より，２個の積が３の倍数でも４の倍数でもあれば，12の倍数になる。各グループで２個の整数のうち，偶数《ぐうすう》は１個だけだから，２個の積が４の倍数になるのは，１個ある偶数が４の倍数のときとなる。このようなグループは第２グループ，第４グループ，…のような偶数の番号のグループとなる。したがって，第６グループまでで，２個の積が３の倍数，４の倍数になるグループはそれぞれ右下の表の○印をつけたグループとなるので，２個の積がどちらの倍数でもあるグループ，つまり，12の倍数になるグループは，第２・第６グループとわかる。この後も６組ずつのグループに区切って考えると，２個の積が12の倍数になるグループは，６組のうち２つ目の組と６つ目の組の２組ある。よって，第200グループまでには，200÷６＝33余り２より，２×33＋１＝67(組)ある。

グループ番号	1	2	3	4	5	6
３の倍数		○	○		○	○
４の倍数		○		○		○

3 平面図形─図形上の点の移動，面積

(1)　点Ｐと点Ｑの速さの比は５：２なので，点Ｐと点Ｑが同じ時間に動く距離の比は５：２となる。点Ｑは，初めて頂点Ｃにくるまでに，20＋40＝60(cm)動くので，このときまでに点Ｐは，60×$\frac{5}{2}$＝150(cm)動く。また，長方形の１周の長さは，(20＋40)×２＝120(cm)だから，点Ｑが初めて頂点Ｃにきたとき，点Ｐは，頂点Ａから，150－120＝30(cm)動いたところにある。よって，右の図１のように，点Ｐは頂点Ｂから，30－20＝10(cm)動いたところにあるので，三角形APQの面積は，(40－10)×20÷２＝300(cm^2)と求められる。

図１

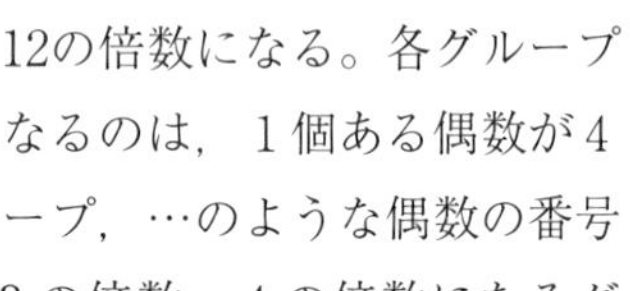

(2)　点Ｐ，点Ｑが初めて重なるのは，点Ｐが点Ｑよりも長方形１周分の120cmだけ多く動いたときとなる。このとき，点Ｐ，点Ｑの動いた距離の比は５：２だから，比の１にあたる距離は，120÷(５－２)＝40(cm)となり，点Ｑが動いた距離は，40×２＝80(cm)とわかる。よって，80＝20＋40＋20より，頂点Ｄで初めて重なる。

(3)　点Ｐが２周目の辺BC上を動いているとき，点Ｐが動いた距離は，120＋20＝140(cm)以上，140＋40＝180(cm)以下だから，点Ｑが動いた距離は，$140\times\frac{2}{5}=56$(cm)以上，$180\times\frac{2}{5}=72$(cm)以下となる。したがって，点Ｑは１周目の辺BC上か辺CD上を動いている。また，三角形APDと三角形AQDで，面積の比が５：３のとき，底辺をADとみたときの高さの比が５：３となり，点Ｐは辺BC上を動いているので，三角形APDの高さは20cmである。したがって，三角形AQDの高さは，$20\times\frac{3}{5}=12$(cm)だから，右の図２のように，点Ｑは辺CD上の頂点Ｄから12cmはなれたところにある。このときまでに，点Ｑは，20＋40＋(20－12)＝68(cm)動いているから，点Ｐは，$68\times\frac{5}{2}=170$(cm)動いている。よって，点Ｐは頂点Ａから，170－120＝50(cm)動いたところにあるので，頂点Ｂからは，50－20＝30(cm)はなれている。

図２
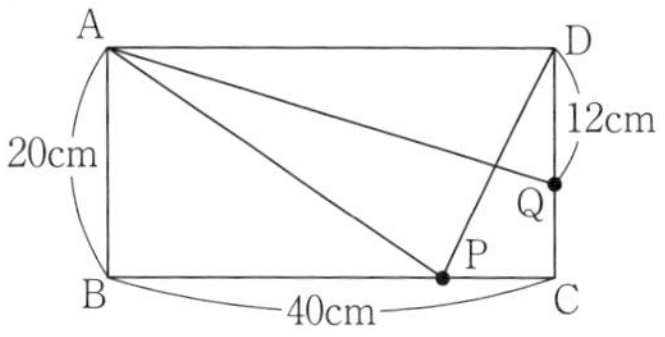

４　平面図形─構成，相似

(1)　例えば，右の図①のように，縦に２個，横に３個しきつめた場合，対角線ABが横向きの辺と交わる点(ア)の数は，縦に並べた正方形の個数より１少ないので，２－１＝１(個)，縦向きの辺と交わる点(イ，ウ)の数は，横に並べた正方形の個数より１少ないので，３－１＝２(個)となる。また，縦向きの辺と横向きの辺の両方と交わる点，つまり，正方形の頂点で交わる点はないから，対角線ABが正方形の辺と交わる点は，１＋２＝３(個)あり，対角線ABが通る正方形の数はこれより１多いから，３＋１＝４(個)となる。同じように考えると，縦に３個，横に４個しきつめた場合，対角線ABが横向きの辺と交わる点は，３－１＝２(個)，縦向きの辺と交わる点は，４－１＝３(個)あり，対角線ABは正方形の頂点を通らないから，通る正方形の個数は，２＋３＋１＝６(個)と求められる。

図①
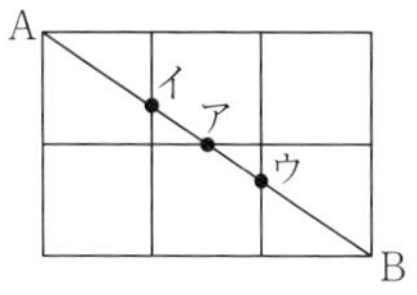

(2)　縦に８個，横に12個しきつめた図形は，縦，横の長さがどちらも図①の図形の４倍だから，対角線ABが通る正方形の個数は，図１のときの４倍となる。図１では４個の正方形を通っているので，縦に８個，横に12個しきつめた図形では，４×４＝16(個)の正方形を通る。

(3)　右の図②で，正方形は全部で，８×15＝120(個)あり，ACの長さは，15－３＝12(cm)だから，直線CDが通る正方形の個数は(2)と同じ16個となる。また，対角線ABは正方形の頂点を通らないので，(1)と同様に考えると，通る正方形の個数は，(８－１)＋(15－１)＋１＝７＋14＋１＝22(個)となる。次に，ABとCDの両方が通る正方形の個数を考える。図②で，三角形ACEと三角形BDEは相似であり，相似比は，AC：BD＝12：15＝４：５だから，EGの長さは，$8\times\frac{4}{4+5}=3\frac{5}{9}$(cm)，EFの長さは，$8-3\frac{5}{9}=4\frac{4}{9}$(cm)となる。さらに，三角形AHEと三角形ADBの相似より，HE：DB＝AE：AB＝４：(４＋５)＝４：９だから，HEの長さは，$15\times\frac{4}{9}=6\frac{2}{3}$(cm)となる。したがって，点Ｅの位置を，正方形をしきつめた図で表すと，右の図③のようになる。図③で，点Ｑは

図②
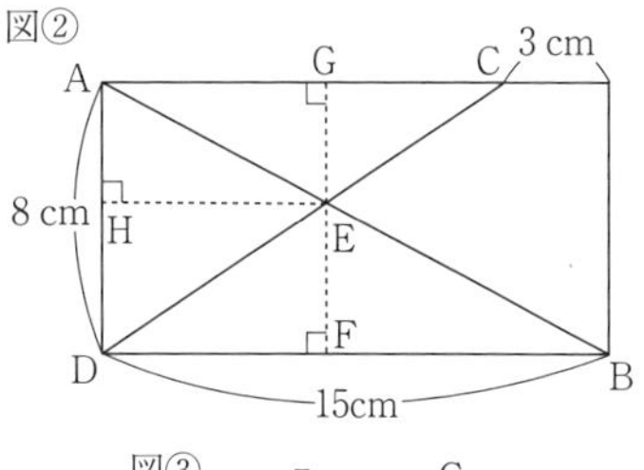

図③
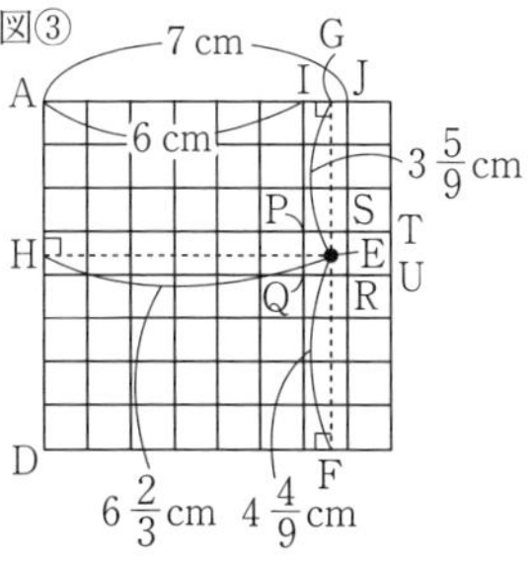

点Dから右へ6cm，上へ4cm進んだところにあり，直線CDは点Dから右へ3cm進むと，上へ2cm進むから，直線CDは点Qを通る。点Qからは右へ1cm進むと，上へ，$1\times\frac{2}{3}=\frac{2}{3}$(cm)進み，右へ2cm進むと，上へ，$2\times\frac{2}{3}=1\frac{1}{3}$(cm)進むから，直線CDは辺SR，辺STを横切ることがわかる。また，対角線ABは点Aから右へ15cm進むと，下へ8cm進むので，右へ6cm進むと，下へ，$6\times\frac{8}{15}=3\frac{1}{5}$(cm)進み，右へ7cm進むと，下へ，$7\times\frac{8}{15}=3\frac{11}{15}$(cm)進む。つまり，対角線ABは図③の点Iから下へ$3\frac{1}{5}$cm進んだところと，点Jから下へ$3\frac{11}{15}$cm進んだところを通るから，辺PQ，辺SRを横切ることがわかる。したがって，ABとCDの両方が通る正方形は，正方形PQRS，正方形SRUTの2個となる。以上より，ABとCDの少なくとも一方が通る正方形は，16＋22－2＝36(個)あるから，どちらの直線も通らない正方形は，120－36＝84(個)ある。

社　会　＜第2回試験＞（35分）＜満点：75点＞

解　答

[1] **問1**　ウ　**問2**　イ　**問3**　エ　**問4**　オ　**問5**　ア　**問6**　遣唐使　**問7**　倭寇　**問8**　（例）　旧藩主が任命されていた知藩事にかわって，政府が任命する府知事・県令が派遣される　**問9**　**3番目**…A　**6番目**…B　[2] **問1**　オ　**問2**　ウ　**問3**　和同開珎　**問4**　エ　**問5**　イ　**問6**　石見銀山　**問7**　（例）　幕府から朱印状とよばれる渡航許可証を与えられた貿易船が，おもに東南アジアで行った貿易。　[3] **問1**　**1**　ケ　**2**　ツ　**3**　シ　**4**　セ　**5**　ハ　**6**　タ　**7**　ウ　**8**　キ　**9**　エ　**10**　ア　**11**　ネ　**12**　ト　**13**　ヌ　**問2**　（例）　豊かな森の栄養分が河川を通じて養殖場のある海に流れるから。　**問3**　Ⅰ　キ　Ⅱ　イ　Ⅲ　ウ　Ⅳ　オ　[4] Ⅰ　**問1**　**1**　ギリシャ(ギリシア)　**2**　憲章　**問2**　オセアニア　**問3**　エ　Ⅱ　**問1**　**1**　最高機関　**2**　立法　**問2**　議会制民主主義　**問3**　ア　**問4**　イ　**問5**　エ　**問6**　（例）　任期が短く解散もあって，世論を反映しやすいから。　Ⅲ　**問1**　**A**　エ　**B**　ア　**C**　ウ　**D**　オ　**E**　イ　**問2**　非核三原則　**問3**　アメリカ(合衆国)　**問4**　イ

解　説

[1] 各時代の歴史的なことがらについての問題

問1　鎌倉時代後半になると，土地の分割相続による所領の縮小や貨幣《かへい》経済の広がりによって，生活に苦しむ御家人が多くなった。さらに，二度にわたる元寇《げんこう》(1274年の文永の役と1281年の弘安の役)では，大きな負担をしいられたにもかかわらず，幕府から十分なほうび(恩賞)がもらえなかった。こうした状況《じょうきょう》で，生活のために土地を売ったり，借金をするために土地を手放したりする御家人が増えたため，幕府は1297年に永仁の徳政令を出し，御家人でない者や高利貸しが買った土地を御家人に返すよう命じた。しかし，あまり効果は上がらず，御家人の幕府への不満は高まり，幕府が滅《ほろ》ぶ原因の一つとなった。

問2　東廻《まわ》り海運(東廻り航路)は，東北地方の日本海沿岸から津軽海峡《かいきょう》を通って太平洋に出たの

ち，南下して江戸に向かう航路である。東北地方の日本海沿岸と大阪は西廻り航路で結ばれ，のちには北前船が就航して蝦夷《えぞ》地(北海道)の産物も運ばれるようになった。

問３　1956年10月，鳩山《はとやま》一郎首相がソ連の首都モスクワを訪れて日ソ共同宣言に調印し，ソ連と国交を回復した。これにより，それまで国際連合の安全保障理事会で日本の加盟に反対していたソ連が賛成に回ったため，同年12月，日本は国際連合への加盟をはたした。なお，アとイは「国際連合」ではなく「国際連盟」が正しい。

問４　645年，中大兄《なかのおおえの》皇子(のちの天智天皇)と中臣鎌足《なかとみのかまたり》は，天皇をしのぐほどの権力をふるっていた蘇我蝦夷《そがのえみし》・入鹿《いるか》父子を滅ぼすと，大化の改新とよばれる一連の政治改革に取り組み，天皇中心の国づくりを進めた。アは672年に起こった壬申《じんしん》の乱，イは604年に聖徳太子が行ったこと，ウは源頼朝が1185年に行ったことを説明した文。エは「豪族」による支配の尊重ではなく「国(天皇)」による支配が正しい。

問５　豊臣秀吉は1590年に全国統一をはたすと，明(中国)の征服《せいふく》をくわだて，朝鮮にその案内役を務めるよう求めたが，断られたため，二度にわたって朝鮮に出兵した。しかし，李舜臣《りしゅんしん》が率いる朝鮮水軍の亀甲船《きっこうせん》や明の援軍に苦しめられ，秀吉が病死すると日本軍は引き上げた。この朝鮮出兵の一度目を文禄の役(1592～93年)，二度目の出兵を慶長の役(1597～98年)という。なお，イについて，防人《さきもり》は古代の律令制度において北九州の防衛を担った兵士のことである。エは，鎌倉時代の元寇について述べた文。

問６　894年，遣唐大使に任命された菅原道真は，唐(中国)の国内が乱れ，その支配力が衰《おとろ》えていることや，航海に危険がともなうこと，遣唐使にかかる財政負担が重くなっていることなどを理由として遣唐使の廃止を提案し，受け入れられた。

問７　室町時代初め，朝鮮半島や中国大陸の沿岸を荒《あ》らし，密貿易や略奪《りゃくだつ》などを行う日本の武装商人団や海賊《かいぞく》が現れ，倭寇《わこう》とよばれておそれられた。室町幕府の第３代将軍を務めた足利義満は，倭寇の取りしまりを明(中国)から求められると，これに応じるとともに明との貿易を開始した。この日明貿易では，倭寇と正式な貿易船とを区別するために勘合《かんごう》という証明書が用いられた(勘合貿易)。

問８　1871年，明治政府は中央集権化を強化し，国内の安定をはかるため，藩を廃止して県を置く廃藩置県を行った。そして，知藩事の代わりに新しく政府の役人を派遣して各府県の政治を行わせ，政府の命令が全国にゆきわたるようにした。

問９　時代順に並べると，Ｄ(飛鳥時代)→Ｆ(平安時代)→Ａ(鎌倉時代)→Ｇ(室町時代)→Ｅ(安土桃山時代)→Ｂ(江戸時代)→Ｈ(明治時代)→Ｃ(昭和時代)となる。

２　金・銀・銅を題材にした歴史の問題

問１　Ⅰ　弥生時代には，朝鮮半島から鉄器とともに青銅器が伝わった。青銅は，銅と錫《すず》の合金である。飛鳥時代末の708年には，武蔵《むさし》国秩父《ちちぶ》(埼玉県)で和銅(自然銅)が発見され，朝廷に献上《けんじょう》された。鎌倉時代から安土桃山時代までは，銅銭が国内に広く流通していた。　Ⅱ　金は，古代から仏像や仏教建築のめっき加工に用いられてきた。江戸時代には，幕府によって大判・小判という金貨が発行された。　Ⅲ　戦国時代には各地で銀山が開発され，江戸時代末まで，日本と外国の貿易における日本の主要な輸出品となった。

問２　ウは銅鐸《どうたく》とよばれる青銅器で，上部の穴にひもなどを通してつり下げ，すずのようにゆらして音を出す祭器として使われたと考えられている。銅鐸には建物や人物などの絵が描かれていることが多く，当時の生活のようすを伝える貴重な史料となっている。なお，アは弥生時代の稲刈《か》りに使用された石包丁，イは弥生時代に倭(日本)の奴国王《なのこくおう》が後漢(中国)の皇帝から授かったとされる金印，エは飛鳥時代につくられた法隆寺の釈迦三尊像《しゃかさんぞんぞう》。

問３　708年，元明天皇は和同開珎《わどうかいちん》という貨幣を発行し，造営中であった平城京の造営費用にあてた。和同開珎は平城京の東西に設けられた市などで使用されたが，あまり流通せず，朝廷は税を銭で納めさせたり銭を蓄《たくわ》えたものには位を授けるという法令を出したりして流通をうながした。

問４　平安時代を最後に朝廷が貨幣を鋳造《ちゅうぞう》しなくなったこともあって，平安時代後期以降は宋(中国)や明から輸入された銅銭が広く用いられるようになった。宋銭や明銭は，江戸時代になって幕府が貨幣を鋳造するようになるまで，広く流通した。

問５　阿弥陀仏《あみだぶつ》にすがって極楽往生《ごくらくおうじょう》を願うという浄土《じょうど》の教え(浄土信仰，浄土教)は，平安時代に広がった。東大寺の大仏は盧舎那仏《るしゃなぶつ》とよばれる仏像で，聖武天皇が仏教の力で国を安らかに治めることを願ってつくらせたものである。なお，東大寺の大仏は戦乱や天災でたびたび被災し，そのたびに再建されて現在に至っている。

問６　石見《いわみ》銀山は島根県中部の大田市大森町にある銀山で，16世紀初めに開発が進められ，江戸時代には天領(幕府の直轄《ちょっかつ》地)として世界有数の銀の産出量を誇ったが，1923年に閉山した。2007年，石見銀山遺跡は「石見銀山遺跡とその文化的景観」として，ユネスコ(国連教育科学文化機関)の世界文化遺産に登録された。

問７　江戸時代初めには，幕府から朱印状という海外渡航許可証を与えられた商人たちが，おもに東南アジアに渡って貿易を行った。朱印状を与えられた貿易船を朱印船といい，その貿易を朱印船貿易という。

3　日本の４つの地域の地理についての問題

問１　**１～４**　鹿児島県の大部分の地域には，シラス台地とよばれる，火山噴出物におおわれた台地が広がっている。このシラス台地は水持ちが悪く稲作に向かないため，さつまいもや茶などをつくる畑作と畜産が農業の中心となっている。2020年のさつまいもと茶の収穫《しゅうかく》量はいずれも鹿児島県が全国第１位で，さつまいもは茨城県と千葉県が，茶(生葉)は静岡県と三重県がこれにつぐ。鹿児島県の大隅《おおすみ》半島にある笠野原《かさのはら》は，灌漑《かんがい》設備の整備によって茶の栽培や畜産だけでなく，野菜の生産も行われるようになった。統計資料は「令和２年産作物統計」による。　**５**　東北地方の太平洋沖では，寒流の親潮(千島海流)と暖流の黒潮(日本海流)がぶつかって潮目・潮境が形成される。その付近は，魚のえさとなるプランクトンが多く，寒流を好む魚や暖流を好む魚が集まってくるため，好漁場となる。　**６，７**　リアス海岸は，山地が沈《しず》みこみ，谷だったところに海水が入りこんでできた出入りの複雑な海岸地形で，入り江は波がおだやかで水深が深く，陸地の奥まで入りこんでいるため，天然の良港となる。また，海面養殖を行うのにも適しており，東北地方の三陸海岸ではかきやわかめの養殖がさかんに行われている。　**８～10**　浦安市は，千葉県の東京湾岸に位置している。かつて，千葉県の東京湾沿岸ではのりの養殖がさかんに行われていたが，1950年代に始まった高度経済成長の時期に沿岸部の埋《う》め立てが進められ，京葉工業地帯が形成されるなどした。浦安市は東京に通勤・通学する人のベッドタウンとして発展したが，1983(昭和58)年に東京ディズニーランドが開園すると，国内外から多くの人が訪れる観光地として知られるようになった。　**11，12**　神戸港は古代から貿易港として整備され，明治時代以降は日本を代表する貿易港の一つとなった。1960年代から，背後にそびえる六甲山地を削《けず》って出た土などを利用した人工島の造成が行われ，1981年にはポートアイランド，1992年には六甲アイランドという人工島が完成した。　**13**　コンテナは，大きさが一定の規格で統一された大きな輸送用の容器である。神戸港の整備は，増加するコンテナ貨物に対応し，大型のコンテナ専用船が入港できることを目的の一つとして行われた。

問2　森林がたくわえる豊かな栄養分は，河川を通じて海に運ばれ，魚介《ぎょかい》類の成長を助けることにつながる。そのため，漁業関係者が，養殖場のある沿岸地域や森林のある河川の上流で植林を行うこともある。

問3　Ⅰ　笠野原は，鹿児島県東部にのびる大隅半島の中部にある。なお，鹿児島県西部には薩摩半島がのびている。　Ⅱ　気仙沼《けせんぬま》は，宮城県北部に位置している。　Ⅲ　浦安市は千葉県の北西部に位置しており，西で東京都と隣接《りんせつ》している。　Ⅳ　神戸市は兵庫県の南東部に位置しており，瀬戸内海をはさんだ南西側には淡路島がある。　なお，アは北海道帯広市，エは神奈川県横浜市，カは高知県四万十《しまんと》町，クは鹿児島県南九州市の位置。

4　オリンピック，国会，核兵器と軍縮についての問題

Ⅰ　**問1**　**1**　フランスの教育家クーベルタンの提唱によって，近代オリンピックが開催されるようになった。第1回大会は1896年に行われ，古代オリンピックにゆかりが深いギリシャの首都アテネが開催地とされた。　**2**　オリンピック憲章は，オリンピックの精神や原則，規則をまとめたもので，スポーツを，人類の調和のとれた発展に役立てることなどが記されている。

問2　世界には，ユーラシア，アフリカ，北アメリカ，南アメリカ，オーストラリア，南極という六つの大陸があると説明されることが多いが，人や場合によってちがう分け方をすることもある。ここでは，ユーラシアをアジアとヨーロッパに分け，南北アメリカを合わせて一つとし，世界の国家のいずれにも属さない南極を除き，アフリカをふくめて四大陸としている。残る大陸はオーストラリア大陸だが，オリンピックではオーストラリア大陸ではなくオセアニア大陸とよんでいる。オリンピックを象徴《しょうちょう》する五つの輪は，参加国がある五つの大陸の団結や友好を表している。

問3　国際オリンピック委員会はオリンピックを主催するNGO(非政府組織)で，IOCと略される。なお，WBCはワールド・ベースボール・クラシック，JOCは日本オリンピック委員会，UNICは国連広報センターの略称。

Ⅱ　**問1**　日本国憲法第41条は国会の地位を定めた条文で，主権者の代表で構成される国会を，「国権の最高機関であつ《(っ)》て，国の唯一《ゆいいつ》の立法機関」と位置づけている。

問2　現代の民主主義では，主権者である国民全員が国の政治に参加すること(直接民主制)は難しいため，選挙を通じて代表者を選び，その代表者による議会(国会)が中心となって国のあり方を決めていく。このしくみを，議会制民主主義(間接民主制)という。

問3　選挙で議員を選ぶ権利を選挙権といい，現在は18歳以上の男女全員に選挙権が与えられる。

問4　予算の議決に関しては衆議院の優越が認められており，衆議院での予算可決後，参議院が国会休会中の期間を除いて30日以内に議決しない場合，衆議院の議決が国会の議決となる。

問5　最高裁判所長官は内閣が指名し，国事行為として天皇が任命する。

問6　衆議院は議員の任期が4年で参議院の6年に比べて短く，任期途中での解散もある。そのため，国民の意思や世論をより反映しやすいと考えられていることから，いくつかの議案の議決については，衆議院に参議院よりも強い権限が与えられている。これを衆議院の優越という。

Ⅲ　問１　1962年のキューバ危機をきっかけとして，世界は核軍縮へと向かうようになった。1963年には，地下以外での核爆発実験を禁止する部分的核実験停止条約(PTBT)が調印され，1968年には核兵器を持つ国が核兵器を持たない国に核兵器をゆずり渡すことや，核兵器を持たない国が核兵器を開発することを禁止する核拡散防止条約(NPT)が作成された。冷戦時代末期の1987年には，二大核保有国であるアメリカとソ連の間で中距離核戦力(INF)全廃条約が結ばれ，1996年には国際連合で，あらゆる空間での爆発をともなう核実験を禁止する包括《ほうかつ》的核実験禁止条約(CTBT)が採択《さいたく》された。2017年には核兵器禁止条約が採択されたが，日本はこれに参加していない。

問２　「核兵器を持たず，つくらず，持ちこませず」という日本政府の核兵器に関する基本方針を，非核三原則という。1967年の国会答弁で佐藤栄作首相が表明したのが始まりで，1971年には衆議院で決議された。

問３　2001年９月11日，アメリカ最大の都市ニューヨークの世界貿易センタービルに，ハイジャックされた２機の旅客機が激突《げきとつ》してビルは崩壊《ほうかい》し，多数の死者・行方《ゆくえ》不明者が出た。また，ワシントンの国防総省の本部(ペンタゴン)にもハイジャックされた旅客機が激突し，乗員・乗客が全員死亡した。この事件を同時多発テロ事件という。

問４　北朝鮮は，2006年に地下核実験を行って成功したことを発表し，名実ともに核保有国となった。これを受け，国際連合は北朝鮮に対する制裁決議を採択した。

理　科　＜第２回試験＞（35分）＜満点：75点＞

解　答

1　(1)　(あ)　①　(い)　③　(う)　①　(え)　②　(お)　①　(か)　③　(2)　**ア**　黄　**イ**　青　(3)　中和　(4)　D，E，F　(5)　D　(6)　**A**　①　**E**　③　(7)　0.06g　(8)　(例)　塩酸は水に気体がとけたものであり，加熱するとすべて気体となるから。　2　(1)　光源(発光体)　(2)　直進　(3)　反射　(4)　②，⑤　(5)　解説の図㋑を参照のこと。　(6)　(エ)　(7)　(イ)　(8)　①，②，③　(9)　90度　3　(1)　①　(a)　(エ)　(b)　(イ)　(c)　(ア)　(d)　(ウ)　②　(ウ)　(2)　①　(ア)　②　(あ)　イ　(い)　イ　(う)　ア　(3)　①　(エ)　②　(イ)　③　(ア)　(4)　①　(エ)　②　(エ)　(5)　**羽ばたき行動**…(エ)　**交尾行動**…(ア)　4　(1)　①　(ウ)　②　(ア)　③　(ウ)　(2)　①　(ウ)　②　(ア)　③　(エ)　④　(イ)　(3)　**マグニチュード**…(ア)　**震度**…(エ)　(4)　①　**小さいゆれ**…５km　**大きいゆれ**…３km　②　９時59分48秒　③　18秒

解　説

1　塩酸と水酸化ナトリウム水よう液の中和についての問題

(1)　(あ)　塩酸には鼻をさすようなにおいがあるが，水酸化ナトリウム水よう液にはにおいはない。

(い)〜(え)　酸性の水よう液である塩酸や，アルカリ性の水よう液である水酸化ナトリウム水よう液は，電流をよく通す。また，酸性の水よう液を青色リトマス紙につけると赤色になり，アルカリ性

の水よう液にフェノールフタレイン液を加えると赤色になる。　**(お)**　塩酸に石灰石を加えると，二酸化炭素が発生する。　**(か)**　塩酸と水酸化ナトリウム水よう液のどちらも，アルミニウムを加えると水素が発生する。

(2)　BTB液は，酸性で黄色，中性で緑色，アルカリ性で青色を示す。表より，試験管Ａと試験管ＣはBTB液を加えた後の水よう液の色が黄色になっているから，試験管Ｂのときも塩酸が余っていて黄色になる。また，試験管ＥにBTB液を加えた後の水よう液の色は青色になっていて，水酸化ナトリウム水よう液が余っているので，試験管Ｅよりも水酸化ナトリウム水溶液を多く加えた試験管Ｆのときも青色になる。

(3)　酸性の水よう液とアルカリ性の水よう液を混ぜると，お互《たが》いの性質を打ち消し合い，もとの水よう液にとけていたものとは異なる物質と水ができる。このような反応を中和(反応)という。

(4)　この実験では，塩酸の体積は変えずに，試験管Ａから順番に水酸化ナトリウム水よう液の体積を増やしているので，塩酸がすべて反応したときに中和でできる食塩が最も多くなる。表より，試験管ＤではBTB液の色が緑色になるので，塩酸と水酸化ナトリウム水よう液が過不足なく中和している。よって，水酸化ナトリウム水よう液の体積が試験管Ｄよりも多い試験管Ｅと試験管Ｆでも塩酸はすべて反応しているから，試験管Ｄ，Ｅ，Ｆで最も多い量の食塩ができる。

(5)　中和によって熱が発生して水よう液の温度は上昇《じょうしょう》するので，塩酸と水酸化ナトリウム水よう液が過不足なく反応した試験管Ｄのときに最も高い温度になる。なお，試験管Ｅと試験管Ｆでも中和によって試験管Ｄのときと同じ量の熱が発生するが，これらは試験管Ｄよりも全体の液量が多いので，水よう液の温度は試験管Ｄよりも低くなる。

(6)　水よう液を加熱して水を蒸発させたとき，塩酸のように気体がとけている水よう液は何も残らないが，水酸化ナトリウム水よう液のように固体がとけている水よう液は，固体の結晶《けっしょう》が残る。よって，試験管Ａは中和後に塩酸が余るから，中和でできた食塩の結晶だけが残り，試験管Ｅは中和後に水酸化ナトリウム水よう液が余るから，水酸化ナトリウムの結晶と中和でできた食塩の結晶が残る。

(7)　(6)より，酸性の試験管Ａと試験管Ｃは水を蒸発させると食塩の結晶だけが残る。塩酸と反応した水酸化ナトリウム水よう液の量は，試験管Ａが1 cm^3，試験管Ｃが3 cm^3なので，試験管Ａで中和によってできる食塩の重さは試験管Ｃのときの$\frac{1}{3}$となる。よって，試験管Ａでは，$0.18\times\frac{1}{3}=0.06$(g)の結晶が残る。

(8)　塩酸は気体の塩化水素が水にとけてできた水よう液なので，加熱して水を蒸発させると何も残らない。

2　光の性質についての問題

(1)　自ら光を発するものを，光源(発光体)という。光源には車のヘッドライトのほかに，太陽やろうそくのほのおなどがある。

(2)，(3)　光がまっすぐ進むことを光の直進，光が物体に当たってはね返って進むことを光の反射という。

(4)　①，③は，主に光の屈折《くっせつ》(光が空気中から水中やガラス中に進むときなどに，折れ曲がって進む現象)が原因でおこる。②では窓で車内の光が反射しているため車内の様子が見える。④は，光が空気中の小さな粒《つぶ》に当たったときの散らばりやすさが光の色によって異なるために起こる。また，⑤は磨《みが》かれた床《ゆか》が光をよく反射するので部屋の中が明るくなる。

⑸　反射する面に垂直に引いた直線を法線といい，入射する光の道筋と法線がつくる角を入射角，反射する光の道筋と法線がつくる角を反射角という。右の図㋐のように，入射角と反射角は等しくなるから，方眼を利用して点Aと法線について対称《たいしょう》な点A′をとり，点A′と鏡で反射する点を結ぶと，反射する光の道筋を右下の図㋑のように作図できる。

図㋐

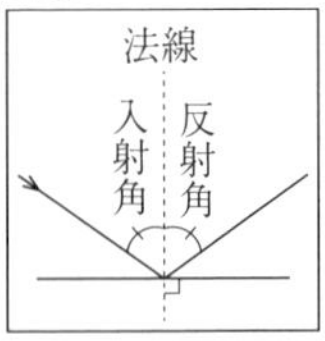

図㋑

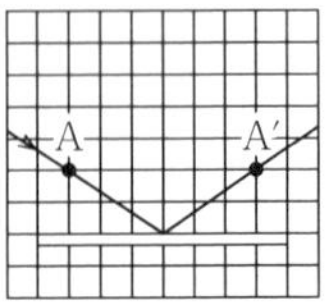

⑹　入射角が０度のとき，つまり鏡に対して垂直に入射させた光は，そのまま入ってきた方向へ戻《もど》るように反射する。

⑺　㈠のように，２枚の鏡がつくる角の大きさが90度になるように鏡を置くと，ａに入射した光とｂではね返った光が平行になる。

⑻　⑺のように２枚の鏡を置いた場合，鏡Aへの入射角を①～③のように変えても，右の図㋒のように，角ｃと角ｄの角度は等しくなることから，鏡Aに入射した光と鏡Bではね返ってくる光が平行になる。

図㋒

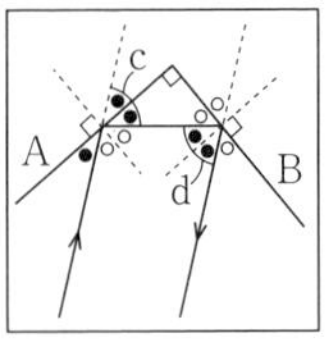

⑼　⑺，⑻で考えたように，２枚の鏡の角度が90度になるように置けば，入射した光とはね返ってくる光が平行になり，光をよくはね返すことができる。

3　昆虫《こんちゅう》や動物の特徴《とくちょう》についての問題

⑴　①　背骨がある動物をセキツイ動物，背骨が無い動物を無セキツイ動物という。無セキツイ動物のうち，足に節がある動物を節足動物といい，節足動物のうち足が６本のものを昆虫という。以上より，ａには昆虫のトンボが，ｂには節足動物だが昆虫ではないカニが，ｃには無セキツイ動物だが節足動物ではないタコが，ｄにはセキツイ動物のサメがあてはまる。　②　セミやトンボ，バッタのなかまなどは，さなぎにならずに成長する。この育ち方を不完全変態という。

⑵　①　モンシロチョウの幼虫はアブラナ科の植物の葉を，成虫は花のみつをエサにしている。
②　草食の哺乳類《ほにゅうるい》の多くは，視野が広くなるように目が顔の側面についている。また，草をすりつぶして食べるために平らなきゅう歯を持ち，草の消化には時間がかかるため，体長に対して消化管の長さが長くなっているものが多い。

⑶　①　ハクチョウやマガモは，夏は日本より涼《すず》しい北の地域ですごし，冬は北の地域よりも温暖な日本ですごす。　②　カマキリやバッタは，秋に卵を産み，卵のすがたで冬ごしをするものが多い。　③　カエルやヘビは気温が低くなると，主に土の中で冬眠《とうみん》して冬をこす。

⑷　①　モンシロチョウは卵や幼虫の世話をしないが，ミツバチは巣の中で卵や幼虫の世話をして育てるため，ミツバチの卵や幼虫の死亡率はモンシロチョウよりも低くなると考えられる。　②　説明文より，スケトウダラは卵や幼魚の世話をしないが，ウミタナゴは卵がふ化して幼魚となるまでメスの体内にいるため，卵の世話をするといえる。なお，哺乳類のハンドウイルカは，胎生《たいせい》(子が母親の体の中で育ってから生まれてくる生まれ方)で，親は子育てをする。以上より，成長する過程での死亡率は，ハンドウイルカ→ウミタナゴ→スケトウダラの順に高くなると予想できる。したがって，１回の産卵数(産子数)を少ない順に並べると，ハンドウイルカ→ウミタナゴ→スケトウダラとなる。

⑸　表１より，オスのミツバチは，仕切りがガラスのときは羽ばたき行動をせず，仕切りが紙のときに羽ばたき行動をしている。ガラスはにおいを通さず，紙はにおいを通すので，においが羽ばた

き行動のきっかけになる刺激《しげき》だと予想できる。次に，オスのミツバチは，黒色の紙を入れたときだけ交尾《こうび》行動をしており，このミツバチの体の色は黒色なので，オスのミツバチが黒色の紙をメスのミツバチと勘違《かんちが》いしたと推測できる。したがって，交尾行動のきっかけになる刺激は光だと考えられる。

4　火山や地層，地震《じしん》についての問題

⑴　①，③　火山をつくるマグマのねばりけが弱いほど平たい形の火山に，強いほどドーム状の火山になりやすい。また，マグマのねばりけが強い火山では，爆発的《ばくはつてき》なふん火をしやすくなる。

②　一般《いっぱん》に，マグマの温度が低いほどマグマのねばりけは強くなるため，マグマのねばりけが弱い，平たい形の火山は，ふん火のときに流れるマグマの温度が高い。

⑵　①，②　地層が左右からおされたり引かれたりして，地層がずれたものを断層という。図１では，断層面より上側の地層が下側の地層の上に上がっているから，左右から地層をおす力が働いている。　③，④　火山灰が固まってできた岩石をギョウカイ岩といい，角ばっているつぶが多くふくまれている。

⑶　マグニチュードは地震の規模を表す数値で，１つの地震に対して１つの値をとる。また，マグニチュードが１大きくなると規模は約32倍になる。震度はそれぞれの観測地点でのゆれの大きさを表す数値で，０・１・２・３・４・５弱・５強・６弱・６強・７の10段階で表され，１つの地震でも観測地点によって異なる値をとる。

⑷　①　表１より，小さいゆれは地点Ａから地点Ｂまで，10時０分９秒－10時０分０秒＝９秒で，105－60＝45(km)伝わることがわかる。よって，小さいゆれが１秒間で伝わる速さは，45÷９＝５(km)と求められる。同様に，大きいゆれは，10時０分23秒－10時０分８秒＝15秒で45km伝わるので，大きいゆれが１秒間で伝わる速さは，45÷15＝３(km)となる。　②　地点Ａは地震が発生したところからのきょりが60kmなので，小さいゆれは地震が発生してから，60÷５＝12(秒)かけて地点Ａに伝わる。よって，この地震が発生した時刻は，10時０分０秒－12秒＝９時59分48秒とわかる。　③　小さいゆれが観測されてから大きいゆれが観測されるまでの時間は，地震が発生したところから観測地点までのきょりに比例する。地点Ａで小さいゆれが観測されてから大きいゆれが観測されるまでの時間は，10時０分８秒－10時０分０秒＝８秒で，地震が発生したところから地点Ａまでのきょりは60kmである。したがって，地震が発生したところから135kmの地点Ｃで，小さいゆれが観測されてから大きいゆれが観測されるまでの時間は，$8\times\frac{135}{60}=18$(秒)と求められる。

国　語　＜第２回試験＞（50分）＜満点：100点＞

解　答

一　下記を参照のこと。　二　①　土　②　油　③　角　④　水　⑤　味

三　**問１**　和花　**問２**　③　イ　④　エ　**問３**　⑥　エ　⑨　ア　**問４**　買いもの／妹の世話／母の看病　**問５**　生活が乱れている　**問６**　ウ　**問７**　**Ａ**　興味　**Ｂ**　突然消えて　**Ｃ**　自分が，存　**Ｄ**　いなかった　**問８**　エ　**問９**　エ　**問10**　(例)　全部

一人でやっている　**問11**　何もかも捨　**四**　**問1**　Ⅰ　ウ　Ⅱ　エ　**問2**　X　複雑　Y　単純　**問3**　A　エ　B　ア　C　オ　D　ウ　**問4**　A　大きな環境の変化　B　環境に適応　**問5**　多様性　**問6**　4→2→1→3　**問7**　E　ウ　F　イ　**問8**　イ　**問9**　ア，オ

●漢字の書き取り

一　①　志望　②　体裁　③　破損　④　素養　⑤　補給

解説

一　漢字の書き取り

①　将来について，こうしたい，こうなりたいと望むこと。　②　外から見えるようすや物の形。　③　傷ついたり，こわれたりすること。　④　ふだんから身につけた知識や技能。　⑤　不足した分を補うこと。

二　慣用句の完成

①「土がつく」は，もともとは相撲《すもう》で負けることを表したが，今は，“勝負に負けること”という意味で使われる。　②「油を売る」は，仕事をなまけてむだ話をすること。　③「角が立つ」は，とげとげしい言動などによって他人との関係がうまくいかなくなること。　④「水をさす」は，うまくいっていることや仲のよい間がらのじゃまをすること。　⑤「味をしめる」は，一度うまくいったことのおもしろみを覚えていて，次も同じようなことを期待すること。

三　**出典は濱野《はまの》京《きょう》子《こ》の『with you《ウィズ ユー》』による。**中学三年生の悠人《ゆうと》は，夜のランニングの途中《とちゅう》で出会った中学二年生の朱音《あかね》に，自分の悩《なや》みを打ち明け，また朱音の事情を知る。

問1　空欄《くうらん》⑥の前で，朱音が妹について語っている部分から読みとる。ツインテールを結んでやったり，どなったりしてしまうのは，妹の「和花《のどか》」とわかる。

問2　③「ことさらに」は，意図があってわざとすること。　④「おもむろに」は，ゆっくりと行動するようす。

問3　⑥　朱音が，妹をどなる理由を「ツインテール，結んでやるのに，気に入らないってぐずる」と説明しているので，気持ちが高ぶっていらだたしい思いになるようすを表す「いらいら」が入る。　⑨　悠人は，テレビも見ていないし，アイドルのことなどもわからなくなっている朱音が，「女子トーク」に自然に入っていけないのかもしれないと想像しているので，物事がなめらかに進むようすを表す「すんなり」が合う。

問4　ぼう線部②の直後に着目する。「買いもの」をして，「妹の世話」をしても「手伝いではない」と言った朱音の言葉を悠人は思い出している。さらに，朱音の母が病気と聞いたので，悠人は朱音が「母の看病《かんびょう》」も，日常的にやっていると想像している。

問5　悠人は，「買いもの」や「妹の世話」や「母の看病」のために，朱音は勉強が「とどこおりがち」になったり，「遅刻」や「居眠《いねむ》り」をしたりしてしまうのではないかと考えた。そして，本文の初めで美里《みさと》の言葉を思い出したように，事情を知らない周囲の人たちから，朱音は「生活が乱れている」と思われているのではないかと心配していることがわかる。

問6　悠人が，「うちは，兄貴を中心にまわってる」と言い，さらに「母親とかも，兄貴にしか興味もってねえし」と打ち明けていることから，自分が家で大切にされていないことに不満を持って

いるのだとわかる。悠人は，雨にぬれて帰ってきた自分を見ても心配せず，風呂《ふろ》に「直人が入ってる」からすぐには入れないという意味のことを母が言ったので，腹が立ったと考えられる。

問７　A～C　悠人は，母が「兄貴にしか興味もってねえし」と不満を言い，さらに自分が「突然《とつぜん》消えても，だれもなんも感じないだろう」と言っていることから，家の中でひとりぼっちで，「自分が，存在する意味」がわからないという苦しさを感じていることが読みとれる。　D「なんのために，生きてるのかな」という言葉から，朱音もまた「自分が，存在する意味」がわからないと感じているようだが，朱音が，「わたしがいなかったら，うちが，こわれちゃう」と思うほどの苦しい状況《じょうきょう》をかかえていると知り，悠人は，自分の悩みとは重さがちがうと感じている。

問８　「家事の手伝い」ならば，中心になって家事をやる人がほかにいるということになるが，「母の看病」をしている朱音は，「わたしがいなかったら，うちが，こわれちゃう」とまで思いつめて，一人で家事をこなしているので，「手伝い」ではないといえる。

問９　「何もかも捨てて，逃《に》げだしたくなることとか，ある？」という問いかけに本心を打ち明けてくれた悠人に対し，朱音は自分のことも正直に話そうといったんは思ったが，やはり打ち明けられないと思い直して，口をつぐんだのだと考えられる。

問10　それまでの朱音は，「手伝いなんて，してない」と言っただけだったが，母が病気であることや，母の代わりに買いものや妹の世話をしていること，さらには父が「単身赴任《ふにん》中」であることなどを語る朱音と接しているうちに，悠人は，家事を全て一人でやっているということを朱音に打ち明けられたような気がしたのだとわかる。

問11　自分の「存在する意味」がわからないと思っている悠人と同じように，朱音も「なんのために，生きてるのかな」と自分の生き方に疑問を感じている。朱音が「とべないよね，鳥じゃないから」という言葉に続けて，「何もかも捨てて，逃げだしたくなる」と言ったので，悠人は自分と同じような悩みや苦しさを彼女《かのじょ》もまた持っているのだろうと感じたのである。

四　**出典は稲垣栄洋《いながきひでひろ》の『はずれ者が進化をつくる―生き物をめぐる個性の秘密』による。**自然界では違《ちが》うことに意味があり，環境《かんきょう》の変化に適応した「はずれ者」が，新たな進化をつくり出してきたということについて説明している。

問１　Ⅰ　人間の脳は，「多様なもの」を難しく感じるため，「バラバラなものは，できるだけまとめ」て理解しようとして「ふつう」という考え方を用いるが，自然界には「ふつうなんていうものは，どこを探しても本当はない」ということが【Ⅰ】では述べられている。よって，「ふつう」は「幻想《げんそう》」であるとするウが合う。　Ⅱ　生物は，「平均値から大きく離《はな》れたはずれ者」を生み出すことで，新たな環境に適応し，進化していくということが【Ⅱ】では述べられている。つまり，はずれ者が進化をつくっているという内容なので，エが見出しとしてふさわしい。

問２　X　人間の脳は，いろいろな種類のある「多様なもの」を難しく感じる。つまり，事情や関係がこみいっていて，一面的ではない「複雑」な世界を，「ありのままに理解すること」ができないのである。　Y　人間の脳は，複雑で多様な世界を，そのままの形では理解できないので，「単純」な形にして，整理して，理解しようとすることが述べられている。

問３　A　進化は「長い歴史の中で起こること」なので，「私たちは進化を観察」できないが，「はずれ者」が「進化をつくっていると思わせる例」は見ることができる，という文脈になる。よって，前のことがらを受けて，それに反する内容を述べるときに用いる「しかし」が入る。　B

「はずれ者」が「進化をつくっていると思わせる例」として，オオシモフリエダシャクなどのことが説明されている。よって，具体的な例をあげるときに用いる「たとえば」が合う。　**C**　もともとは白色だったオオシモフリエダシャクが，目立たない黒色になったことで，「鳥に食べられること」なく生き残るようになり，その結果として「黒いガのグループができていった」という文脈になる。よって，前のことがらを受けて，それに続いて次のことが起こる意味を表す「そして」が入る。　**D**　人間の作りだした「ものさし」以外にも「たくさんの価値があるということを忘れないことが大切」だということを，「違い」を大切にしていくこと，という内容で言いかえている。よって，前に述べた内容を“要するに”とまとめて言いかえるときに用いる「つまり」が入る。

問4　【Ⅱ】の後半には，「はずれ者」を生み出すことで，環境に適応して生き残ったオオシモフリエダシャクやキウィ，エウロパサウルスの例があげられている。生物は，「大きな環境の変化に直面」しても，「はずれ者」を生み出すことで，「環境に適応」できるように進化してきたのである。

問5　自然界は「バラバラ」で，一つ一つに「違い」はあるが，「優劣《ゆうれつ》」はない。つまり，種類の違ったものがいろいろある自然界は，「多様性」に満ちた世界といえる。

問6　平均値から「ポツンと離《はな》れた値がある」と，「大切な平均値がずれて」しまう可能性があるため，「実験などではあまりに平均値からはずれたものは，取り除いて良いということ」になっている([4])。こうして「はずれ者を取り除けば，平均値はより理論的に正しく」なるし，「はずれ者をなかったことにすれば，平均値は上がる」かもしれない([2])。このように，場合によっては「平均値」という「自然界には存在しない虚《うつ》ろな存在のために，はずれ者は取り除かれてしまう」が([1])，「実際の自然界」には「平均値」も「ふつう」もなく，あるのは「多様性」である([3])。

問7　**E**　大人は「ものさし」で測ることに慣れているので，子どもには，みんなと同じようにしなさいという意味で，「どうしてみんなと同じようにできないの？」と言うと考えられる。　**F**　子どものころとは違い，大人になると「違い」があることが求められるようになる。社会に出た人たちは，他人と同じようなことをしていてはいけないという意味で，「どうしてみんなと同じような仕事しかできないんだ？」と言われることが考えられる。

問8　戻《もど》す文に「こうして」とあることから，「生物の進化」がどのようにして起こったかについて説明されている部分の後に入ると考えられる。［イ］の前には，「平均値から大きく離れたはずれ者」が「標準になって」いき，「そのはずれ者がつくり出した集団の中から，さらにはずれた者が，新たな環境へと適応」していくという進化の過程が述べられているので，［イ］に入れると文脈に合う。

問9　【Ⅲ】と【Ⅳ】には，社会で生きている人間は「人間の作りだした尺度を無視すること」はできず，「尺度に従うことも大切なこと」だが，「自然界では，違うことに意味がある」ので，「違い」を大切にしなければならないと述べられている。よって，アは正しい。また，「大きな環境の変化」に「はずれ者」が適応して進化の役割を果たしてきた自然界では，「ばらつき」こそ優れたことだとされるのだから，人間の「足の速さ」もまた，そこから見れば，「違い」であって「優劣」ではないと【Ⅱ】と【Ⅲ】で述べられている。よって，オも本文の内容に合う。

当社発行物の無断使用は固くお断りいたします。御使用の前はまずご相談ください。

当社発行物には500点余の首都圏中・高過去問をはじめ、6点の学校案内、そのほかいくつかの情報誌などがございます。その多くが年度版で、限られたスタッフが来るべき受験シーズン前に余裕を持って受験生へ届けられるよう、日夜作業にあたり出版を重ねております。

最近、通塾生ご父母や塾内部からの告発によって、いくつかの塾が許諾なしに当社過去問を複写（コピー）し生徒に配布、授業等にも使用していることが発覚し、その一部が紛争、係争に至っております。過去問には原著作者や管理団体、代行出版等のほか、当社に著作権がございます。当社としましては、著作権侵害の発覚に対しては著作権を有するこれらの著作権関係者にその事実を開示して、マスコミにリリースする場合や法的な措置を取る場合がございます。その事例としましては、毎年当社過去問の発行を待って自由にシステム化使用していたＡ塾、個別教室でコピーを生徒に解かせ指導していたＢ塾、冊子化していたＣ社、生徒の希望によって書籍の過去問代わりにコピーを配布していたＤ塾などがあります。

当社発行物の全部もしくは一部を無断使用することは固くお断りいたします。

当社コンテンツの中にはリーズナブルな設定で紙面の利用を許諾している塾もたくさんございますので、ご希望の方は、お気軽にご相談くださいますようお願いします。同時に、当社発行物を無断で使用している会社などにつきましての情報もお寄せいただければ幸いです。

株式会社 声の教育社

2025年度用
中学スーパー過去問

■編集人 声の教育社・編集部
■発行所 株式会社 声の教育社
〒162-0814 東京都新宿区新小川町8-15
☎03-5261-5061㈹ FAX03-5261-5062
https://www.koenokyoikusha.co.jp

本書の内容についての一切の責任は当社にあります。内容・解説・解答・その他は当社ホームページよりお問い合わせ下さい。

カコを追いかけ
ミライをつかめ
「今の説明、もう一回」を何度でも
web過去問
ストリーミング配信による入試問題の解説動画
もっと古いカコモンないの？
カコ過去問
「さらにカコの」過去問をHPに掲載（DL）
声の教育社
詳しくはこちらから

ストリーミング配信による入試問題の解説動画

2025年度用web過去問　ラインナップ

■ **男子・女子・共学（全動画）見放題**
36,080円（税込）

■ **男子・共学　見放題**
29,480円（税込）

■ **女子・共学　見放題**
28,490円（税込）

● 中学受験「声教web過去問（過去問プラス・過去問ライブ）」（算数・社会・理科・国語）

3〜5年間 **24校**

過去問プラス

麻布中学校	桜蔭中学校	開成中学校	慶應義塾中等部	渋谷教育学園渋谷中学校
女子学院中学校	筑波大学附属駒場中学校	豊島岡女子学園中学校	広尾学園中学校	三田国際学園中学校
早稲田中学校	浅野中学校	慶應義塾普通部	聖光学院中学校	市川中学校
渋谷教育学園幕張中学校	栄東中学校			

過去問ライブ

栄光学園中学校	サレジオ学院中学校	中央大学附属横浜中学校	桐蔭学園中等教育学校	東京都市大学付属中学校
フェリス女学院中学校	法政大学第二中学校			

● 中学受験「オンライン過去問塾」（算数・社会・理科）

3〜5年間 **50校以上**

東京	青山学院中等部	東京	国学院大学久我山中学校	東京	明治大学付属明治中学校	千葉	芝浦工業大学柏中学校	埼玉	栄東中学校
	麻布中学校		渋谷教育学園渋谷中学校		早稲田中学校		渋谷教育学園幕張中学校		淑徳与野中学校
	跡見学園中学校		城北中学校		都立中高一貫校 共同作成問題		昭和学院秀英中学校		西武学園文理中学校
	江戸川女子中学校		女子学院中学校		都立大泉高校附属中学校		専修大学松戸中学校		獨協埼玉中学校
	桜蔭中学校		巣鴨中学校		都立白鷗高校附属中学校		東邦大学付属東邦中学校		立教新座中学校
	鷗友学園女子中学校		桐朋中学校		都立両国高校附属中学校		千葉日本大学第一中学校	茨城	江戸川学園取手中学校
	大妻中学校		豊島岡女子学園中学校	神奈川	神奈川大学附属中学校		東海大学付属浦安中等部		土浦日本大学中等教育学校
	海城中学校		日本大学第三中学校		桐光学園中学校		麗澤中学校		茗渓学園中学校
	開成中学校		雙葉中学校		県立相模原・平塚中等教育学校		県立千葉・東葛飾中学校		
	開智日本橋中学校		本郷中学校		市立南高校附属中学校		市立稲毛国際中等教育学校		
	吉祥女子中学校		三輪田学園中学校	千葉	市川中学校	埼玉	浦和明の星女子中学校		
	共立女子中学校		武蔵中学校		国府台女子学院中学部		開智中学校		

web過去問 Q&A

過去問が動画化！
声の教育社の編集者や中高受験のプロ講師など、
過去問を知りつくしたスタッフが動画で解説します。

Q どこで購入できますか？

A 声の教育社のHPでお買い求めいただけます。

Q 受講にあたり、テキストは必要ですか？

A 基本的には過去問題集がお手元にあることを前提としたコンテンツとなっております。

Q 全問解説ですか？

A 「オンライン過去問塾」シリーズは基本的に全問解説ですが、国語の解説はございません。「声教web過去問」シリーズは合格のカギとなる問題をピックアップして解説するもので、全問解説ではございません。なお、「声教web過去問」と「オンライン過去問塾」のいずれでも取り上げられている学校がありますが、授業は別の講師によるもので、同一のコンテンツではございません。

Q 動画はいつまで視聴できますか？

A ご購入年度２月末までご視聴いただけます。
複数年視聴するためには年度が変わるたびに購入が必要となります。

よくある解答用紙のご質問

01

実物のサイズにできない

拡大率にしたがってコピーすると，「解答欄」が実物大になります。配点などを含むため，用紙は実物よりも大きくなることがあります。

02

A3用紙に収まらない

拡大率164％以上の解答用紙は実物のサイズ（「出題傾向＆対策」をご覧ください）が大きいために，Ａ３に収まらない場合があります。

03

拡大率が書かれていない

複数ページにわたる解答用紙は，いずれかのページに拡大率を記載しています。どこにも表記がない場合は，正確な拡大率が不明です。

04

１ページに２つある

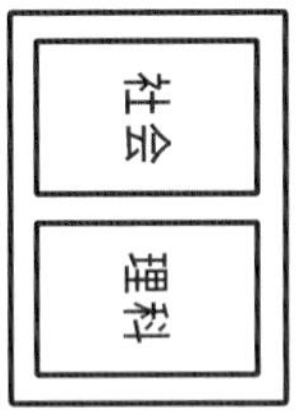

１ページに２つ解答用紙が掲載されている場合は，正確な拡大率が不明です。ほかの試験回の同じ教科をご参考になさってください。

江戸川女子中学校

【別冊】入試問題解答用紙編

禁無断転載

解答用紙は本体からていねいに抜きとり、別冊としてご使用ください。

※　実際の解答欄の大きさで練習するには、指定の倍率で拡大コピーしてください。なお、ページの上下に小社作成の見出しや配点を記載しているため、コピー後の用紙サイズが実物の解答用紙と異なる場合があります。

●入試結果表

年度	回	項目	国語	算数	社会	理科	4科合計	合格者
2024	第１回	配点(満点)	100	100	75	75	350	最高点
		合格者平均点	69.5	76.0	42.8	43.0	231.3	296
		受験者平均点	61.6	64.4	35.5	35.7	197.2	最低点
		キミの得点						210
	第２回	配点(満点)	100	100	75	75	350	最高点
		合格者平均点	78.6	70.1	39.4	45.5	233.6	296
		受験者平均点	69.4	60.0	32.9	39.7	202.0	最低点
		キミの得点						210
	第３回	配点(満点)	100	100	75	75	350	最高点
		合格者平均点	72.2	75.4	33.0	42.8	223.4	259
		受験者平均点	60.6	53.5	26.3	33.4	173.8	最低点
		キミの得点						210
2023	第１回	配点(満点)	100	100	75	75	350	最高点
		合格者平均点	71.5	62.1	46.6	43.3	223.5	270
		受験者平均点	68.0	56.5	43.2	39.9	207.6	最低点
		キミの得点						200
	第２回	配点(満点)	100	100	75	75	350	最高点
		合格者平均点	62.2	53.5	45.1	44.6	205.4	224
		受験者平均点	59.1	50.0	41.3	41.7	192.1	最低点
		キミの得点						190
	第３回	配点(満点)	100	100	75	75	350	最高点
		合格者平均点	61.1	58.0	45.0	44.7	208.8	239
		受験者平均点	57.1	52.7	38.9	42.0	190.7	最低点
		キミの得点						190
2022	第１回	配点(満点)	100	100	75	75	350	最高点
		合格者平均点	75.0	55.2	46.4	52.9	229.5	280
		受験者平均点	72.0	50.3	43.5	49.2	215.0	最低点
		キミの得点						205
	第２回	配点(満点)	100	100	75	75	350	最高点
		合格者平均点	73.3	60.6	41.1	51.0	226.0	286
		受験者平均点	67.8	52.2	37.1	45.8	202.9	最低点
		キミの得点						200

※　表中のデータは学校公表のものです。ただし、４科合計は各教科の平均点を合計したものなので、目安としてご覧ください。

声の教育社

２０２４年度　江戸川女子中学校

算数解答用紙　第１回

番号		氏名		評点	／100

（注意）すべて結果のみを書きなさい。

1

(1)	(2)	(3)
(4)　時間　分　秒	(5)	(6)
(7)	(8)	(9)
(10)	(11)	

2

(1)	(2)	(3)

3

(1)　通り	(2)　通り	(3)　通り

4

(1)　cm^2	(2)　cm	(3)　分後

（注）この解答用紙は実物を縮小してあります。Ｂ５→Ｂ４(141%)に拡大コピーすると、ほぼ実物大の解答欄になります。

〔算　数〕100点(学校配点)

1～4　各５点×20

２０２４年度　江戸川女子中学校

社会解答用紙　第１回

番号		氏名	

評点	／75

1

問1		問2		問3		問4		問5	
問6				問7					
問8	４０字　６０字								
問9	３番目：			６番目：					

2

問1		問2		問3	〔ⅰ〕		〔ⅱ〕
問4	〔ⅰ〕						
	〔ⅱ〕						
問5							

3

問1	(1)		(2)		問2				
問3	(1)	a		b		c		d	
	(2)	a		b		c		d	
問4									
問5		問6	ⓐ		ⓑ				
問7									

4

Ⅰ	①		②						
	③		④						
Ⅱ	問1	1		2		3		4	
	問2		問3						
	問4								
Ⅲ	問1	(1)		(2)		(3)		(4)	
	問2	1		2					
	問3								

（注）この解答用紙は実物を縮小してあります。Ｂ５→Ｂ４（141％）に拡大コピーすると、ほぼ実物大の解答欄になります。

〔社　会〕75点（学校配点）

1　問1〜問7　各2点×7　問8　4点　問9　2点＜完答＞　2　問1〜問3　各2点×4　問4〔ⅰ〕3点〔ⅱ〕2点　問5　2点　3　問1　(1)　1点　(2)　2点　問2，問3　各1点×9　問4，問5　各2点×2　問6　各1点×2　問7　2点　4　Ⅰ　各1点×4　Ⅱ　問1〜問3　各1点×6　問4　2点　Ⅲ　問1，問2　各1点×6　問3　2点

２０２４年度　　江戸川女子中学校

理科解答用紙　第１回

番号		氏名		評点	／75

1

(1)		(2)	①		②		③		④	
(3)		(4)	g	(5)	g	(6)	二酸化炭素　g	ア　g		
(7)	ア　g	(8)	理由							

2

(1)		(2)	(ア)	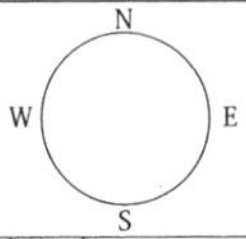	(イ)	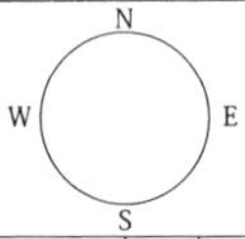
(3)	①		②		③	
(4)		(5)		(6)		(7)

3

(1)		(2)	ア		イ		ウ	
エ		オ		カ		キ		
(3)								
(4)		(5)						
(6)								

4

(1)										
(2)		(3)		(4)		(5)		(6)		

（注）この解答用紙は実物を縮小してあります。Ｂ５→Ｂ４（141%）に拡大コピーすると、ほぼ実物大の解答欄になります。

〔理　科〕75点(学校配点)

1　(1)　2点　(2)　各1点×4　(3)～(8)　各2点×7　2　(1)　2点　(2)　各3点×2　(3)　各1点×3　(4)　3点＜完答＞　(5)～(7)　各2点×3＜(5)は完答＞　3　(1)　1点　(2)　ア～オ　各2点×5　カ，キ　各1点×2　(3)　3点　(4)，(5)　各1点×2＜(5)は完答＞　(6)　2点　4　(1)　3点　(2)，(3)　各2点×2　(4)，(5)　各3点×2　(6)　2点

2024年度　江戸川女子中学校

国語解答用紙　第一回

番号　　氏名　　評点　／100

一　①　②　③　④　⑤

二　①　②　③　④　⑤

三
問1　X　Y　Z　問2　A　B　C
問3
問4　問5
問6　ア　イ
問7
問8　問9
問10

四
問1　X　Y
問2　ア　イ　ウ　エ
問3　A　B　C　問4　②　③
問5
問6　問7
問8　ということ。
問9

(注) この解答用紙は実物を縮小してあります。B5→B4(141%)に拡大コピーすると、ほぼ実物大の解答欄になります。

〔国　語〕100点(学校配点)

一, 二　各2点×10　三　問1～問3　各2点×8　問4～問10　各3点×8　四　問1～問5　各2点×12　問6～問9　各4点×4

２０２４年度　　江戸川女子中学校

算数解答用紙　第２回

番号		氏名		評点	／100

（注意）すべて結果のみを書きなさい。

1

(1)	(2)	(3)
(4)	(5)	(6)
(7)	(8)	(9)
(10)	(11)	

2

(1)	(2)	(3)

3

(1)	(2)	(3)　　：

4

(1)　　m	(2)　　分	(3)　８時　　分

（注）この解答用紙は実物を縮小してあります。Ｂ５→Ｂ４（141％）に拡大コピーすると、ほぼ実物大の解答欄になります。

〔算　数〕100点（学校配点）

1～4　各５点×20

２０２４年度　　江戸川女子中学校

社会解答用紙　第２回

番号		氏名		評点	／75

1

問１		問２		問３		問４		問５	
問６				問７					
問８	（40字）（60字）								
問９	３番目：			６番目：					

2

問１	〔ｉ〕					
	〔ii〕					
問２	〔ｉ〕		〔ii〕		〔iii〕	
問３	〔ｉ〕		〔ii〕			

3

問１	i		ii							
	iii									
問２	(1)	A		B		C		D		E
	(2)									
	(3)									
問３		問４	吉野		天竜					
問５										

4

I	問１		問２		問３		問４	
II	問１		問２					
	問３	１		２				
	問４		問５					
	問６		問７					
III	問１		問２					
	問３		問４	(1)		(2)		

（注）この解答用紙は実物を縮小してあります。Ｂ５→Ｂ４（141％）に拡大コピーすると，ほぼ実物大の解答欄になります。

〔社　会〕75点（学校配点）

1　問１～問７　各２点×７　問８　４点　問９　２点＜完答＞　2　問１　〔ｉ〕　３点　〔ii〕　２点　問２，問３　各２点×５　3　問１　各１点×３　問２　(1)　各１点×５　(2)，(3)　各２点×２　問３～問５　各２点×４　4　Ⅰ　各１点×４　Ⅱ　問１～問６　各１点×６＜問３は完答＞　問７　２点　Ⅲ　問１～問３　各２点×３　問４　各１点×２

２０２４年度　江戸川女子中学校

理科解答用紙　第２回

番号		氏名		評点	／75

1

(1)		(2)	イ		ウ		(3)		(4)		
(5)	(あ)	水	空気	土	(い)		(う)	変わること	物質		
(6)	(え)	1つめ	2つめ	3つめ							
	(お)		(か)	カロリー							

2

(1)	A	g	B	g	(2)	C	g	D	g		
(3)	E	g	F	g	(4)	G	g	H	g		
(5)	I	g	J	g							

3

(1)			(2)	①		②		
(3)	①		②	(ｉ)		(ⅱ)		
(4)	匹			(ⅲ)				
(5)		(6)	ア		イ			
ウ		エ						
(7)	ア		イ		ウ			

4

(1)		(2)		(3)	(ｉ)	岩石	気体	(ⅱ)	岩石	記号	
(4)		(5)		(6)		(7)	記号		化石		
(8)		(9)		(10)		(11)					

（注）この解答用紙は実物を縮小してあります。Ｂ５→Ｂ４（141％）に拡大コピーすると、ほぼ実物大の解答欄になります。

〔理　科〕75点（学校配点）

1　(1)　1点　(2)　各2点×2　(3)～(5)　各1点×9　(6)　(え)，(お)　各1点×4　(か)　2点　2　各2点×10　3　(1)～(3)　各1点×10　(4)　2点　(5)～(7)　各1点×8　4　各1点×15

２０２４年度　江戸川女子中学校

国語解答用紙　第二回

番号		氏名		評点	/100

一　①　②　③　④　⑤

二　①　②　③　④　⑤

三
- 問1
- 問2　③　⑥　問3　④　⑩
- 問4　問5
- 問6　(1)
- 問6　(2)　Ⅰ　Ⅱ
- 問7
- 問8　Ⅰ　〜　Ⅱ
- 問9　問10

四
- 問1　①　②　③
- 問2　問3
- 問4　問5　問6
- 問7　問8
- 問9　ア　イ　ウ
- 問10
- 問11　問12

（注）この解答用紙は実物を縮小してあります。Ｂ５→Ｂ４（141％）に拡大コピーすると、ほぼ実物大の解答欄になります。

〔国　語〕100点(学校配点)

一，二　各２点×10　三　問１〜問５　各２点×７　問６　(1)　２点　(2)　各３点×２　問７〜問10　各３点×６　四　問１〜問６　各２点×８　問７〜問12　各３点×８

2024年度　江戸川女子中学校

算数解答用紙　第3回

番号		氏名		評点	／100

（注意）すべて結果のみを書きなさい。

1

(1)	(2)	(3)
(4)	(5)	(6)
(7)	(8)	(9)
(10)	(11)　　：	

2

(1)　　行目の　　列目	(2)	(3)　　行目

3

(1)	(2)	(3)　　種類

4

(1)　　cm	(2)　　cm^2	(3)　　秒後と　　秒後

（注）この解答用紙は実物を縮小してあります。Ｂ５→Ｂ４（141％）に拡大コピーすると、ほぼ実物大の解答欄になります。

〔算　数〕100点（学校配点）

1～4　各５点×20＜4の(3)は完答＞

２０２４年度　江戸川女子中学校

社会解答用紙　第３回

番号		氏名		評点	／75

1

問１		問２		問３		問４		問５	
問６				問７					
問８	30字 50字								
問９	３番目：			６番目：					

2

問１	〔ｉ〕		〔ii〕	問２	
問３					
問４		問５		問６	

3

問１	A		B		C		D		E	
問２	1		2		3		4		5	
問３	北海道		千葉県		問４		問５			
問６										
問７										

4

Ⅰ	問１		問２		問３		
Ⅰ	問４						
Ⅱ	問１	1					
Ⅱ	問１	2		3			
Ⅱ	問２		問３		問４		
Ⅱ	問５						
Ⅲ	問１	1		2		問２	
Ⅲ	問３	(1)					
Ⅲ	問３	(2)					

（注）この解答用紙は実物を縮小してあります。Ｂ５→Ｂ４（141％）に拡大コピーすると、ほぼ実物大の解答欄になります。

〔社　会〕75点（学校配点）

1　問１～問７　各２点×７　問８　４点　問９　２点＜完答＞　2　問１，問２　各２点×３　問３　３点　問４～問６　各２点×３　3　問１～問３　各１点×12　問４～問７　各２点×４　4　Ⅰ　各１点×４　Ⅱ　問１～問４　各１点×６　問５　２点　Ⅲ　問１　各２点×２　問２　１点　問３　(1)　１点　(2)　２点

２０２４年度　江戸川女子中学校

理科解答用紙　第３回

番号		氏名		評点	／75

1

(1)		(2)		(3)		(4)		(5)	
(6)		(7)		(8)	%				
(9)									

2

(1)	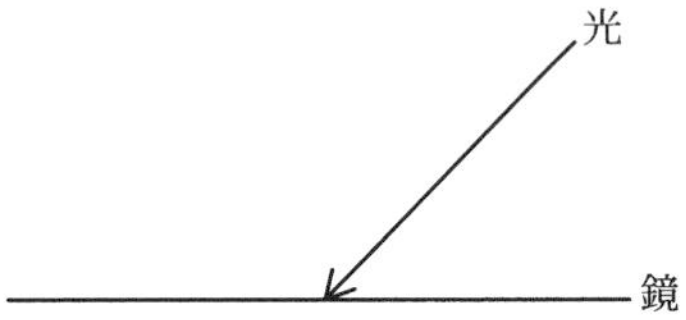					(9)	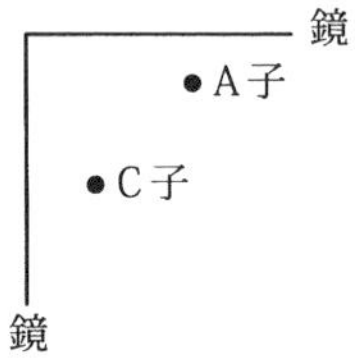
(2)		(3)		(4)			
(5)		(6)		(7)		(8)	

3

(1)	①		(2)				
	②		(3)				
(4)		(6)					
(5)							
(7)	mL	(8)	m²	(9)	筋肉	現象	(10)
(11)		(12)					

4

(1)		(2)		(3)		(4)		(5)		(6)	

（注）この解答用紙は実物を縮小してあります。Ｂ５→Ｂ４(141%)に拡大コピーすると、ほぼ実物大の解答欄になります。

〔理　科〕75点(学校配点)

1　各２点×10＜(1)～(3)はそれぞれ完答＞　2　(1)～(3)　各２点×3　(4)　3点　(5)，(6)　各２点×2　(7)　各１点×2　(8)　2点　(9)　3点　3　(1)　各１点×2　(2)～(4)　各２点×3　(5)　1点　(6)～(8)　各２点×3　(9)～(12)　各１点×5　4　(1)，(2)　各２点×2　(3)，(4)　各３点×2　(5)　2点　(6)　3点

２０２４年度　江戸川女子中学校

国語解答用紙　第三回

番号		氏名		評点	/100

一　①　②　③　④　⑤

二　①　②　③　④　⑤

三
問1
問2　A　B　C　D　E
問3　X　Y
問4　問5　問6
問7　B　E
問8
問9　問10　問11　問12

四
問1　問2　④　⑨　問3　問4
問5
問6　〜
問7　(1)　〜
(2)　A　B　C　D
問8　問9

（注）この解答用紙は実物を縮小してあります。B５→B４（141%）に拡大コピーすると、ほぼ実物大の解答欄になります。

〔国　語〕100点(学校配点)

一, 二　各２点×10　三　問１〜問８　各２点×14　問９〜問12　各３点×４　四　問１〜問４　各２点×５<問１は完答>　問５〜問９　各３点×10

２０２３年度　江戸川女子中学校

算数解答用紙　第１回

番号		氏名		評点	／100

（注意）すべて結果のみを書きなさい。

1

(1)	(2)	(3)
(4)	(5)	(6)
(7)	(8)	(9)
(10)	(11)	

2

(1)　個	(2)	(3)

3

(1)	(2)　L	(3)　分後

4

(1)	(2)　ア：　イ：	(3)　通り

〔算　数〕100点(学校配点)

1～4　各５点×20＜4の(2)は片方正答の場合３点を配点＞

２０２３年度　　江戸川女子中学校

社会解答用紙　第１回

番号		氏名		評点	／75

1

問１		問２		問３		問４		問５	
問６		問７							
問８	Ⅰ	10字	20字						
	Ⅱ	20字	30字						
問９	３番目：	６番目：							

2

問１		問２		問３	
問４		問５		問６	
問７					

3

空欄	a		b		c		d		e	
	f		g		h		i		j	
	k									
問１										
問２	②		③							
問３										
問４		問５								

4

Ⅰ	問１		問２		問３			
Ⅱ	問１		問２		問３		問４	
	問５							
Ⅲ	問１	１		２				
	問２	①		②				

（注）この解答用紙は実物を縮小してあります。Ｂ５→Ｂ４（141％）に拡大コピーすると、ほぼ実物大の解答欄になります。

〔社　会〕75点(学校配点)

1　問１～問７　各２点×７　問８　４点　問９　２点<完答>　2　問１～問６　各２点×６　問７　３点　3　空欄　各１点×11　問１　２点　問２　各１点×２　問３　３点　問４，問５　各１点×２　4　Ⅰ　各２点×３　Ⅱ　問１～問３　各２点×３　問４，問５　各１点×２　Ⅲ　問１　各２点×２　問２　各１点×２

２０２３年度　江戸川女子中学校

理科解答用紙　第１回

番号		氏名		評点	／75

1

(1)	A		B		C		D		E		(2)	と
(3)	(ア)	%	(イ)	g	(4)	(ウ)	g	(エ)	cm³			

2

(1)	音の	(2)		(3)		(4)		(5)		(6)	
(7)	1つめ										
	2つめ										

3

(1)			(2)		(3)	→ → →				
(4)	(B)		(C)		(5)	(i)	矢印1	矢印2	(ii)	
(6)	(i)		(ii)		(7)	コアラ		翼足類		
(8)										

4

(1)		(2)		(3)			
(4)	(ア)		(イ)		(ウ)		(5)

（注）この解答用紙は実物を縮小してあります。Ｂ５→Ｂ４（141%）に拡大コピーすると、ほぼ実物大の解答欄になります。

〔理　科〕75点(学校配点)

1 各２点×10　2 (1)～(3)　各２点×３　(4)，(5)　各３点×２　(6)　２点　(7)　各３点×２　3 (1)～(3)　各２点×３＜(3)は完答＞　(4)～(7)　各１点×12　(8)　２点　4 (1)，(2)　各２点×２　(3)　３点　(4)　各２点×４

二〇二三年度　江戸川女子中学校

国語解答用紙　第一回

番号　　氏名　　評点　/100

一　①　②　③　④　⑤

二　①　田　水　②　骨　砕　③　目　目
④　雷　同　⑤　単　直

三
問1　②　③　問2
問3　A　B　C
問4　問5　的を　ていた
問6　問7　問8
問9　A　B
問10
問11　28

四
問1　問2
問3　a　b
問4　a　b　c　d
問5　問6　問7　a　b
問8　24

（注）この解答用紙は実物を縮小してあります。B5→B4（141%）に拡大コピーすると、ほぼ実物大の解答欄になります。

〔国　語〕100点(学校配点)

一, 二　各2点×10　三　問1～問5　各2点×8　問6～問10　各3点×6　問11　6点　四　問1, 問2　各2点×2　問3～問7　各3点×10　問8　6点

２０２３年度　江戸川女子中学校

算数解答用紙　第２回

番号		氏名		評点	／100

（注意）すべて結果のみを書きなさい。

1

(1)	(2)	(3)
(4)	(5)	(6)
(7)	(8)　ア　　　イ	(9)
(10)	(11)	

2

(1)	(2)	(3)　　行目　　列目

3

(1)　①　　　②	(2)　　　　枚	(3)

4

(1)　　　　cm	(2)	(3)　　秒後と　　秒後

（注）この解答用紙は実物を縮小してあります。Ｂ５→Ｂ４（141%）に拡大コピーすると、ほぼ実物大の解答欄になります。

〔算　数〕100点（学校配点）

1〜4　各５点×20＜1の(8)，3の(1)，4の(3)は片方正答の場合３点を配点，2の(3)は完答＞

２０２３年度　　江戸川女子中学校

社会解答用紙　第２回

番号		氏名	

評点	／75

1

問１		問２		問３		問４		問５	
問６		問７							
問８	40字 60字								
問９	３番目：	６番目：							

2

問１	〔ｉ〕		〔ii〕			
問２	〔ｉ〕		〔ii〕		〔iii〕	
問３	〔ｉ〕					
	〔ii〕					

3

問１	〔ｉ〕		〔ii〕					
問２		問３		問４				
問５		問６	a		b		問７	c		d	
問８	〔ｉ〕	A		B		C		
	〔ii〕	A		B		C		

4

Ⅰ	問１		問２		問３			
Ⅱ	問１	1		2				
		3		4				
	問２	A		B		C		
		D						
Ⅲ	問１	1		2		問２		
	問３		問４					

（注）この解答用紙は実物を縮小してあります。Ｂ５→Ｂ４（141％）に拡大コピーすると、ほぼ実物大の解答欄になります。

〔社　会〕75点(学校配点)

1　問１～問７　各２点×７　問８　４点　問９　２点＜完答＞　2　問１，問２　各２点×５　問３〔ｉ〕２点〔ii〕３点　3　問１〔ｉ〕２点〔ii〕１点　問２　２点　問３　１点　問４，問５　各２点×２　問６～問８　各１点×10　4　Ⅰ　問１　２点　問２，問３　各１点×２　Ⅱ　各１点×８　Ⅲ　問１，問２　各２点×３　問３，問４　各１点×２

2023年度　　江戸川女子中学校

理科解答用紙　第2回

番号		氏名	

評点	／75

1

(1)	ア		イ		(2)	
(3)	(あ)		(い)		(う)	
	(え)					
(4)	(か)		(き)			
(5)			(6)	倍		

2

(1)		(2)		(3)	g
(4)		(5)		(6)	g
(7)					
(8)					

3

(1)		(2)		(3)	分		
(4)	X	Y	(5)	番号	名前	(6)	グルカゴン / インスリン
(7)	1つめ						
	2つめ						
(8)							
(9)	(i)			(ii)			

4

(1)	A		B		
(2)	(i)		(ii)		(3)
(4)	(i)		(ii)		(5) 分

（注）この解答用紙は実物を縮小してあります。Ｂ５→Ｂ４（141%）に拡大コピーすると、ほぼ実物大の解答欄になります。

〔理　科〕75点(学校配点)

1 (1)　各１点×２　(2)～(6)　各２点×９　2 (1)，(2)　各２点×２　(3)　３点　(4)，(5)　各２点×２　(6)～(8)　各３点×３　3 (1)　１点　(2)～(4)　各２点×４　(5)～(7)　各１点×６　(8)　２点＜完答＞　(9)　各１点×３　4 (1)　各１点×４　(2)　各２点×２　(3)，(4)　各１点×５　(5)　２点

二〇二三年度　江戸川女子中学校

国語解答用紙　第二回

番号		氏名		評点	/100

一　①　②　③　④　⑤

二　①　②　③　④　⑤

三
問1
問2　問3 ⑦ ⑧　問4 ⑪ ⑬
問5　問6
問7　　こと。
問8　問9　問10　問11
問12　問13　問14

四
問1 A　B
問2 ア　イ　ウ
問3　問4 C　D
問5
問6　→　→　→
問7　問8　問9
問10 ア
イ
問11

（注）この解答用紙は実物を縮小してあります。B5→B4（141%）に拡大コピーすると、ほぼ実物大の解答欄になります。

〔国　語〕100点(学校配点)

一, 二　各2点×10　三　問1〜問6　各2点×8　問7〜問14　各3点×8　四　問1〜問4　各2点×8
問5〜問11　各3点×8<問6は完答>

2023年度　　江戸川女子中学校

算数解答用紙　第3回

番号		氏名		評点	／100

（注意）すべて結果のみを書きなさい。

1

(1)	(2)	(3)
(4)	(5)	(6)
(7)	(8)	(9)
(10)	(11)	

2

(1)	(2)	(3)

3

(1)　cm	(2)　cm^2	(3)　cm

4

(1)　cm	(2)	(3)　cm

（注）この解答用紙は実物を縮小してあります。Ｂ５→Ｂ４（141%）に拡大コピーすると、ほぼ実物大の解答欄になります。

〔算　数〕100点（学校配点）

1～4　各５点×20

２０２３年度　江戸川女子中学校

社会解答用紙　第３回

番号		氏名		評点	／75

1

問１		問２		問３		問４		問５	
問６		問７							
問８	（40字）（60字）								
問９	３番目：	６番目：							

2

問１	〔ｉ〕					
	〔ii〕					
問２	〔ｉ〕		〔ii〕		問３	
問４	〔ｉ〕		〔ii〕			

3

問１	Ⅰ		Ⅱ		Ⅲ		Ⅳ		Ⅴ	
問２	①		②		③		④		⑤	
問３	Ⅰ		Ⅱ		Ⅲ		Ⅳ		Ⅴ	
問４	Ⅰ		Ⅱ		Ⅲ		Ⅳ		Ⅴ	

4

Ⅰ	問１	ロシア		ウクライナ							
	問２		問３								
Ⅱ	問１	1		2		3		4		5	
	問２		問３								
Ⅲ	問１	1		2							
		3									
	問２	A		B							
	問３										

（注）この解答用紙は実物を縮小してあります。Ｂ５→Ｂ４（141%）に拡大コピーすると、ほぼ実物大の解答欄になります。

〔社　会〕75点（学校配点）

1　問１～問７　各２点×７　問８　４点　問９　２点＜完答＞　2　問１〔ｉ〕３点〔ii〕２点　問２～問４　各２点×５　3　各１点×20　4　Ⅰ　各１点×４　Ⅱ　問１，問２　各１点×６　問３　２点　Ⅲ　問１　各１点×３　問２　各２点×２　問３　１点

２０２３年度　江戸川女子中学校

理科解答用紙　第３回

番号		氏名		評点	／75

1

(1)	(ア)		(イ)		(ウ)		(エ)
(2)	(イ)		(エ)		(3)	①	②	③	④
(4)		(5)					
		(6)	どちらか	理由			

2

(1)		(2)	ア		イ
(3)	(あ)		(い)		
(4)	(う)	カロリー	(え)	L	(お) ℃
(5)					

3

(1)	(i)	水	酸素	適当な温度	(ii)	(iii)	C / D
(2)	(i)		(3)	(i)		(4)	(i) 光合成 / 呼吸
	(ii)			(ii)			(ii)
							(iii) 時間

4

(1)		(2)	
(3)		(4)	
(5)			
(6)			

（注）この解答用紙は実物を縮小してあります。Ｂ５→Ｂ４（141％）に拡大コピーすると、ほぼ実物大の解答欄になります。

〔理　科〕75点(学校配点)

1 (1)　各２点×４　(2)，(3)　各１点×６　(4)，(5)　各２点×２　(6)　各１点×２　**2**　各２点×10　**3** (1)　(i)　各１点×３　(ii)，(iii)　各２点×３　(2)　各１点×２　(3)　(i)　１点　(ii)　２点　(4)　(i)　各１点×２　(ii)，(iii)　各２点×２　**4** (1)～(3)　各２点×４　(4)　３点　(5)，(6)　各２点×２

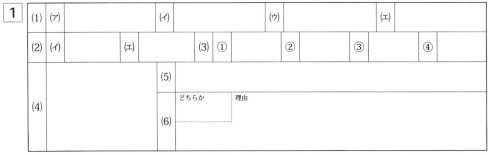

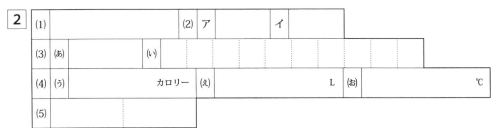

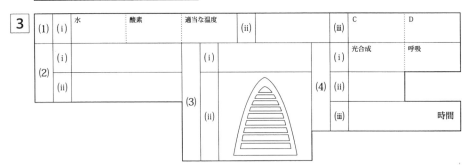

二〇二三年度　江戸川女子中学校

国語解答用紙　第三回

番号　　氏名　　評点　/100

一
① ② ③ ④ ⑤

二
① 絶 絶　② 大 晩　③ 日 秋
④ 順 帆　⑤ 耳 風

三
問1　問2
問3　a　b
問4　問5
問6　問7
問8　問9　問10　問11　結実　良枝　アサ
問12　20

四
問1　②　③　⑬　問2　問3
問4　⑥　⑦
問5　問6
問7　⑩　⑪
問8　問9
問10　→　→　→　問11
問12　A　～　B　～

（注）この解答用紙は実物を縮小してあります。B5→B4（141%）に拡大コピーすると、ほぼ実物大の解答欄になります。

〔国　語〕100点(学校配点)

一, 二　各2点×10　三　問1～問7　各2点×8　問8～問11　各3点×6　問12　6点　四　問1～問7　各2点×11　問8～問12　各3点×6<問10は完答>

２０２２年度　　江戸川女子中学校

算数解答用紙　第１回

番号		氏名		評点	／100

（注意）すべて結果のみを書きなさい。

1

(1)	(2)	(3)
(4)	(5)	(6)
(7)	(8)	(9)
(10)	(11)	

2

(1)　　個	(2)　　個	(3)

3

(1)　　cm^2	(2)　　cm^2	(3)　　秒後と　　秒後

4

(1)	
(2)	(3)　　通り

（注）この解答用紙は実物を縮小してあります。Ｂ５→Ｂ４（141％）に拡大コピーすると、ほぼ実物大の解答欄になります。

〔算　数〕100点(学校配点)

1～3　各５点×17＜3の(3)は片方正答の場合３点を配点＞　4　(1)　各１点×５　(2)，(3)　各５点×２

２０２２年度　江戸川女子中学校

社会解答用紙　第１回

番号		氏名		評点	／75

1

問1		問2		問3		問4		問5	
問6				問7					
問8	（40字）								（60字）
問9	３番目：			６番目：					

2

問1		問2		問3	
問4					
問5		問6		問7	

3

問1	A		B		C		問2	県
問3								
問4	②		③		④		⑤	
問5	①		②		④			
	⑤							

4

Ⅰ	問1		問2		問3		問4			
Ⅱ	問1									
	問2	A			B					
	問3		問4	③		④		問5		
	問6				問7		問8			
Ⅲ	問1				問2	2		3		
	問3	A		B		C		問4	問5	

（注）この解答用紙は実物を縮小してあります。Ｂ５→Ｂ４(141%)に拡大コピーすると、ほぼ実物大の解答欄になります。

〔社　会〕75点(学校配点)

1　問1～問7　各2点×7　問8　4点　問9　2点＜完答＞　2　問1～問3　各2点×3　問4　3点　問5～問7　各2点×3　3　問1　各1点×3　問2　2点　問3　3点　問4，問5　各1点×12　4　各1点×20＜Ⅱの問2，問4は完答＞

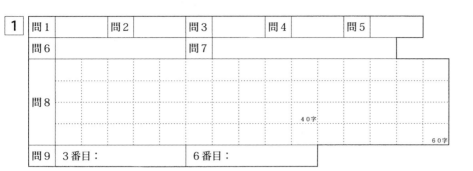

２０２２年度　江戸川女子中学校

理科解答用紙　第１回

番号		氏名		評点	／75

1

(1)	(ア)		(イ)		(ウ)							
(2)		(3)		(4)	(あ)		(い)		(う)		(え)	
(5)												
(6)		(7)										

2

(1)		(2)								
(3)		(4)	A		B					
		(5)								
		(6)								
(7)		(8)	(ア)		(イ)		(ウ)		(9)	

3

(1)	①		②						
(2)	①		②	吸収される気体	放出される気体				
	③		④		⑤	A		B	
(3)		(4)		(5)	①	匹	②		

4

(1)		(2)	名称	理由			
(3)		(4)	(ア)		(イ)		(ウ)
(5)	西  東	(6)					

（注）この解答用紙は実物を縮小してあります。Ｂ５→Ｂ４（141%）に拡大コピーすると、ほぼ実物大の解答欄になります。

〔理　科〕75点（学校配点）

1　(1)～(3)　各２点×5＜(2)，(3)は完答＞　(4)　各１点×4　(5)～(7)　各２点×3＜(7)は完答＞　2　(1)～(6)　各２点×7＜(2)は完答＞　(7)，(8)　各１点×4　(9)　２点＜完答＞　3　(1)　各１点×2　(2)　①，②　各２点×3　③～⑤　各１点×4　(3)～(5)　各２点×4　4　(1)～(3)　各２点×4　(4)　各１点×3　(5)，(6)　各２点×2

二〇二三年度　江戸川女子中学校

国語解答用紙　第一回

番号		氏名		評点	/100

一

①	②	③	④	⑤

二

①	②	③	④	⑤

三

問1 ② ④ ⑧　問2　問3

問4 ⑨ ⑩　問5 我　中

問6 ～　問7

問8 Ⅰ Ⅱ Ⅲ

問9　問10　問11

四

問1 a b c

問2 a b c d e

問3

問4 a b

問5　問6　問7

（注）この解答用紙は実物を縮小してあります。B5→B4（141%）に拡大コピーすると、ほぼ実物大の解答欄になります。

〔国　語〕100点(学校配点)

一, 二　各2点×10　三　問1～問5　各2点×8　問6～問11　各3点×8　四　問1～問3　各2点×10　問4～問7　各4点×5

２０２２年度　江戸川女子中学校

算数解答用紙　第２回

番号		氏名		評点	／100

（注意）すべて結果のみを書きなさい。

1

(1)	(2)	(3)　と　と
(4)	(5)	(6)
(7)	(8)	(9)
(10)　：	(11)	

2

(1) 第　グループ	(2)　組	(3)　組

3

(1)　cm^2	(2) 頂点	(3)　cm

4

(1)　個	(2)　個	(3)　個

（注）この解答用紙は実物を縮小してあります。Ｂ５→Ｂ４（141％）に拡大コピーすると、ほぼ実物大の解答欄になります。

〔算　数〕100点（学校配点）

1～4　各５点×20＜1の(3)は完答＞

2022年度　江戸川女子中学校

社会解答用紙　第2回

番号		氏名		評点	／75

1

問1		問2		問3		問4		問5	
問6				問7					
問8	30字	50字							
問9	3番目：			6番目：					

2

問1		問2		問3		問4	
問5		問6					
問7							

3

問1	1		2		3		4		5	
	6		7		8		9		10	
	11		12		13					
問2										
問3	Ⅰ		Ⅱ		Ⅲ		Ⅳ			

4

Ⅰ	問1	1		2							
	問2			問3							
Ⅱ	問1	1		2							
	問2			問3		問4					
	問5										
	問6										
Ⅲ	問1	A		B		C		D		E	
	問2			問3		問4					

〔社　会〕75点(学校配点)

1 問1～問7　各2点×7　問8　4点　問9　2点＜完答＞　2 問1～問6　各2点×6　問7　3点　3 問1　各1点×13　問2　3点　問3　各1点×4　4 Ⅰ　各1点×4　Ⅱ　問1～問5　各1点×6　問6　2点　Ⅲ　各1点×8

2022年度　江戸川女子中学校

理科解答用紙　第2回

番号		氏名		評点	／75

1

(1)	(あ)		(い)		(う)		(え)		(お)		(か)		(2)	(ア)
														(イ)
(3)		(4)		(5)		(6)	A		E					
(7)	g	(8)												

2

(1)		(2)		(3)		(4)	
(5)	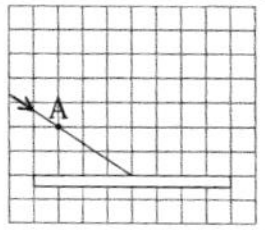	(6)		(7)		(8)	
		(9)	度				

3

(1)	①	(a)		(b)		(c)		(d)		②
(2)	①		②	(あ)		(い)		(う)		
(3)	①		②		③		(4)	①		②
(5)	羽ばたき行動		交尾行動							

4

(1)	①		②		③		(2)	①		②
								③		④
(3)	マグニチュード		震度							
(4)	①	小さいゆれ　km	大きいゆれ　km	②	時　分　秒	③	秒			

〔理　科〕75点(学校配点)

1 (1)，(2)　各1点×8　(3)～(5)　各2点×3＜(4)，(5)は完答＞　(6)　各1点×2　(7)，(8)　各2点×2　2 各2点×10＜(8)は完答＞　3 (1)～(3)　各1点×12　(4)，(5)　各2点×4　4 (1)～(3)　各1点×9　(4)　①　各1点×2　②，③　各2点×2

二〇二三年度　江戸川女子中学校

国語解答用紙　第二回

番号		氏名		評点	/100

一　①　②　③　④　⑤

二　①　②　③　④　⑤

三
問1
問2　③　④　問3　⑥　⑨
問4　・　・　・
問5　問6
問7　A　B　C　D
問8　問9
問10
問11

四
問1　Ⅰ　Ⅱ　問2　X　Y
問3　A　B　C　D
問4　A　B
問5
問6　→　→　→
問7　E　F　問8　問9

（注）この解答用紙は実物を縮小してあります。B5→B4（141%）に拡大コピーすると、ほぼ実物大の解答欄になります。

〔国　語〕100点（学校配点）

一，二　各2点×10　三　問1～問7　各2点×14　問8～問11　各3点×4　四　問1～問5　各2点×11　問6～問9　各3点×6<問6は完答>

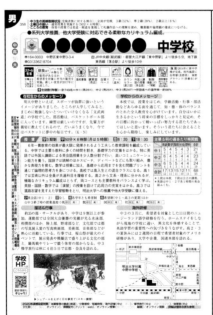